Torsten Schaar
Beate Behrens

Von der Schulbank in den Krieg

Mecklenburgische Schüler und Lehrlinge als Luftwaffen- und Marinehelfer 1943-1945

Neuer Hochschulschriftenverlag Rostock

Impressum:

Neuer Hochschulschriftenverlag
Dr. Ingo Koch & Co. KG
Warnowufer 30
18057 Rostock
Tel.: 0381/68 22 48

Lektorat:
Dr. Ingo Koch

Copyright by Neuer Hochschulschriftenverlag Dr. Ingo Koch & Co. KG
1. Auflage

Rostock 1999

Layout und Druck:
Altstadt-Druck Rostock
Tel.: 0381/200 26 98
Fax: 0381/200 26 96

ISBN 3-929544-66-0

Die Deutsche Bibliothek - CIP-Einheitsaufnahme

Schaar, Torsten:
Von der Schulbank in den Krieg : mecklenburgische Schüler und Lehrlinge als Luftwaffen- und Marinehelfer 1943 - 1945 / Torsten Schaar ; Beate Behrens. - 1. Aufl. - Rostock : Neuer Hochsch.-Schr.-Verl., 1999
 ISBN 3-929544-66-0

Inhaltsverzeichnis

Vorwort   9

I. Flakeinsatz mecklenburgischer Schüler - Pläne und Realitäten

Luftkrieg und Luftverteidigung in Mecklenburg 1940-1942   17

Verordnung über den Luftwaffenhelfer-Einsatz   29

Euphorisch, abwartend oder skeptisch -
Einberufung der Jahrgänge 1926/27 zur Flak   31

Hitlerjugend und Kriegseinsatz   38

Nationalsozialismus und Lehrerschaft   46

Einrücken der ersten Luftwaffenhelfer   51

Schüler oder Soldaten? Ausbildung und Status der Flakhelfer   53

"Feuertaufe"   75

Luftwaffenhelfer und Schule   86

Hitlerjunge - Nein, danke!   93

Erweiterte Einsatzrichtlinien   102

II. An Brennpunkten des Luftkrieges

Zweite Einberufungswelle   106

Bremer Intermezzo   109

Bomben auf Kiel   117

Schulische Betreuung?   142

Bilanz des Jahres 1943 im Luftgaukommando XI   145

III. Bombenteppich und Tiefflieger - Luftwaffenhelfer in Rostock, Lübeck und Rechlin

Die Klassenzimmer leeren sich - Einberufung des Jahrganges 1928   148

In der Zielkartei der Alliierten - Seestadt Rostock   156

Tiefflieger   172

"Auf Abschüsse waren natürlich alle scharf" - Luftwaffenhelfer in Lübeck   178

Bomben auf die Heinkel-Werke   187

Schutz der Luftwaffenerprobungsstelle Rechlin   193

IV. "Wir wollten noch siegen" - Marinehelfer in Kiel und Eckernförde

Einsatzbatterien   212

"Zu allen Tageszeiten Einflüge und Angriffe" – Batterien Havighorst und Pries   213

Schlagzeug, Schlamm und Blaukreuz - Batterie Heidkate   223

Wasser statt Granaten - 1. Marinefeuerschutzabteilung Kiel   228

Tod und Zerstörung - Sommerangriffe auf Kiel   248

Schutz der Torpedoversuchsanstalten Eckernförde   257

"Kinder und alte Männer" - Batterie Barkelsby   261

"Da knirschten wir mit den Zähnen und hofften, daß nichts passiert" – Batterie Hemmelmark   263

Die letzten Kriegsmonate in Kiel   271

V. Luftwaffen- und Marinehelfer in der letzten Kriegsphase

"Geben Sie uns die Kinder zurück" -
Luftwaffenhelfer in Hannover und im Sudetengau   278

Tiefflieger und Nahfeuer - Luftwaffenhelfer in Osnabrück   286

Kriegsende   303

Luftwaffen- und Marinehelfereinsatz im Urteil der Zeitzeugen   316

Anhang   321

Quellen- und Literaturverzeichnis   362

Abkürzungsverzeichnis

AHR	Archiv der Hansestadt Rostock
BAAP	Bundesarchiv, Abteilungen Potsdam
BAK	Bundesarchiv Koblenz
BC	Batteriechef
BDM	Bund Deutscher Mädel (in der HJ)
BÜ	Befehlsübermittler
DJ	Deutsches Jungvolk (in der HJ)
EM-Gerät	Entfernungsmeßgerät
EO	Einsatzort
E-Stelle	Erprobungsstelle der deutschen Luftwaffe
FED	Flugzeugerkennungsdienst
Flak-v-	Flak-verwendungsfähig
FuMG	Funkmeßgerät
Gymn.	Gymnasium
HJ	Hitlerjugend
IRK	Internationales Rotes Kreuz
JFdDtR	Jugendführer des Deutschen Reichs
JM	Jungmädelbund (in der HJ)
KLV	Kinderlandverschickung
KK	Korvettenkapitän
KSB	Kommandeur Schutzbezirk
kv	kriegsverwendungsfähig
LGK	Luftgaukommando
LOH	Luftwaffenoberhelfer
LwH	Luftwaffenhelfer
MA	Marineartillerie
MFLA	Marineflakabteilung
MFLR	Marineflakregiment
MFSA	Marinefeuerschutzabteilung
MfU	Ministerium für Unterricht
MH	Marinehelfer
Mil.Bef.	Militär-Befehlshaber
MLHA	Mecklenburgisches Landeshauptarchiv
MOK	Marineoberkommando
NSDAP	Nationalsozialistische Deutsche Arbeiterpartei
NSFK	Nationalsozialistische Fliegerkorps
NSKK	Nationalsozialistische Kraftfahrerkorps
OKW	Oberkommando der Wehrmacht
OSfJ	Oberschule für Jungen
RAF	Royal Air Force

RAD	Reichsarbeitsdienst
REM	Reichserziehungsminister/Reichserziehungsministerium
RJF	Reichsjugendführer/Reichsjugendführung der NSDAP
ROA	Reserve-Offiziersanwärter
SBREM	Sonderbeauftragter des Reichserziehungsministers
Schw.Hei.	Schwere Heimatflakbatterie
SD	Sicherheitsdienst
SK	Schnellfeuerkanone
StBC	Stellvertreter Batteriechef
TVA	Torpedoversuchsanstalt
USAF	US Air Force
UVD	Unteroffizier vom Dienst
v	verwendungsfähig
WEL	Wehrertüchtigungslager
WHW	Winterhilfswerk
zbV	zur besonderen Verwendung

Vorwort

Am Anfang war ein kleines vergilbtes Foto, aufgenommen im Frühjahr 1944. Das Rohr eines mächtigen 10,5cm-Geschützes mit gepanzertem Deckungsschild ragt dem Betrachter entgegen. Auf der Geschützkuppel haben sich sechs Uniformierte mit der Armbinde der Hitlerjugend in Positur gestellt. Die Haltung ist herausfordernd, ihr Blick trotzig. Dennoch können sie ihr jugendliches Alter nicht verbergen. Wenige Monate zuvor drückten sie noch die Schulbänke in Bützow und Schwerin. Nun ist die Flakbatterie ihr Alltag - eingesetzt als Marinehelfer in der Batterie Hemmelmark bei Eckernförde. Schutz der Torpedoversuchsanstalten Eckernförde lautet ihr „Kampfauftrag". Sie bedienen die Höhen-, Seitenricht- und Zünderstellmaschine ihres Geschützes, fangen ausgeworfene Geschoßhülsen, schleppen Munition, verfolgen die Flugbahn angreifender Flugzeuge und übermitteln die Werte an die Kanonen. Doch auch die Schule fordert ihr Recht. Neben den militärischen Aufgaben stehen 18 Wochenstunden Schulunterricht auf dem Dienstplan - „ein notwendiges Übel", wie der ehemalige Marinehelfer Horst K. von der Oberschule für Jungen Bützow betonte. Wie Zehntausende ihrer Altersgefährten in ganz Deutschland waren sie „Schüler-Soldaten", auf deren jungen Schultern die Hauptlast der Flakabwehr im Heimatkriegsgebiet bald ruhte. „Ja, wir waren stolz auf unseren Einsatz", bemerkte Horst K. auf eine entsprechende Frage.

Marinehelfer der Oberschule für Jungen Bützow und Marineoberhelfer der Wilhelm-Gustloff-Schule Schwerin in der Batterie Hemmelmark (3./211) bei Eckernförde im Frühjahr 1944 (Horst Kreimann)

Wissenschaftliche Diskussionen in den vergangenen Jahren erbrachten den Nachweis, daß - trotz des Vorliegens umfangreicher Literatur - wesentliche Erfahrungen verschiedener Gruppen und Generationen weiblicher und männlicher Jugendlicher während des Zweiten Weltkrieges einer vertiefenden Forschung bedürfen. Dies trifft um so mehr auf regionalgeschichtliche Fragestellungen zu.[1]
Analysiert man die zahlreichen Darstellungen zur Geschichte der deutschen Jugend während des Zweiten Weltkrieges, so fällt jedoch auf, daß kaum ein Bereich des vielschichtigen Kriegseinsatzes junger Menschen so umfassend publiziert wurde wie der „Kriegshilfsdienst" von Schülern und Lehrlingen als Luftwaffen- und Marinehelfer in den Jahren 1943 - 1945. Die Veröffentlichungen von Leopold Banny, Xaver Dotzer, Paul Emunds, Norbert Krüger, Hans-Dietrich Nicolaisen, Heinrich Petersen, Rolf Schörken, Ludwig Schätz, Wulf Schröder, Ludger Tewes u.v.a. dokumentieren diese Tatsache. Die Autoren zeichnen - wenn auch aus verschiedenen Forschungsansätzen heraus - ein auf Kenntnis der überlieferten Dokumente basierendes und durch die Methode der „oral history" ergänztes Bild des Luftwaffen- und Marinehelfereinsatzes.[2] Allerdings ist der Bekanntheitsgrad dieser Arbeiten begrenzt. So sind sie den ehemaligen Luftwaffen- und Marinehelfern, die in den östlichen Bundesländern leben, nahezu unbekannt.
Die Vernachlässigung dieser Thematik durch die Geschichtswissenschaft der ehemaligen DDR hatte zur Folge, daß regionalgeschichtliche Studien für die Luftgaue II, III und XI, welche u.a. das Territorium der heutigen fünf östlichen Bundesländer einschlossen, völlig fehlten. So blieb es dem Schriftsteller Dieter Noll in seinem Roman „Die Abenteuer des Werner Holt" vorbehalten, den Einsatz und das Sterben der Flakhelfer im Bombenhagel der Alliierten literarisch darzustellen. Dieser Bestseller der DDR-Literatur war zugleich Pflichtlektüre an den Schulen; der gleichnamige Film wurde alljährlich im Rahmen des Fernsehprogramms „Für die Schule" gezeigt. Während unserer Recherchen, die 1991 begannen, wurden wir durch ehemalige Luftwaffen- und Marinehelfer immer wieder auf Dieter Noll verwiesen. „Lesen Sie 'Werner Holt' und Sie wissen, wie es war!".
Dr. Hans-Dietrich Nicolaisen veröffentlichte 1993 in seinem dritten Werk „Gruppenfeuer und Salventakt. Schüler und Lehrlinge bei der Flak 1943-1945" nun auch erstmals statistische Angaben über den Einsatz von Luftwaffen- und Marinehelfern aus Berlin, Brandenburg, Sachsen, Sachsen-Anhalt und Pommern sowie Berichte über Angriffe auf Dessau, Dresden, Leipzig, Magdeburg, Zeitz, Halle-Leuna-Merseburg, Ruhland und Senftenberg. Vertiefende Studien wären sicherlich eine lohnende Aufgabe, da sich in den Archiven zahlreiche Quellen erschließen lassen und viele Zeitzeugen zur Verfügung stehen.

---

[1] Vgl. Deutsche Jugend im Zweiten Weltkrieg, Rostock 1991, S. 9 ff.
[2] Vgl. Literaturverzeichnis.

Die vorliegende Publikation versucht, eine regionalgeschichtliche Forschungslücke zu schließen und darüber hinaus einen Beitrag zur Darstellung alltagsgeschichtlicher Erfahrungen von Jugendlichen der Jahrgänge 1926 bis 1928 unter den Bedingungen der totalen Kriegführung in den Jahren 1943 bis 1945 zu leisten. Die Arbeit wendet sich nicht nur an die ehemaligen Luftwaffen- und Marinehelfer und den geschichtsinteressierten Leser, sondern vor allem an die junge Generation, der es aufzuzeigen gilt, wie sich die Lebensbedingungen Gleichaltriger im nationalsozialistischen Deutschland gestalteten und mit welchen Problemen und auch Gefahren junge Menschen konfrontiert waren.

Die vorliegende Darstellung des Einsatzes mecklenburgischer Schüler und Lehrlinge als Luftwaffen- und Marinehelfer basiert auf Dokumenten des Luftgaukommandos XI Hamburg und des Mecklenburgischen Staatsministeriums - Abteilung Wissenschaft, Erziehung und Volksbildung - sowie auf Schulakten, die im Bundesarchiv Koblenz, im Mecklenburgischen Landeshauptarchiv Schwerin und im Archiv der Hansestadt Rostock ermittelt werden konnten. Die in wenigen Stadtarchiven Mecklenburg-Vorpommerns nur noch spärlich vorhandenen Materialien waren ohne Relevanz; Anfragen an Schularchive blieben unbeantwortet.

Großer Dank gebührt allen ehemaligen Luftwaffen- und Marinehelfern Mecklenburgs, die uns ihre Erinnerungen mündlich, schriftlich oder in Form von Fotos, Tagebuchaufzeichnungen, Briefen, Zeugnissen, Bescheinigungen, Zeichnungen, Lied- und Gedichttexten zur Verfügung stellten. Die Erlebnisberichte nehmen in der Publikation – unkommentiert - einen breiten Raum ein. Des weiteren kommen Betreuungslehrer, die ihre Erfahrungen seinerzeit dem Schweriner Ministerium darlegten, zu Wort. Die Verfasser waren sich der „Gefahren", die die „oral-history-Forschung" in sich birgt, durchaus bewußt. Zwischen dem Erlebten und Dargestellten liegen mehr als 50 Jahre. Die Erinnerung verblaßte; Ereignisse wurden selektiert bzw. interpretiert. Dennoch brachte gerade diese Methode auch beträchtlichen Gewinn: Nur so waren neben Einsatzorten und militärischen Einsätzen auch Gang und Inhalt von Ausbildung, Unterricht und Freizeit zu ermitteln. Die Gedächtnisprotokolle förderten z.T. erstaunliche Details zu Tage, die – eben in ihrer Summe – den Alltag der Flakhelfer sehr anschaulich nachzeichnen. Will man Generelles und Spezifisches über die Beeinflussung der jungen Menschen durch Hitlerjugend und Schule ermitteln, Bewußtseinsinhalte und Befindlichkeiten junger Menschen während ihres Kriegseinsatzes aufspüren, so kann und darf auf die mündliche Quelle nicht verzichtet werden. Deshalb sind wir dankbar, daß über 50 ehemalige mecklenburgische Luftwaffen- und Marinehelfer unser Publikationsvorhaben unterstützten. Ihre persönlichen Erinnerungen werden – wie oben bereits erwähnt – zum großen Teil von überlieferten schriftlichen Dokumenten gestützt; sie bereichern diese oder stellen in Frage.

Sofern sich Widersprüche in der Darstellung ergaben, wurden diese von den Verfassern angemerkt. Selbstredend sahen sich die Verfasser gezwungen, Erinnerungsberichte verkürzt wiederzugeben bzw. unter der Vielzahl von Dokumenten auszuwählen.

Wie bereits Rolf Schörken bei der Auswertung seiner Befragung von Luftwaffen- und Marinehelfern nach ihrem politischen Bewußtsein ausführte, können Rechtfertigungs- oder Beschönigungsversuche bei den ehemaligen Flakhelfern nahezu ausgeschlossen werden, da bei den 15- bis 17jährigen Jugendlichen noch kein Grund bestand, Handlungen oder Einstellungen verschleiern zu müssen.[3] Kaum jemand bekleidete höhere Führungspositionen in der Hitlerjugend. Sie waren vielmehr Kinder ihrer Zeit, die von einer skrupellosen Führung ihrer Jugend beraubt wurden, ohne daß sie es selbst wahrnahmen. Unter Kriegsbedingungen wurde das Außergewöhnliche bald zur Normalität. Die Ausführungen von Klaus M. - Luftwaffenhelfer der Großen Stadtschule Wismar - lassen deshalb wohl generelle Aussagen über die Befindlichkeiten der „Luftwaffenhelfer-Generation" zu: „Bei grundsätzlicher Beurteilung der Luftwaffenhelfer-Zeit kann man wohl sagen, daß sie seinerzeit die Normalität im Leben eines jungen Menschen darstellte. Sie war nicht geprägt von einer Begeisterung für Hitler oder den Nationalsozialismus, sondern sie war eine Art Selbstverständlichkeit, der man sich nicht entziehen konnte, die man aber auch nicht intellektuell oder ethisch in Frage stellte. Gerade die letzten Kriegsjahre waren ja geprägt von Opfern und Verlusten. Jeden Tag hörte man von Mitschülern, die gefallen waren, und man hörte von Familien, die ihr gesamtes Hab und Gut durch Luftangriffe verloren hatten. So empfand man es als Pflicht und Selbstverständlichkeit, seinen Dienst als Luftwaffenhelfer zu tun und damit dem bedrohten Vaterland zu helfen."[4]

Die vorliegende Veröffentlichung ist in zwei Schwerpunkte untergliedert. Der einleitende Text faßt chronologisch die wesentlichsten Forschungsergebnisse über den Flakeinsatz mecklenburgischer Schüler und Lehrlinge zusammen. Auf die erneute umfassende Analyse der Auseinandersetzungen um den Erlaß zum Kriegshilfsdienst der deutschen Jugend bei der Luftwaffe wird hier bewußt verzichtet. Der Anhang, der die einzelnen höheren und mittleren Schulen Mecklenburgs verzeichnet, die Schüler für den Kriegshilfseinsatz der Jugend bei Luftwaffe und Kriegsmarine abzustellen hatten, enthält einen allgemeinen Überblick, der neben den Einsatzorten auch die Anzahl der eingezogenen Luftwaffen- und Marinehelfer der jeweiligen Schulen ausweist. Somit erhalten die mecklenburgischen Schulen einen raschen Zugriff auf einen Teilaspekt ihrer Geschichte.

---

[3] Schörken Rolf, Luftwaffenhelfer und Drittes Reich. Die Entstehung eines politischen Bewußtseins, Stuttgart 1984.
[4] Erinnerungsbericht von Klaus M.

Für nahezu 2.000 Schüler mecklenburgischer Lehranstalten und eine nicht bekannte Anzahl von Berufs- und Berufsfachschülern bedeutete die Heranziehung zum Luftwaffen- und Marinehelfereinsatz in den Jahren 1943 bis 1945 einen tiefen Einschnitt in ihr bisheriges Leben. Als jüngste Soldaten waren sie häufig den Gefahren des Luftkrieges ausgesetzt, der auch unter den 15- bis 17jährigen Mecklenburgern Opfer forderte. Den gefallenen Luftwaffen- und Marinehelfern ist diese Arbeit gewidmet.

Die Verfasser bedanken sich bei Grit Dittmann, Anke Hennig-Schotte und Dirk Wünschkowski für die Hilfe bei der technischen Erstellung der Publikation.

Beate Behrens / Torsten Schaar

Rostock, August 1998

I. Flakeinsatz mecklenburgischer Schüler - Pläne und Realitäten

Luftkrieg und Luftverteidigung in Mecklenburg 1940-1942

Sommer 1940. Europa befand sich im Krieg. Deutsche Truppen hatten in Blitzfeldzügen Polen zerschlagen, Dänemark und Norwegen besetzt, Belgien, Holland und Luxemburg überrannt, Frankreich besiegt. Die Luftschlacht um England begann. Pausenlos bombardierten deutsche Flugzeuge Städte, Fabriken, Flugplätze und militärische Ziele, um so die Voraussetzungen für eine erfolgreiche Invasion der britischen Insel zu schaffen. Doch Großbritannien schlug zurück. Die Verluste der deutschen Luftwaffe stiegen, Bomberstaffeln der Royal Air Force (RAF) griffen deutsche Städte an. Tod und Verderben kehrten nach Deutschland zurück. In das Visier der britischen Planungsstäbe rückten 43 deutsche Städte, so auch die norddeutschen Rüstungszentren Bremen, Hamburg, Kiel, Lübeck und insbesondere die Zentren der Flugzeugindustrie Rostock (Ernst-Heinkel-Flugzeugwerke), Warnemünde (Arado) und Wismar (Dornier).

Im Sommer 1940 eröffnete die Royal Air Force ihre Luftangriffe gegen mecklenburgische Städte. Die ersten Bomben auf die alte Hansestadt Rostock fielen in der Nacht des 11. Juni 1940 gegen 01.15 Uhr. Die Folgen waren gering, lediglich die Bahnstrecke zwischen Rostock und Warnemünde wurde leicht beschädigt. Einige Wochen später, am 3. Juli 1940, griffen britische Flugzeuge gegen 16.00 Uhr das Ostseebad Warnemünde an. Das Arado-Werk und die Krögersche Werft erhielten Treffer, schwere Schäden verursachten Sprengbomben in der Bahnhofstraße. Erste Opfer waren zu beklagen - 4 Tote und 11 Verletzte. Zwei weitere Nachtangriffe am 29. Juli und 27. Oktober 1940 blieben nahezu folgenlos - die Bomben gingen auf unbewohnte Flächen zwischen Hohe Düne und Schnatermann nieder, in der Schwaaner Landstraße entstand leichter Gebäudeschaden.[1] Am 20./21. Juli 1940 und 9. August 1940 fielen auch einige Bomben auf die Gauhauptstadt Schwerin.

Die Luftangriffe des Jahres 1940 - wohl mehr eine Willensdemonstration denn gezielte Vernichtungsattacken - waren noch relativ wirkungslos. Die Zahl der Opfer und Gebäudeschäden blieb gering, die Rüstungsproduktion unbeeinträchtigt. In den folgenden 10 Monaten wurden Mecklenburgs Städte von Luftangriffen verschont. Obgleich die Sirenen die Bewohner gelegentlich in die Luftschutzkeller zwangen, begann sich ein Gefühl relativer Sicherheit, besonders bei den Verantwortlichen für die Luftschutzmaßnahmen und im Luftgaukommando XI, auszubreiten. Doch die Ruhe war trügerisch.

---

[1] Vgl. Bohl, Hans-Werner/Keipke, Bodo/Schröder, Karsten, Bomben auf Rostock. Krieg und Kriegsende in Berichten, Dokumenten, Erinnerungen und Fotos 1940-1945, Rostock 1995, S. 15 ff.

Durch das Scheitern der deutschen Luftoffensive gegen britische Städte im Sommer und Herbst 1940 und den Beginn der Kampfhandlungen Deutschlands und seiner Verbündeten gegen die Sowjetunion am 21. Juni 1941 konnten führende politische und militärische Kreise Großbritanniens eine befürchtete Landung deutscher Truppen auf den britischen Inseln weitgehend ausschließen und sahen sich darüber hinaus in die Lage versetzt, Kräfte für eine Rückkehr auf den Kontinent zu sammeln und erfolgversprechende Kampfhandlungen gegen Deutschland zu führen. Da die Landstreitkräfte nach Ansicht der militärischen Führung im Sommer 1941 nur unzureichend einsatzfähig waren, wurde der Luftwaffe in den Planungsdokumenten eine entscheidende Bedeutung beigemessen. Während Großbritannien die Hauptkonfrontation mit den deutschen Truppen der Sowjetunion überließ, entwickelten die Führungskräfte strategische Konzepte, dem deutschen Hinterland und vor allem der Rüstungsindustrie schwere Schläge zu versetzen. Zum Hauptinstrument dieser Überlegungen avancierte die Royal Air Force, insbesondere das Bomber Command. Hatten die bis zu diesem Zeitpunkt gegen deutsche Städte und Rüstungsfabriken gerichteten Angriffe mehr symbolischen Charakter gehabt, so eröffnete sich nun die Möglichkeit, eine präzise und langfristig geplante Großoffensive der Bomberstreitkräfte durchzuführen. Am 31. Juli 1941 wurde für die Gesamtstrategie als bindend erklärt: „Wir müssen zunächst die Grundlagen zerstören, auf denen die deutsche Kriegsmaschine beruht: die Wirtschaft, die sie füttert, die Moral, die sie aufrechterhält, der Nachschub, der sie nährt, und die Hoffnungen auf den Sieg, die sie inspirieren... In den Bombardements, und zwar in einem Ausmaß, wie man sie sich nach den Erfahrungen des letzten Krieges gar nicht vorstellen kann, finden wir jene neue Waffe, von der die Zerstörung des wirtschaftlichen Lebens und der Moral in Deutschland grundsätzlich für uns abhängt." Amerikanische Politiker und Militärs konnten sich in gemeinsamen Gesprächen mit ihren Verbündeten jedoch des Eindrucks nicht erwehren, daß Großbritannien allein von Bomberoffensiven und Flächenbombardements den Zusammenbruch Deutschlands erwartete und seine Landstreitkräfte weitgehend aus Kampfhandlungen herauszuhalten gedachte. Die RAF begründete die geplanten Flächenbombardements mit unzureichenden Navigationsmitteln. Diese würden Präzisionsabwürfe auf Punktziele nahezu ausschließen. Angesichts der verstärkten deutschen Luftabwehr, welche die Bomber in immer größere Höhen zwang, und nachlassender Treffgenauigkeit wären steigende Verluste unter den eigenen Besatzungen zu erwarten. Folglich seien Flächenbombardements angeblich das einzig wirksame Mittel im Luftkrieg gegen Deutschland. Die nach heftigen Debatten letztlich getroffene Entscheidung für das Flächenbombardement war weniger eine technische Zwangsforderung, da inzwischen moderne Mittel zur Zielfindung entwickelt worden waren, denn eine politische Entscheidung, die den Luftstreitkräften in steter Auseinandersetzung mit der Kriegsmarine eine Vorzugsstellung innerhalb der britischen Gesamtstreitkräfte einräumte und weitgehend den Intentionen des Premierministers Winston Churchill entsprach, der bereits am 3. September 1940 festgestellt hatte: „Die Marine kann uns den Krieg verlieren lassen, aber nur die Luftwaffe kann ihn gewinnen... Die Jäger sind unsere Rettung, aber die Bomber allein stellen die Mittel zum Sieg." Im Sommer 1941 entwickelte die RAF schließlich ein Programm zum Einsatz ihrer Bomber, in dem es u.a. hieß: „Es muß erkannt werden, daß der Angriff auf die Moral nicht eine Sache des reinen Tötens ist, obgleich die Todesfurcht unzweifelhaft ein wichtiger Faktor ist. Es ist vielmehr die allgemeine Zerrüttung des industriellen und sozialen Lebens, hervorgerufen durch Zerstörung der Industriewerke, der Wohnhäuser, der Geschäfte, der Versorgungs- und Transportdienste, die daraus folgende dauernde Abwesenheit und schließlich damit Unterbrechung all dessen, was die allgemeine Aktivität einer Kommune ausmacht." Diskutiert wurde gleichzeitig die Modifizierung der Bomberzuladungen. An die Stelle der bislang bevorzugten Sprengbombe trat die Brandbombe. Städte mit hoher Brandanfälligkeit erhielten höchste Priorität. Demgegenüber traten rüstungszerstörende Erwägungen zurück, wodurch sich das Schwergewicht der geplanten Luftangriffe vorrangig gegen die Moral der deutschen Bevölkerung richtete. Ein Masterplan sah hinsichtlich der Bombardierungstechnik vor, daß in die von den Erstbrandlegerabteilungen entflammten Ziele Brand- und Sprengbomben geworfen werden sollten, um die Schwierigkeiten der Brandbekämpfung deutlich zu erhöhen. Ein nach der Brandanfälligkeit der Städte erstellter Katalog verzeichnete Rostock neben Aachen, Bremen, Freiburg und Lübeck mit an erster Stelle. Für die Erprobung der neuen Strategie an Rostock sprachen neben dem hohen Anteil leicht entzündbarer alter Häuser und einer günstigen Entfernung eine Reihe weiterer nicht unwesentlicher Faktoren: die Zentren der Flugzeugindustrie Heinkel und Arado, eine für schwach befundene Luftabwehr sowie die exponierte geographische Lage der Stadt, welche sich durch die Mündung der Warnow deutlich auf den Radarschirmen abhob und Rostock später auch zum Opfer von Gelegenheitsangriffen werden lassen sollte.[2]

Im September 1941 wurde der Gau Mecklenburg erneut angegriffen. Am 8. September 1941 verfehlten angreifende britische Flugzeuge die Stadt Rostock und luden ihre Bomben über der Diedrichshäger Feldmark ab. Den bis zu diesem Zeitpunkt schwersten Bombenangriff erlebten die Rostocker und Warnemünder in der Nacht des 12. September 1941. Um 01.17 Uhr gaben die Sirenen Feueralarm. 56 Bomber der Royal Air Force befanden sich im Anflug. Viele Bewohner

---

[2] Zur Luftkriegsstrategie vgl. u.a. Groehler, Olaf, Rostock im Luftkrieg (1941-1944), in: Beiträge zur Geschichte der Stadt Rostock, H.9, Rostock 1988, S. 17ff.; Schaar, Torsten, Zur alliierten Luftkriegsstrategie gegen die Stadt Rostock zwischen 1940 und 1944, in: Bomben auf Rostock, S. 9ff.

begaben sich in die Luftschutzräume, andere verblieben in den Wohnungen. Flakscheinwerfer begannen den Himmel abzutasten, die Geschütze meldeten Feuerbereitschaft. Um 01.40 Uhr fielen heulend die ersten Bomben. Einschläge in der Harten Straße; die Häuser 2 und 3 durch Volltreffer zerstört; 3 Tote, 8 Verschüttete. Einsturz des Hauses Beim Waisenhaus 1; 4 Tote, eine verletzte Person. Volltreffer in das Werkstattgebäude Harte Straße 24/25; Bombensplitter töteten eine Person im Luftschutzraum Paschenstraße 2. Das Warnemünder Kurmittelhaus wurde getroffen; die Fritz-Reuter-Schule brannte. Ebenfalls Brände im Hafen, in der Bismarckstraße, in der Nordlandstraße ... Dazwischen das Schießen der Flak. Wolfgang B. erinnert sich an diese Nacht: „.. Wir hörten das Krachen im Keller. Das Haus wurde erschüttert, alles wackelte, Glas klirrte, das Licht flackerte, Schreie ertönten und alle sahen zur Kellerdecke: Würde sie halten? - Aus den Ritzen zwischen den dicken Deckenbohlen fielen Mörtelbrocken und Staub in den Keller. Wir begannen zu husten, eine Staubwolke behinderte die Sicht. - Niemand hatte die Einschläge gezählt, waren es fünf oder noch mehr? War unser Haus getroffen? Angstvolle Stille trat ein, niemand wagte es, sich zu bewegen. Man hörte nur erregtes, heftiges Atmen. Ich hatte mir meine Decke über den Kopf gezogen und mich dicht an meine Mutter gedrückt. So glaubte ich mich in Sicherheit..."[3] 02.55 Uhr Abflug der britischen Bomber. 03.04 Uhr erneuter Anflug. 14 Tote beim Einsturz des Wohnhauses Hermannstraße 1 in Warnemünde. 03.49 Uhr Abflug. 04.00 Uhr Entwarnung für die Stadt.[4]

500 bis 600 Brandbomben sowie 62 Sprengbomben fielen in dieser Nacht auf Rostock und Warnemünde; 36 Personen, darunter 11 Kinder, starben; etwa 30 Gebäude wurden zerstört. Die Rüstungsproduktion war nicht betroffen.[5] Der Angriff vom 12. September 1941 forderte ungleich mehr Opfer und hinterließ größere Zerstörungen als alle Angriffe des Jahres 1940 zusammen. Er war jedoch nur die Ankündigung des Infernos, welches einige Monate später über die alte Universitäts- und Hansestadt Rostock hereinbrechen sollte.

Britische Aufklärungsflugzeuge hatten die Schäden des Septemberangriffs fotografiert. Die Beobachtungen und Erfahrungen wurden am 14. Dezember 1941 zusammengefaßt und dem Bomber Command mitgeteilt. Der Bericht hob nochmals die hohe Brandanfälligkeit, die unzureichende Luftabwehr und die rüstungspolitische Bedeutung Rostocks hervor. Trotz wiederholter Diskussionen über das Für und Wider einer gegen Deutschland gerichteten Großoffensive der Luftstreitkräfte, in denen Churchill eine deutlich differenziertere Meinung hinsichtlich der Erfolgsaussichten vertrat, forcierte Großbritannien seine Kraftan-

---

[3] Bomben auf Rostock, S. 24f.
[4] Vgl. ebenda, S. 20ff.
[5] Vgl. ebenda.

strengungen, um die benötigten materiell-technischen Mittel in Form von mittleren und schweren Bombern, Jagdflugzeugen, ausgebildeten Besatzungen, leistungsfähigen Navigationsmitteln und neuartigen Bomben, wie Minenbomben, bereitzustellen. Am 1. Januar 1942 führte die RAF das funkelektronische Navigationsmittel Typ GEE ein, welches Präzisionsangriffe auch bei Nacht zuließ. Deshalb forderten verschiedene politische und militärische Kreise, verstärkt Objekte der deutschen Rüstungsindustrie in die Zielkartei aufzunehmen. Im Februar 1942 übernahm Arthur T. Harris - der zum entschiedensten Vollstrecker der britischen Luftkriegsstrategie avancierte - den Oberbefehl des Bomber Command. Parolen wie „Machen wir Schluß mit dem Krieg, indem wir den Deutschen die Seele aus dem Leib schlagen!" verdeutlichen seine Entschlossenheit, welche ihm bald den Namen „Bomber-Harris" eintrug. Sein Festhalten an der für die deutsche Bevölkerung, aber auch für die britischen Piloten mörderischen Strategie läßt sich aus Harris` Überzeugung erklären, wonach die Bomber den Krieg entscheiden würden. Eine modifizierte Bomberdirektive vom 14. Februar 1942 schrieb den Doppelcharakter der Luftangriffe, nämlich Stadtbombardements - gerichtet gegen die Moral der Zivilbevölkerung - und Bombardierung der Rüstungsfabriken, endgültig fest.[6]

Den Auftakt der britischen Luftoffensive bildete der Angriff auf Lübeck in der Nacht vom 28. zum 29. März 1942. Zum ersten Mal erprobten 234 Flugzeuge der Royal Air Force Flächenangriffe auf Wohnviertel einer Stadt. Brand- und Sprengbomben vernichteten ein Fünftel der Altstadt. 1.468 Häuser, darunter historisch wertvolle Bürgerhäuser, wurden zerstört; die Marienkirche, der Dom und die Petrikirche brannten aus. Der Polizeibericht nannte 301 Tote, 4 Vermißte, 783 Verletzte und 15.000 Obdachlose. Der unzureichenden Luftabwehr, bestehend aus fünf schweren und vier leichten Flakbatterien, gelang lediglich der Abschuß von 12 Flugzeugen.[7]

In den Nächten vom 23. bis 27. April 1942 sah sich die Stadt Rostock schwersten Luftangriffen ausgesetzt. Das Viertagebombardement stellte zugleich ein Novum in der Geschichte des Bomber Command dar. Erstmals wurden Flächenbombardements mit Präzisionsabwürfen kombiniert. Unter Ausnutzung sternklarer Nächte, in denen ein relativer starker Wind blies, zerstörte eine Hauptgruppe größere Teile der Innenstadt, während ein kleinerer Verband die Heinkel-Werke im Tiefflug angriff. Erwies sich die Attacke in der Nacht vom 23. zum 24. April 1942 noch als Fehlschlag, so verheerten die in den folgenden drei Nächten geflogenen Angriffe große Teile der Altstadt mit ihren kulturhistorisch wertvollen Gebäuden. Der in diesen Katastrophennächten als Melder einge-

---

[6] Vgl. ebenda, S. 11f.
[7] Vgl. Lübeckische Geschichte, hrsg. von Antjekathrin Graßmann, 2. Aufl., Lübeck 1989, S. 723ff.

Sprengbombenvolltreffer - Rostock, Harte Straße 24/25 (AHR)

Blick von der Marienkirche auf den Neuen Markt. Zerstörungen nach dem Rostocker Viertagebombardement 24.-27. April 1942 (AHR)

setzte Hans-Jürgen L. berichtete: „(24./25.April) ... Zwei Wellen der Engländer mit offenen Bombenschächten waren schon gemeldet. Den ersten Angriff erwartete man jeden Augenblick. Schon war das Hämmern der Flak in Warnemünde zu hören, und bald darauf setzte auch die Rostocker ein. Während sich der Feind in der vorherigen Nacht hauptsächlich auf kriegswichtige Ziele konzentriert und fast ausschließlich Sprengbomben abgeworfen hatte, ging jetzt ein wahrer Hagel von Brandbomben auf die Wohnviertel nieder... Am St.-Georg-Platz (...) brannten fünf zum Teil sechsstöckige Gebäude, und am Ende der Alexandrinenstraße (...) konnte man das schöne Steintor wie eine Riesenfackel in Flammen stehen sehen... Als ich auf dem Heimweg war, tobte der Angriff noch immer. Vom Theater aus sah ich die Nikolaikirche in hellen Flammen stehen... Ich bog zum Mühlendamm ab. Da fingen ihre Glocken mit dumpfen, brummenden Lauten zu tönen an. Die Hitze hatte sie zum Schwingen gebracht. Ein Sterbegeläut! ... Es sah überall wüst aus, alles grau in grau. Die Häuser standen hohl, wie ausgeblasene Eierschalen. , ... und in den öden Fensterhöhlen wohnt das Grauen' hieß es in ‚Die Glocke', und so sah ich meine Heimatstadt... (25./26.April) Da, schon wieder Voralarm! ... Hatten wir angenommen, schon etwas Schreckliches in den zurückliegenden Nächten erlebt zu haben, so stellte sich dies bald als großer Irrtum heraus. Innerhalb einer Viertelstunde war der Teufel los. Die Flak, die Verstärkung erhalten hatte, aber trotzdem noch nicht genug ausrichten konnte, feuerte mit außerordentlich schneller Schußfolge, aber mit wenig Wirkung auf den Gegner. Aus der Dachluke der Kreisleitung konnte ich sehen, wie die Engländer - teils sogar im Tiefflug von Dierkow/Petridamm anfliegend - über die Altstadt bis hin zum Kröpeliner Tor Brandbomben säten. Fast die gesamte Altstadt und der zwischen den Linien Rosengarten-Wall-Fischerbastion und Warnow-Fluß liegende Teil der Stadt standen in Flammen. Es war schwer für einen Rostocker, zu sehen, wie die Vaterstadt mit ihren alten schönen Bauten, den Straßen, die so viele Erinnerungen bargen, und den Kirchen zerstampft und dem Erdboden gleichgemacht darniederlag... Durch Feuer, Qualm und Mörtelstaub sah man die alten schönen Giebel - den Stolz der Rostocker - in sich zusammenbrechen. Feuer wälzte sich über die Altstadt bis hin zur Petrikirche. Ihr schlanker, hoher, grüner Turmhelm ragte noch über das Chaos, obgleich sich bereits einige Kupferplatten weißglühend lösten und wie Seidenpapier zur Erde flatterten. Darunter wütete die Glut brennender Wohnhäuser, aus der - durch Einstürze produziert - ständig Funkenfontänen emporschossen. Zu retten war nichts mehr! ..."[8] Der letzte Angriff richtete sich gegen die Heinkel-Werke (Betriebsteil Bleicherstraße) und beschädigte diese erheblich.

[8] Bomben auf Rostock, S. 38ff.

Die in London vorgenommene Einschätzung, wonach in diesen vier Tagen 6.000 Menschen ums Leben gekommen seien, der militärische Transitverkehr nach Dänemark unterbrochen wäre und die Heinkel-Werke zu einem Drittel vernichtet wurden, entsprach keinesfalls den Realitäten, bewahrte Rostock jedoch vor weiteren Flächenbombardements. Dennoch waren die Schäden gewaltig. Das historisch gewachsene Stadtbild der Hansestadt war verloren, 108.590 Brandbomben und eine nicht bekannte Zahl von Sprengbomben hatten ganze Stadtviertel im Bereich der Altstadt in Schutt und Asche gelegt. Das Stadttheater war zerstört, die Petri- und Nikolaikirche ausgebrannt, die Jacobikirche beschädigt. Wohnungen, öffentliche Gebäude, Hotels, Schulen, Kaufhäuser, Geschäfte, Kliniken und historische Stadttore waren zerbombt. Rostock - ein Bild der Vernichtung und Zerstörung. Gemessen an den großen materiellen Schäden war die Zahl der Opfer relativ gering. 138 Menschen - Zivilisten, Wehrmachtsangehörige und ausländische Zwangsarbeiter - starben im Bombenhagel oder erstickten qualvoll unter den Trümmern. Unter den Opfern befanden sich auch einige Angehörige der Hitlerjugend, die als Melder oder Brandwachen im Einsatz gestanden hatten.[9]

Die mit den Flächenbombardements gegen Lübeck, Rostock und Köln verbundenen nur äußerst geringen Verluste für die britischen Bomberstaffeln offenbarten die komplizierte Situation, in der sich die deutsche Luftabwehr aufgrund der Vernachlässigung der Flakbatterien zugunsten der Jägerproduktion zu diesem Zeitpunkt befand. Diese konnte auch durch die Aufstellung zusätzlicher Sperrfeuer-, Heimatflak- und Alarmflakbatterien kaum verbessert werden.
Das Luftgaukommando XI mit Sitz in Hamburg war u.a. für den Schutz des Luftraums über großen Teilen Mecklenburgs verantwortlich. Die Zahl der 1942 hier eingesetzten Flakbatterien läßt sich nicht mehr genau rekonstruieren. Während und nach dem Viertagebombardement wurde im Raum Rostock die Flakdichte erhöht; zusätzliche Sperrballons, Scheinwerfer und Nebeleinheiten wurden zusammengezogen.
Innerhalb der Royal Air Force setzten angesichts der Zerstörungen in Lübeck und Rostock Diskussionen über die einseitige Orientierung auf Flächenbombardements ein. Vizeluftmarschall John C. Slessor merkte an, daß die Bomberstrategie nur einseitig gegen die deutsche Zivilbevölkerung gerichtet sei, und empfahl angesichts einer künftigen Landung auf dem europäischen Festland vorrangig die deutsche Luftrüstung anzugreifen. Harris erhielt daraufhin am 5. Mai 1942 die Weisung, neben sogenannten Moralzielen verstärkt Zentren der Flugzeug-

---

[9] Zum Viertagebombardement vgl. insbesondere Bomben auf Rostock, S. 33-125.

produktion zu bombardieren.

Den Arado-Werken in Warnemünde galt der Luftangriff vom 8. zum 9. Mai 1942. Mit 316 Tonnen Bomben an Bord näherten sich britische Flugzeuge gegen 01.00 Uhr ihrem befohlenen Angriffsziel. Diesmal jedoch stießen die Bomberverbände auf eine massive Flakabwehr. Von 167 Flugzeugen wurden 19 abgeschossen, also mehr als während des Viertagebombardements. Der „Niederdeutsche Beobachter", die regionale NS-Zeitung, schrieb: „Zwei Stunden dauerte die mit aller Härte geführte Flakschlacht. 19 Britenbomber wurden abgeschossen, eine gewaltige Leistung unserer Flak und ein stolzes Ergebnis. Im weiten Umkreis, teilweise in unmittelbarer Nähe von Flakstellungen, liegen die Trümmer. Zeitdauer des Kampfes, umgerechnet auf die Abschußziffern, bedeutet: alle sechs Minuten ein Britenbomber!..."[10] Daraufhin erklärte der Befehlshaber des LGK XI, General der Flieger Wolff, den Tag von Rostock zum „Ehrentag der schweren Flakartillerie im Luftgau XI".[11]

Trotz aller Abschüsse hatte die Flak das Abwerfen von Bomben nicht verhindern können. Wieder wurden Wohnviertel - in den westlichen Vorstädten Rostocks - in Mitleidenschaft gezogen; 46 Menschen verloren ihr Leben. Die hochgesteckten Erwartungen Londons, Arado in Warnemünde als Rüstungsbetrieb auszuschalten, konnten nicht erfüllt werden. Der Produktionsausfall belief sich lediglich auf eineinhalb Tage. Auf Grund der unerwartet hohen Verluste auf eigener Seite schätzten die Befürworter von Flächenangriffen derartige Präzisionsangriffe als Verschwendung von Flugzeugen und Besatzungen ein.[12]

Genauere Angaben über den Einsatz von Batterien der Flakgruppe Mecklenburg in den Jahren 1943-1945 lassen sich sowohl den Berichten der Luftwaffenhelfer als auch einer vom ehemaligen Luftwaffenhelfer der Großen Stadtschule Rostock, Hans-Heinrich B., 1943 heimlich gezeichneten Flaklagekarte entnehmen, die darüber hinaus auch die Absturzstellen von Flugzeugen verzeichnet.

Schwere Flakbatterien der Flakuntergruppe Rostock mit 10,5cm- und 8,8cm-Geschützen befanden sich -zeitlich gestaffelt- bei Barnstorf (4./232), Bartelstorf, Biestow (Anfang 1944 nach Griechenland verlegt), Diedrichshagen, Groß Klein, Kassebohm (1./271, Ende August 1943 in den Osten verlegt), Krummendorf (5./613, 10,5cm-Batterie, im Sommer 1944 aus Hanöfersand bei Hamburg nach Rostock verlegt, ab November 1944 im Raum Osnabrück eingesetzt), Lichtenhagen (3./232, im November 1944 Verlegung nach Hellern bei Osnabrück und 7./232, im Juli 1944 Umwandlung in eine RAD-Batterie), Markgrafenheide (5./271), Petersdorf (Ende 1943 verlegt), Elmenhorst (1./232 und 1./275, 1944 nach Rostock verlegt), Peetz (4./613, 10,5cm-Batterie, im Som-

---

[10] Niederdeutscher Beobachter (NB) vom 14. Mai 1942.
[11] Vgl. Nicolaisen, Hans-Dietrich, Der Einsatz der Luftwaffen- und Marinehelfer im 2. Weltkrieg. Darstellung und Dokumentation, Büsum 1981, S. 56.
[12] Vgl. Bomben auf Rostock, S. 12 u. 127ff.

„Ehrentag der schweren Flakartillerie im Luftgaukommando XI" am 9. Mai 1942: 19 britische Bomber wurden beim Angriff auf die Arado-Flugzeugwerke Warnemünde von den Rostocker Batterien abgeschossen. Ein britisches Flugzeug zerschellte in den Barnstorfer Anlagen. (AHR)

Absturz eines britischen Bombers in das Warnemünder Gartengelände am 9. Mai 1942. Die neuseeländische Besatzung kam ums Leben. (AHR)

Überreste eines abgeschossenen britischen Bombers in der Dethardingstraße (Rostock) vom 9. Mai 1942 (AHR)

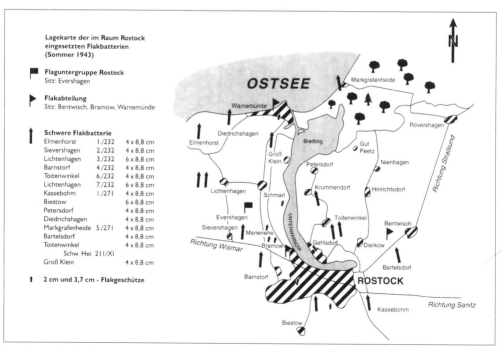

Lagekarte der im Raum Rostock eingesetzten Flakbatterien (AHR. Die dort befindliche Karte wurde von den Verfassern überarbeitet.)

mer 1944 aus Eigenbüttel bei Hamburg nach Rostock verlegt - die 4. und 5./613 bildeten in Rostock eine Großbatterie), Toitenwinkel (6./232, im März 1944 zur Flakuntergruppe Zeil/Main verlegt, und Schw.Hei.211/XI) und Sievershagen (2./232). Die Flakabteilungen hatten ihren Sitz in Bentwisch, Bramow und Warnemünde; die Flakuntergruppe Rostock war in Evershagen stationiert.

Im Januar 1945 waren nach Angaben Nicolaisens noch 12 schwere Flakbatterien zum Schutz von Rostock und Warnemünde eingesetzt. Es soll sich um die 1. und 4./216, die 1.,2. und 4./232 (Elmenhorst, Sievershagen und Barnstorf), die 1.-3./251, die 1./275 (Markgrafenheide), die 4./613 (Peetz) und die 4. und 5./618 gehandelt haben.

Leichte Flak mit 3,7cm- und 2cm-Geschützen kam vor allem zum Schutz der Heinkel-Werke in Marienehe, Bramow, Schmarl (66/XI), im Komponistenviertel (Batterie Carsten), am Botanischen Garten, in der Barlachstraße sowie in der Molkerei Gehlsdorf, bei Langenort, am Schwanenteich und zur Sicherung der Arado-Werke in Warnemünde (9/XI) zum Einsatz.[13]

Im Bereich der Heinkel-Werke und der Bahnstrecke Rostock-Warnemünde war eine Einheit sowjetischer Hilfswilliger für die Vernebelung des Werks mittels eines Gemisches aus Chlor-Sulfronsäure verantwortlich. Die aggressive Substanz führte trotz Schutzkleidung zu Hautverbrennungen, Verätzungen an den Geschützen und zu Schäden am Viehbestand auf den Weiden. Zum Schutz der Stadt wurden außerdem Sperrballons eingesetzt.

Erhöht wurde 1943/44 die Anzahl der Flakbatterien bei der Luftwaffenerprobungsstelle Rechlin, auf der die neuesten deutschen Flugzeugtypen, aber auch erbeutete Feindmaschinen getestet wurden. Luftwaffenhelfer dienten dort 1944 in den Flakbatterien 1./461, 1.-3./604 und 3./611. Nach der Zerstörung vieler Anlagen der Erprobungsstelle im August 1944 wurden bis auf die 3./604 alle Batterien verlegt, die 1. und 2./604 z.B. in den Raum Hannover.

Mittlere und Leichte Flakbatterien übernahmen in Mecklenburg auch die Sicherung der Flugplätze und Fliegerhorste Lärz, Ludwigslust, Parchim, Schwerin-Görries, Schwerin-Lankow und Trollenhagen.

Wismar hingegen wurde 1944 seines Schutzes durch die schwere Flakbatterie 4./271 und Vernebelung entblößt, dafür erfolgte die Installation zusätzlicher Sperrballons. Einige leichte Flakgeschütze der Heimatflakbatterien 15/XI und 16/XI sollten die Sicherheit der Zivilbevölkerung und der Produktionsanlagen von Dornier garantieren. 1945 wurden kurzzeitig die 5./232 RAD und die 2./275 in Wismar stationiert.[14]

---

[13] Vgl. Anhang. Die Flaklagekarte befindet sich im Besitz der Verfasser sowie im Archiv der Hansestadt Rostock.
[14] Vgl. auch Nicolaisen, Der Einsatz der Luftwaffen- und Marinehelfer, S. 77 und Kleiminger, Rudolf, Die Geschichte der Großen Stadtschule zu Wismar 1541 bis 1945. Ein Beitrag zur Geschichte des Schulwesens in Mecklenburg und zur Stadtgeschichte Wismars, hrsg. von Joachim Grehn, Kiel 1991, S. 406f.

Im Sommer 1942 verschärfte sich die militärische Lage der Antihitlerkoalition. Deutsche Heeresgruppen drangen in den Kaukasus vor, eröffneten den Sturm auf Stalingrad, Rommel bereitete in Afrika den Durchbruch ins Nildelta vor, und am 18. August 1942 scheiterte ein britisches Landungsunternehmen bei Dieppe. In dieser Situation verfaßten die britischen Luftstäbe mehrere Memoranden, die auf eine weitere Stärkung der Bomberkräfte und eine uneingeschränkte Luftoffensive gegen Deutschland zielten. Harris unterstrich darin wiederholt seinen Standpunkt, wonach der endgültige Ausgang des Krieges in der Luft entschieden werde, und forderte eine beträchtliche Erhöhung der Bomberproduktion. Portal, Oberbefehlshaber der Royal Air Force, gab schließlich eine Hochrechnung über Verluste und Verwüstungen in Deutschland bekannt. Danach sollten bis September 1944 eine Million Tonnen Bomben auf Deutschland abgeworfen und insgesamt 57 deutsche Städte, darunter auch Rostock, eingeäschert werden. Gegen dieses brutale Dokument britischer Luftkriegsplanung wurden keine Einwände erhoben, zumal Portal versprach, daß Deutschland dieses Vernichtungswerk nicht ertragen werde. Als sich gegen Ende des Jahres auf den Kriegsschauplätzen in der Sowjetunion und in Nordafrika eine militärische Wende abzuzeichnen begann, ordnete Churchill im November 1942 eine erneute Diskussion des Portal-Papiers an. Am 26. Dezember 1942 wurde das geplante Vernichtungswerk unter Hinweis auf die ökonomischen Möglichkeiten, die geänderte militärische Situation und die unklaren Zielbestimmungen endgültig verworfen. Die RAF setzte jedoch die Luftoffensive gegen deutsche Städte und Rüstungsanlagen mit unverminderter Härte fort.[15]

Verordnung über den Luftwaffenhelfer-Einsatz

Während der deutschen Sommeroffensive 1942 in der Sowjetunion waren dem Heer über 100.000 bis dahin in Deutschland stationierte Luftwaffensoldaten überstellt worden. Gleichzeitig hatte Hitler die Möglichkeit der Schaffung einer Flakmiliz aus Jugendlichen erwogen, um der sich verschärfenden Personalmisere bei den Flakeinheiten, auf deren Schultern die Luftverteidigung nach der Niederlage der fliegenden Verbände gegen England ruhte, zu begegnen.
Am 9. November 1942 legte Göring einen Verordnungsentwurf vor, der seine Auffassungen und sein Kompetenzbegehren hinsichtlich des Einsatzes von Schülern der Jahrgänge 1926/27 der höheren und mittleren Schulen bei der Luftabwehr widerspiegelte. Der Entwurf löste eine mehrwöchige, von ressortegois-

---

[15] Vgl. Bomben auf Rostock, S. 12.

tischen Bestrebungen und Befürchtungen sowie Kompetenzansprüchen gekennzeichnete Debatte zwischen den betroffenen und an der Erarbeitung des Erlasses zu beteiligenden Instanzen der NSDAP, des Staates und der Wehrmacht aus. Trotz gewisser Präzisierungen blieb die Haltung weitgehend ablehnend. Die Obersten Reichsbehörden befürchteten vor allem Arbeitskräfte- und Nachwuchsprobleme in personalintensiven Ressorts und beim Militär, eine physische und psychische Schädigung der Jugendlichen, die Beunruhigung der Eltern, Auswirkungen auf die feindliche Propaganda sowie die perspektivische Minderung der Leistungsfähigkeit der Jugendlichen.[16] Die Reichsjugendführung der NSDAP (RJF) als unmittelbar betroffene Behörde sprach sich „trotz der erheblichen Eingriffe, die sie (die Verordnung - d.V.) in die schulische und außerschulische Erziehung der Jugend bringt", jedoch grundsätzlich für den Einsatz aus, „da die Notwendigkeiten des Krieges jeden Einsatz rechtfertigen".[17] Die sich aus der Verordnung ergebende verkomplizierende Personalsituation erkennend, forderte die Reichsjugendführung die Abschaffung der Arbeitsdienstpflicht sowie die Freistellung einer ausreichenden Anzahl von HJ-Führern für die ohnehin durch permanente Kriegsdienstleistungen eingeschränkte HJ-Arbeit, vor allem im weltanschaulichen Bereich.[18]

Am 3. Dezember 1942 wurde dem Reichserziehungsministerium (REM) durch die Parteikanzlei mitgeteilt, daß die Heranziehung der Schüler - ungeachtet der Diskussionen und vorgebrachten Befürchtungen - Tatsache werde.[19] Auf eilig einberufenen Zusammenkünften wurden letzte Details zum vehement geforderten Schulunterricht der Luftwaffenhelfer ausgearbeitet, ohne jedoch den Einsatzplan grundsätzlich beeinflussen zu können. Die endgültige Führerentscheidung fiel am 7. Januar 1943. Wie Bormann in seinem geheimen Rundschreiben vom 16. Januar 1943 mitteilte, hatte Hitler der klassenweisen Einziehung der Schüler der 6. und 7. Klassen (diese entsprechen den heutigen 10. und 11. Klassen) der Jahrgänge 1926/27 der höheren und mittleren Schulen unter den Voraussetzungen zugestimmt, daß lediglich ein örtlicher Einsatz erfolge und der Unterricht in den wichtigsten Fächern gewährleistet sei. Zu einem überörtlichen Einsatz konnten Schüler der Heimschulen, der Nationalpolitischen Erziehungsanstalten und anderer Internate verpflichtet werden. Die gleichzeitig beabsichtigte Heranziehung von Schülerinnen zum Kriegshilfsdienst als Luftwaffenhelferinnen wurde verworfen.[20]

---

[16] Vgl. BA Koblenz, R 21/525 (Schreiben Görings an die Obersten Reichsbehörden vom 9. Nov. 1942 und Stellungnahmen der Obersten Reichsbehörden).
[17] Ebenda (Schreiben Möckels an Lammers vom 28. Nov. 1942)
[18] Vgl. ebenda.
[19] Vgl. ebenda (Schreiben der Parteikanzlei an das REM vom 3. Dez. 1942).
[20] Vgl. BA Abt. Potsdam, Film Nr. 14647 (Geheimes Rundschreiben Bormanns vom 16. Jan. 1943).

Euphorisch, abwartend oder skeptisch - Einberufung der Jahrgänge 1926/27 zur Flak

Am 22. Januar 1943 übermittelte das Reichserziehungsministerium auch dem Mecklenburgischen Staatsministerium - Abteilung Wissenschaft, Erziehung und Volksbildung – die gültigen Anweisungen hinsichtlich der Planung, Erfassung, ärztlichen Untersuchung, Heranziehung, Unterbringung und des Unterrichts der zum Einsatz anstehenden Schüler.[21] Wenige Tage später erfuhren die Direktoren der Gymnasien, Oberschulen für Jungen (OSfJ) und Knaben-Mittelschulen in Mecklenburg von den Festlegungen des LGK XI in Hamburg, wonach vorerst nur die Schüler der Rostocker, Schweriner, Warnemünder und Wismarer Schulen zum Einsatz kämen, da der Schulort zugleich der Einsatzort der Flak sei. Aus diesen 11 Schulen kamen 484 Schüler aus den Klassen 6 bis 8 der Jahrgänge 1926 und 1927 für den Kriegshilfsdienst bei der Luftwaffe in Frage. Rostock und Warnemünde meldeten 186, Schwerin 199 und Wismar 99 zur Verfügung stehende Schüler.[22] Kurz darauf wurde auch die Mecklenburgische Landesschule in Güstrow, eine Heimschule, mit Außenstellen in Crivitz und Neukloster in die Bedarfsplanungen der Luftabwehr einbezogen. Im Zuge weiterer Überlegungen und Bedarfsprüfungen entschied das Luftgaukommando XI, die Schweriner Schüler vorerst nicht einzuberufen, da Schwerin durch das Fehlen kriegswichtiger Betriebe als nicht unmittelbar luftkriegsgefährdet angesehen wurde. Die in den Rostocker und Wismarer Flakbatterien vakanten Luftwaffenhelferstellen konnten zunächst durch die Güstrower, Rostocker, Warnemünder und Wismarer Schüler besetzt werden.

Die truppenärztlichen Untersuchungen der betroffenen Schüler erfolgten unter der Maßgabe, nur Jungen, die auch nicht für leichte Bürodienste einzusetzen sind, auszumustern.[23] „Die Musterung war eine vereinfachte ärztliche Untersuchung unter primitiven Verhältnissen. Auf einem Flur, der als Warteraum diente, sahen die nur mit einer Unterhose bekleideten ... Jungen dem Aufruf in den Musterungsraum einzutreten, entgegen. Eine Befragung über eigene Erkrankungen, Krankheiten bei den Eltern und Geschwistern insbesondere Erbkrankheiten schloß nach dem Wiegen und dem Feststellen der Körperlänge den Beginn der Musterung ab. Militärisch kurz wurde um etwas Urin gebeten und anschließend der Körper in Augenschein genommen. Die Ärzte klopften hier und dort, horchten auf Herz und Lunge und prüften peinlich genau, ob ein ‚Bruch' vorhanden

---

[21] Vgl. MLHA Schwerin, MfU Nr. 2977 (Schreiben des REM vom 22. Januar 1943).
[22] Vgl. ebenda (Schreiben des LGK XI an den Reichsstatthalter in Mecklenburg vom 19. Jan. 1943).
[23] Vgl. Schätz, Ludwig, Luftwaffenhelfer - ein Kapitel zur Geschichte des deutschen Wehrmachtsgefolges, Diss. Phil., München 1970, S. 62f.

sei. Es folgte die Feststellung des Hörvermögens und der Sehfähigkeit. Die Zeit war wohl so ernst, daß nur selten einer nicht tauglich war. Für die Tauglichen war die Einberufung nur eine Frage der Zeit. Die Untersuchungen in den Einsatzorten waren genauer, und so schied doch gelegentlich einer vor der ersten ‚Feindberührung' aus."[24]

Der ehemalige Luftwaffenhelfer (LwH) Ernst H., Schüler der Großen Stadtschule Wismar, erinnert sich, daß am 9. Februar 1943 überraschend eine ärztliche Untersuchung der Schüler vorgenommen wurde, ohne die Jungen über den Zweck derselben zu informieren. In der Geschichte der Großen Stadtschule berichtet der ehemalige Schuldirektor Dr. Kleiminger: „Die Aufstellung des Trupps der Luftwaffenhelfer begann am 9. Februar 1943 mit einer ärztlichen Untersuchung, bei der von 74 untersuchten Schülern 62 als für den Luftwaffendienst tauglich befunden wurden. Da ich selbst bei den Untersuchungen zugegen sein konnte, gelang es mir, wenigstens ein Dutzend Schüler, die sicher den Strapazen des Dienstes nicht gewachsen wären, zu retten."[25]

Wenige Tage später wurde der Unterricht vorzeitig beendet und die Schüler in der Waggonfabrik, dem Zentrum der Heimatflakbatterie 16/XI, eingekleidet. Die Eltern waren überrascht, als die Jungen zu Hause ihre Uniformstücke präsentierten. Eine Benachrichtigung der Eltern über den geplanten Einsatz ihrer Söhne als Luftwaffenhelfer erfolgte erst auf der am 12. Februar 1943 in der Großen Stadtschule stattgefundenen Elternversammlung. Dort erschienen auch die Eltern der Horst-Wessel-Mittelschüler, deren Kinder gleichfalls zum Einsatz bei den Wismarer Flakbatterien herangezogen werden sollten. Im Anschluß an die Ansprachen des Kreiswalters des Nationalsozialistischen Lehrerbundes, des Direktors der Großen Stadtschule und eines Flakoffiziers über die militärischen Aufgaben sowie die schulische Betreuung erhielten die Jugendlichen ihre Heranziehungsbescheide.[26]

Die Richtlinien der Parteikanzlei hinsichtlich der Rede des NSDAP-Hoheitsträgers sahen vor, bei den Eltern Verständnis und Begeisterung für den Einsatz ihrer Kinder zu wecken. Dabei waren die Not des Vaterlandes - wenige Tage zuvor war Stalingrad gefallen - und die Pflichterfüllung eines jeden im totalen Kriegseinsatz sowie das blinde Vertrauen zum Führer besonders herauszustellen.[27] An diesem 12. Februar 1943 hatten auch die in Mecklenburg erscheinenden Tageszeitungen über den bevorstehenden Kriegshilfseinsatz in Flakbatterien informiert.[28]

---

[24] Bericht von Günter B.
[25] Kleiminger, S. 407.
[26] Vgl. MLHA Schwerin, MfU Nr. 2977 (Schreiben Dr. Kleimingers an das Mecklenburgische Staatsministerium, Abt. W.E.u.V. vom 15. Febr. 1943).
[27] Vgl. Nicolaisen, Hans-Dietrich, Die Flakhelfer. Luftwaffen- und Marinehelfer im Zweiten Weltkrieg, Berlin-Frankfurt/ Main-Wien 1981, S. 123ff.
[28] Vgl. u.a. Niederdeutscher Beobachter und Rostocker Anzeiger vom 12. Febr. 1943.

Für die Motivation der Luftwaffenhelfer fühlte sich die Hitlerjugend (HJ) zuständig. Nachdem RJF Axmann zum 1. Februar 1943 einen Tagesbefehl erlassen hatte, in dem er auf den kriegswichtigen Beitrag der Luftwaffenhelfer an der Heimatfront verwies und den Schülern das verpflichtende „Bekenntnis zum Geist der unsterblichen Helden von Stalingrad" anmahnte,[29] sollten in den Standorten Appelle zur feierlichen Verabschiedung der Hitlerjungen in die Flakbatterien folgen. An derartige HJ-Veranstaltungen konnte sich indes niemand der Befragten erinnern.

Die Einziehungen zum Luftwaffenhelfer-Dienst erfolgten am 15. Februar 1943. Wenn auch der Sicherheitsdienst der SS am 15. März 1943 meldete, daß der Einsatz von den Jugendlichen und Eltern mit Begeisterung aufgenommen wurde,[30] so muß hier sicherlich eine differenzierte Betrachtung erfolgen. Befragte ehemalige Luftwaffenhelfer äußerten immer wieder, daß vor allem die Mütter große Sorgen um die Gesundheit und geregelte schulische Betreuung ihrer Kinder hatten. Die zu den Ersteinberufenen gehörenden LwH der Großen Stadtschule Rostock (Gymnasium) Hans-Heinrich B. und Gerd P. erklärten, daß sie keineswegs begeistert, sondern eher enttäuscht waren, im noch nicht kriegsdienstpflichtigen Alter Waffen bedienen zu müssen. Tiefe Einschnitte in ihr bisheriges Leben - die räumliche Trennung vom Elternhaus und von Freunden, Ungewißheit über den bevorstehenden Flakeinsatz, Beschränkungen der persönlichen Freiheit durch Unterbringung in der Batteriestellung - befürchteten beide. Hinzu kam, daß die Rostocker Schüler die schweren Bombardements ihrer Heimatstadt im Jahre 1942 erlebt hatten - einige waren als Brandwache und Melder im Einsatz gewesen - und um die möglichen Gefahren bei Luftangriffen wußten. Ihre Klassenkameraden sollen ähnlich gedacht haben.[31] Gerd P.: „Der Luftwaffenhelfereinsatz war keine Sache, auf die man sich freute. Auch die damit später verbundenen Folgen waren noch nicht abzusehen. Meine Eltern reagierten auf den Einberufungsbescheid besorgt. Ich hatte einen sechs Jahre älteren Bruder, der bereits im Krieg war, und nun wurde auch ich im noch nicht wehrfähigen Alter eingezogen. Mein Bruder hatte den Frankreichfeldzug erlebt und befand sich zum Zeitpunkt meines Eintretens in den Flakdienst an der Ostfront. Also begeistert haben wir nicht reagiert."[32]

Gerd S., damals Schüler der Klasse 7 der Schule bei den 7 Linden, Realgymnasium Rostock, erinnert sich: „Ich bin Jahrgang 1926 und gehörte zum ersten Schub von Flakhelfern Anfang 1943. Der Einsatz kam unerwartet. Es ist schwierig, heute nachzuvollziehen, welche Gefühle mich dabei begleiteten. Freudig bin

---

[29] Vgl. BA Abt. Potsdam, Film Nr. 14652 (Tagesbefehl des RJF vom 1. Febr. 1943).
[30] Vgl. Meldungen aus dem Reich. Die geheimen Lageberichte des Sicherheitsdienstes der SS 1938-1944, Bd. 13, hrsg. von Heinz Boberach, Herrsching 1984, S. 4948.
[31] Vgl. Berichte von Gerd P. und Hans-Heinrich B.
[32] Bericht von Gerd P.

ich dem neuen Dienst sicherlich schon aus dem Grunde nicht gefolgt, weil wir bei Fliegeralarm immer in die Stellung mußten. Zu diesem Zeitpunkt waren wir noch nicht stationiert. Die Stellung (leichte Flak) lag auf dem Dach eines Gebäudes in der Barlachstraße, und wir mußten zu bestimmten Zeiten - wir waren eingeteilt - dort erscheinen."[33] Joachim H., Schüler der Klasse 6b derselben Schule, hingegen schildert: „Eines muß vor allem klargestellt werden: Wir waren 1943, von wenigen Ausnahmen abgesehen, regelrecht begeistert, als Luftwaffenhelfer bei der Verteidigung gegen englische und amerikanische ‚Terrorangriffe', wie es damals hieß, mitwirken zu können. Diese aktive Mitwirkungsmöglichkeit erschien uns in jedem Falle attraktiver als das passive Abwarten eines Luftangriffs im Luftschutzkeller. Das militärische Leben, nämlich die soldatische Disziplin sowie der zu erwartende und in den ersten Wochen auch tatsächlich eingetretene ‚Schliff', schreckte uns keineswegs ab. Wir waren stolz, in so jungen Jahren schon Quasisoldaten sein zu können, und bewegten uns entsprechend in unseren Uniformen in der Öffentlichkeit. Dabei entfaltete diese eigenartige Mischung (halb noch Schüler, halb schon Soldat) gerade ihre besonderen Reize."[34] Der Wismarer Luftwaffenhelfer Ernst H. berichtete, daß er und seine Klassenkameraden unter dem Eindruck der Niederlage der 6. Armee bei Stalingrad standen und den Flakeinsatz daher als eine Notwendigkeit ansahen. „Es gab keinen einzigen unter uns, dem das nicht gefallen hätte."[35]

Am 15. Juli 1943 kamen weitere LwH der Großen Stadtschule, der Schule bei den 7 Linden und der Mittelschulen Rostock und Warnemünde in den Rostocker Flakbatterien zum Einsatz. Da ihre Klassenkameraden seit 5 Monaten in den Batterien Dienst taten, war der Überraschungseffekt bereits genommen. Einige reagierten euphorisch, andere eher gelassen. Für andere wiederum bedeutete der Flakdienst eine Gelegenheit, der „verhaßten Penne" zu entkommen.

Wilfried H. (Jahrgang 1927, Große Stadtschule Rostock): „Als Schüler der Großen Stadtschule leistete ich meinen Luftwaffenhelfer-Dienst vom 15. Juli 1943 bis 1. November 1943. Der Einberufungsbescheid kam für mich nicht überraschend. Ich war auf den Flakeinsatz nicht nur vorbereitet, sondern auch diebisch neugierig und freute mich darauf. Dieser brachte aus Schülersicht eine Menge Vorteile mit sich. Da man an der Schule ohnehin keine Freude mehr hatte, suchte man alle Mittel und Wege, um aus der Schule herauszukommen. Man schützte beispielsweise HJ-Dienste vor, um vielleicht zwei bis drei Schulstunden abknapsen zu können. So hatte ich eine sehr freudige Erwartungshaltung. Meinen Eltern war mein Flakeinsatz - so glaube ich zumindest - mehr oder weniger egal. Es war eben der Gang der Dinge. Wir aber fühlten uns bald als Soldaten, da für

---

[33] Bericht von Gerd S.
[34] Vgl. Schreiben von Joachim H. vom 9. Dez. 1992
[35] Vgl. Bericht von Ernst H.

uns das Leben als Luftwaffenhelfer gleichbedeutend mit dem so glorifizierten Soldatenleben war. Sich als Hitlerjunge zu fühlen wurde abgelehnt. Einen schriftlichen Einberufungsbescheid erhielten wir nicht; es war eher eine Beorderung. So hieß es: Am nächsten Morgen geht's los! Das war alles. Der Luftwaffenhelferdienst war kein Zuckerlecken - so kann man zusammenfassend sagen. In der Anfangszeit herrschte bei uns Euphorie - nichts weiter. Endlich geht es los, endlich sind wir dabei! Die Euphorie überspielte die negativen Dinge, die man sah und erkannte."[36]

Günter H. (Große Stadtschule Rostock): „Die Heranziehung überraschte uns nicht, da sich seit Februar 1943 bereits Schüler unserer Schule im Flakeinsatz befanden. So wußten wir, daß auch wir eines Tages eingezogen werden würden. Unterschiedlich waren die Reaktionen meiner Klassenkameraden. Es gab durchaus überzeugte Nationalsozialisten in unserer Klasse, aber auch Mitschüler, die nach dem Fall von Stalingrad nachdenklich geworden waren und dem Luftwaffenhelfereinsatz skeptisch gegenüberstanden."[37]

Ludwig B. (Jahrgang 1927, Große Stadtschule Rostock): „Ich wußte, daß der Flakdienst bald auf mich zukommen würde. Zu den bereits eingezogenen Klassenkameraden hatte ich nur sehr wenig Kontakt. Rein formal ging für die jüngeren Jahrgänge der Unterricht weiter - aber nun kann man sich vorstellen, wie sich das abspielte. Das waren alles Jungen, die irgendwo keine Lust mehr auf Schule hatten und die - in der richtigen Erkenntnis, daß der Krieg weitergeht und ganz andere Probleme mit sich bringt - sich sagten, ich werde ohnehin bald Soldat. Die Einberufung zur Flak empfand ich als etwas Normales ... Selbst die Mädchen wurden Flakhelferinnen; später mußte man zum Arbeitsdienst - irgendwie war da eine Zwangsläufigkeit in der Entwicklung."[38]

Rolf-Dieter L. von der Schule bei den 7 Linden bemerkte: „Seit Februar 1943 befanden sich Schüler höherer Klassen bereits in den verschiedenen Flakbatterien Rostocks. Kontakte besaßen wir zu ihnen nicht. Eines Tages wurde uns dann mitgeteilt, daß wir uns am 15. Juli 1943 in der Goetheschule einzufinden hätten. Dort verlud man uns auf LKWs und fuhr zur Flakbatterie. Das war für mich alles etwas unwirklich. Begeistert war ich nicht; ich habe den Einsatz mitgemacht, ohne groß darüber nachzudenken. Ich bin ein Mensch, der sich schnell mit Tatsachen abfindet, ohne negativ zu lamentieren oder ‚Hurra' zu schreien. Ich mußte Luftwaffenhelfer werden, und damit war der Fall erledigt."[39]

Ein weiterer Schüler der Großen Stadtschule erklärte, daß er und seine Klassenkameraden sich in einem Zwiespalt der Gefühle befanden, als sie der Ein-

---

[36] Bericht von Wilfried H.
[37] Bericht von Günter H.
[38] Bericht von Ludwig B.
[39] Bericht von Rolf-Dieter L.

berufungsbescheid erreichte: „Ich glaube nicht, daß wir als überzeugte Nationalsozialisten in den Einsatz gingen, aber wir wollten etwas tun, um die Angriffe auf unsere Heimatstadt abzuwehren."[40]

Als untauglich befundene bzw. für die Aufrechterhaltung des HJ-Dienstes von der HJ reklamierte und somit in der Schule verbliebene Schüler wurden als „Fußvolk" bemitleidet oder als „Drückeberger" verachtet. Andere Jungen, die nach den Nürnberger Rassegesetzen als „Halbjuden" oder „Vierteljuden" eingestuft worden waren, durften am Luftwaffenhelfer-Einsatz nicht teilnehmen.

In den Jahren 1936/37 in das Deutsche Jungvolk eingetreten, als höhere Schüler oft selbst Führungspositionen innerhalb der nationalsozialistischen Jugendorganisation bekleidend, bildete der Krieg die zentrale Erlebniswelt der Luftwaffenhelfer/Marinehelfer-Jahrgänge und übte seinen entsprechenden Einfluß auf die Jugendlichen aus. Die Pflichterfüllung gegenüber dem Vaterland, gepaart mit dem Bewußtsein, einen Beitrag zum Sieg und zum Schutz der Zivilbevölkerung leisten zu dürfen, Neugierde auf die Bedienung der Technik und das glorifizierte Soldatsein sowie Abenteuerlust und Erlebnisdrang dürften im Bewußtsein der Luftwaffenhelfer eine wesentliche Rolle gespielt haben. Dem konnten sich auch die dem Einsatz anfänglich eher ablehnend gegenüberstehenden Schüler nicht entziehen. Entsprechend äußerte Hans-Heinrich B., daß es trotz aller persönlichen Vorbehalte keine negative Diskussion über den Flakhelfereinsatz gab.

So sind die Aussagen der ehemaligen Luftwaffenhelfer Wilfried H. (Große Stadtschule Rostock) und Ernst H. (Große Stadtschule Wismar) über ihre ideologischen Prägungen (sieht man von den verallgemeinerten Äußerungen zur Hitlerjugend ab) sicherlich typisch für die Mehrheit der Luftwaffen- und Marinehelfer-Generation.

Wilfried H: „Ich fühlte mich durch die Propaganda sehr angesprochen, da es keine Vergleichsmöglichkeiten gab. Nur ein Rundfunk existierte, denn das Abhören von BBC London stand derart unter Strafe, daß man es nicht wagte. In unserem Hause wurde über Politik nicht viel gesprochen. So war meine politische Bildung nicht durch das Elternhaus, sondern durch die HJ-Veranstaltungen geprägt worden. Was die HJ geboten hatte, war für uns große Klasse gewesen. Worauf die ganze Politik abzielte und daß man vielleicht im tiefen Rußland dafür ‚den Löffel abgeben' sollte, darüber dachten wir nicht nach. Soldatsein war für mich und meine Klassenkameraden das Allergrößte. Ich möchte behaupten, daß wir der Goebbelschen Propaganda restlos erlegen waren. Wir wollten als Halbsoldaten noch den Endsieg erleben, glaubten an die Wunderwaffe und somit auch an ei-

---

[40] Bericht von Wolfhard E.

nen geplanten Rückmarsch der Armeen, Frontbegradigungen und -verkürzungen. Diese Nachrichten nahmen wir blindlings ab. Die NS-Propaganda wurde so überzeugend gestaltet, daß ich noch 1944 an einen Endsieg glaubte und erst 1945 während kleinerer Gefechte mit Russen eines Besseren belehrt wurde. Als sich Russen mit erhobenen Armen ergaben und ohne Waffen zu uns kamen, wurden sie von einem Unteroffizier einfach niedergemäht. Durch diese scheußlichen Greueltaten schwenkte ich in meinen Überzeugungen um, aber das war erst vier Wochen vor Kriegsende. Wir Jugendlichen wußten auch nichts von Vernichtungslagern, was heute oftmals bezweifelt wird. Wir hörten von Konzentrationslagern, aber stellten uns eine Art Arbeitslager vor, in denen die Leute sicher nicht nur zur Erholung waren. Von Vernichtungslagern lasen wir erst nach dem Krieg in den Zeitungen, und ich stellte mir die Frage, warum wir derart überzeugt dem Nationalsozialismus gefolgt waren. Ich meine, es konnte gar nicht anders gewesen sein. Es gab keinen besseren Agitator als Goebbels, der mit seiner Überzeugungskraft gerade die Jugend auf seine Seite holte. Man war begeistert!"[41]

Ernst H.: „Wir als Schüler waren durch die Hitlerjugend in unseren Ansichten weitgehend geprägt und besetzten auch in der HJ die Führungspositionen - das gehörte einfach dazu. So ist die Hitlerjugend überhaupt nicht zu vergleichen mit der FDJ (Freie Deutsche Jugend - d. Verf.) nach dem Kriege. Zwar war die HJ gleichsam ein Zwangsunternehmen, in dem jeder sein mußte, doch der Geist in der Hitlerjugend war ein anderer gewesen. Wir sind für die Sache eingetreten und haben HJ-Dienste an und für sich gern ausgeübt und haben uns dort auch gut verstanden. Als die Nationalsozialisten an die Macht kamen, war ich sechs Jahre - als der Krieg zu Ende ging, achtzehn. Meine Kinder- und Jugendzeit ist natürlich insbesondere durch das Nazisystem sehr stark geprägt worden. Mit dem Desaster von Stalingrad wurde die Stimmung in der Bevölkerung zunehmend gedrückt, was sich auf uns Schüler allerdings nicht in dem Maße auswirkte. Man machte natürlich bei uns auch entsprechende Propaganda für die Wehrmacht und legte Wert darauf, uns als Oberschüler und Gymnasiasten möglichst in die Offizierslaufbahn zu lenken. Wir späteren Flakhelfer haben uns ausnahmslos als Reserveoffiziere gemeldet. Das war eigentlich eine Selbstverständlichkeit. Wenn ich von einer zunehmenden Bedrücktheit in der Bevölkerung sprach, so meine ich vor allem die älteren Jahrgänge, die noch den ersten Weltkrieg erlebt hatten - mein Vater beispielsweise. Wir Jungen jedoch sahen die Kriegslage positiver und waren davon überzeugt, daß der Krieg für uns erfolgreich zu Ende gehen müßte. Die Verbrechen des Nazismus sind uns erst nach dem Kriege richtig bewußt geworden. Dafür war im Kriege auch keine Zeit; das

---

[41] Bericht von Wilfried H.

wurde verdrängt, und wir hatten ja auch eine sehr raffinierte Propagandaführung. Im Kriege gelten zudem andere Gesetze als in Friedenszeiten. Die Menschen waren an und für sich in Kriegszeit sehr diszipliniert und sahen in dem Geschehen einen Ablauf der Ereignisse, auf den sie selbst wenig Einfluß nehmen konnten. Wir, die junge Generation, sahen im Kriegsdienst eine Notwendigkeit und konnten angesichts der sich für Deutschland zunehmend verschlechternden Kriegslage nur der Auffassung sein, das Vaterland verteidigen zu müssen."[42]

Hitlerjugend und Kriegseinsatz

Der Krieg diktierte schließlich auch die Arbeit der Hitlerjugend. Die nationalsozialistische Jugendorganisation hatte Jugendliche für Kriegshilfsdienste an der „Heimatfront" bereitzustellen und für deren ideologische Ausrichtung - Erziehung zur Pflichterfüllung gegenüber der kämpfenden Front und dem für den Krieg arbeitenden Hinterland, Ausprägung der Wehrbereitschaft und des Wehrwillens, Bindung der Jugend an die Partei, Führergehorsam – Sorge zu tragen. Reichsjugendführer Artur Axmann - ehemaliger Chef des Sozialen Amtes in der RJF und seit dem 2. August 1940 Nachfolger Baldur von Schirachs in der Funktion des Reichsjugendführers der NSDAP - stellte 1943 fest: „Es versteht sich von selbst, daß der Stil der Jugendarbeit ein anderer wurde... Alle Arbeit hatte nunmehr allein der Kriegführung zu dienen. Es kam nicht mehr darauf an, neue Ideen zu verwirklichen und die Planung auf immer weitere Aufgaben zu erstrecken, sondern es galt allein, den Stand der Arbeit zu halten und im übrigen den Erfordernissen des Krieges gerecht zu werden."

Die NSDAP, staatliche Institutionen und die Wehrmacht ordneten seit September 1939 vielfältige neue Kriegshilfseinsätze für die Jugend an, denen auch die (noch) nicht der HJ angehörenden Jugendlichen Folge zu leisten hatten. Diese waren durch die örtlichen HJ-Führer - „unter Hinweis auf ihre Pflicht gegen Volk und Führer, soweit nötig" - zum Kriegseinsatz heranzuziehen. Nach offiziellen Mitteilungen der RJF erfüllten bereits im Monat September 1939 insgesamt 1.091.000 Mädchen und Jungen „freiwillig und mit Begeisterung" besondere kriegswichtige Aufgaben.

Propagandistisch geschickt suggerierten die Medien, HJ-Publikationen und eigens zu diesem Zweck hergestellte Filme, wie „Kriegseinsatz der HJ.", den in die kriegsorientierten Hilfsdienste involvierten Jugendlichen das Gefühl, nun auch aktiv an einer großen historischen Epoche teilhaben zu dürfen. Obgleich

---

[42] Bericht von Ernst H.

die jugendbündische Attraktivität der HJ seit dem Herbst 1939 mehr und mehr zurücktrat und Kriegseinsätze, welche die ökonomischen, politischen und ideologischen Intentionen des NS-Regimes widerspiegelten, und die vormilitärische Ausbildung in den Vordergrund rückten, leistete die übergroße Mehrheit der Jugendlichen einsatzwillig und -bereit ihren geforderten Beitrag auf dem „Kriegsschauplatz Innerdeutschland".

Kriegshilfsdienst der Jugend [43]

1. *Partei-Einsatz: Kurier-, Boten- und Wachdienst bei den NSDAP-Dienststellen; Verteilung von Propagandamaterial; Einsatz gegen die Flüsterpropaganda.*
2. *Einsatz für Staat und Gemeinden: Melde- und Ordnerdienst bei Reichsluftschutzbund, Feuerwehr, Technischer Nothilfe; Mithilfe beim Aufbau von Luftschutzräumen; Hilfsdienst bei der Reichspost (Telephondienst, Brief- und Paketverteilung); Polizeihilfsdienst (Flugmelde-, Einsatz-, Sicherheitsdienst); Hilfsdienst bei Behörden (Verteilung von Lebensmittelkarten, Bahnhofsdienst, Lotsendienst bei Verdunkelung, Markieren von Bordsteinen).*
3. *Wehrmachtseinsatz: Boten- und Kurierdienst, Austragen von Gestellungsbefehlen, Verladehilfe und Verpflegungsausgabe bei Wehrmachtstransporten; Telephondienst.*
4. *Wirtschafts- und Betriebseinsatz: Einsatz bei der Warenverteilung; Entladearbeiten; Verkaufshilfe in Lebensmittelgeschäften; Arbeitskommandos für öffentliche Arbeiten; Viehbetreuung in besetzten geräumten Gebieten; Einsatz in Betrieben.*
5. *Einsatz für das Winterhilfswerk: Reichsstraßensammlung der HJ; Herstellung von Werkarbeiten; Einsatz bei Kleidersammlungen etc.*
6. *Altmaterialsammlung (Gewerbliche Erfassung, Schulsammlungen, Haussammlungen, Stoßaktionen).*
7. *Sammlung von Fallholz und Laub.*
8. *Sammlung von Büchern.*
9. *Sammlung für das Deutsche Jugendherbergswerk.*
10. *Sammlung von Heilpflanzen, Teekräutern, Wildfrüchten, Pilzen, Beeren, Kastanien, Eicheln, Bucheckern.*
11. *Land- und Ernteeinsatz.*
12. *Hauswirtschaftlicher und sozialer Hilfsdienst (NSV-Einsatz): Unterstützung von Kranken und Gebrechlichen; Einsatz bei kinderreichen Familien (Ein-*

---

[43] Vgl. zum Kriegseinsatz der HJ: Schaar, Torsten, Artur Axmann - Vom Hitlerjungen zum Reichsjugendführer der NSDAP - eine nationalsozialistische Karriere, Phil.Diss., Rostock 1994. (Kapitel 3). Die erweiterte Fassung der Dissertation ist 1998 als Band 3 der "Rostocker Beiträge zur deutschen und europäischen Geschichte" vom Fachbereich Geschichte der Universität Rostock veröffentlicht worden.

kauf, Kochen, Nähen, Flicken, Kinderbetreuung); Leitung und Hilfe in Kindergärten; Altenbetreuung; Dienst in Küchen und Verpflegungsausgabe; Dienst in Flüchtlingslagern, Flick- und Nähstuben, Werkstuben; Bahnhofsdienst.
13. Einsatz im Gesundheitsdienst bei DRK, NSV, NS-Schwesternschaft, Luftschutz, Feuerwehr, in Krankenhäusern, in Flüchtlingslagern, auf Transportzügen.
14. Kultureller Einsatz: Offenes Singen auf Markt- und Bahnhofsplätzen, in Arbeitspausen in den Fabriken, in Krankenhäusern und Lazaretten, auf Kinderspielplätzen, in Dorfstraßen; Gestaltung von Gemeinschaftsabenden in Dörfern; Gestaltung von Feierstunden für die Bevölkerung, Vorführung von Laien-, Puppen-, Schattenspiel; Platzkonzerte der Musik-, Spielmanns- und Fanfarenzüge; Umrahmung von Jugendfilmstunden.
15. Einsatz des HJ-Streifendienstes: Überwachung der Jugend; Ausbildung als Jugendfeuerwehr; Einsatz bei den Dienststellen der Sicherheitspolizei (Innendienst, Exekutivdienst als Zusatzkräfte für die Polizei, Exekutivdienst in eigener Verantwortung).

Bereits in den Jahren 1940 bis 1942 waren die Anforderungen an die Jugendlichen in HJ und BDM beträchtlich gestiegen. Kriegshilfseinsätze bestimmten den Dienst im HJ-Gebiet 24 (Mecklenburg) mit seinen 13 Bannen - Schwerin-Stadt (89), Rostock-Stadt (90), Strelitz (97), Ludwigslust (298), Güstrow (299), Wismar (413), Waren (414), Parchim (415), Malchin (416), Schwerin-Land (756), Rostock-Land (757), Hagenow (758) und Schönberg (759). Mecklenburgische DJ-, JM-, HJ- und BDM-Einheiten halfen beim Einbringen der Ernte, sammelten Heil- und Teekräuter, Spenden für das Winterhilfswerk und das Deutsche Rote Kreuz, Bücher und Wintersachen für die Front. Sie verteilten Gestellungsbefehle und leisteten Nachbarschaftshilfe. Jungen und Mädchen nahmen an der Luftschutzausbildung und an den Schulungen zu Feldscheren und Gesundheitsdienstmädeln teil, unterstützten das Spielzeugwerk der HJ (Herstellung von 66.700 Spielzeugen 1942), trugen Zeitungen aus. Rostocker Hitlerjungen waren als Straßenbahnschaffner im Einsatz. 21 mecklenburgische BDM-Führerinnen leisteten 1941 einen Osteinsatz im Gau Wartheland, welcher der Neuansiedlung von „Volksdeutschen" - im Volksmund „Beutegermanen" - in den annektierten Gebieten Polens diente. Im Landdienst der HJ - einer Maßnahme der RJF (in Zusammenarbeit mit der SS) zur Rückführung städtischer Jugend aufs Land und zur perspektivischen Sicherung landwirtschaftlichen Nachwuchses - erhielten Jungen und Mädchen eine Berufsausbildung und bereiteten sich auf eine künftige Tätigkeit als „Wehrbauern" vor. Der Landdienstführernachwuchs wurde auf dem Lehrhof in Necheln geschult; die Landdienstler waren in Gruppen in Landdienstlagern (z.B. in Dölitz und Lützow) zusammengefaßt. Der mecklenburgische Landdienst nahm im Reich eine Spitzenstellung ein; der ehemalige HJ-Gebietsführer Werner Altendorf wurde im November 1942 zum Inspekteur des HJ-Landdienstes für das gesamte Reich ernannt.

Die vormilitärische Ausbildung der männlichen Jugend gestaltete sich seit 1941/42 durch die Errichtung von Reichsausbildungs- und Wehrertüchtigungslagern (WEL) und die klare Abgrenzung der Kompetenzen zwischen HJ, Wehrmacht, Waffen-SS, NSKK, NSFK und SA - diese waren jahrelang heftig umstritten - auf einer völlig neuen Grundlage. Die Wehrertüchtigung begann entsprechend der durch RJF Axmann verkündeten Prinzipien des „Achtjahresplans" mit Sport, Kampfspielen und Luftgewehrschießen im Deutschen Jungvolk, setzte sich in den Einheiten der HJ mit Geländeausbildung, Geländespiel und Schießen mit dem Kleinkalibergewehr fort und fand schließlich ihren Abschluß mit den dreiwöchigen Lehrgängen in den ab Mai 1942 geschaffenen Wehrertüchtigungslagern. Mecklenburgs Hitlerjungen rückten in die WEL Waren/Müritz I und II sowie in das WEL Parchim am Wockersee ein. Unter der Leitung fronterfahrener Ausbilder der Wehrmacht und Waffen-SS vervollkommneten die Jungen ihre Kenntnisse und Fähigkeiten im Schieß- und Geländedienst, hörten weltanschauliche Vorträge und legten Prüfungen für das Leistungsabzeichen der HJ, den Kriegsausbildungsschein und den Kriegsübungsleiterschein ab. Um Produktionsausfälle in der Rüstungsindustrie zu vermeiden, hatten die berufstätigen Jugendlichen den ihnen laut Jugendschutzgesetz zustehenden 18tägigen Erholungsurlaub für die Teilnahme an den WEL zu opfern.

In den Sondereinheiten der HJ, die sich überaus großer Beliebtheit erfreuten, da sie das technische Interesse der Jungen ansprachen, bereiteten sich die HJ-Angehörigen auf ihren künftigen Dienst bei Einheiten des Heeres, der Kriegsmarine und der Luftwaffe vor. Im April 1940 bestanden in Mecklenburg 29 Flieger-HJ-, 20 Motor-HJ-, 20 Marine-HJ- und 5 Nachrichten-HJ-Einheiten, die regelmäßig an Lehrgängen in den Lagern Krakow am See, Sternberg, Püchelsdorf (Flieger-HJ), Teterower Bergring (Motor-HJ), Waren/Müritz und Gertrudenhof (Marine-HJ) teilnahmen. Einheiten der Nachrichten-HJ gab es vor allem in Rostock, Schwerin, Grabow, Stavenhagen und Wismar. Der Unterführer- und Führernachwuchs der mecklenburgischen HJ wurde im Lager Kroneiche bei Röbel und auf der Gebietsführerschule Dobbertin auf seine Aufgaben vorbereitet.

Besonderen Belastungen waren die Jugendlichen in den luftkriegsgefährdeten Städten Rostock und Wismar ausgesetzt. Sie halfen bei der Trümmerbeseitigung und beim Bergen von Verschütteten und Toten, von Gütern und persönlichem Besitz. Ferner waren sie als Melder und Brandwachen, bei den Schnellkommandos der Polizei und in den HJ-Feuerwehrscharen eingesetzt. Die Nachrichten-HJ setzte zerstörte Fernmeldeleitungen instand, beseitigte Staubschäden an

Telefonanlagen; spezielle HJ-Handwerkerscharen besserten Schäden an Fenstern und Dächern aus. Den Einsatz der Hitlerjugend in den Bombennächten des April 1942 würdigte RJF Axmann im Rahmen eines Festaktes am 22. November in Schwerin mit der Verleihung von Kriegsverdienstkreuzen mit Schwertern an 30 Rostocker Hitlerjungen.

Die Bombardierung mecklenburgischer Städte hatte seit Herbst 1940 zur Errichtung von KLV-Lagern (Kinderlandverschickung) geführt. 1942 wurden 2.600 Rostocker Kinder in die ländlichen Gebiete evakuiert. 1945 bestanden in Mecklenburg 68 KLV-Lager - u.a. Groß Markow, Bellin bei Zehna, Krakow-Samnit, Kurhotel Krakow, Kurzen-Trechow, Plau, Dargun, Neukalen, Brook bei Lübz, Satow, Techentin, Sanitz, Marlow, Dettmannsdorf-Kölzow -, in denen Kinder aus verschiedenen Gebieten Deutschlands Aufnahme fanden.

Obgleich wesentliche Elemente des HJ-Formationsdienstes - auch in den vom Luftkrieg betroffenen Städten - noch bis in das Jahr 1944 aufrechterhalten werden konnten, entwickelte sich der Kriegseinsatz zur Hauptaufgabe der HJ.

Die Reichsjugendführung der NSDAP hatte das Jahr 1943 unter die Parole „Kriegseinsatz der Hitler-Jugend" gestellt und forderte von jedem Jugendlichen: „Jede Arbeit muß auf die Notwendigkeiten des Krieges ausgerichtet sein! Jede Aufgabe, die wir erfüllen, hat dem Sieg zu dienen! Dieser Kampf umfaßt alle Bereiche des deutschen Lebens ... Auch die Jugend kann siegen helfen!" Am Schluß seiner Neujahrsansprache betonte RJF Axmann: „Am ersten Tage des neuen Jahres sind unsere Herzen und Gedanken in Liebe und Verehrung beim Führer. Er hat diesen gewaltigsten aller Kriege für die Zukunft der Jugend auf sich genommen. Die Jugend muß ihm dafür ewig dankbar sein. Euer Dank aber sei Euer Kriegseinsatz." Sechs Wochen später rückten die Luftwaffenhelfer ein. Je mehr jedoch Kriegshilfsdienste die Tätigkeit der HJ bestimmten und die einstige jugendbündische Attraktivität verloreging, desto deutlicher zeigten sich Widersprüche der HJ-Sozialisation, die vor allem auf die kriegsbedingte Schwächung der Erziehungsträger - Elternhaus (Einberufung vieler Väter), Hitlerjugend (Führermangel), Schule (Einberufung jüngerer Lehrer) – zurückzuführen waren. Unter den ständig modifizierten Kriegseinsätzen und dem permanenten Führermangel litt - nach Einschätzung der Reichsjugendführung - vor allem die weltanschauliche Schulung, die Qualität der wöchentlichen Heimabende und die Begeisterung für den HJ-Dienst insgesamt.[44]

Während die ehemaligen LwH Wilfried H. (Große Stadtschule Rostock), Ernst H. (Große Stadtschule Wismar), Joachim H. (Schule bei den 7 Linden, Rostock, Jungzugführer im Fähnlein „Lützow"), Horst K. (OSfJ Bützow, Angehöriger der Flie-

---

[44] Vgl. Schaar, Axmann, Kapitel 3. Vgl. auch Niederdeutscher Beobachter, Jahrgänge 1940-1943; Haeske, Sabine, Zur Geschichte der Hitlerjugend in Mecklenburg 1933-1945, Schriftliche Hausarbeit, Rostock 1995.

ger-HJ), Klaus K. (OSfJ Malchin) und Günther-Albert L. (OSfJ Ludwigslust, Mitglied der HJ-Fliegerschar Ludwigslust) betonten, daß sie ihren HJ-Dienst überwiegend mit Freude ausgeübt haben und ihnen die Kameradschaft unter den Hitlerjungen viel bedeutete, gab es unter anderen mecklenburgischen LwH/MH auch kritische Stimmen zur Jugendorganisation. Obgleich niemand den Nationalsozialismus in Frage stellte, hielt sich das Interesse für die HJ mit fortschreitender Kriegsdauer und aus einer Vielzahl verschiedener Gründe - Erziehung durch das Elternhaus, unfähige Einheitenführer, militärischer Umgangston, Ablehnung jeglichen Zwangs, Schikanen, Eintönigkeit des Dienstes, Unsportlichkeit, Unwille, sich dem Gruppenleben anzupassen, Bequemlichkeit etc. - in Grenzen.

Ludwig B. (Große Stadtschule Rostock): „Ich persönlich bin nie gern zum HJ-Dienst gegangen - mit Ausnahme des ersten Jahres. Mein Vater hatte dafür gesorgt, daß ich schon ein Jahr früher (1937) zur HJ kam, da Eintritt ins Gymnasium und in die HJ nicht zusammenfallen sollten. Zudem war ich ein Stubenhocker, so daß mein Vater glaubte, die Abwechslung könne mir nicht schaden. Am Führergeburtstag 1937 trat ich in das Jungvolk ein und wurde ein begeisterter Pimpf. Der Führer des vierten Jungzuges, ein Lehrling von Heinkel und junger Idealist, verstand es, uns in seinen Bann zu ziehen. Geländespiele, Sport, Singen, Fahrten - alles wunderbar! Zu den Diensten - jeweils Mittwoch und Samstag - ging ich sehr gern. Im nächsten Jungzug, ein sogenannter Ufa-Zug, in dem HJ-Führungskräfte herangebildet wurden, führte uns ein SS-Mann, der mir, dem Pastorensohn, sehr skeptisch gegenüberstand. Zudem ging es sehr rauhbeinig und militärisch zu. Der „Wandervogel-Charakter" des ersten Jahres fehlte völlig. Ich verstand bald, mich da herauszuwinden, so daß ich in meinen Jungzug zurückversetzt wurde. Doch fortan versäumte ich Dienste, und mein verständiger Vater schrieb Entschuldigungen. Das ging soweit, daß einer der HJ-Führer das Gespräch mit meinem Vater suchte. Doch sind sie gut auseinandergegangen. Im Jahre 1942 kam ich in die HJ, lernte gemeinsam mit Lehrlingen, die auch nur sehr unregelmäßig zum Dienst kamen, das Funken und wurde von Unteroffizieren unterrichtet."[45]

Gerd P. (Große Stadtschule Rostock): „Ich war nie gern in der Hitlerjugend. Es gab dort einige Probleme, ich wurde disziplinarisch belangt und in die HJ-Spielschar strafversetzt. Das war allerdings keine Strafe für mich, sondern kam meinen musikalischen Neigungen sehr entgegen. Später wurde ich Gebietssieger eines musischen Wettbewerbs. Meine Eltern, besonders mein Vater, sahen meine Probleme in der HJ mit einiger Sorge. Er war als Lehrer immer sehr auf Ausgleich bedacht und stellte sich gegen jegliche Auflehnung."[46]

[45] Bericht von Ludwig B.
[46] Bericht von Gerd P.

Gerd S. (Schule bei den 7 Linden, Rostock): „Mit der HJ hatte ich wenig am Hut. Ich bekleidete auch nie höhere HJ-Funktionen. Es fing schon mit dem an, was ich ganz schlecht konnte: dieses Riesengruppenleben. Wenn im Sommer irgendwelche Zeltlager stattfanden, versuchte ich mich immer zu drücken. Ich weiß noch, wie meine Mutter mir erzählte, daß ich mich das erste Mal mit Händen und Füßen gewehrt habe, übers Wochenende mitzuziehen. Dieses Gesinge und Geglucke - das war nichts für mich. Wobei es Anlässe gab, wo man sich einer bestimmten Wirkung nicht hat entziehen können. Meinetwegen die sogenannten Thingfeste. Die Wirkung ist sicherlich nicht von Dauer gewesen, aber in dem Moment, wo man dabei war, hat es einen sehr beeindruckt."[47]

Rolf-Dieter L. (Schule bei den 7 Linden, Rostock): „Ich wohnte in Warnemünde, andere Klassenkameraden in Rostock, und wir versahen so auch den Hitlerjugend-Dienst in unserem Wohnort. Diesem folgte ich ohne Begeisterung. Die Geländespiele mit den anschließenden Schlägereien behagten mir nicht. Was mich beim Jungvolk störte, waren einige Auswüchse wie diese. Eines Tages marschierten wir durch Warnemünde, voran wurde die Fahne getragen. Da die Erwachsenen auf den Bürgersteigen die Fahne nicht grüßten, wurden sie von unserem Jungzugführer - ein 14jähriger Junge - angepöbelt. Das stieß mich ab, ohne daß ich wußte, warum ich so sauer reagierte. Meine Eltern haben mich nicht gegen den Nationalsozialismus erzogen. Mein Vater war NSDAP-Mitglied, hatte sich aber seit 1936 weitgehend von der Partei zurückgezogen. Ich erinnere mich an Situationen, wo mein Vater mit einer Decke über dem Kopf Radio hörte, und ich habe noch heute die markante Tonfolge von BBC London im Ohr. Meine Mutter tendierte wohl zum Nationalsozialismus. So gingen wir am 20. Juli 1944 - ich in Luftwaffenhelferuniform - durch die Seestraße und hörten aus einem Lautsprecher vom mißglückten Attentat auf Hitler und daß der Führer unverletzt geblieben war. Mein Vater meinte: ‚Schade', worauf ihm meine Mutter empört entgegnete: ‚Aber wie kannst Du so etwas sagen?!'. Meine Erziehung wurde weitgehend dem Hausmädchen überlassen, da meine Eltern als selbständige Handwerker tagsüber im Laden zu tun hatten. Das Hausmädchen kümmerte sich herzlich wenig um eine nationalsozialistische Erziehung."[48] Sein Klassenkamerad Claus P. sprach sogar von einer „abgrundtiefen Abneigung" gegen den HJ-Dienst, dem er und einige Freunde durch Freiwilligmeldung zur Heimatflak entgingen.[49]

Fritz L. (Schule bei den 7 Linden): „Die Hitlerjugend spielte in meinem Leben nur eine untergeordnete Rolle. Mein Vater führte ein Geschäft und hatte kein großes Interesse daran, daß ich HJ-Dienste machte. Ich selbst auch nicht. Vielleicht

---

[47] Bericht von Gerd S.
[48] Bericht von Rolf-Dieter L.
[49] Vgl. Bericht von Claus P.

kam es daher, daß ich ein bißchen dicker war - Dicke haben es ja immer schwierig im Kreis Gleichaltriger. Mein Vater brachte es fertig, mich meistens - mindestens jedes zweite Mal - zum Dienst zu entschuldigen, da ich für ihn Botengänge zu erledigen hätte. ‚Es ist wichtiger, daß die Leute was zu essen haben, als daß Ihr hier Krieg spielt.' Mein Vater war zwar kein Antifaschist in dem Sinne, aber er hatte mit dieser Geschichte nicht viel im Sinne und unterstützte mich dabei. Ich war immer dankbar, wenn er mich sozusagen freigestellt hatte."[50]

Jochen H: (Blücherschule Rostock): „Die HJ spielte in meinem Leben keine wichtige Rolle. Ohne von zu Hause beeinflußt zu sein, verdrückte ich mich lieber zu meinem Freund in sein großes Spielzimmer. Seine Eltern schrieben uns Entschuldigungszettel, wenn Geländespiele mit anschließenden Prügeleien angesetzt waren. Ich hatte eine Abneigung gegen jeden Zwang. Bei der Flak servierten wir die Hitlerjugend ab, wenn sie in unsere Stellung kam."[51]

Rudolf L. (OSfJ Parchim): „Die HJ in meinem persönlichen Leben? Überwiegend ein Alptraum! Im Gegensatz zu meinen beiden älteren Brüdern war ich unsportlich. Damit war ich nach den damaligen Maßstäben zwangsläufig von Anbeginn eine ‚ziemliche Flasche' und entsprechend benachteiligt. Der ständige Muskelkult (auch in der Schule!) war folglich nicht gerade meine Sache. Als ich später zu mehr Verstand kam, sah ich auch nicht ein, warum man ständig marschieren, antreten und ‚kämpfen' sollte. Ob im Jungvolk oder in der HJ selbst, das alles war mir in tiefster Seele fremd und unheimlich. Wenn ich mich drücken konnte, tat ich es und oft recht dauerhaft. Andererseits aber war ich als Kind und noch als Jugendlicher von der deutschen ‚Sendung', Überlegenheit usw. überzeugt. Freilich dämmerte mir schon im Halbwüchsigenalter (ich bin Jahrgang 1928), daß ich mit meiner Veranlagung und Einstellung im damaligen System nur geringe Chancen haben könnte, es zu etwas zu bringen. Der Krieg reduzierte den maßlosen Sportunterricht (Hauptfach, 5 Stunden pro Woche) und ersparte mir damit erhebliche Torturen und seelische Blessuren, aber ich wußte schon sehr genau, daß ich auch für einen Wissenschaftlerberuf (wie er mir schon damals vorschwebte) Reserveoffizier sein mußte. Ob ich das mit meiner Unsportlichkeit geschafft hätte? Im Rückblick will ich jedoch auch gern bekennen, daß ich in Jungvolk und Hitlerjugend einige mich sehr ansprechende Jungs kennenlernte, wahrhaft gute Kameraden, z.T. auch intelligente Burschen, und manchen Spaß erlebte. Aber mein vorherrschender Eindruck zum Thema war: fremd, bedrückend, beängstigend, abstoßend. Man erlebte dabei ja auch viel Großmäuligkeit, Primitivität, Arroganz und auch Schikane. Deshalb Gesamtnote: Indiskutabel und für mich ganz ungeeignet."[52]

---

[50] Bericht von Fritz L.
[51] Bericht von Joachim H.
[52] Bericht von Rudolf L.

Die Mehrheit der befragten Luftwaffen- und Marinehelfer stellte den HJ-Dienst als wenig prägend dar. Die Mitgliedschaft war seit Inkrafttreten der sogenannten 1. Durchführungsverordnung zum Gesetz über die Hitler-Jugend Pflicht geworden; Kriegshilfseinsätze aller Art diktierten den Dienstbetrieb. Die Kritik an der HJ richtete sich gegen bestimmte Erscheinungsformen des Dienstes und gegen ungeliebte und unfähige Vorgesetzte, nicht jedoch gegen das System selbst. Gewisse Elemente der nationalsozialistischen Ideologie, die vornehmlich die HJ vermittelte, wie z.B. das soldatische Erziehungsideal, Kriegsfreiwilligkeit und Frontbewährung als sittlicher Wert, Pflichterfüllung an der Heimatfront, das Vorbild des Führers, die deutschen Tugenden, wie Disziplin, Loyalität, Gehorsam und Einsatzbereitschaft, wurden von der übergroßen Mehrheit der Jugend verinnerlicht und mitgetragen. So ist es erklärlich, daß die systemkonforme Majorität der Jugend trotz gewisser Kritiken an der NS-Jugendorganisation überwiegend einsatzbereit und einsatzwillig die ihnen übertragenen Aufgaben im Kriegseinsatz der Hitlerjugend - u.a. im Luftwaffen- und Marinehelfereinsatz - bis zum Kriegsende erfüllte.

Nationalsozialismus und Lehrerschaft

Übereinstimmend stellten die ehemaligen Luftwaffen- und Marinehelfer dar, daß die Schule im komplexen System der ideologischen Ausrichtung der Jugend - sieht man von gewissen Unterrichtsinhalten ab - eher eine marginale Rolle spielte. An die Stelle der zur Wehrmacht und Waffen-SS einberufenen jüngeren Lehrer waren ältere, teilweise schon pensionierte Lehrer getreten, die ihre politische Prägung im Kaiserreich und zu Zeiten der Weimarer Republik erhalten hatten und eher deutschnational als nationalsozialistisch eingestellt waren.
Ludwig B. über die Große Stadtschule Rostock: „Als wir auf dem Gymnasium anfingen, waren wir zwei Klassen. Dann kam der Krieg und die Lehrer wurden knapp. Die Klasse mußte zusammengelegt werden. Inzwischen war ein ganzer Teil sitzengeblieben - auch aus den Vorklassen -, von der Schule abgegangen bzw. neu hinzugekommen, so daß sich die Klasse aus Schülern verschiedener Jahrgänge zusammensetzte. Das Gymnasium war eine Schule, in der von Seiten der Lehrerschaft relativ große Vorbehalte gegenüber dem Nationalsozialismus bestanden. Das hatte man staatlicherseits natürlich zu ändern versucht. Insofern hatten wir auch einige Lehrer, die ganz ‚braun' waren, aber auch solche, von denen jeder wußte, wie reserviert sie dem Nationalsozialismus gegenüberstanden. Beispielsweise Studiendirektor Gaedt, der zunächst aus dem Schuldienst entlassen, später aber wieder aufgenommen worden war. Dem Leiter der Schule, Dr. Neumann, wurde ein strenger Parteigänger zur Seite gestellt.

Mein Klassenlehrer, ein gewisser N., war gleichsam ein strammer Nazi, der uns gegenüber seine Gesinnung deutlich zum Ausdruck brachte. Allein schon durch die soziale Zusammensetzung der Klasse - ich war einer von mindestens vier Pastorensöhnen - kam sehr bald eine eigentümliche Atmosphäre auf. Doch insgesamt war es nicht die Schule, die junge Leute im nationalsozialistischen Geiste heranzog. Es war vielmehr ein humanistisches Gymnasium und Lehrer wie N. eine Ausnahme. ‚National' hingegen wurde großgeschrieben. In der Aula standen riesige Ehrentafeln für unsere gefallenen Schüler. Einer der berühmtesten war der Marineoffizier M., den damals alle Jungen kannten. Im ersten Jahr unterrichtete uns B., der ebenfalls Parteigenosse war, aber er zählte zu den jungen Lehrern, die - an den Universitäten streng national erzogen und mit Begeisterung die neue Zeit begrüßend - eine große Ausstrahlungskraft besaßen."[53] Wolfhard E. hat seinen ehemaligen Direktor, Dr. Neumann, als einen aufrechten Demokraten in Erinnerung, dem vor allem auch das schulische Fortkommen „seiner" Luftwaffenhelfer am Herzen lag. Nach Kriegsende wurde Dr. Neumann Stadtverordneter der CDU in Rostock, nach Auseinandersetzungen mit der SED unter Hausarrest gestellt. Er unterrichtete noch einige Jahre an der Karl-Liebknecht-Schule, schied aus dem Schuldienst aus und arbeitete wissenschaftlich in Berlin.

Ehemalige Schüler erinnern sich an die Schule bei den 7 Linden, Realgymnasium Rostock.
Gerd S.: „Es war wohl mehr der ‚humanistische Geist', der an unserer Schule herrschte. Natürlich gab es einige Lehrer, die ganz besonders ‚engagiert' waren. Ich kann mich aber nur an einen Lehrer erinnern, der es fertigbrachte, an Feiertagen in Uniform zur Schule zu kommen: unser Englischlehrer Dr. R. Es hat uns seinerzeit eigentlich mehr erheitert. Nun war er sowieso eine Witzfigur, klein und dick, und nun erschien er plötzlich in brauner Uniform, mit Koppel und allem drum und dran. Ich würde sagen, wir haben das mehr von der komischen Seite gesehen. Damals. Im Grunde genommen war ja noch nicht so sehr viel passiert. Eine massive nationalsozialistische Beeinflussung von Seiten der Schule gab es nicht."[54]
Rolf-Dieter L.: „Ich besuchte zunächst die Mittelschule in Warnemünde und wechselte mitten im Schuljahr, da ich Probleme mit den Lehrern hatte, auf das Rostocker Realgymnasium - Schule bei den 7 Linden. Im Unterschied zur Großen Stadtschule gab es an unserer Schule mehrere Klassen auf einer Klassenstufe und eine höhere Schülerzahl, was sich wohl aus dem Lehrermangel er-

---

[53] Bericht von Ludwig B.
[54] Bericht von Gerd S.

klären läßt. Einige unserer alten Lehrer entdeckte ich später in den Büchern von Kempowski wieder. Eine ausgesprochen nationalsozialistische Indoktrination gab es an unserer Schule nur teilweise. Ich erinnere mich an Dr. R., Kreispropagandaleiter der NSDAP, dessen Fanatismus wir in für uns brenzligen Situationen ausnutzten. Da wir ja nicht immer die fleißigsten Schüler waren, fragten wir ihn, wenn es kritisch wurde: ‚Herr Doktor, sagen Sie doch bitte, wie ist die Lage an der Ostfront?' Dann vergaß er sich, die Stunde ging zu Ende, und wir waren gerettet."[55]

Claus P.: „Die Lehrerschaft setzte sich vorwiegend aus älteren Herren zusammen, die in der Regel das Pensionsalter überschritten hatten. Ein Lehrer beispielsweise bezeichnete uns, weil wir wohl nicht in ganzen Sätzen auf seine Fragen antworteten, als ‚Sklavennaturen, die man mit der Peitsche regieren müsse' (in Anspielung auf unsere DJ-Zugehörigkeit). Der war sicherlich kein Nazi. Die meisten waren wohl Parteigenossen, doch unauffällig; bis auf einen, der lief stets in der Schule in seiner - wie mein Vater zu sagen pflegte - kackbraunen Uniform herum."[56]

Joachim H.: „Der ‚Geist' der Schule war von Ordnung, Disziplin und Respekt vor den Lehrern gekennzeichnet, was uns als Schüler nicht hinderte, wie alle Pennäler früherer Generationen Streiche auszuführen und Schabernack zu treiben. Wir waren ganz normale Jungen. (Siehe auch Walter Kempowski, ‚Tadellöser & Wolff') Die politische Situation an der Schule konnten wir in unserem jungen Alter sicherlich nicht beurteilen. Sie unterschied sich nicht von dem, was uns in allen Bereichen des Lebens damals begegnete, und stellte somit nichts Ungewöhnliches, das einem unbedingt hätte auffallen müssen, dar. Ab September 1939 befand sich Deutschland im Krieg. Damit trat der national-vaterländische Aspekt stärker hervor. Wir wollten natürlich, daß Deutschland den Krieg gewinnen sollte. ‚Höhere' Einsichten hatten wir damals noch nicht, wurden uns auch nicht vermittelt. Kein Lehrer hätte wagen können, so etwas zu tun. Natürlich gab es in der Lehrerschaft auch Nationalsozialisten, d.h. Parteimitglieder. Einige unterrichteten sogar manchmal in der Uniform eines Parteileiters (Goldfasane). Diese waren aber nicht unbedingt schlechte Lehrer, sondern zum Teil sogar beliebt. Parteizugehörigkeit und pädagogische Begabung waren anscheinend voneinander unabhängig."[57]

Ernst H. berichtet über die Große Stadtschule Wismar: „Die Große Stadtschule Wismar zeichnete sich insbesondere durch eine hervorragende Ausbildung in den naturwissenschaftlichen Fächern aus. Im Jahre 1944 erhielt die Schule vom damaligen Erziehungsminister eine besondere Anerkennung. Der Eintritt in

---

[55] Bericht von Rolf-Dieter L.
[56] Bericht von Claus P.
[57] Schreiben von Joachim H. vom 9. Dez. 1992

die Oberschule bzw. das Gymnasium wurde nicht allein von den Leistungen des Schülers abhängig gemacht, sondern auch vom Geldbeutel des Vaters, denn bis in den Krieg hinein mußte Schulgeld entrichtet werden. So zahlte der Oberschüler und Gymnasiast 18 Mark monatlich, also das Doppelte eines Mittelschülers. Angesichts der allgemeinen Geldknappheit war dies eine relativ hohe Summe. So schieden sich - sozial gesehen - die Geister. Meine Mitschüler kamen zu mehr als 80 Prozent aus dem wohlhabenden Bürgertum, aus der Beamtenschaft oder aus großbäuerlichen Verhältnissen. Von den 25 Schülern meiner Klasse war ich das einzige Arbeiterkind. Jedoch wurden die sozialen Unterschiede in der Schule nicht ausgespielt. Die nämlich waren schon durch die Hitlerjugend, wo Leistung zählte und alles andere zurückgedrängt wurde, egalisiert. Bei dem Wochenlohn meines Vaters in Höhe von 28 Mark war ich auf die halbe Freistelle, die meine Mutter in Verhandlung mit dem Direktor erwirkt hatte, angewiesen.

Das Lehrerkollegium in Wismar war ein sehr hochqualifiziertes Kollegium, dem wir zu großem Dank verpflichtet sind. Was die ‚gesellschaftspolitische' Einstellung unserer Lehrkräfte betraf, so gab es beachtliche Unterschiede. Unser Oberstudiendirektor Dr. Kleiminger beispielsweise stammte aus einem Pastorenhaus und sein ganzes Denken und Fühlen - er war ‚alter Humanist', wie man so sagte - war im religiösen Sinne geprägt, und er versuchte das auch - soweit es in der damaligen Zeit möglich war - in der Schulpolitik zu berücksichtigen. Er besaß in dieser Hinsicht im Kollegium eine Anhängerschaft. Es gab aber auch andere Lehrkräfte, die mit der NSDAP gemeinsame Sache machten und versuchten, deren erzieherische Grundsätze uns gegenüber durchzusetzen. Natürlich ist die Schule auch immer Ausdruck der jeweiligen Klassengesellschaft, wie man hier (in der ehemaligen DDR) in den vergangenen Jahrzehnten gesagt hat. Natürlich mußte im nationalsozialistischen Sinne erzogen werden, und so ist - wie an jeder anderen Schule - auch erzogen worden. Daß es aber zu schlimmen Übertreibungen gekommen wäre, kann ich nicht sagen. Es hielt sich alles in Grenzen. Viele Lehrkräfte haben damals auch versucht, aus der Vernunft heraus mit Mäßigung auf die Dinge Einfluß zu nehmen."[58]

Auch die befragten ehemaligen Luftwaffen- und Marinehelfer aus Bützow, Schwerin, Malchin, Ludwigslust, Neustrelitz, Ribnitz und Teterow sowie der Blücherschule Rostock betonten, daß lediglich einzelne Lehrkräfte versuchten, ihre Schüler zu indoktrinieren. Differenziert betrachtet Rudolf L. das Lehrerkollegium der Moltkeschule (OSfJ Parchim): „Die jüngeren Lehrer, z.T. gewiß begeisterte und überzeugte Nationalsozialisten - alle wohl nicht -, waren zur Wehrmacht ein-

[58] Bericht von Ernst H.

gezogen, also nicht da. Unter den Daheimgebliebenen, weil Älteren, war niemand, den ich pauschal als Nazi bezeichnen würde. Die Herren waren in der Regel konservativ, deutschnational, standesbewußt und standesstolz, aber aus ‚brauner Sicht' doch nur Mitläufer und ‚Märzgefallene'. Es gab auch einige Nicht-Pg`s in der Lehrerschaft, die aus ihrer Reserve und Kritik wenig Geheimnis machten und daher auch gelegentlich aneckten, bis hin zu sich daraus ergebenden Gestapobesuchen. Der Unterricht war mehr oder weniger autoritär gestaltet. Diese Praxis reichte aber weit in die Vor-Hitlerzeit zurück und dürfte aus Kaisers oder Großherzogs Zeiten datieren. Und das war vermutlich ein gesamtdeutsches Phänomen. (siehe Thomas Manns ‚Buddenbrooks'). Im Vordergrund stand Wissensvermittlung, die vom Krieg wenig Notiz nahm - eigentlich bis zum Schluß. Manches dabei erinnerte ein wenig an Spoerls ‚Feuerzangenbowle'. Gewisse Reibungen, Spannungen und Auseinandersetzungen gab es mit der Hitlerjugend bzw. deren Führern, die z.T. ja selbst Schüler waren. Mit fortschreitendem Krieg und zunehmenden Lebensjahren wurden die Schüler und Schülerinnen (die gab es in der Oberstufe auch) weniger anfällig und erreichbar für den Nationalsozialismus mit allem Drum und Dran. Falls die Nazis politisch und militärisch auf Dauer erfolgreicher gewesen wären, hätte sich die Distanzierung der heranwachsenden intelligenteren Jugend weniger schnell und umfassend ergeben. Gekommen wäre sie aber gewiß auch dann bei vielen."[59]

Auf den Heranziehungsbescheid ihrer Schüler zum Flakeinsatz reagierten die Lehrer – wie auch die Schüler selbst - sehr verschieden. Klaus K. (OSfJ Malchin) und Fritz L. (Schule bei den 7 Linden, Rostock) berichteten, daß es die Lehrer - wohl aus Angst vor unbedachten Äußerungen – vermieden, sich zum Flakdienst zu äußern. Einige Lehrer der Großen Stadtschule Rostock mögen der Auffassung gewesen sein, daß die Schule zuerst beendet werden sollte, andere glaubten vielleicht an einen notwendigen Beitrag zur Erringung des „Endsieges". Rudolf L. (OSfJ Parchim): „Bei einigen Lehrern wurde eine gewisse Anteilnahme spürbar. Mehr oder weniger unbeholfen bekam man ein paar aufmunternde Sprüche mit auf den Weg. Was sollten die Herren auch groß sagen? Deutschland und Europa wurden doch damals schon mehr und mehr zum Trümmerhaufen." Die Mehrzahl der Direktoren und Lehrer indes machte sich berechtigte Sorgen um die schulische Betreuung der Flakhelfer, und das um so mehr, als die Bombenangriffe an Umfang und Härte zunahmen und immer mehr Jungen von der Schulbank in den Krieg zogen.[60]

---

[59] Bericht von Rudolf L.
[60] Vgl. Berichte von Fritz L., Klaus K., Rudolf L., Günter H.

Einrücken der ersten Luftwaffenhelfer

„Die Wände meines Knabenzimmers waren fast kahl. Nur ein Bild: ‚Der Tag von Potsdam'. Hindenburg und Hitler. Zwei ‚ganze' Männer reichen sich die Hand. Daneben ein Spruch von Ernst Moritz Arndt: ‚Die Freiheit und das Himmelreich gewinnen keine Halben.' Anfang 1943 wurde der Krieg ganz oder ‚total' und ich - eben 16 Jahre alt - ein Halber, ein Halbsoldat. Schulklassenweise rückten wir ein in die Flakbatterien rund um Rostock. Luftwaffenhelfer hießen wir." beginnt Helmut P. (Große Stadtschule Rostock) seine Erinnerungen an die Flakhelferzeit.[61]

Den Erstbedarf der Luftwaffenhelfer im LGK XI, dem 137 schwere, 13 Sperrfeuer-, 132 leichte und 73 Scheinwerferbatterien unterstanden, deckten zunächst auch etwa 230 Güstrower, Rostocker, Warnemünder und Wismarer Schüler. Die 23 LwH der Mecklenburgischen Landesschule Güstrow kamen überörtlich in der Batterie Groß Klein (Flakuntergruppe Rostock Nord), die Rostocker LwH in örtlichen Flakbatterien zum Einsatz.

Der „Rostocker Anzeiger" über die Einberufung der ersten Flakhelfer:
„Das Jahr 1943, das im Zeichen des totalen Kriegseinsatzes von Mann und Frau steht, und für das von der Reichsjugendführung die Parole „Kriegseinsatz der Hitler-Jugend" ausgegeben wurde, wird auch den Pflichtenkreis der deutschen Jugend noch um Aufgaben erweitern, die bisher Erwachsenen vorbehalten waren ...Am heutigen Montag wird auch eine Anzahl von Rostocker Hitler-Jungen zu diesem Kriegseinsatz einberufen. Daß die zuständigen Stellen selbstverständlich alle Vorsorge getroffen haben, daß die Jungen nur zu Arbeiten herangezogen werden, die ihnen zugemutet werden können, darf dabei im besonderen den Eltern als Beruhigung dienen. Die Jungen werden, ihrem Entwicklungsgang entsprechend, im Büro- oder im Außendienst nach eingehender ärztlicher Untersuchung eingesetzt. Die Einziehung erfolgt möglichst klassenweise, damit nach Beendigung der auf einige Wochen bemessenen Ausbildungszeit ein regelmäßiger Schulunterricht in den Hauptfächern von wöchentlich mindestens 18 Stunden unter Heranziehung der eigenen Lehrer, dem sogenannten Betreuungslehrer, durchgeführt werden kann. Der Unterricht erfolgt bis zur Reifeprüfung, falls nicht vorher eine Einberufung zum Arbeitsdienst oder zur Wehrmacht stattfindet. Die Jungen werden am Einsatzort in besonderen Unterkünften untergebracht und von der Wehrmacht verpflegt. Die Beziehung zum Elternhaus wird durch eine wöchentlich einmal erfolgende Beurlaubung und durch einen zweimaligen Urlaub von je 14 Tagen im Jahr aufrechterhalten. Die Wehrmacht sorgt für die Sozialversicherung der Jungen nach Maßgabe der Personenschäden im Heeresdienst. Neben Wehrmacht und Schule betreut auch die Hitler-Jugend weiter die jugendlichen Waffenhelfer durch die Freizeitgestaltung.
Niemand würde es heute noch verstehen, wenn in diesen Schicksalsmomenten des Reiches auch nur eine einsatzfähige Kraft brach liegen bliebe. Mann und Frau werden herangezogen, und von der Jugend stehen viele Jungen und Mädel im gleichen Alter wie diejenigen, die heute als Luftwaffenhelfer dem Reich dienen werden, im Erzeugungsprozeß für die Kriegswirtschaft. Auch die Jugend, die zum größten Teil bisher in den Reihen der Hitler-Jugend als Einheitsführer stand, wird nun mit Leidenschaft und Hingabe ihren Beitrag zum Siege leisten." [62]

---

[61] Schreiben von Helmut P. vom 19. Mai 1998.
[62] Rostocker Anzeiger vom 15. Febr. 1943.

Einsatzbatterien der Rostocker Luftwaffenhelfer

Große Stadtschule:
- 14 LwH/Klasse 6 — - Batterie Kassebohm (1./271)
- 3 LwH/Klasse 6; 5 LwH/Klasse 7 — - Batterie Toitenwinkel (6./232)
- Betreuungslehrer: Fritz Niemeyer

Schule bei den sieben Linden:
- 5 LwH/Klasse 7a — - Batterie in der Barlachstraße (Leichte Flak)
- 7 LwH/Klasse 7b — - Batterie Gehlsdorf (Leichte Flak)
- 15-20 LwH/Klasse 6a — - Batterie Biestow (3./232)
- 20 LwH/Klasse 6b — - Batterie Sievershagen (2./232)
- 15-20 LwH/Klasse 6c — - Batterie Barnstorf (4./232)
- Betreuungslehrer: Dr. Neumeyer, Alfred Förster

Blücherschule:
- 11 LwH/Klasse 7; 24 LwH/Klasse 6 — - Batterie Marienehe (Heinkel-Werke), Batterie Flugleitung Heinkel-Werke, Batterie Bramow, Batterie Carsten/ Komponistenviertel; leichte Flakbatterien
- Betreuungslehrer: Dr. Stahl

Mittelschule Rostock:
- 10 LwH/Klasse 6 — - Batterie Toitenwinkel (6./232)
- Betreuungslehrer: Dr. Adolf Hannemann

Mittelschule Warnemünde:
- 3 LwH/Klasse 6 — - Batterie Warnemünde (9/XI)

Den leichten Heimatflakbatterien 15/XI und 16/XI Wismar wurden 62 LwH/Klassen 7/6 der Großen Stadtschule und 23 LwH/Klasse 6 der Mittelschule Wismar zugeteilt.[63]

[63] Vgl. Anhang.

Die eigentliche Einberufung vollzog sich ohne größeres Zeremoniell. Aus Wismar wurde gemeldet, daß die Luftwaffenhelfer auf dem Schulhof der Großen Stadtschule zum Abmarsch in die Flakkaserne antraten, wobei sie von Oberstudienrat Wilhelm Schliemann, dem Betreuungslehrer, begleitet wurden.[64] Die Güstrower Schüler holte ein Flakoffizier ab und reiste mit ihnen am 24. Februar 1943 per Bahn nach Rostock. Studienassessor Dr. Bull übernahm die Funktion des Betreuungslehrers.[65] Auch die Luftwaffenhelfer der Großen Stadtschule konnten sich an eine feierliche Verabschiedung durch die Schule nicht erinnern. Zu Fuß marschierten sie in ihre Batterien in Kassebohm und Toitenwinkel, wo unverzüglich ihre Ausbildung begann.

Entsprechend den Vorstellungen des REM und der Parteikanzlei sollten die Luftwaffenhelfer während der mehrwöchigen Ausbildung Unterricht erhalten, was sich in der Realität jedoch als nicht durchführbar erwies. So wollte sich der Rostocker Flakkommandeur aus Gründen der Ausbildung und der Gefechtsbereitschaft auf eine regelmäßige Unterrichtserteilung nicht einlassen.[66] Da sich die Beschwerden der Batteriechefs gegen den Unterricht während der Ausbildung häuften, befahl das LGK XI, daß die Luftwaffenhelfer den Einheiten zur militärischen Ausbildung und Unterweisung in ihren Sonderaufgaben vom 15.2. bis 14.3.1943 uneingeschränkt zur Verfügung stehen. Der Unterrichtsbeginn wurde für den 15. März festgelegt, schließlich bis zum 29. März 1943 hinausgezögert.[67] Bis dahin bildeten erfahrene Flaksoldaten die Jungen im Fernsprech- und Fernmeldedienst, in der Aus- und Umwertung, am Kommando-, Entfernungsmeß- und Funkmeßgerät, an Scheinwerfern, im Geschäftszimmerdienst, an den schweren 8,8cm- sowie an 3,7cm- und 2cm-Flakgeschützen aus.

Schüler oder Soldaten? Ausbildung und Status der Flakhelfer

Über den Zweck und die Verwendung der Luftwaffenhelfer hieß es im Erlaß des Reichsministers für Luftfahrt und Oberbefehlshabers der Luftwaffe vom 26. Januar 1943: „Durch den Kriegshilfseinsatz der Lw.-Helfer sollen Soldaten zum Dienst mit der Waffe und zum Dienst an allen anderen Stellen, die nicht durch Aushilfskräfte besetzt werden können, freigemacht werden. Unter keinen Umständen dürfen die Lw.-Helfer als zusätzliche Arbeitskräfte betrachtet werden ...

---

[64] Vgl. MLHA Schwerin, MfU Nr. 2977 (Schreiben des Direktors der Großen Stadtschule Wismar vom 15. Febr. 1943).
[65] Vgl. ebenda (Schreiben des Direktors der Mecklenburgischen Landesschule Güstrow vom 26. Febr. 1943).
[66] Vgl. ebenda (Schreiben des Direktors der Großen Stadtschule Rostock an das Mecklenburgische Staatsministerium, Abteilung Unterricht vom 28. Febr. 1943).
[67] Vgl. ebenda (Schreiben des LGK XI vom 11. Febr. 1943).

Die Luftwaffenhelfer sind entsprechend ihrer körperlichen und geistigen Eignung beispielsweise zu verwenden im Fernsprechdienst, Flugmeldedienst, Auswertungs- und Umwertungsdienst, Dienst am FM-Gerät, Dienst am Kommando- und EM-Gerät, Geschäftszimmerdienst ... Lw.-Helfer können auch nach Ausbildung in einer ihrer Entwicklungsstufe angemessenen Tätigkeit an der Flakwaffe Verwendung finden. Eine Einteilung an den schweren Waffen ist nur für solche Funktionen vorgesehen, mit denen besondere körperliche Anstrengungen nicht verbunden sind."[68]

Die Ausbildung an den Flakwaffen und Geräten in Theorie und Praxis - ergänzt durch Exerzieren, Erlernen des Bettenbaus und der Spindordnung, Reinigungsdienste, infanteristische Grundausbildung und Unterweisung an Handfeuerwaffen - bestimmte in den ersten Wochen den Alltag der Luftwaffenhelfer.

Das Standardgeschütz der deutschen Luftabwehr war die 8,8, die eine maximale Schußhöhe von 10,6 km sowie eine maximale Schußweite von 14,9 km erreichen konnte und von 9 Kanonieren bedient wurde. Die Luftwaffenhelfer wurden in allen Funktionen ausgebildet, um eventuell ausfallende Kameraden jederzeit ersetzen zu können. Um dem Feind ein wirkungsvolles Gruppenfeuer entgegenschleudern zu können - alle 3 Sekunden sollte eine Granate das Rohr verlassen -, mußten die in den Funktionen auszuführenden Handgriffe „im Schlaf" beherrscht werden.

Das Geschütz wurde von einem Geschützführer befehligt, der mit der Befehlsstelle durch eine Telefonleitung verbunden war und von dort alle Befehle, einschließlich des Feuerbefehls, erhielt. In einigen Rostocker Flakbatterien wurden auch russische 8,5cm-Geschütze - aufgebohrt auf 8,8cm - und Beutekanonen vom Kaliber 7,62cm verwendet.

Im theoretischen Unterricht erfolgte eine Einweisung in die Elemente des Geschützes; der Flugzeugerkennungsdienst, die Flakschießlehre etc. wurden intensiv geübt. Mit Heiterkeit nahmen die Luftwaffenhelfer zur Kenntnis, daß Andreas Hofer als Schutzpatron der Flakartillerie zu verehren sei, wegen seines spöttischen: „Gebt Feuer! Ach, ihr schießt schlecht!"[69]

Bei der leichten und mittleren Flak waren die 2cm-Flak 30 und 38 Solo, die 2cm-Flak 28 (Oerlikon), die 2cm-Flakvierling 38, die 3,7cm-Flak 36/37 und 43 eingesetzt. Neben der Verteidigung von Werkanlagen, Brücken, Schleusen und Flugplätzen dienten die leichten Waffen (z.T. wurden Vierlings-MG`s sowjetischer Bauart verwendet) auch dem Schutz der schweren Flakbatterien vor Tieffliegerangriffen.

Die mit 1200 Granaten pro Minute höchste Feuerkraft erreichten die Flakvier-

---

[68] Erlaß vom 26. Jan. 1943.
[69] Mitgeteilt von Helmut P.

LwH der Großen Stadtschule Wismar in der Heimatflakbatterie 16./XI. (Ernst Hansen)

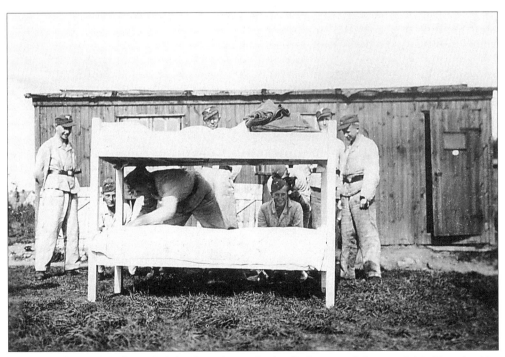
LwH der Blücherschule Rostock beim Bettenbauen in der Stellung am Schwaanenteich (Hans-Joachim Freidank)

Geschützexerzieren in der 8,8 cm - Batterie Lichtenhagen (3./232) (Claus Panter)

Zu den ersteinberufenen Luftwaffenhelfern gehörten die Schüler der Klasse 6 der Großen Stadtschule Rostock. Die Ausbildung erfolgte in der Batteriestellung Kassebohm, Frühjahr 1943. (Hans-Heinrich Budzier)

K2 (sitzend) - Seitenrichtkanonier in der Batterie Lichtenhagen (3./232) (Claus Panter)

LwH der Klasse 6 der Blücherschule Rostock mit 2cm-Flakvierling in der Batterie am Schwaanenteich (Frühjahr 1943) (Hans-Joachim Freidank)

LwH der Blücherschule Rostock mit 2cm-Flak (Sologeschütz) in der Batterie Carsten/Komponistenviertel (Frühjahr 1943) (Hans-Joachim Freidank)

linge, die vor allem zur Bekämpfung der schnellen und damit extrem gefährlichen Mustang-, Lightning-, Mosquito-, Spitfire- und Thunderboldt-Jäger dienten. Da Tieffliegerangriffe überfallartig erfolgten, setzte die Bedienung von leichten und mittleren Flakgeschützen geistige Beweglichkeit, Schnelligkeit und rasche Reaktionsfähigkeit voraus. Die Luftwaffenhelfer erlernten und bedienten sämtliche Funktionen an diesen Waffen.

Luftwaffenhelfer wurden darüber hinaus an den Geräten ausgebildet, die den Batterien zur Feuerleitung zur Verfügung standen, so an den Kommandogeräten 36 und 40, am Kommandohilfsgerät 35, am Flakumwertegerät Malsi 41/43 und an verschiedenen Funkmeßgeräten.

In den Ausbildungswochen erfolgte eine ausschließliche Vorbereitung auf die künftig zu erfüllenden Aufgaben, und den Ausbildern gelang es zumeist, technisches Interesse und Verständnis bei den LwH zu wecken, die den Unterweisungen mit Einsatzbereitschaft und Spaß folgten.

Mitunter kam es auch zu lustigen Begebenheiten. Helmut P. „Wie einst Lilli Marlen oder das falsche Lottchen: Die jüngsten Flakhelfer sind 15 Jahre alt. Kein Wunder, daß da einer noch keinen Stimmbruch hat. Hell kräht seine Stimme, wenn er am Funkmeßgerät sein ‚Ziel aufgefaßt' brüllt. Beim Battaillonsstab hält man ihn bei der täglichen Leitungsprobe für eine Nachrichtenhelferin. Dort wissen nur wenige, daß es trotz totalem Krieg in den Flakbatterien gar kein weibliches Personal gibt. So hat unser ‚Lottchen' sein Amüsement, wenn ein Unteroffizier vom Stab bei der telefonischen Leitungsprobe Gefallen an ihm findet und sich unbedingt am Abend, vor der Kaserne vor dem großen Tor' mit ihm treffen will. Zusammen mit Lottchen nehmen wir dann den vergeblich vor der Flakstellung Wartenden in Augenschein und haben unsern Jux."[70]

Wurden die LwH der Großen Stadtschule Rostock in den Batterien Kassebohm und Toitenwinkel vorerst nur in der Umwertung, am Kommandogerät, Entfernungsmeßgerät und Funkmeßgerät ausgebildet und später auch eingesetzt, so erlernten die LwH der Blücherschule Rostock, der Schule bei den 7 Linden (Kl.7), der Großen Stadtschule Wismar, der Rostocker, Warnemünder und Wismarer Mittelschule die Handhabung der leichten Flakgeschütze zum Einsatz gegen Tieffliager. Eine Ausbildung an schweren 8,8 cm-Flakgeschützen, am Funkmeßgerät, am Kommandogerät und an leichten Flakgeschützen erhielten die drei 6. Klassen der Schule bei den sieben Linden in den Batteriestellungen Barnstorf, Biestow und Sievershagen sowie die am 15. Juli 1943 einberufenen LwH der Großen Stadtschule Rostock, der Schule bei den 7 Linden und der Rostocker Mittelschule. Die Qualität der Ausbildung wird allgemein als sehr gut bezeichnet.

---

[70] Bericht von Helmut P.

Gerd P. (Große Stadtschule Rostock): „Am 15. Februar 1943 wurde unsere Klasse zur Flak eingezogen. Wir marschierten von der Schule aus in die Stellung Toitenwinkel. Wir wußten nicht, was uns bei der Flak erwartete. Es wurde nichts gesagt, oder es durfte nichts gesagt werden. So gingen wir völlig unvorbereitet in den Einsatz. Unsere Klasse war aufgeteilt worden, der größere Teil kam nach Kassebohm zur Ausbildung, zwei Mitschüler und ich nach Toitenwinkel. In Toitenwinkel wurden auch die Schüler der Klasse 7 unserer Schule und Rostocker Mittelschüler eingesetzt. Die Unterkunft erfolgte in Baracken, die nicht eng und auch nicht ungemütlich waren. Wir richteten sie noch etwas individueller und wohnlicher ein. Die Baracken in Toitenwinkel waren nicht besonders geschützt. In Biestow hatte man sie in die Erde versenkt und mit Erdwällen umgeben.
Während des Anfangsdienstes wurde ich am Kommandogerät 36 als E 4 (Entfernungsmesser) ausgebildet. An Geschützen (die 6./232 verfügte über 4 x 8,8 cm-Geschütze) oder Scheinwerfern setzte man uns nicht ein .... Da wir in der ersten Zeit keinen Unterricht erhielten, konzentrierte sich die Ausbildung voll auf das Gerät. Wir führten die Tätigkeiten nicht stumpfsinnig aus, sondern wußten genau, was jeder Handgriff bedeutete. Die Ausbildung hat uns Spaß gemacht. Bei den simulierten Übungsangriffen besaßen alle den Ehrgeiz, die Aufgaben gut zu erfüllen. Außer dem Leitenden am Kommandogerät, Unteroffizier W., waren nur Luftwaffenhelfer am Gerät eingesetzt. Andere Kameraden bedienten das Funkmeßgerät. Die freiwerdenden Soldaten kamen an die Front, was ja wohl auch der Sinn des Luftwaffenhelfereinsatzes war."[71]
Hans-Heinrich B. (Große Stadtschule Rostock): „Am 15. Februar 1943 wurden wir eingezogen. Studienrat Niemeyer begleitete uns in die Stellung. Eine direkte Verabschiedung durch die Schule erfolgte nicht. Wir wurden zur ersten Flakbatterie der Flakabteilung 271 eingezogen. Die Batterie lag vor den Toren der Stadt Rostock auf der Feldmark von Kassebohm. Nach einigen Wochen der Grundausbildung wurden wir nach Biestow verlegt. Während der Grundausbildung und auch später war unsere Klasse geteilt worden - der größte Teil der Luftwaffenhelfer unserer Klasse befand sich in Kassebohm und einige in Toitenwinkel. Die Grundausbildung erhielten wir in Kassebohm. Die Unterkunft erfolgte in Baracken. Diese nannten sich zwar ‚Bunker', bestanden aber nur aus Holzwänden. Aufgeschüttete Erdwälle sollten die ‚Bunker' ringsum gegen Splitter sichern. Unserer hatte den Namen ‚Werra'. Wir Luftwaffenhelfer wurden am Entfernungsmeßgerät und in der sogenannten Umwertung ausgebildet und später auch eingesetzt. Unsere Kassebohmer Batterie, eine Leitbatterie, verfügte auch über ein Funkmeßgerät (Radargerät) und Scheinwerfer. In der Batterie befanden

---

[71] Bericht von Gerd P.

sich auch Hiwis (Hilfswillige) der Wlassow-Armee. Diese schleppten die Granaten und mußten sie auch eindrücken, d.h. die Geschütze laden. Alle Funktionen, die für ein gutes Trefferergebnis entscheidend waren, wurden nicht von Hiwis ausgeführt; diese versahen nur Hilfsdienste. Da wir über Russischkenntnisse nicht verfügten, hatten wir zu denen überhaupt keinen Kontakt. Wir haben weder beabsichtigt noch unbeabsichtigt ein Wort mit ihnen gewechselt. Die Hiwis waren gesondert untergebracht, durften in der Batterie nicht frei herumlaufen und bekamen auch keinen Ausgang. Das Funkmeßgerät und der Scheinwerfer wurden von deutschen Soldaten bedient; am Entfernungsmeßgerät und in der Umwertung waren Luftwaffenhelfer tätig. Zu körperlich schweren Arbeiten wurden die Luftwaffenhelfer nicht herangezogen.

Das Verhältnis zwischen den deutschen Flaksoldaten und Luftwaffenhelfern möchte ich als sehr vernünftig bezeichnen. Es waren meist ältere Soldaten, und diese waren freundlich und verständnisvoll, auch hilfsbereit. Genau erinnere ich mich an zwei Leute unserer Batterie. Da war zum einen unser Batteriechef, der uns gegenüber sehr arrogant auftrat, zum anderen der Spieß - der war richtig väterlich."[72]

Ernst H. (Große Stadtschule Wismar): „Unsere Ausbildung erhielten wir an der 2cm-Flak 30, jener Standardwaffe der leichten Flak, die später durch die moderneren 2cm-Solo und 2cm-Flakvierling 38 ersetzt wurde. Die Geschütze waren auf acht Meter hohen Stahlrohren montiert. Wir lernten die Waffen wie vollwertige Soldaten bedienen. Durch den Dienst in der Hitlerjugend waren wir so vom militärischen Geist durchdrungen, daß uns die Ausbildung an der Waffe keine Schwierigkeiten irgendwelcher Art bereitete."[73]

Einige Luftwaffenhelfer durchliefen im Verlauf ihres Einsatzes auch eine komplette Ausbildung an schweren und leichten Geschützen sowie an Feuerleitgeräten.

Wilfried H. (Große Stadtschule Rostock, einberufen am 15. Juli 1943): „Die Batterie Biestow verfügte über 6 x 8,8cm-Geschütze, 2cm-Vierlingsflak, eine Umwertung mit dem Kommandohilfsgerät 35/37. Dieses Gerät maß die Entfernungen anfliegender Flugzeuge, die dann in der unterirdischen Umwertung entsprechend ‚umgewertet' wurden. Die Umwertung war der beste Posten. Wer diesen Posten am Planquadrat hatte, war fein raus. Dieses Glück hatte ich nicht, da die Auswahl wohl nach Nase erfolgte. Ich kam an das 8,8-Geschütz. Unsere 8,8 waren aufgebohrte 8,5cm-Beutegeschütze und machten so einen Höllenlärm. Die Vierlingsflak stammte aus Beständen der deutschen Wehrmacht. Ich wurde meistens am 8,8cm-Geschütz, eine kurze Zeit auch an der Vierlingsflak

---

[72] Bericht von Hans-Heinrich B.
[73] Bericht von Ernst H.

und eine Woche am Kommandohilfsgerät eingesetzt. Am Geschütz war besonders der Sitzplatz begehrt (K2-Seitenrichtkanonier, während der K1 für die Höheneinstellung zuständig war). Die Qualität der Ausbildung war gut. Wir lernten blitzschnell mit den Waffen und Geräten umzugehen. Uns half sicherlich auch die Begeisterung, mit der wir den Dienst versahen. Die Ausbildung erfolgte in allen Funktionen des Geschützes. Nachmittags hatten wir die Theorie stur auswendig zu lernen. Sie begann mit Schußwaffen: ‚...Der Karabiner 98 K ist eine Hieb-, Schuß- und Stichwaffe...', und setzte sich bis zum Flakgeschütz fort. Darüber hinaus unterrichtete man die Luftwaffenhelfer in Ballistik, Fallwinkel der Geschosse und anderes mehr. Infolgedessen kamen wir uns bald wie vollausgebildete Soldaten vor."[74]

Joachim H. (Schule bei den 7 Linden): „Ein Teil der Schüler meiner Klasse wurde von Anfang an, also ab Februar 1943, den schweren Flakgeschützen (8,8cm) zugeteilt und daran ausgebildet. Ein anderer Teil wurde den Leitgeräten zugewiesen. Einige kamen zu den damals noch im Einsatz befindlichen Scheinwerfern oder zu den zwecks Abwehr von Tieffliegerangriffen in die schweren Flakbatterien integrierten leichten Flakgeschützen. Ich selbst bin in Sievershagen am Funkmeßgerät 39 als Entfernungsmesser ausgebildet und eingesetzt worden, hatte aber auch eine Ausbildung am Kommandogerät und am Malsigerät erhalten. Anläßlich unseres ersten Aufenthalts in Lichtenhagen erhielt ich eine zusätzliche Ausbildung an den russischen Beutegeschützen. In Neudörfl bei Wiener Neustadt wurden wir dann auf die Bedienung der deutschen 10,5cm-Flakgeschütze umgeschult. In Hannover-Wunstorf schließlich war ich mit den restlichen Klassenkameraden der zur Flugplatzsicherung aufgestellten Leichten Flak zugeteilt."[75]

Daß es bei der Ausbildung nicht immer glimpflich abging, schildert Hans-Joachim F. (Blücherschule Rostock): „Wir wurden zum Objektschutz der Heinkel-Werke in Marienehe ausgebildet und zwar an der 2cm-Flak Solo 38 und 2cm-Flakvierling 38, später auch an der russischen 7,62cm-Kanone (vermutlich die 1./732 - d.Verf.). Die Russen-Flak waren Beutegeschütze aus dem Russland-Feldzug und wurden vor Kriegsbeginn von Krupp in Essen geliefert, diese waren sehr leicht und mußten während des Schießens immer justiert werden. Dabei gab es dann jede Menge gebrochene Zehen oder Knöchel."[76]

Als besonders interessant schilderten viele LwH die theoretische Ausbildung im Flugzeugerkennungsdienst und in der Flakschießlehre. Unbeliebt hingegen waren Ordnungs- und Infanteriedienste, die manchmal in Schleiferei ausarteten. Gelegentlich erprobten Ausbilder ihre „Macht" an den Luftwaffenhelfern und ver-

---

[74] Bericht von Wilfried H.
[75] Schreiben von Joachim H. an die Verfasser vom 9. Dez. 1992.
[76] Bericht von Hans-Joachim F.

hängten zur Ahndung von „Verfehlungen" der Jungen „Sondermaßnahmen", obgleich sie nach den Festlegungen des LGK XI keinerlei Strafbefugnis über die LwH besaßen. Die Bestrafung der LwH oblag - nach den Vorschriften - allein dem Batteriechef.

In den Besprechungen im LGK XI war wiederholt und unmißverständlich festgelegt worden: „Mit allen Mitteln muß aber das Eingreifen der Unteroffiziere in die Strafbefugnisse des Batterie-Chefs verhindert werden. Der Unteroffizier hat keine Strafgewalt. Er darf sich daher auch nicht zu Handlungen hinreißen lassen, die von vornherein als Schikane empfunden werden. Abschrubben der Unterkunft 5 Minuten vor Antritt des Urlaubs, Herunterreißen der Bettdecken, weil ein Bett nicht ordentlich gebaut ist, Ausräumen der Spinde, weil ein Lw.-Helfer schlecht Ordnung hält, Wegtretenlassen der ganzen Stube, weil ein Junge seinen Anzug nicht in Ordnung hat und zur Strafe dafür er und seine Kameraden mehrere Stunden zu spät zu den Eltern beurlaubt werden, sind einige Beispiele falsch verstandener Disziplinarmaßnahmen, die im übrigen den Unteroffizieren auch nicht zustehen. Spurt ein Junge nicht so, wie es erwartet werden muß, hat der Unteroffizier das dem Batterie-Chef zu melden und nur der kann anordnen, was geschehen soll."[77]

Nicht in jedem Fall wurde diesen Anordnungen Folge geleistet. Und auch für die zumeist noch jungen Batteriechefs war es nicht immer einfach, eine „gerechte Bestrafung" zu verhängen. Meist zeigten sie Verständnis, sahen sich aber gelegentlich genötigt, energisch durchzugreifen.

Wilfried H. (Große Stadtschule Rostock): „Die Zeit, die wir in Biestow verbrachten, bestand - abgesehen von der Zeit des Schulunterrichts - aus einem sehr üblen militärischen Drill und Schliff - ähnlich dem in 08/15 beschriebenen. Der Drill und Schliff war teilweise härter, als wir es von der HJ gewohnt waren, und auch härter als später beim RAD. Dies lag natürlich auch am jeweiligen Ausbilder. Mancher 8-Klassen-Schüler machte sich einen Spaß daraus, uns Oberschüler zu drangsalieren. Nun war schließlich er der Chef und ließ es uns entsprechend spüren. Die Schimpfworte eines meiner Ausbilder werde ich mein Leben lang nicht vergessen. Nachdem er ‚Hinlegen!' befohlen hatte, brüllte er mich an: ‚H., Sie liegen ja da wie eine ostsibirische Wanderhure!' Wahrscheinlich hatte ich in dem Moment mein Hinterteil nicht in der gehörigen Form nach unten gebracht. Ferner gab es Strafexerzieren, und wenn nachts nichts los war, wurde der Probealarm zu allerlei Schikanen genutzt."[78]

Helmut P. (Große Stadtschule Rostock): „Lang war ich, 188 cm, lang und dünn, Herzschwäche diagnostizierten die Ärzte, keine körperlichen Anstrengungen, ein

---

[77] Zit. Nach Nicolaisen, Einsatz, S. 320f.
[78] Bericht von Wilfried H.

halbes Jahr vom Militärdienst zurückgestellt, als Flakhelfer dennoch geeignet, von der ersten Stunde an dabei bis November 1944. 21 Monate Flakhelfer - wahrscheinlich ein Rekord. Anfangs marschierten wir jede Woche von Kassebohm nach Bentwisch ins Krankenrevier, um uns vom Unterarzt eine der vorgeschriebenen Impfungen verpassen zu lassen. Das hatte ich Kerl nun davon, warum war ich auch so dünn, kein Wunder, da mußte ja bei der Typhusimpfung die Nadel in der Rippe stecken bleiben. - Eines Tages erscheint in meinem Elternhaus, dem Pfarrhaus in Laage, mein Spieß, der Hauptwachtmeister Imhoff. Der im Dienst so selbstsichere Mann wirkt verlegen. Mein Vater denkt, der Besucher will wohl - ohne seine Braut - eine Trauung anmelden. Schließlich kommt es heraus: Ihr Sohn liegt in der Uni-Klinik in Rostock, Blinddarmoperation. Peinlich ist die Sache schon. Ich hatte mich wegen stechender Leibschmerzen geweigert, das Schleifen (hinlegen - vor marsch marsch!) mitzumachen. Ein kräftiger Anpfiff hatte an meiner Weigerung nichts geändert. Also dann ab zum Sanitäter, Einweisung in die Klinik und Operation: Blinddarm ohne Befund, stark geschwollene Magendrüsen. Am Krankenbett erscheint der Schleifer mit einem Riesenblumenstrauß. Gut, daß mein Vater auch gerade anwesend ist und sich mit dem Wachtmeister über die gemeinsame hessische Heimat unterhalten kann. - Abendlicher Stubendurchgang. (In dieser Batterie kommt nicht der UvD, stets beehrt uns der OvD.) Als Stubendienst melde ich die Stube ab. Egal wie der zu erweisende Hitlergruß auch ausfällt, von diesem Wachtmeister kommt stereotyp die Erwiderung: ‚Das soll a Gruß sein? Das is ja a abwehrend Handbewegung, sie Wahnsinnskomiker, sans noch nit am Pumpen!?' Unter dem ‚Pumpen' wurde das Vorführen von Liegestützen verstanden. Ich erklärte dem Wachtmeister, daß ich wegen Herzschwäche nicht pumpen dürfe. ‚Zeigen Sie mal ihre Schuhe vor!' - ‚Die sollen sauber sein? Nun, Sie können ja Englisch. Zu morgen schreiben Sie mir einen englischen Aufsatz über das Schuheputzen!' Als Altsprachler hatten wir erst 15 Monate Englischunterricht genossen, als wir zur Flak eingezogen wurden, ein Lexikon gab es auch nicht in der Stellung, was sollte ich machen? Ich besann mich auf Onkel Bräsig und schrieb auf missingsch: ‚I wichs my shoes with a shoeböst...' usw. Immer wenn mir eine englische Vokabel fehlte, nahm ich das Plattdeutsche zu Hilfe. Der Wachtmeister war sauer: ‚Was machen Sie denn im Englischunterricht?' - ‚Wir übersetzen den Adler'. (Für Propagandazwecke wurde die Luftwaffenillustrierte ‚Der Adler' auch in englischer Sprache gedruckt. Mit dieser anspruchsvollen Lektüre beschäftigten wir uns in den zwei Englischstunden, die wir pro Woche hatten). ‚Gut, dann schreiben Sie mir zu morgen einen englischen Aufsatz über das Thema: Ich bin ein Luftwaffenhelfer.' Auch wenn man von ‚teamwork' damals noch nicht sprach: Hier war für alle eine Gelegenheit, Dampf abzulassen. Erfolg: Heute abend 20 Uhr erscheinen alle Flakhelfer im Ausgehanzug in der Kantine. Der Batteriechef kommt per-

sönlich: ‚Es scheint unter Ihnen die Meinung zu herrschen, die Luftwaffenhelfer würden hier gewollt schikaniert. Aber für den Endsieg braucht Deutschland Männer, die eine Schule der Abhärtung durchlaufen haben. Daran müssen Sie hier jetzt im totalen Krieg bei uns arbeiten.' usw.
Ein tüchtiger ‚Lehrer' war da der Wachtmeister Pretzel. Als Spieß kam er zum allsonnabendlichen Stubendurchgang. Allmählich wußten wir, worauf es ankam. Der immer wieder aus den Strohsäcken austretende Staub war weggewischt, Spinde und Betten auf Vordermann, die Aluminiumwaschschalen mit Sand blankgescheuert, der von den Sohlennägeln leicht zerfaserte Bretterfußboden naß aufgewischt usw. Dem Spieß macht es sichtlich Mühe, uns ‚auffallen' zu lassen. Aber dann, mitten im Zimmer stand in mattem Glanz der Kanonenofen. Nur an dessen Innenleben hatte niemand gedacht. Plötzlich flog ein Kasten durchs Zimmer und hüllte die Betten ein in eine Wolke brauner Brikettasche. ‚In einer Stunde komme ich wieder - Sie lernen wir das'![79]
Daß auch Schikanen in einigen Batterien zu den Alltagsgepflogenheiten gehört haben müssen, verdeutlicht ein Schreiben des Befehlshabers des LGK XI vom 17. März 1943, welches unter der Forderung stand: „Die Klagen der Eltern über unsachgemäße Behandlung der LwH müssen verstummen." General Wolff rügte die Strenge bei Strafmaßnahmen wegen kleiner Vergehen. Er legte seinen Batteriechefs nahe, sich in ihrem Auftreten den Luftwaffenhelfern gegenüber „von Freundlichkeit und väterlicher Fürsorge leiten zu lassen."[80] Einige der Befragten erinnerten sich, daß sie in ihrer jugendlichen Unbekümmertheit gelegentlich über die Stränge schlugen, aber die Ausbilder auch durch „unmilitärisches Verhalten, durch Arroganz und Frechheit" bewußt provozierten, was meist mit „Sonderdiensten" geahndet wurde.
Rolf-Dieter L. (Schule bei den 7 Linden, 3./232): „Die Ausbildung war hart, aber nicht unfair. Daß uns unser Geschützstaffelführer des öfteren schikanierte, hatten wir uns selbst zuzuschreiben, da wir ihn geärgert hatten. Er hatte sich Tomatenpflanzen gekauft und an der Baracke aufgestellt. Wir sagten: ‚Herr Feldwebel, Sie müssen die Tomaten düngen!' Auf seine Frage, woher er Dung nehmen soll, entgegneten wir: ‚Sie sehen doch das Häuschen mit dem Herz an der Tür.' Naja, er nahm jedenfalls eine Konservendose, fischte etwas heraus und ‚düngte' seine Tomaten. Am nächsten Morgen waren diese natürlich hin. Daß er nun einen Grund fand, uns über den Acker zu jagen, ist verständlich. Unser Batteriechef, Oberleutnant Grosche, kam hinzu und fragte, was los sei. ‚Die Specker', so nannte er uns, ‚haben dies und das angestellt.' ‚Nun', sagte der Batteriechef, ‚dann werde ich sie mir mal vornehmen.' Er übernahm das Kom-

---

[79] Schreiben von Helmut P. vom 19. Mai 1998.
[80] Vgl. Schätz, Luftwaffenhelfer, S. 90f.

mando, jagte uns noch einmal über den Acker und schickte uns in die Baracke. So blieb der Schein gewahrt, und wir waren vor weiteren Schikanen gerettet."[81]
Einigen Ausbildern machte auch die Intelligenz der Luftwaffenhelfer zu schaffen. Claus P. (Schule bei den 7 Linden, 3./232): „Die ausbildenden Unteroffiziere hatten allerdings mit uns ihre Probleme. Sie waren es gewohnt, in der Regel schwerfällig denkende Menschen auszubilden. Ihnen gegenüber besaßen sie einen ungeheuren Wissensvorsprung, der zu ihrem Ansehen beitrug. Nun hatten sie es plötzlich mit schnell begreifenden und zuweilen penetrant nachfragenden Schülern zu tun. Das machte sie unsicher und gelegentlich rächten sie sich beim Stubendurchgang oder Appellen durch Übergenauigkeit. Manchmal wurden wir auch gescheucht. Doch wir erfanden das Laufen fast auf der Stelle, wenn das Kommando ‚An den Horizont, marsch, marsch!' ertönte. An bewußte Schleiferei oder gar Schikanen ernsthafter Art kann ich mich nicht erinnern. Dafür war der Chef Garant. Er sorgte dafür, obgleich erst etwa 26 Jahre alt, daß alles korrekt verlief. Er war für uns zu einer Figur geworden, die Vater und Mutter ersetzte. Diese Rolle nahm er kraft seiner Persönlichkeit mit angemessener Strenge wahr."[82] Bestand die Bestrafung jedoch im Kürzen von Urlaubs- und Ausgangszeiten, wurde sie als ungerecht und zu hart empfunden.
Hans-Heinrich B. (Große Stadtschule Rostock, 1./271): „An Unannehmlichkeiten während der Ausbildung erinnere ich mich genau. Der Batteriechef, Oberleutnant K., war ein ganz arroganter Vorgesetzter. An den Wochenenden durften wir regelmäßig nach Hause. Einmal hat er uns nicht weggelassen, weil wir angeblich unsere Schuhe nicht gesäubert hatten. Er kratzte innen mit dem Streichholz herum, und dort holt man dann ja einiges heraus. Also hat er uns den Ausgang gesperrt, worüber wir uns alle sehr ärgerten."[83] Günter H. (Große Stadtschule Rostock, einberufen am 15. Juli 1943 in die Batterie Kassebohm): „Unsere Batterie wurde in dieser Zeit gegen Tiefflieger gesichert und wir bekamen 2cm-Kanonen zugeteilt. Da mich die Technik interessierte, meldete ich mich zur Ausbildung an die 2cm-Flak. Die Unterweisung war hart, doch kurzfristig lernten wir, die Waffe zu bedienen. Unteroffiziere, die an uns ihre Macht erproben wollten, schikanierten die Flakhelfer während der Ausbildung. Wir hingegen versuchten, ihnen dabei eins auszuwischen. War zum Beispiel befohlen worden, ‚An den Horizont, marsch, marsch', liefen wir los und ignorierten die Befehle, die uns zurückriefen. Wir liefen weiter und ließen den Ausbilder schreien. Die Unteroffiziere fanden natürlich immer etwas, um uns umherzuscheuchen. Andererseits konnte man mit jedem Vorgesetzten reden, wenn man Probleme hatte."[84]
Doch durch das Abgucken von einigen Tricks und Schlichen bei den älteren Flak-

---

[81] Bericht von Rolf-Dieter L.
[82] Bericht von Claus P.
[83] Bericht von Hans-Heinrich B.
[84] Bericht von Günter H.

soldaten lernten die LwH sehr rasch, sich das Leben zu vereinfachen und auch ‚Maskenbälle', das Einreißen der Betten, Auskippen der Spinde, Strafexerzieren oder ähnliche Maßnahmen zu ertragen. „Nur nicht auffallen", lautete die Devise. Joachim H. (Schule bei den 7 Linden): „Bei der Ankunft in der Batterie (2./232 in Sievershagen) bewegte mich vor allem der Gedanke, was uns wohl an militärischem Schliff bevorstehen könnte und daß es doch hoffentlich nicht ganz so hart kommen möge, wie zu befürchten war und wie sich dann auch in den ersten sechs Wochen bewahrheitete. Ansonsten überlegte man, wie sympathisch oder unsympathisch die Vorgesetzten, mit denen wir zu tun hatten, wohl sein möchten. Insoweit hatten wir eigentlich Glück. Unseren Batteriechef, Oberleutnant Littmann, verehrten wir sehr, den Spieß dagegen schon weniger... An ausgesprochene Schikanen kann ich mich nicht erinnern, bis auf einen nicht besonders tragischen Fall: Als wir einmal in den ersten sechs Wochen vom Exerzieren heimkehrten, war die ‚Bude' auf den Kopf gestellt und lag der Inhalt unserer Spinde auf dem Fußboden verstreut. Innerhalb kürzester Zeit hatten wir die Ordnung wiederherzustellen. Aber auch das lag noch im Bereich des Normalen und hat uns nicht aus der Fassung gebracht."[85] Die Mehrheit der Luftwaffen- und Marinehelfer, die ab Herbst 1943 gleichfalls mit diesen Erscheinungen konfrontiert wurden[86], betonten, daß Schikanen eher Ausnahmefälle waren und es von Seiten der Ausbilder nicht darauf angelegt wurde, die Flakhelfer zu drangsalieren. Im Einsatz war man aufeinander angewiesen und eine Schwächung der Kampfmoral und der Gefechtsbereitschaft durfte nicht zugelassen werden. Viele Flakhelfer zeigten gegenüber „Sondermaßnahmen" auch Einsicht. Ludwig B. (Große Stadtschule Rostock, Batterie Biestow): „Auf uns Flakhelfer wurde insgesamt schon Rücksicht genommen. Selbst wenn es Erscheinungen des Drills gab, so muß man die auch unter dem Blickwinkel eines 16jährigen sehen, der sich körperlich bewähren wollte und vieles als körperliche Ertüchtigung verstand. Auch als ein Schutz, denn ein großer Teil unserer Ausbilder war bereits im Krieg gewesen. Sie traten einem in den Hintern, wenn man ihn beim Kriechen hob - eben weil man im Ernstfalle einen weggehabt hätte. Das sah man auch ein und empfand es nicht als Schikane. Wir sind dort sicherlich zu vollwertigen Soldaten ausgebildet worden. Die Zeit bei der Flak verstanden wir als eine Vorbereitung zum Kriegseinsatz, und insofern war sie sehr sinnvoll. Ein Ende des Krieges konnten wir nicht absehen, denn - trotz der Rückschläge - standen unsere Armeen noch überall. Ich tat meine Pflicht, und das sicherlich engagiert."[87]

---

[85] Schreiben von Joachim H. vom 9. Dez. 1992.
[86] Neben körperlichen Schikanen wurden LwH/MH auch mit den beim Militär üblichen Beschimpfungen konfrontiert. Das Tagebuch des MH Gustav-Adolf S. (Carolinum Neustrelitz) - eingesetzt in der Batterie Pritter bei Wollin - verzeichnet am 31. Oktober 1943: "Morgens im Bett Kritik über die Ausdrücke von Böhm... Stinkstiefel, Krokodilkadaver, Matschauge, Sie Nase Sie, Sie ich mach Sie Wind Sie, blöder Bäckerbursche..."
[87] Bericht von Ludwig B.

Hatten die Batteriechefs der Zuweisung von Schülern als Luftwaffenhelfer eher abwartend und mißtrauisch gegenübergestanden - wie der ehemalige Batteriechef der 3./232 Lichtenhagen, Oberleutnant Walter Grosche, mitteilte -, so mußten sie bald feststellen, daß die LwH nicht nur einen vollwertigen Ersatz für die an die Fronten abkommandierten Flaksoldaten darstellten, sondern daß die Jungen hochmotiviert, begeistert und ausdauernd ihren Dienst versahen und die regulären Flaksoldaten an Wissen, Geschicklichkeit und Schnelligkeit bei der Bedienung der Geschütze, bei der Beseitigung von Störungen und in der Feuergeschwindigkeit teilweise übertrafen.

Aufgetretene Querelen zwischen LwH und Ausbildern resultierten oft auch aus dem ungeklärten Status der „Schüler-Soldaten". Im Geheimschreiben Bormanns vom 16. Januar 1943 war festgelegt worden: „Die Luftwaffenhelfer sind im rechtlichen Sinne nicht als Soldaten anzusehen, sie haben auch während des Kriegshilfseinsatzes als Schüler zu gelten."[88] Die RJF verankerte in der Verordnung vom 26. Januar 1943, daß die zum Einsatz herangezogenen Schüler ihre Jugenddienstpflicht erfüllen, die in der ersten Durchführungsverordnung zum Gesetz über die Hitlerjugend vom 25. März 1939 definiert worden war. Im Herbst 1943 setzte RJF Axmann gegen den Protest des REM die offizielle Bezeichnung „Luftwaffenhelfer (HJ)" durch, wodurch die Zugehörigkeit der Jungen zur nationalsozialistischen Jugendorganisation besonders herausgekehrt werden sollte.[89] Bei den Luftwaffenhelfern hingegen überwog die Meinung, sie erfüllen den Dienst und die Pflichten von Soldaten. Dementsprechend wollten sie auch behandelt werden. Die Luftwaffenhelfer waren als Wehrmachtsgefolge anzusehen - mit Kombattanteneigenschaft im völkerrechtlichen Sinne. Das Völkerrecht macht die Berechtigung zur Teilnahme an Feindtätigkeiten vom äußeren Auftreten der Kämpfenden abhängig. Voraussetzungen waren somit: das Vorhandensein eines Einheitsführers, ein aus der Ferne sichtbar erkennbares Abzeichen, das offene Führen der Waffen sowie die Beachtung der Gesetze und Gebräuche des Krieges.[90] Die Luftwaffen- und Marinehelfer trugen Drillichzeug, teilweise die Uniformen der Flieger- und Marine-HJ, im Ausgang Luftwaffen- oder Marineuniformen mit einem besonderen Armstreifen, die HJ-Armbinde und während des Kampfeinsatzes den Stahlhelm.

Im Juni 1943 bat RJF Axmann den Direktor für Ausländisches, Öffentliches und Völkerrecht an der Universität Berlin, Prof. Victor Bruns, um eine Stellungnahme zu dem Kombattantenstatus und der ausreichenden Kennzeichnung der Luftwaffenhelfer. Nach Bruns Gutachten war der Artikel 1 der Haager Landkriegs-

---

[88] Vgl. Schreiben Bormanns vom 16. Jan. 1943.
[89] Vgl. BAAP, Film Nr. 3665 (Reichsbefehl RJF 39/43 K vom 4. Nov. 1943).
[90] Vgl. Bartel, Otto Ernst, Der Kriegseinsatz der Hitlerjugend, Berlin 1944, S. 55f.

ordnung mit den betroffenen Regelungen erfüllt worden. Allerdings bestehe, so der Völkerrechtler, für die nicht im Einsatz stehenden Luftwaffenhelfer die Gefahr, vom Feind als Freischärler behandelt zu werden.[91] Das Reichsinnenministerium hingegen sah keine eindeutige Gewähr dafür, daß der Gegner den Stahlhelm als genügend zur Kenntlichmachung der Kombattanteneigenschaft der Luftwaffenhelfer ansieht, da dieser zunehmend von zivilen Einrichtungen, wie Polizei, Feuerwehr, Luftschutz, getragen wurde. Staatssekretär Stuckart vom Reichsinnenministerium sprach sich für eine zusätzliche gelbe Armbinde mit der Aufschrift „Deutsche Wehrmacht" aus.[92] Diesen Vorschlag lehnte Hitler im Juli 1943 ab.[93]

Das Klima in den Batterien bestimmten vor allem die Batteriechefs, Hauptwachtmeister (Spieß) und Geschützstaffelführer. Als hilfsbereit, kameradschaftlich und väterlich haben die in den Rostocker Flakbatterien eingesetzten LwH die meisten ihrer Vorgesetzten in Erinnerung. Beliebt waren vor allem Batteriechefs, die im Zivilberuf Lehrer waren und sich verständnisvoll der Sorgen und Belange der Jungen annahmen. Gefürchtet waren die Batteriechefs in Barnstorf (Hauptmann Falke, von den LwH „Bumskopp" genannt) und Kassebohm. Joachim H. (Schule bei den 7 Linden, 2./232): „Mit dem jeweiligen Spieß konnte man schon mal leichter aneinandergeraten, was nicht sehr ratsam war. Mit den Hauptwachtmeistern war im allgemeinen nicht gut Kirschen essen. Oftmals verbarg sich aber hinter einer mehr oder weniger pflichtmäßig zur Schau getragenen bärbeißigen Amtsmine auch nur ein Gemütsmensch. Dies konnte man besonders von unseren Hauptwachtmeistern in Sievershagen und in Wiener Neustadt sagen. Bis man das allerdings erkannt hatte, verging meist eine gewisse Zeit."[94] Ludwig B. (Große Stadtschule Rostock, Batterie Biestow): „Den scharfen Bruch zwischen Schule und Flakdienst erlebte ich sehr nachhaltig. Er wurde dadurch erträglicher, daß man zunächst am Ort eingesetzt war. Letztendlich haben sich meine Eltern wohl mehr Sorgen um mich gemacht, als daß ich davor Angst verspürt hätte. Nun war ich in meiner Kindheit ein wenig Muttersöhnchen gewesen. Nachdem ich am ersten Sonntag nach der Einberufung mit meinen Eltern zusammengetroffen war, ging ich auf's Klo - das waren mächtige 8-Zylinder, wo man nebeneinander saß - und hab´ geheult. Das war das letzte Mal in meinem Leben, daß ich aus einem solchen Grunde geheult habe. Irgendwo gab es plötzlich einen Knick und das, was man Kameradschaft nennt und heute sehr schwer beschreiben kann, wurde zur tragenden Erfahrung. Wir hielten in der Klasse fest zusammen, hatten Spaß und lachten viel. Hinzu kam, daß unser späterer Batteriechef - übrigens Lehrer von Beruf - dafür sorgte, daß wir genügend

---

[91] Vgl. BAK, R 21/527 (Schreiben des RJF vom 18. Juni 1943 und Gutachten von Prof. Bruns).
[92] Vgl. ebenda (Schreiben Stuckarts an General Förster vom 12. Juli 1943).
[93] Vgl. ebenda, NS 6/66 (Schreiben Bormanns an Lammers vom 23. Juli 1943).
[94] Schreiben von Joachim H. vom 9.12.1992.

Freizeit erhielten und nicht geschunden wurden. Ferner begegneten wir einem Oberfähnrich, der die gleiche Schule besucht hatte, so daß sich auch mit ihm ein besonderer Kontakt ergab. Den freundlichsten Batteriechef, ein älterer süddeutscher Volksschullehrer, lernte ich in Biestow kennen. Er schien den Krieg nicht sehr ernst zu nehmen und lag in ständigem Streit mit dem übergeordneten Chef der Gruppe. Wenn man mal keinen Ausgang bekam, mußte man sich bloß beim Major melden - was nicht ganz einfach war, da er sich häufigen Frauenbesuches erfreute. Er nahm dich dann väterlich beiseite, rief beim Spieß an und regelte die Sache schnell. In dem Sinne war die Behandlung sehr gut und nicht vergleichbar mit dem, was ich später beim RAD erlebte."[95]

Oberleutnant Grosche, Batteriechef der 3./232 - zunächst in Biestow, später in Lichtenhagen und Hellern bei Osnabrück -, wurde von den LwH der Schule bei den 7 Linden und Blücherschule Rostock besonders verehrt. Rolf-Dieter L. und Claus P. erinnern sich an ihre Vorgesetzten: „Die Batterie war eine ganz merkwürdige Truppe. Es waren alles Soldaten, die 1937/38 zur Wehrmacht gezogen worden waren und aus irgendeinem Grund fast unverändert bis Kriegsende zusammenblieben. Privat war unser Oberleutnant äußerst zurückhaltend. Er hatte mit den Soldaten nur dienstlich Kontakte. Nur mit einem Obergefreiten spielte er nächtelang Schach. Abends saß er oft allein in seiner Baracke und las viel. Daneben war er - wie wir auch - ein begeisterter Faustballspieler. Er stellte eine Mannschaft aus Unteroffizieren auf, die nur wenig begeistert waren, Faustball spielen zu müssen. Wenn jemand ohne Begeisterung spielt, hat der Gegner größere Chancen. Von vier Sätzen gewannen wir drei, worauf es hieß: ‚Noch ein Spiel. Wer es gewinnt, ist der Sieger des Abends.'

Ein Oberfähnrich unserer Batterie war ein überzeugter Nationalsozialist. In unserer Batterie ereignete sich folgender Vorfall. Zwei russische Kriegsgefangene brachen aus einem Lager aus, wurden gefangengenommen und in unserer Batterie eingesperrt. Abends gegen 22 Uhr heulte plötzlich die Alarmsirene. Wir sprangen aus den Betten, um zum Geschütz zu eilen, aber man sagte uns, es würde sich nur um einen Probealarm handeln. Da sah ich diesen Oberfähnrich und einen Unteroffizier mit Maschinenpistolen an unserer Baracke vorbeigehen. Wir legten uns wieder hin - froh, schlafen zu können. Spät in der Nacht hörte ich Salven von Maschinenpistolen. Am nächsten Morgen hieß es, die Gefangenen hätten türmen wollen und seien auf der Flucht erschossen worden. In Wirklichkeit war es anders gewesen. Die beiden Gefangenen erfuhren von unseren Russen, daß bei Fliegeralarm kein Posten vor der Baracke stehe. Sie ließen ihnen lange Messer zukommen, womit die Gefangenen die Bodenbretter der Baracke

---

[95] Bericht von Ludwig B.

aufzubrechen versuchten, um unter der Baracke entlang fliehen zu können. Doch dabei wurden sie durch die Tür hindurch erschossen. Man vergrub sie an der Friedhofsmauer in Lichtenhagen. Dieser Mord passierte in Abwesenheit unseres Batteriechefs, der zu diesem Zeitpunkt mit seiner Freundin im Rostocker Theater war. Ich möchte sagen, daß dies nicht passiert wäre, wenn er sich in der Batterie befunden hätte. Der Oberfähnrich mußte wenig später zu einem Lehrgang nach Sievershagen. Irgendjemand bekam spitz, daß in einer bestimmten Nacht eine Spionageabwehrübung stattfinden sollte. Die Oberfähnriche hatten zu ihren Batterien zu schleichen, um die Wachsamkeit der Posten zu testen. Sie sollten versuchen, Kreidebeutel an die Geschütze zu werfen, was dann bedeutete, sie wären gesprengt. Eigenartigerweise hatten in dieser Nacht die besten Gewehrschützen unserer Batterie alle Wache. Im Halbschlaf hörte ich Schüsse. Ein paar Tage später kam der Oberfähnrich zurück mit einem durchschossenen Arm. Ich vermute, daß es eine Absprache zwischen dem Batteriechef und einigen Soldaten gab, den Oberfähnrich in dieser Nacht - nach ordnungsgemäßem Anruf und Warnschuß - über die ‚Klinge springen zu lassen'. Die Soldaten hätten ohnehin nur ihre Pflicht erfüllt, denn es hätte ja auch ein Saboteur sein können. Der Oberfähnrich wurde wenig später in eine andere Batterie versetzt.
Unser Oberleutnant ließ auch unsere Aufnahmeanträge für die NSDAP auf dem Dienstwege verschwinden. Er erwies nie den deutschen Gruß, und ich glaube, daß er - ohne daß es jemand wußte - ein Gegner des Nationalsozialismus war. Nach dem Krieg arbeitete er als Lehrer in Tribsees und wurde dort sehr verehrt. Eine andere Episode wirft auch ein sehr bezeichnendes Licht auf den Batteriechef. Einmal in der Woche bekamen die Luftwaffenhelfer die sogenannte Kindermilchsuppe. Zu dieser Zeit gab es ein ‚Bratlingspulver' - getrocknete Zwiebeln usw., um der Soße Geschmack zu geben. Der Küchenunteroffizier kochte eines Tages die Milchsuppe mit diesem Pulver. Das war eine ausgesprochene Schweinerei. Ein Freund und ich nahmen unseren ganzen Mut zusammen und gingen zum Batteriechef. ‚Bitten Herrn Oberleutnant sprechen zu dürfen.' – ‚Was gibts?' fragte er uns. ‚Bitten Herrn Oberleutnant, die Milchsuppe zeigen zu dürfen.' Er guckte ins Kochgeschirr, stand wortlos auf, ging zur Küchenbaracke, riß die Tür auf, brüllte den Namen des Küchenunteroffiziers und kippte ihm die Milchsuppe ins Gesicht. Dann drehte er sich um und verschwand wieder in der Baracke. Am nächsten Tagen bekamen wir eine Milchsuppe, in der der Löffel stehen konnte. Also solche Schweinereien hat er nicht geduldet. Unser Oberleutnant war ein feiner Kerl. Auch mit ihm trieben wir manchmal unsere Späße. In einer Baracke wurde zum Beispiel Tränengas versprüht, und wir mußten untereinander die Klarsichtscheiben an der Gasmaske auswechseln. Bei unserem Oberleutnant ließen wir uns etwas länger Zeit. Er heulte wie ein Schloßhund." - "Ihm zur Seite stand der Meßstaffelführer, ein blutjunger Leutnant, dessen Bur-

sche mit uns für ihn die Magermilchsonderzuteilung empfing. Er war freundlich, besuchte uns nach Dienstschluß in unserer Unterkunft und hörte sich unsere angelsächsischen Jazzplatten auf unserem Koffergrammophon an. Der Spieß war besonders wegen seiner Stubendurchgänge gefürchtet. Wir hatten das Gefühl, daß er uns nicht so recht leiden konnte. Vielleicht deshalb, weil er sich sicherlich des öfteren Beschwerden seiner Unteroffiziere wegen unserer zuweilen an den Tag gelegten Frechheit und Arroganz anhören mußte. Insgesamt verband uns eine gute Kameradschaft, insbesondere auch zu den älteren Soldaten, allerdings mußten wir uns auch Urlaubserlebnisse bis in alle Einzelheiten während der langen Feuerbereitschaften am Geschütz anhören.
Eine Type möchte ich doch besonders erwähnen. Es war der Geschützstaffelführer, Wachtmeister T., dem ich mit einigen Kameraden zugeteilt wurde. Wie schon die anderen Luftwaffenhelfer empfing er uns mit folgenden Worten: ‚Ich bin der Wachtmeister T. Mein Name bürgt für Qualität, und wer mich kennt, der fürchtet mich. Dieses Volk (und damit zeigte er auf uns) zu quälen, kostet mich ein geringes Lächeln, und wenn ihr traurige Gesichter macht, dann lache ich. Merkt euch, dritte Batterie, beste Batterie - an den Horizont, marsch, marsch!' Diesmal liefen wir sehr schnell, denn wir wußten nicht, woran wir waren. Es stellte sich aber heraus, daß er ein korrekter Mann mit rauher Schale war. Wir bekamen sie noch manches Mal zu spüren, doch hatten wir das dann auch durch unser unmilitärisches Verhalten verdient. Ich persönlich hatte mit ihm folgendes Problem: Irgendwann hatte ich Ausgang eingereicht, dem er wohl zunächst aus dienstlichen Gründen nicht zustimmen konnte. Das war normal, weil die Besetzung der Geschütz sichergestellt werden mußte. Als ich aber den Ausgangsantrag weiterhin täglich stellte und immer wieder keine Zustimmung erfolgte - etwa 5 Wochen lang - bat ich persönlich bei ihm um den Ausgang, weil meine Eltern unruhig wurden. Anlaß war der Geburtstag meiner Schwester. Nun gewährte er mir den Ausgang großzügig bis 22.00 Uhr (sonst: bis 19.00 Uhr) mit den Worten: ‚Ich wollte mal sehen, wie lange du sturer Bock das durchhältst.' Ja, so war er, aber Zigaretten durften wir, was streng verboten war, auf seiner Bude rauchen. In langen Gesprächen versuchte er uns auf den Nationalsozialismus einzuschwören. Er glaubte auch an den Endsieg. Später meldete er sich freiwillig zu den Fallschirmjägern, um an die Front zu kommen. Er fiel Ende 1944 im Westen."[96]
Den Mord an den sowjetischen Kriegsgefangenen in der Batterie Lichtenhagen hat der Berliner Schriftsteller Bodo Homberg - selbst Luftwaffenhelfer in dieser Einheit - in seiner Erzählung „Ortsbesichtigung oder Die Grenzen der Nostalgie" (Erzählband „Zeit zum Umsehen") literarisch verarbeitet.

---

[96] Berichte von Rolf-Dieter L. und Claus P.

In den verschiedenen Flakbatterien kamen die LwH und MH mit sowjetischen Hilfswilligen (Hiwis) in Kontakt, die sich in der Regel um des Überlebenwollens, teilweise auch aus politischen Gründen, aus Gefangenenlagern zur Unterstützung der deutschen Luftabwehr gemeldet hatten, in den Batterien schwere Arbeiten verrichteten und während des Schießens unter Aufsicht des Geschützführers als Munitionskanoniere fungierten. Die Hiwis - in einer Batterie gab es ca. 30 - waren von den Flakhelfern getrennt untergebracht, erhielten keinen Ausgang und wurden abends in den Baracken eingeschlossen. Am Tage konnten sie sich in der Batteriestellung relativ frei bewegen. Jede Fraternisierung der Jungen mit den Kriegsgefangenen sowie außerdienstliche Kontakte waren streng verboten. Das Verbot wurde jedoch häufig übertreten und von den Vorgesetzten stillschweigend geduldet. Hans-Joachim F. (Blücherschule Rostock, Batterie Marienehe) erinnert sich, daß die LwH im Austausch gegen Verpflegung oder Tabakwaren Unterricht im Schnapsbrennen erhielten und mit einem russischen Volksschullehrer, der recht gut Deutsch sprach, was die Jungen häufig erstaunte, während der Feuerbereitschaft diskutierten, wer besser für das Volk sei, Hitler oder Stalin. Andere Flakhelfer berichteten von selbstgefertigten Spielwaren, Körben oder Musikinstrumenten, die sie von den Hiwis für Brot erhielten. Hiwis säuberten die Unterkünfte, Schuhe oder Fahrräder der LwH - obgleich auch dies streng verboten war -; LwH schlichen sich manchmal in die Hiwi-Baracken, um Liedern oder Erzählungen aus deren Heimat zu lauschen. Eher unverständlich erschien den Jungen, daß viele Hiwis einerseits von einem Sieg der Sowjetarmee überzeugt waren, andererseits aber Abschüsse englischer und amerikanischer Flugzeuge lauthals bejubelten. Von den LwH/MH wurden die Hiwis überwiegend als Kameraden angesehen, mit denen man sich „waffenbrüderlich" der Luftangriffe erwehrte und die für das Funktionieren der Flakbatterien unentbehrlich waren.
Wilfried H. (Große Stadtschule Rostock, Batterie Biestow): „Als Munitionskanoniere wurden entgegen den Genfer Bestimmungen russische Kriegsgefangene eingesetzt. Diese mußten die schweren Granaten schleppen. In der ersten Zeit hatten wir noch keinen Kontakt zu diesen, aber wir merkten bald, daß die Kriegsgefangenen sehr hungerten. Obwohl es streng verboten war, steckten wir ihnen gelegentlich Kommißbrot zu. Ich erinnere mich an einen sowjetischen Kriegsgefangenen, der täglich kam, um sich seine Ration abzuholen. Eigenartigerweise ging das immer gut. Der Gefangene versteckte das Brot unter seiner Drillichjacke und vermutlich sah der für uns zuständige Unteroffizier K. absichtlich weg. Wir waren also keinerlei Repressalien deswegen ausgesetzt und versuchten, möglichst heimlich vorzugehen. Wurde Kaltverpflegung gereicht, stellten wir uns zweimal an, da wir ja auch Essen für die Russenbaracke brauchten."
Rolf-Dieter L. (Schule bei den 7 Linden, 3./232): „Die Hiwis wurden aus Kriegs-

gefangenenlagern in die Stellung gebracht und fielen fast vom Wagen, so entkräftet waren sie vor Hunger. Jede Baracke der Luftwaffenhelfer hatte einen Kriegsgefangenen, der als eine Art Putzer fungierte. Nicht daß er unsere Bude schrubbte, aber er putzte unsere Schuhe und Fahrräder, wozu wir zu faul waren, und erhielt dafür etwas Essen. Die Kriegsgefangenen bekamen an sich die gleiche Verpflegung wie wir Luftwaffenhelfer, nur weniger Fleisch und Fett. Ich nehme an, daß die Putzerfunktion von unserem Batteriechef ausging, obwohl es offiziell verboten war, damit sich die Gefangenen so zusätzliche Nahrung beschaffen konnten. Sie sind in der Batterie wieder schnell zu Kräften gekommen. Wenn wir Luftwaffenhelfer vom Ausgang kamen, hatten uns unsere Mütter Kuchen, Marmelade, Wurst oder anderes mitgegeben. Davon profitierten auch die Kriegsgefangenen. Ich erinnere mich an einen kleinen ‚Mongolen'. Er las auf dem Plan, wann ich aus dem Ausgang kam, und stand schon am Tor und erwartete mich. Ich ließ ihn auf meinem Fahrrad einige Runden drehen. Das putzte er dann, obgleich es nichts zu putzen gab und bekam dafür Wurst oder Marmelade von mir. Wir hatten ein ganz normales Verhältnis zu den Kriegsgefangenen; nur verständigen konnten wir uns nicht."

Ludwig B. (Große Stadtschule Rostock, Batterie Biestow): „Die Russen verdienten sich gern `was dazu, und so hatte jede Baracke ihren Putzer, der saubermachte. Wir hatten auch einen Russen, der viel von uns zugesteckt bekam. Ich bin eigentlich nie Nationalist gewesen; im Gegenteil, ich habe immer gern fremde Kultur aufgenommen und mich bereichert gefühlt. So bin ich auch mit diesem Russen - der radebrechte ja Deutsch - darüber hinaus ins Gespräch gekommen. Er brachte mir russische Worte bei, was ich gar nicht so ernst nahm. Ich war immer ein guter Schüler in Sprachen gewesen und hörte halt so mit. Da sagte er einmal zu mir: ‚Das kannst Du nochmal gebrauchen. Du weißt noch nicht, wie der Krieg zu Ende geht.' Erstmalig die Variante, daß es auch anders kommen könnte und wir in Gefangenschaft - sogar in russische - gerieten! Zu diesem Zeitpunkt für mich fast unfaßbar! Das Gespräch kam auch auf Rußland; Stalin, Lenin usw. - was wußten wir denn von denen. Da weiß ich genau, daß er sagte: ‚Also Stalin - nicht gut. Verbrecher.' Aber Lenin war für ihn eine große Persönlichkeit."

Joachim H. (Blücherschule Rostock, Batterie Schmarl 66/XI): „In Schmarl befanden sich Hilfswillige aus der Ukraine als Munitionskanoniere in der Batterie. Wir hatten einen recht guten Kontakt zu diesen, da auch einige recht gut Deutsch sprachen. Während der Feuerbereitschaft hockten wir einträchtig im Bunker zusammen und rauchten Machorka. Einmal besorgten sie sich Zuckerrüben vom Feld und brannten Schnaps, den sie schon tranken, als er noch ganz milchig war. Ausgerechnet war in dieser Nacht Feuerbereitschaft, und die Hiwis waren so betrunken, daß keiner am Geschütz erschien. Doch unser Zugführer schwieg die

Sache tot und hat sie lediglich mit einem Rucksack voller Ziegelsteine über den Acker gejagt. Schlimmer wäre es für sie gewesen, wenn eine Meldung an die SS oder an den SD erfolgt wäre."[97]
Auch unter den Hiwis gab es während der Bombenangriffe auf Flakstellungen eine nicht mehr bekannte Anzahl von Opfern zu beklagen. Nach dem Krieg erwartete sie ein ungewisses Schicksal in der Sowjetunion. Ob sie als Verräter exekutiert oder lange Jahre in Zwangslagern verbrachten, wird sich wohl für immer der Kenntnis entziehen.

Nach dem Abschluß der Ausbildung erfolgte in den Batterien die Verpflichtung der Flakhelfer. Die Jungen sprachen die Formel: „Ich verspreche als Luftwaffenhelfer allzeit meine Pflicht zu tun, treu und gehorsam, tapfer und einsatzbereit, wie es sich für einen Hitlerjungen geziemt."
Die am 15. Juli 1943 eingerückten LwH der Großen Stadtschule wurden noch vor der Grundausbildung verpflichtet. Ludwig B. schrieb an diesem Tag an seine Eltern: „Liebe Eltern! Heute morgen sind wir verpflichtet. Ein Hauptmann sprach erhabene Worte. Dann sind wir zu unserer Batterie marschiert... Das Mittagessen war großartig. Eben haben wir Kino gehabt ‚Quax der Bruchpilot' gesehen."[98]
Rolf-Dieter L. wurde am 15. August in der Batterie Elmenhorst 1./232 verpflichtet: „Unsere Verpflichtung erfolgte in Anwesenheit eines Lehrers unserer Schule und eines höheren HJ-Führers. Die Rede des HJ-Führers und seine Phrasen berührten mich irgendwie unangenehm, ohne daß ich dies erklären könnte. Ich neigte keinesfalls dazu, für den Führer ins gelobte Gras zu beißen."[99]

„Feuertaufe"

Hitlers jüngste Soldaten standen nun im Kampfeinsatz. Schutz der Zivilbevölkerung und der Industrieanlagen lautete ihr Kampfauftrag. „Während der Ausbildung erlebten wir keine Bombenangriffe, weder auf Rostock noch gar auf unsere Stellung. Allerdings gab es häufiger Fliegeralarm, den wir zwar als störend, aber auch als Erlebnis besonderer Art empfanden. Wir hofften ja immer, mal ein Flugzeug abschießen zu können." beschreibt Joachim H. die Stimmung unter den LwH in der Batterie Sievershagen.[100] Erste Feindberührungen ließen indes nicht lange auf sich warten. Eines Nachts im März 1943 überflog ein britischer Lancaster-Bomber die Stellung in Sievershagen. Der Scheinwerfer erfaßte die Ma-

---

[97] Aus Berichten von Wilfried H., Rolf-Dieter L., Ludwig B. und Joachim H.
[98] Aus einem Brief von Ludwig B. vom 15. Juli 1943.
[99] Bericht von Rolf-Dieter L.
[100] Schreiben von Joachim H. vom 9. Dez. 1992.

Batterie Lichtenhagen (3./232): Geschützführer „Anton" Unteroffizier Stall bei der Leitungsprobe (Rolf-Dieter Lindow)

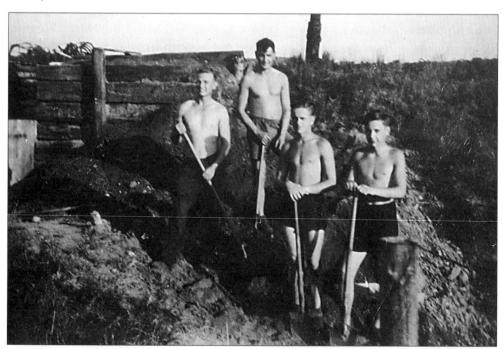
Arbeitsstunde in der Batterie Lichtenhagen. Links ein sowjetischer Hilfswilliger. Sommer 1943 (Rolf-Dieter Lindow)

Feierliche Verpflichtung der LwH der Schule bei den sieben Linden in der Batterie Elmenhorst (1./232) am 15. August 1943 (Rolf-Dieter Lindow)

20./21. April 1943. Sprengbombentreffer - Rostock, Neue Werderstraße 14 (AHR)

schine, die leichte Flak nahm das Flugzeug unter Feuer. Die Lancaster schoß zurück. Die Geschosse aus der Heckkanzel sausten in die Stellung. Die leichte Flak stellte das Feuer ein, der Scheinwerfer schaltete ab. Nun hatten die LwH sehr rasch begriffen, daß der Flakeinsatz keine Spielerei, sondern tödlicher Ernst war.[101]

Mit Beginn des Jahres 1943 nahmen die Angriffe der alliierten Bomberverbände an Schwere und Häufigkeit zu. Nahezu täglich flogen britische und amerikanische Flugzeugstaffeln in das Reichsgebiet ein.

Als „aufregend" empfanden die LwH ihr erstes Gefechtsschießen, welches sich vorerst noch gegen überfliegende Bomberpulks richtete. Dabei spielten weniger Angstgefühle als die Sorge, alle erlernten Handgriffe ordnungsgemäß auszuführen, eine Rolle. Der scharfe Knall der 8,8cm-Flak ist vielen noch im Ohr. Günter H. (Große Stadtschule Rostock, 1./271) erlebte seinen ersten scharfen Schuß in der Batterie Kassebohm: „Die 8,8cm-Geschütze schossen Sperrfeuer. Man wußte, wie man sich zu verhalten hatte und welche Handgriffe auszuführen waren, doch als das Geschütz loskrachte, gab es einen großen Schreck. Ob wir getroffen haben, weiß ich nicht mehr."[102] Getroffen oder nicht - nun fühlten sich die Luftwaffenhelfer bereits als „alte Krieger". Und schon gab es Diskussionen, welche Funktion in der Batterie nun die bedeutendste sei - an den Meßgeräten oder am Geschütz. Schießen ist das einzig Wahre, verkündeten die Geschützbedienungen. Die Gerätebedienungen hingegen fühlten sich aufgrund ihrer mathematischen Fähigkeiten als das Hirn der Batterie. Die „Verachtung" der Kanoniere traf besonders die „Umwerter" im sogenannten „Heldenkeller", einem geschützten Raum unterhalb des Kommandogerätes.

Ihre eigentliche „Feuertaufe" erhielten die Güstrower, Rostocker und Warnemünder LwH in der Nacht vom 20. zum 21. April 1943: Die Alarmglocken schrillen. Raus aus den Betten, ankleiden, Ohrenschützer, Gasmaske und Stahlhelm greifen, im Laufschritt auf die Gefechtsstationen! Die elektrische Versorgung der Batterie wird auf Eigenversorgung umgestellt. Die Meßgeräte werden eingeschaltet. Die Stadt erhält Voralarm, später Vollalarm. Die Nebelfässer werden geöffnet. Ziele aufgefaßt, Schußwerte errechnet, den Geschützen überliefert. Die Richtkanoniere bewegen über eine Mechanik die Folgezeiger in den Uhren. Wenn die Zeiger aufeinander gerichtet sind, stimmen die durch den Leitstand errechneten Werte mit der Richtung des Geschützes überein. Die Rohre schwenken der Angriffsrichtung entgegen. Klarmeldungen. Feuerbereitschaft. Zermürbendes Warten. Neue Luftlage. Bomber im Anflug auf das Stadtgebiet. Feuerbefehl. „Gruppenfeuer - Gruppe!" Die Geschütze krachen los. Im Salventakt ver-

---

[101] Vgl. Hengelhaupt, Joachim, Chronik der Sexta b/1937 des Rostocker Realgymnasiums, Herne 1992.
[102] Bericht von Günter H.

lassen die Granaten das Rohr. Einflug über Warnemünde. Bombenwürfe auf das Stadtgebiet. Treffer in der Neptunwerft. Die Flak schießt und schießt. Zweite Angriffswelle. Einschläge am Rostocker Personenbahnhof, in den Heinkel-Werken, die Borwinschule erhält Treffer, Häuser in der Elisabethstraße stürzen in sich zusammen. Abschüsse werden beobachtet. Getroffen trudeln einige Bomber ab. Schließlich Abflug der Bomber. Später die erlösende Meldung, daß die feindlichen Bomber den Luftraum verlassen haben.

Teile Rostocks brannten. Im Haus Neue Werderstraße 14 klopften 18 Verschüttete verzweifelt um Hilfe; 16 wurden nur noch tot geborgen. Der Angriff forderte etwa 40 Menschenleben, 120 Einwohner wurden verletzt. Die Luftwaffenhelfer überstanden das Bombardement unbeschadet.[103] Luftwaffenhelfer Hans-Heinrich B. (Große Stadtschule Rostock) hatte diesen Angriff - nach Versetzung aus Kassebohm - in der Batterie Biestow erlebt. (Auf dem ehemaligen Batteriegelände befindet sich heute das Rostocker „Südstadtcenter", damals war die Stellung von Kleingärten umgeben.) Er erinnert sich, daß die Bomben bis dicht an die Batterie fielen und den Schülern „das Herz in die Hose rutschte". Die sechs Geschütze der Batterie schossen Sperrfeuer „bis die Rohre glühten", konnte die Bombenabwürfe auf die Stadt dennoch nicht verhindern. Ein LwH erhielt einen Stromschlag, als er in der Dunkelheit aus Versehen in eine Steckdose griff. Acht Flugzeuge wurden in dieser Nacht abgeschossen, einigen Batterien als Abschüsse oder Beteiligungen anerkannt und als Farbringe an die Geschützrohre gepinselt. „Einen direkten Bombentreffer in die Batterie gab es nicht, aber Angst hatten wir schon. Haben sich Abschüsse motivierend ausgewirkt? Es gab einen Kolbenring ans Geschützrohr. Heute sieht man das anders, weil es ja auch Menschen waren, die dort zu Tode gekommen waren; dennoch - ein freudiges Ereignis war das schon. Wir haben zwar wenig abgeschossen, aber trotzdem. Meistens war es so, daß wir aufgrund der Angriffswellen nicht gezielt, sondern Sperrfeuer schossen. In Rostock wurden auch Sperrballons und Nebelfässer eingesetzt. Zum Teil sieht man heute noch, wo Nebelfässer lagen, da die Vegetation durch die Säure auf Jahrzehnte abgetötet ist. Der Nebel bestand aus einem Säuregemisch, das sich auf die Atemorgane legte, so daß man ständig husten mußte. Es war fürchterlich. Heute weiß man aus Berichten der Angloamerikaner, daß bestimmte Gebäude aus dem Nebel herausragten. Das Einnebeln hat wahrscheinlich doch nicht so viel genützt. Die Sperrballons hatten kaum Wirkung, da sie meistens überflogen wurden. Etliche schossen die Angreifer auch einfach ab. Als Luftwaffenhelfer erlebte ich die Angriffe im April und Juli 1943 auf Rostock und Warnemünde. Daß wir nach den Angriffen über

---

[103] Vgl. zu diesem Angriff auch Bomben auf Rostock, S. 137ff.

die Wirksamkeit der Flak diskutiert haben, wüßte ich nicht. Das Beste für einen Soldaten ist es, nicht nachzudenken - so war die Lehre. Seit den Aprilangriffen von 1942 war ein Angriff auf Rostock nichts Ungewöhnliches. Ein Krieg ist immer mit Zerstörungen verbunden. Wenn es einen nicht selbst betraf, hat man sich als junger Mensch auch kaum Gedanken gemacht."[104]

Gerd S. (Schule bei den 7 Linden) war zu dem Zeitpunkt des Angriffs der Leichten Flak - Stellung Barlachstraße - zugeteilt. „Am Geschütz kamen wir nicht zum Einsatz - das war erst später in Gehlsdorf der Fall. Wir waren lediglich Munitionsträger oder mußten als Helfer durch die Stadt laufen, um irgendwelche Meldungen zu übermitteln. Meine Familie wohnte damals im Grünen Weg, das war also nicht weit entfernt. Aber wenn man nachts durch die Straßen muß - das ist schon nicht sehr angenehm. Meine Mutter und Tante sahen meine Dienste mit großer Sorge. Wenn ich bei Alarm in die Stellung mußte, gingen sie in den Luftschutzkeller oder in die auf der Reiferbahn gezogenen Gräben. Nachts durch die Straßen zu laufen und alles brennt ringsum - dieses Bild hat sich mir sehr nachhaltig eingeprägt. Bei einem meiner Wege mußte ich feststellen, daß der Grüne Weg weitgehend ausgebombt worden war, und ich konnte nur noch hoffen, daß meine Familie das auf der Reiferbahn überstanden hatte. Die ganze Verwüstung und alles, was an Entsetzlichem geschah, das prägte mich. Ich weiß nicht, ob ich während dieser Einsätze Angst hatte. Ich weiß nur, daß ich mir immer sagte, ‚Dich trifft es nicht. Dich nicht. Du willst überleben.' Möglicherweise habe ich dadurch Angstgefühle unterdrückt. Ich bin sicherlich schon aus all den geschilderten Erfahrungen heraus nicht besonders zum Dienst bei der Flak stimuliert gewesen, sondern habe eben auch - wahrscheinlich wie alle anderen - versucht, noch ein bißchen was daraus zu machen."[105]

Dieser Angriff auf seine Heimatstadt gehört zu den nachhaltigsten Erinnerungen des LwH Gerd P., der am Kommandogerät in der Batterie Toitenwinkel (6./232) eingesetzt war. Er erinnert sich noch heute an das Herandröhnen der Bomber, das Abdrehen und den erneuten Anflug und spricht dabei von der furchtbaren Angst, die er empfunden habe. Schließlich wußte man, daß auch die Flakbatterien in den Zielkarteien der Alliierten verzeichnet waren. Nach dem Angriff erhielten die LwH Gelegenheit, sich persönlich nach dem Schicksal ihrer Angehörigen zu erkundigen. Gerd S. mußte erfahren, daß seine Großmutter in den Flammen verbrannt war.

Einige Wochen später meldete der „Rostocker Anzeiger" unter der Schlagzeile „Diese Jungen sind richtig..." die Verleihung des „Kriegsverdienstkreuzes mit Schwertern" an den 17jährigen Luftwaffenhelfer Jürgen Kliemt. Er war der erste

---

[104] Bericht von Hans-Heinrich B.
[105] Bericht von Gerd S.

Rostocker LwH, der diese Kriegsauszeichnung erhielt.[106]

Der Nachtangriff vom 20./21. April war zugleich der letzte britische Angriff auf Rostock. Ende April schätzten die britischen Planungsstäbe die Stadt als nicht mehr „bombardierungswürdig" ein.

Dennoch folgte der nächste Angriff schon wenige Wochen später. Am 29. Juli 1943, gegen 9.23 Uhr vormittags, flogen amerikanische Bomber den ersten Tagesangriff auf die Arado-Werke in Warnemünde. Die erst vor 14 Tagen einberufenen LwH der Großen Stadtschule, der Schule bei den 7 Linden und der Warnemünder und Rostocker Mittelschule „erwischte" dieser Angriff noch während der Ausbildung in den Batterien Elmenhorst, Biestow und Kassebohm. Sie erinnern sich, daß sie während des Angriffs so auf ihre Aufgaben konzentriert waren, daß keine Zeit zum Nachdenken blieb. Ludwig B.: „Wenn es zum Alarm kam, konnte ich als Seitenkanonier unter einer Art Lederabschirmung nichts sehen.

„Diese Jungen sind richtig . . ."
Das erste Kriegsverdienstkreuz mit Schwertern für Rostocker Luftwaffenhelfer

Wenn heute einmal gelegentlich von Kriegsjugend die Rede ist, drängen sich den Eltern und Erwachsenen unvergeßliche Bilder aus der Zeit des ersten Weltkrieges auf. Unwillkürlich erwartet man bleiche, hohlwangige Gesichter und unterernährte Körper. Die in unser Kriegsjahren großwerdende Jugend im heutigen Deutschland bietet für ein solches Bild ganz gewiß kein Modell. Und wenn vom Kriegseinsatz der Jugend die Rede ist, dann war es, von rühmlichen Ausnahmen abgesehen, herzlich wenig, was wir als Jungen oder Mädel in der Zeit des Weltkrieges aufzuweisen hatten. Wir warteten darauf, daß man uns hatte, aber niemand wollte uns haben. Wir kamen uns viel vor, wenn wir, mit der blau-gelb-roten polizeilich abgestempelten Binde am linken Oberarm, vom 14. Jahre ab in der Jugendgruppe mitmachen durften. Die kriegsbeschädigten Unteroffiziere und Gefreiten, die vor unseren Gruppen und Zügen standen, das waren die Männer nach unserem Herzen. Wenn es die Satower Chaussee zum „Dresch", dem großen Exerzierplatz, hinausging, wenn wir exerzieren durften und uns gruppenweise vorarbeiten durften, dann waren wir erfüllt von unserem ein erweckten jungen Soldatentum. Wie gerne hätten wir an mancher Geländeübung teilgenommen, wenn es Mutter nur zugelassen hätte, die um unser weniges und dürftiges Schuhzeug fürchtete. Vielleicht erinnert sich noch mancher, der damals in unseren Reihen stand, jener großen Uebung der mecklenburgischen Jugendgruppen am 4. November 1916, bei der es nach unseren Begriffen ganz kriegsmäßig zuging, als wir im Gelände abkochen und zum ersten Male in unserem Leben einen „Schlag" aus der Feldküche empfingen. Und doch, es war alles eben nur Kriegs„spiel" . . .

Die Jugend unserer Tage ist entschieden besser dran. Längst ist sie in den „ersten Dingen" des Alltags aktiviert worden, unter denen man gemeinhin den zusätzlichen Kriegsdienst der Hitler-Jugend versteht. Ihr entscheidender Einsatz ist ihre Arbeitsleistung im Beruf. Millionen Jugendliche stehen im Arbeitsprozeß unseres Volkes, ein großer Teil von ihnen arbeitet in der Rüstungsindustrie. Wirklichen Kriegseinsatz aber leisten jene Jungen der oberen Klassen unserer Schulen, die seit Monaten und Tagen als Flakhelfer bei der Waffe Dienst tun. Wir haben sie in ihren ausgebauten Stellungen am Rande der Großstadt besucht. Sie blickten uns an mit Augen, in denen körperliche Frische, geistige Klarheit, seelische Gesundheit und der Stolz sprachen, im Einsatz stehen zu dürfen. Wir schauten uns in ihren wohnlichen Unterkünften um. Wir sahen ihre Schlafräume mit den tadellos „gebauten" Betten, an denen das kritische Auge des UvD. nicht das Geringste zu bemängeln hat. Wir sahen in ihrer Wohnbaracke, die ihnen als Tagesraum dient, mit den peinlich geordneten Spinden, mit den blank gescheuerten Tischen und Schemeln, mit den schönen Bücherregalen. Die Wände haben sie mit Bildern geschmückt, unter denen selbstverständlich ihre Waffe den Vorrang einnimmt. Mutter hat zur wohnlichen Raumgestaltung durch die Hergabe einer Gardine beigetragen. Alle Räume sind frisch gestrichen und blitzen vor Sauberkeit. Elektrisches Licht und ein Volksempfänger tragen dazu bei, daß sich in uns der Eindruck verstärkt: Hier läßt es sich aushalten! Wie die Jungen so vor uns stehen, in der grauen Uniform der Luftwaffenhelfer, die als ihr Zeichen das blaue L H über dem Adler der Luftwaffe im Abzeichen auf der rechten Brusttasche führen, freut sich der Betrachter über so viel straffe Jugend. „Diese Jungen sind richtig, denen kann man schon allerhand zutrauen." Und wenn uns der Batteriechef bestätigt, daß sie vorzüglich und tüchtig sich in den Angriffsnächten bewährten, dann wissen wir, daß zwischen ihrer Einberufung und jener „Nacht der Bewährung" eine Zeit sorgfältiger Ausbildung lag. Diese Jungen hier haben mit der hellwachen Aufnahmefähigkeit ihres Alters in kurzer Zeit alles das an Waffen- und Schießlehre in sich aufgenommen, wofür ihr älterer Kamerad von der Heimatflak ungleich längere Zeit benötigen würde.

Uebereinstimmend berichten die Batteriechefs von den guten Erfahrungen, die sie mit den jungen Luftwaffenhelfern gemacht haben. Der Chef einer schweren Batterie läßt den jetzt 17 Jahre alt gewordenen Luftwaffenhelfer Kliemt kommen, der in tadelloser Haltung vor seinen Vorgesetzten steht. Als ersten Luftwaffenhelfer konnte er ihn zum Kriegsverdienstkreuz mit Schwertern einreichen.

Die Wehrmacht tut alles, was sie für ihre jüngsten Kameraden tun kann. Daß die Verpflegung gut und ausreichend ist, bestätigen uns die Jungen, denen eine Verpflegungszulage gewährt wird, selber. Daß ihre schulische Weiterbildung nicht leidet, wie Mittel und Wege ersonnen werden, ihnen durch direkten Schulbesuch oder Unterrichtserteilung in den Stellungen durch Betreuungslehrer mitzugeben, was ihnen von der Schule mitgegeben werden kann, dafür spricht die Anwesenheit des an der Besichtigungsfahrt teilnehmenden Oberstudiendirektors des Mecklenburgischen Staatsministeriums. Eingehend erkundigt er sich nach allen Wünschen. Er ermahnt die Luftwaffenhelfer, über ihren Einsatz hinaus ihre Schulpflicht nicht zu vergessen. Der Gefreite, über alles Militärische „aus dem ff" Bescheid zu wissen, beim Kegelschnitt aber sauer zu reagieren, wird keiner der aufgeschlossenen Jungen aussetzen.

Der gleichfalls an der Fahrt teilnehmende Oberbannführer von der Gebietsführung der HJ. erörtert mit dem Rostocker Bannführer die Frage der Abhaltung von Heimabenden in den Stellungen der Luftwaffenhelfer, so daß über dem militärischen Einsatz und der Weiterbildung durch die Schule auch die weltanschauliche Ausrichtung der Jungen keine Unterbrechung erfährt.

Die Treffer in den Rümpfen britischer Terrorbomber sind die stolzen Abschußzahlen unserer Flak, sie wurden mit errungen und mit erkämpft durch den gewiß bescheidenen, aber freudig geleisteten Einsatz unserer Luftwaffenhelfer. Ha.

Rostocker Anzeiger vom 2. Juni 1943

---

[106] Rostocker Anzeiger vom 2. Juni 1943.

Acht Bewohner dieses Hauses Waldemarstraße 22 in Rostock starben durch einen Sprengbombentreffer. 20./21. April 1943 (AHR)

Bombenvolltreffer in den Bunker Halle M in den Arado - Flugzeugwerken Warnemünde. 10 Menschen starben. 29. Juli 1943 (AHR)

Ich war in solchen Situationen weder aufgeregt noch ängstlich, sondern einfach beschäftigt. Man hatte keine Zeit für Angst. Wohl aber erinnere ich mich an eine Nacht in Toitenwinkel, wo überhaupt nichts war. Von der Warnow stieg Nebel auf und - ich weiß nicht warum - in mir kam die Angst auf: ‚Mein Gott, wenn das Gas wäre'."[107]

54 amerikanische B 17 hatten innerhalb von drei Minuten 129,5 Tonnen Bomben abgeworfen. Dieser aus großer Höhe vorgetragene Angriff hinterließ größere Schäden in den Arado-Werken. 20% der Monatsproduktion an Flugzeugen mußte als Verlust abgeschrieben werden, vier Luftschutzräume des Werkes hatten Volltreffer erhalten. In einem D-Zug in der Nähe des Bahnhofs Warnemünde starben 14 Menschen. Insgesamt hatte der amerikanische Angriff 56 Menschenleben gefordert. Bomben verwüsteten auch den Flugplatz Groß Klein, an dem die LwH der Mecklenburgischen Landesschule Güstrow eingesetzt waren. Verwundet oder getötet wurde dort niemand.[108]

Im Gegensatz zur britischen Strategie sah die amerikanische Luftkriegsdoktrin Präzisionsangriffe bei Tage zur Zerschlagung der deutschen Rüstungsindustrie vor, um erst dann einen übermächtigen Schlag gegen die Moral der Zivilbevölkerung zu führen. Demzufolge besaßen die Flugzeugwerke in Rostock und Warnemünde für die USAF weiterhin höchste Priorität. Nach dem Angriff vom 29. Juli 1943 glaubten die Amerikaner in Auswertung der Zielfotos Arado endgültig aus den Zielkarteien streichen zu können. Dem Werk gelang es jedoch in relativ kurzer Zeit, den Kapazitätsausfall u.a. durch die Verlagerung wichtiger Fertigungsstrecken in kleinere Orte weitgehend auszugleichen.[109]

Ihre „Feuertaufe" erlebten die am 2. August 1943 in die Batterie Markgrafenheide (5./271, am Nordostrand des Seefliegerhorstes gelegen) eingerückten LwH der Klasse 6 der Mecklenburgischen Landesschule Güstrow schon reichliche zwei Wochen später. Bei dem Angriff am 18. August 1943 verschoß die Batterie 750 Granaten und brachte drei Flugzeuge, u.a. eine „Short Stirling", zum Absturz, die bei Darßer Ort in der Ostsee und in der Rostocker Heide zerschellten.[110]

Das Schießen auf überfliegende Bomberverbände wurde für die um und in Rostock eingesetzten LwH bald zur Routine. Hans-Joachim F. (Blücherschule Rostock): „Bedingt durch die verstärkten Angriffe auf Berlin wurden die Tage und Nächte der Feuerbereitschaft immer länger… Man mußte ja warten, bis der letzte Bomber den Luftraum verlassen hatte. Bei dieser Gelegenheit schossen wir von zwei hölzernen Hochständen am Botanischen Garten zwei Maschinen ab und der zuständige Wachtmeister - er war im Urlaub - bekam das EK. Wir waren

---

[107] Bericht von Ludwig B.
[108] Vgl. zu diesem Angriff auch Bomben auf Rostock, S. 142f.
[109] Vgl. Schaar, Luftkriegsstrategie, in: ebenda, S. 13.
[110] Vgl. Jugend auf dem Sonnenkamp, S. 79f.

schwer sauer."[111]

Ludwig B. (Große Stadtschule Rostock, Batterie Biestow): „Ich erinnere mich an eine Nacht, in der Flugzeuge in ca. 5000 bis 6000 m Höhe flogen. Wir waren taktisch gezwungen, Sperrfeuer zu schießen, das heißt, eine Höhe wurde angenommen und ein Riegel vorgeschossen, in den der Verband flog. Ohne einzelnes Kommando wurde alles verschossen, was da war. Ein furchtbares Geknalle. Nach dem Feuer konnten wir nicht mehr gehen, da im Geschützstand über 50 Hülsen lagen. Abschüsse erzielte die Batterie, und man war stolz, nicht versagt zu haben. Zudem gab es Frontverpflegung und auch für uns neben dem Sold eine Mark täglich Frontzuschlag. Ich habe ein einziges Mal am hellichten Tage am Abschuß eines bereits angeschossenen Flugzeuges, das schon sehr an Höhe verloren hatte, mitgewirkt und mich später oft gefragt, was mich dabei bewegte. Ich kann sagen, daß ich dem Piloten gegenüber überhaupt keinen Haß empfand - die waren ja anonym für mich -, aber auch nicht das geringste Mitleid, denn ich wußte, in Berlin fanden Massenbombardements statt, und wenn dieser nicht abgeschossen würde, könnte er in drei Tagen erneut auftauchen. Ferner spielte die Technik, die Präzision, eine Rolle. In diesem Falle konnten wir ‚singen', was wir zu tun hatten."[112] Doch während des Schießens gab es auch Besonderheiten. In den Erinnerungen von Helmut P. überschrieb er diese Episode: „Die Nacht, in der die Bomber stehenblieben": „Meine Aufgabe bestand darin, aus den vom Kommandogerät ermittelten Richtzahlen, den Zielweg des jeweils erfaßten und bekämpften Flugzeugs in einen Stadtplan von Rostock einzuzeichnen. Jedesmal, wenn alle Kanonen der Batterie gleichzeitig eine Salve abfeuerten, war der Zielweg mit einem Querstrich zu versehen. Eventuelle Abschüsse wurden später aufgrund eines eingereichten Zielweges der Batterie zuerkannt. Während des Zeichnens lag der Plan auf einem Glastisch und wurde von unten durchleuchtet, so daß ihn der Batteriechef vom Kommandostand aus durch einen Schlitz einsehen konnte. Plötzlich große Aufregung am Funkmeßgerät: ‚Stehendes Ziel!' Der Batteriechef entlädt seine Wut auch in den Schlitz über mir. Aber auch ich kann den Zielweg nicht weiterführen. Salve auf Salve wird in die Nacht gefeuert, immer auf denselben Punkt. Längst weiß ich nicht mehr, wohin mit meinen Querstrichen.

Es war die Nacht, in der die Bomber erstmals unsere Funkmeßgeräte außer Gefecht setzten durch Abwerfen von Staniolstreifen. Diese waren der Wellenlänge unserer Radargeräte angepaßt und machten ein weiteres Verfolgen der Flugzeuge unmöglich. In den nächsten Tagen wurden Schulklassen auf die Kuhkoppeln geschickt, um die Streifen aufzulesen. Man glaubte noch, die Feinde woll-

---
[111] Bericht von Hans-Joachim F.
[112] Bericht von Ludwig B.

ten damit die deutschen Kühe vergiften."[113]

Gelegentlich ging es beim Schießen auch daneben. Die inzwischen in der schweren Batterie Biestow eingesetzten LwH der Großen Stadtschule Rostock schossen einen deutschen Nachtjäger ab, der bei Buchholz zerschellte, und auch die nach einem Fest alkoholisierte Batterie Sievershagen „bekämpfte" eine deutsche Me 110.[114]

Die Wismarer LwH hingegen kamen 1943 mit ihren leichten Flakwaffen nicht zum Einsatz. Die einzigen Schüsse gaben sie während des Übungsschießens ab. „Beim Schießen auf eine geschleppte Seescheibe fuhr der Poeler Dampfer durch das Sperrgebiet. Der Kommandeur ließ weiterschießen. Dabei sprang ein unter flachem Winkel auf die Wasseroberfläche treffendes Geschoß nach der Reflexion über den Dampfer hinweg, wie die Leuchtspur erkennen ließ. Den Menschen auf dem Dampfer war sicher nicht wohl dabei... Auch beim Schießen auf einen Luftsack gab es aufregende Erlebnisse. Infolge falscher Zielansprache (Flugzeug ... statt Luftsack ...) durch einen unserer Geschützführer wurde auf das schleppende Flugzeug geschossen; die Leuchtspurgeschosse strichen unter dem Rumpf der Maschine vorbei. Als später der Luftsack nach Abschuß aufs Wasser niederging (simulierter Sturzflug) wurde er mit Dauerfeuer beschossen. Einer unserer Richtschützen kurbelte das Rohr so weit runter, daß er unmittelbar vor uns in den Boden schoß; wir sahen nichts mehr außer einer mächtigen Staubwolke. Das waren die einzigen scharfen Einschläge in unmittelbarer Nähe in unserer Luftwaffenhelferzeit ... Oft verbrachten wir viele Nachtstunden sinnlos an den Geschützen, wenn Wismar eingenebelt war. Da in unserer unmittelbaren Nähe Nebelfässer standen – von sowjetischen Kriegsgefangenen bedient -, hatten wir auch unter Atembeschwerden zu leiden. An den Nachmittagen sah unser Dienstplan auch eine Stunde Arbeit für die Schule vor, doch im ganzen überwog das Militärische: Geschützreinigen, Unterricht in Flugzeugerkennung, Wache gehen rund um die Uhr und gelegentlich auch Übungsschießen auf Luftsack und Seescheibe (Küstenverteidigung)."[115]

So verlief das Flakhelferdasein im eintönig werdenden Wechsel zwischen Ausbildung, Feuerbereitschaft und Schulunterricht. Wilfried H.: „War ich anfänglich euphorisch, so legte sich die Begeisterung im Verlaufe des Einsatzes, da er langweilig wurde. Der Fliegeralarm holte uns nachts aus dem Schlaf; ständig mußte man etwas tun, was man nicht tun wollte. Ich fühlte mich in meiner Bequemlichkeit gestört."[116]

---

[113] Schreiben von Helmut P. vom 19.5.1998.
[114] Mitgeteilt von Hans-Heinrich B. und Joachim H.
[115] Karsten, Die sogenannte Luftwaffenhelfer-Klasse, S. 51f.
[116] Bericht von Wilfried H.

Luftwaffenhelfer und Schule

"Den als Luftwaffenhelfern bei der Luftwaffe eingesetzten Schülern ist im Rahmen ihres Dienstes bei der Luftwaffe Schulunterricht zu erteilen. Im Hinblick darauf, daß aus den Reihen dieser Schüler der Nachwuchs für die geistig führenden Berufe im militärischen, wirtschaftlichen und kulturellen Lebensbereich unseres Volkes gestellt werden soll, ist dieser dienstlichen Aufgabe besondere Aufmerksamkeit zuzuwenden." So hieß es zumindest im Luftwaffenhelfererlaß. Der Unterricht, der unmittelbar nach Beendigung der Grundausbildung einsetzte, hatte nach den Richtlinien des Reichserziehungsministeriums 18 Wochenstunden in den wichtigsten Fächern zu betragen.

Stundentafel (18 Wochenstunden) gemäß Richtlinien des REM

	für Gymnasiasten	für Oberschüler
Deutsch	4	3
Geschichte	3	3
Erdkunde	2	2
Mathematik	3	3
Latein	4	3
Chemie/Physik	2	4

Für die regelmäßige Durchführung wurden neben dem Sonderbeauftragten des REM beim LGK XI, Oberstleutnant Hahn, und den betreffenden Schulen, die Einheitsführer verantwortlich gemacht. Keinen Unterricht erhielten die Mittelschüler der Klasse 6, die man mit dem Abschlußzeugnis ihrer Schulen zum Luftwaffenhelfer-Einsatz entließ, aus dem sie nach Einspruch der Rüstungsindustrie im Juni 1943 bereits wieder ausschieden und durch Mittelschüler der Klasse 5 ersetzt wurden.[117] Am 1. März 1943 fand in Hamburg beim LGK XI eine Besprechung über den Einsatz und die schulische Betreuung der Luftwaffenhelfer statt. In Analysen der Einsatzorte mußte konstatiert werden, daß der Unterricht überwiegend in den Flakstellungen stattfinde, woraus sich besondere physische Belastungen für die Lehrer ergeben. Der Unterricht in Physik und Chemie finde an einem Tag der Woche in den Stammschulen statt, da auf Experimentiergerät nicht verzichtet werden könne. Die Besprechung legte fest, daß der Unterrichtsbeginn täglich um 8 Uhr - auch nach nächtlichem Alarm - zu erfolgen habe. Der fehlende Schlaf sei in der Mittagspause nachzuholen.[118] Im April 1943

---

[117] Vgl. u.a. Schätz, Luftwaffenhelfer, S. 115f; Nicolaisen, Einsatz, S. 107.
[118] Vgl. MLHA Schwerin, MfU Nr. 2977.

entschied das LGK XI aufgrund massiver Forderungen der Eltern, daß den Gymnasiasten ein zusätzlicher Griechischunterricht erteilt wird.

Lehrplan für die Luftwaffenhelferklasse 6 (Große Stadtschule Rostock)[119]:

Aufsatz Deutsch: „Welche Erfindung hältst Du für die bedeutendste?"
Literatur: Nibelungenlied,
Lyrik Walter von der Vogelweide,
Kleist „Michael Kohlhaas",
Keller „Das Fähnlein der sieben Aufrechten"
Latein: Cicero - „de republica" (in Auszügen)
Griechisch: Homer - „Odyssee" (in Auszügen)

Luftwaffenhelferklasse 7:

Aufsatz Deutsch: „Ein Abend in einer fremden Stadt"
Literatur: Goethe - „Götz von Berlichingen",
Schiller - „Die Räuber", „Kabale und Liebe"
Latein: Sallust - „Iugurtha et bellum catilinae"
Griechisch: Homer - „Illias" (in Auszügen)

Nach den ersten Meldungen an das Schweriner Staatsministerium, Abteilung Wissenschaft, Erziehung und Volksbildung entsteht der Eindruck, daß der Luftwaffenhelfer-Unterricht in den ersten Monaten des LwH-Einsatzes entsprechend der Richtlinien durchgeführt wurde. Im Jahresbericht der Großen Stadtschule Rostock hieß es: „Der Unterricht in den beiden Luftwaffenhelferklassen (L 6 u. L 7) wurde in der Flakstellung in Toitenwinkel (L 7) und Kassebohm (L 6) erteilt. Zum physikalischen und chemischen Unterricht kamen beide Klassen montags in die Schule ... Die Stundentafeln der LWH-Klassen waren die amtlichen, vermehrt um 2 Stunden Griechisch. Der Unterricht bei den LW-Helfern wurde im ganzen regelmäßig durchgeführt. Jede Woche fiel ein dienstfreier Tag für den Unterricht aus. Ein Ausgleich fand durch die Erhöhung der 18 vorgeschriebenen Wochenstunden auf 20 statt. Unterbrochen wurde der Lehrgang durch einen zweiwöchigen Urlaub der LW-Helfer, dafür wurde in den großen Ferien weiterunterrichtet."[120]
Die Darlegungen seines ehemaligen Direktors relativiert LwH Hans-Heinrich B.: „In Kassebohm befanden wir uns nur wenige Wochen zur Grundausbildung und

---

[119] AH Rostock, 1.21.1. Schulwesen/Große Stadtschule Nr. 453.
[120] Ebenda.

erhielten dort keinen Schulunterricht. Es sollte Unterricht durchgeführt werden, aber wir hatten fast jeden Tag Voralarm, bei dem der Unterricht generell ausfiel. Wenn die Bomber nach Berlin, Stettin oder Königsberg flogen, streiften sie den Luftraum von Rostock. Also gab es Voralarm, nicht für die Stadt, aber für die Flakbatterien. Nach unserer Verlegung in die Biestower Batterie fuhren wir zwecks Schulunterricht mit dem Fahrrad in die Schule. In der ‚Oberschule II für Mädchen' (rechte Schule am heutigen Goetheplatz) war für die Luftwaffenhelfer ein Raum zur Verfügung gestellt worden. Dieser hatte eine telefonische Verbindung zur Batterie. Oft waren wir kaum eine halbe Stunde in der Schule, gab es Voralarm, und wir fuhren zur Batterie zurück. Wenn 2000 bis 3000 Flugzeuge im Großluftraum Rostock unterwegs waren, dann brummte es den ganzen Tag. Mußten wir den Unterricht verlassen, geschah es zu unser aller Freude. Zudem waren wir jung, und es war Krieg - da hatte man keine Lust auf Schulaufgaben."[121]

Ungünstig auf die Unterrichtsgestaltung wirkte sich die Tatsache aus, daß die Jungen nach nächtlichem Alarm völlig übernächtigt in die Schule kamen und teilweise einschliefen. Hinzu kamen militärische Appelle, das Justieren der Geschütze, Ordnungsübungen, ärztliche Untersuchungen und weiterführende Ausbildungsmaßnahmen. So fuhren die Rostocker Flakbatterien regelmäßig zum Luftsack- bzw. Spiegelbildschießen nach Diedrichshagen. Nachdem eines Tages statt des Luftsackes die ihn schleppende He 111 getroffen worden war, praktizierte man das für die Flugzeugbesatzung ungefährliche Spiegelbildschießen. Die Maschine flog über Land, wurde von den Batterien mittels einer Glasscheibe anvisiert, so daß der Eindruck entstand, sie flöge über See. Die Kanonen schossen auf dieses Spiegelbild, die Flaksplitter fielen in die Ostsee. Mittels Fotoaufnahmen wurden die Treffer festgestellt. Für die LwH war das Übungsschießen stets ein großes Erlebnis, da die Batterie mit allen Geschützen verlegte.

Über den Unterricht der LwH seiner Schule berichtete der Direktor der Schule bei den 7 Linden an das Schweriner Staatsministerium: „Die Luftwaffenhelfer der drei Klassen 6 und der beiden Klassen 7 sind jede für sich geschlossen eingesetzt. Bei den Klassen 7 handelt es sich freilich nur um fünf bez. sieben Schüler. Die Einsatzstellen für 7a, 7b und 6a sind so gelegen, daß die Jungen in kürzester Zeit z.T. im Fußmarsch oder wegen der geringen Zahl mit dem Autobus das Schulgebäude erreichen können. Anders liegt der Fall für 6b und 6c. 6b liegt in Sievershagen. Mit dem Batteriechef habe ich mich dahin geeinigt, daß die Jungen zum Physik- und Chemie- Unterricht einmal in der Woche zum Lyzeum kommen. Der übrige Unterricht muß an der Unterbringungsstelle erfolgen, da der An-

---

[121] Bericht von Hans-Heinrich B.

und Abmarsch zu lange Zeit in Anspruch nehmen würde."[122] Die in der Batterie Barnstorf stationierten LwH mußten schließlich zum Unterricht in die Batterie Sievershagen fahren, wo sie gemeinsam mit den LwH der 6b unterrichtet wurden. Die ursprünglich in Biestow eingesetzten LwH der Klasse 6a verlegten im Frühjahr 1943 mit der 3./232 nach Lichtenhagen. Dadurch entfiel auch für diese Jungen der Unterricht im Schulhaus. Im Sommer 1943 wurden die Klassen 6b und 6c zur neuen 7b zusammengelegt und kamen nach einem kurzen Dienst in der Batterie Barnstorf schließlich in der neuaufgestellten 7./232 in Lichtenhagen zum Einsatz, die mit der 3./232 eine Großbatterie mit 12 Rohren bildete. Die 7./232 unter Oberleutnant Jobst verfügte über keine eigenen Leitgeräte, sondern war beim Schießen auf die Werte der 3./232 angewiesen. Da beide Klassen nun räumlich benachbart waren, bereitete die Unterrichtserteilung keine Probleme. Die Lehrer Sukrow, Förster, Kienke und Neumeyer kamen regelmäßig mit dem Fahrrad in die Stellung.[123]

Für die überörtlich eingesetzten Güstrower Schüler stand ein Unterrichtsraum in der fliegertechnischen Schule von Arado bereit, der sich nur 2 Minuten von der Batterie entfernt befand. Den Unterricht übernahmen Betreuungslehrer Dr. Bull sowie die bisherigen Lehrkräfte, die eigens aus Güstrow anreisten.[124]
Eine Ausnahmeregelung galt für die 35 Luftwaffenhelfer der Blücherschule. So hieß es im Schreiben des Direktors an das Schweriner Staatsministerium: „Die als Luftwaffenhelfer einberufenen Schüler der Blücherschule sind eingestellt bei Formationen in Marienehe (Heinkel-Werke) und in der Gegend zwischen Bramow und Rostock. Um den Unterricht dieser Schüler sicherzustellen, hat die Schulleitung durch den Betreuungslehrer Herrn Dr. Stahl, den in Frage kommenden Dienststellen folgenden Vorschlag gemacht: Die Schüler werden an den Vormittagen der Tage Montag, Dienstag und Mittwoch für je sechs Unterrichtsstunden für den Unterricht von den Formationen freigestellt. Der Unterricht findet im Schulgebäude statt. Dieser Vorschlag ist von den in Frage kommenden Dienstellen angenommen, ja sogar begrüßt worden."[125]
Der häufige Voralarm für die Flakbatterien machte diese optimistische Einschätzung zunichte. Hinzu kam, daß das Schulgebäude der Blücherschule nach dem Angriff vom 20./21. April 1943 als Totalschaden anerkannt werden mußte. Häufige Umgruppierungen der Batterien ließen einen Unterricht auch in anderen Schulgebäuden nicht zu und zwangen zum ständigen Improvisieren. Die Studienräte Stahl, Vohs und Voigt übernahmen schließlich die schulische Betreuung der LwH in den Flakbatterien.

[122] MLHA Schwerin, MfU Nr. 2977.
[123] Vgl. u.a. Hengelhaupt, Chronik der Sexta b/1937.
[124] Vgl. MLHA Schwerin, MfU Nr. 2977.
[125] Ebenda.

In Wismar wurde nach Einschätzung von Kleiminger die schulische Betreuung „systematisch" und „streng" durchgeführt: „Es zeigte sich zunächst sehr bald, daß ein gemeinsamer Unterricht von Flak- und Nichtflakschülern schwer durchführbar war. Die geistige Beweglichkeit der in der Nacht dienstlich beanspruchten Flakschüler hielt nicht mit der der ausgeruhten Mädchen und Jungen Schritt. Es mußten daher drei besondere Luftwaffenhelferklassen gebildet werden, die je 18-24 Schüler umfaßten und täglich vier Unterrichtsstunden, dazu eine Arbeitsstunde in der Schule unter Aufsicht eines Lehrers und eine Arbeitsstunde am Nachmittag unter Aufsicht eines Offiziers bekamen. Bemerkt sei hier, daß die Luftwaffenhelfer der 7. Klasse wirklich gut gefördert wurden, so daß sie sich Februar 1944 alle, wenn sie nicht vorher zum Militär eingezogen waren, zur ordentlichen Reifeprüfung freiwillig stellten und auch die Prüfung ordnungsgemäß bestanden."[126]

Unterbrechungen des Unterrichts durch Luftalarm gab es auch in Wismar. Wenn im Klassenraum der LwH das Telefon schrillte, rannten die Jungen in ihre Stellungen zurück. „Helle Köpfe" der Klasse 7 kamen – stand eine Klassenarbeit an – auf die Idee, sich bei den Luftwaffenhelferinnen der Telefonvermittlung in

Luftwaffenhelfer der Blücherschule Rostock während des Unterrichts in der Batteriestellung Flugleitung Heinkel-Werke (Sommer 1943) (Hans-Joachim Freidank)

[126] Kleiminger, S. 407f.

der Batterie einen Voralarm zu „bestellen". Ernst H. (Klasse 6) beschreibt seinen Flakhelferalltag in Wismar: „Die eingezogenen Luftwaffenhelfer der Großen Stadtschule, die den Jahrgängen 1926 und 1927 angehörten, wurden in zwei Züge aufgeteilt, deren Stellungen sich in der Zuckerfabrik und auf der Kuhweide befanden. Der Zug, dem ich angehörte, diente als Objektschutz der Zuckerfabrik. Zunächst wurden wir Luftwaffenhelfer vier Wochen vom Schulunterricht befreit, um an der Geschützausbildung teilzunehmen. Später lief der Unterricht nebenbei weiter. Unter diesem Wechselspiel zwischen Soldat- und Schüler-Sein mußte die Schule zwangsläufig leiden. Solange wir in Wismar blieben, gab sich die Schule große Mühe, uns weiterhin zu unterrichten. Doch mußten mit Rücksicht auf unsere Verhältnisse erhebliche Abstriche gemacht werden. Oftmals standen wir nachts vier bis fünf Stunden an der Kanone, so daß wir am anderen Tage nicht in der Lage waren, normale Leistungen zu bringen. Die Schule reagierte, indem sie Sonderklassen für Luftwaffenhelfer bildete. Die wenigen, die nicht zum Flakdienst gezogen worden waren, wurden besonders geschult und auf uns konnte besser Rücksicht genommen werden. So begann der Schulunterricht nach nächtlichem Alarm statt 7.30 erst 10.00 Uhr und die Unterrichtsstunde wurde auf 30 Minuten verkürzt.

Normalerweise gestaltete sich unser Tagesablauf wie folgt: Morgens marschierten wir unter Absingen vaterländischer Lieder aus der jeweiligen Stellung zur Schule, lösten uns auf dem Schulhof auf und gingen in die Klassen, um am normalen Unterricht teilzunehmen. Mittags ging es wieder in die Stellungen, wo wir unser Essen erhielten. Am Nachmittag war dann Geschützdienst angesagt: Geschützexerzieren, Waffenreinigen, Wache. Der Dienst endete in der Regel gegen 17 Uhr, und es mußten noch die Schularbeiten erledigt werden. Der Tag war durch die Pflichten ausgefüllt, so daß kaum Zeit für Freizeitbeschäftigungen blieb. Sie wurde von uns auch kaum vermißt ... Ein von uns sehr verehrter Lehrer, Dr. Hinkfoth, hielt den Kontakt zu uns und nahm sich unserer Anliegen besonders an. In der Stellung schliefen wir in Baracken, die der RAD für uns errichtete. Alle 14 Tage gab es Heimaturlaub. Doch die Vollbereitschaft des Zuges mußte gesichert sein."[127]

Zuversichtliche Einschätzungen der Direktoren und Zwischenbilanzen an das LGK XI sprechen von einer regelmäßigen Unterrichtserteilung. Doch wie stand es um den Bildungserfolg und die Motivation der „Schüler-Soldaten"?

Gerd P. (Große Stadtschule Rostock, 6./232): „Nach der Grundausbildung erhielten wir Schulunterricht in der Stellung Toitenwinkel. Die Lehrer kamen zu uns in die Stellung, und der Unterricht wurde von ihnen ernsthaft betrieben. Nur war

---

[127] Bericht von Ernst H.

die Umgebung dazu nicht geeignet, und wir haben den Unterricht nicht allzu ernst genommen. Er war für uns mehr ein notwendiges Übel, und wir erfanden viele Ausreden, um die Schularbeiten nicht erledigen zu müssen, z.B. Putzen der Kanone. Am 15. März 1944 erhielt ich mein Notabitur. Zu unser aller Freude wurde der Unterricht häufig durch Alarm unterbrochen. In solchen Momenten fühlten wir uns den Lehrern gegenüber, die in der Stellung bleiben mußten, furchtbar wichtig. Im Juli 1943 erfolgte an einem Vormittag ein Angriff auf Warnemünde. Die Batterie hat viel geschossen. Es krachte und dröhnte. Wir bedienten unsere Geräte, während unser Lehrer verängstigt in der Stellung saß und sehr verstört anschließend nach Hause fuhr. Da hatten wir das Gefühl, unserem Lehrer überlegen zu sein. Aus dem Unterricht kam insgesamt nicht allzuviel heraus. Er wurde auch häufig durch Batterieübungen ausgesetzt. Im Herbst 1943 versetzte man uns in die Batterie Biestow zu unseren Mitschülern, die inzwischen dort ihren Dienst verrichteten."[128]

Wilfried H. (Große Stadtschule Rostock, Batterie Biestow): „Schulunterricht fand an den Vormittagen in der Batteriestellung statt. Ein Lehrer kam täglich für zwei bis drei Stunden zu uns in die Unterkunftsbaracke und unterrichtete die Hauptfächer Griechisch, Latein und Mathematik. Die „Schulstunden" empfanden wir als eine Pflichtübung ohne Nutzen und äußerst lästige Angelegenheit. Wir saßen unsere Zeit artig ab, aber daß wir Vokabeln paukten oder uns mit der Grammatik beschäftigten - nein. Gebracht hat uns der Unterricht nichts. Unser Betreuungslehrer, Studienrat N., war ein ausgesprochener Nationalsozialist - übrigens der einzige Lehrer, der in der Großen Stadtschule in der braunen Uniform auftrat."[129]

Ludwig B. (Große Stadtschule Rostock, Batterie Biestow): „Während des Flakeinsatzes fand der Unterricht in der Batterie statt. Die Stunden nahmen wir jedoch nicht mehr ernst. In Rostock unterrichteten uns die bekannten Lehrer, denen man gleichsam anmerkte, wie schwer es ihnen fiel. Ständig gab es Alarm, was den Unterricht sehr behinderte. Außerdem existierten bestimmte Vorschriften, wonach nach nächtlichem Alarm der Unterricht am nächsten Morgen ausfiel. Also Schule konnte man vergessen."[130]

Gerd S. (Schule bei den 7 Linden, Batterie Gehlsdorf): „Der Unterricht am Gymnasium lief noch nebenbei weiter. Wunderbar fanden wir das: Die Lehrer forderten nicht viel, und - ich muß es zu unserer Schande gestehen - wir trieben es gar so weit, daß wir in der Schule anriefen und sagten, es sei Voralarm und wir könnten nicht zum Unterricht erscheinen. Und da sind wir einmal auf die Nase gefallen: Uns wurde mit dem Abitur gedroht, und ein fehlender Abschluß war das

---

[128] Bericht von Gerd P.
[129] Bericht von Wilfried H.
[130] Bericht von Ludwig B.

letzte, was wir wollten. Der tägliche Schulweg führte von der Stellung in Gehlsdorf die lange Straße zur Fähre Schnickmannstraße hinunter und von der Fähre aus zum Gymnasium in die Goethestraße. Wenn etwas besonderes anstand, und es war abzusehen, daß wir längere Zeit in Gehlsdorf bleiben mußten, kamen die Lehrer auch zu uns in die Stellung."[131]

Rolf-Dieter L. (Schule bei den 7 Linden, 3./232): „Da die Luftwaffenhelfer nach wie vor als Schüler galten, erhielten wir vormittags Unterricht. Während der Grundausbildung in Elmenhorst (1./232) waren Ferien. Der Unterricht begann dann wieder in Lichtenhagen. Zu uns kamen zwei Lehrer unserer Schule geradelt. Es waren völlig unterschiedliche Typen - einer sehr groß, der andere sehr klein. Nur der Unterricht brachte nicht mehr viel. Wir gingen in der Regel gegen 21 Uhr ins Bett und standen wenig später wieder an den Geschützen, bloß weil ein englischer Fernaufklärer am Himmel herumgeisterte. Manchmal kamen wir erst gegen 4 Uhr wieder ins Bett, durften dann bis 7 statt bis 6 Uhr schlafen. Um 8 Uhr begann die Schule, und um halb zehn schlief die Masse mit dem Kopf auf der Bank schon wieder. Es gab zwei bis drei Schulkameraden, die gegen die Müdigkeit kämpften und den Unterricht durchzogen, während die anderen schliefen. Die Lehrer zeigten das nötige Verständnis und sprachen entsprechend leise. Wenn man als 15/16jähriger drei bis vier Stunden schläft, ist mit einem geistig nichts mehr anzufangen."[132]

Insgesamt führte die militärische Inanspruchnahme der Luftwaffenhelfer zu einem Rückgang der geistigen Ausbildung, was zahlreiche Eltern zu massiven Beschwerden veranlaßte.

Hitlerjunge - Nein, danke!

Sehr weitreichende, aber, wie sich später in der Praxis herausstellte, unrealistische Vorstellungen über die außerschulische Betreuung der Luftwaffenhelfer durch die Hitlerjugend entwickelte die Reichsjugendführung der NSDAP. Sie ordnete eine batterieweise Zusammenfassung der Luftwaffenhelfer in Gefolgschaften an, deren Führer für die HJ-Arbeit verantwortlich waren. Die RJF befahl die Durchführung wöchentlicher Heimabende, weltanschaulicher Schulungen, von Morgenfeiern und Arbeitsgemeinschaften, die Teilnahme an den Leibesübungen und der Wehrertüchtigung. Angehörige der HJ-Sonderformationen sollten am Dienst ihrer Stammeinheiten teilnehmen.[133] Der Alltag in der Flakbatterie führte die Vorstellungen der RJF sehr bald ad absurdum. Ein organisierter

---

[131] Bericht von Gerd S.
[132] Bericht von Rolf-Dieter L.
[133] Vgl. Nicolaisen, Flakhelfer, S. 161ff.

HJ-Dienst fand in keiner Flakbatterie statt. Die Teilnehmer einer Sitzung im Reichserziehungsministerium am 21. Juni 1943 kamen übereinstimmend zu der Ansicht, „daß ein richtiger Hitlerjugenddienst bei den Luftwaffenhelfern infolge des bisherigen Versagens der Reichsjugendführung nicht durchgeführt worden ist." Weiter konstatierten die Anwesenden, „daß die Luftwaffenhelfer von der Hitlerjugend, seit sie Kriegsdienst bei der Luftwaffe tun, nichts mehr wissen wollen."[134] Diese Feststellungen des REM bestätigten die befragten Luftwaffen- und Marinehelfer. Wilfried H. (Große Stadtschule Rostock, Batterie Biestow): „Wir fühlten uns bald als Soldaten, da für uns das Leben als Luftwaffenhelfer gleichbedeutend mit dem so glorifizierten Soldatenleben war. Sich als Hitlerjunge zu fühlen wurde abgelehnt. Die HJ-Armbinde beispielsweise nahmen wir im Ausgang ab, um zu dokumentieren: Wir sind Soldaten!" Obwohl es den Flakhelfern im Ausgang passieren konnte, wegen der fehlenden HJ-Armbinde vom HJ-Streifendienst oder von HJ-Führern „abgemistet" und dem Batteriechef gemeldet zu werden, entfernten die meisten Jungen nach dem Verlassen des Batteriegeländes die Armbinde von der Uniform. Ludwig B. empfand sie als „steten Stein des Anstoßes" - schließlich war man Soldat. „Aus Versehen vom Arm gerutscht" - war die häufigste Ausrede. Waren die LwH/MH dem Streifendienst zahlenmäßig oder körperlich überlegen, kam es auch zu Handgreiflichkeiten und Prügeleien. Im Oktober 1944 - unmittelbar vor der Verlegung nach Osnabrück - „verabschiedeten" sich eine Gruppe Rostocker LwH vom Streifendienst mit einer „zünftigen Massenschlägerei" in der Kröpeliner Straße. In Hannover hingegen bezogen mecklenburgische LwH, die sich im Ausgang vorschriftsmäßig mit der HJ-Armbinde befanden, Prügel von jungen Arbeitern, bei denen die HJ seit langem „unten durch" war. Einige Flakhelfer berichteten, daß sie, nachdem sie bereits Kriegsauszeichnungen erhalten hatten, HJ-Führer zum Grüßen zwangen.[135] Auch die gelegentlichen Besuche von HJ-Führern in der Stellung wurden von den Flakhelfern als „unangemessen" empfunden. Reiner D. (OSfJ Ribnitz, MH in der Batterie Kiel-Pries): „Nicht gern gesehen waren die Führungsleute der Hitlerjugend, die versuchten Einfluß auf unsere Gedankenwelt, auf unsere Arbeit zu nehmen. So war auch der Besuch des damaligen Reichsjugendführers Artur Axmann in Kiel zu verstehen. Diese Leute hatten auf soldatischem Gelände nichts zu suchen. Dies war die Meinung von uns und auch unserer Offiziere, zu denen wir ein besonderes Verhältnis hatten."[136] Claus P. (Schule bei den 7 Linden, 3./232): „Der zuständige Bannführer besuchte uns zweimal. Jedesmal wurde er von uns brüskiert. Bei einem seiner Besuche warb er für den Beitritt zur NSDAP. Unser Lagermannschaftsführer - Lamafü genannt und von uns gewählt (!) -

---

[134] BAK, NS 6/66 (Sitzungsprotokoll vom 21. Juni 1943).
[135] Vgl. u.a. Berichte von Wilfried H., Ludwig B., Fritz L., Rolf-Dieter L., Joachim H.
[136] Bericht von Reiner D.

überging ihn bewußt bei der Meldung, indem er dem Abteilungskommandeur, einem beliebten Hauptmann, Reserveoffizier, Rechtsanwalt von Beruf, der stets von uns als ‚seine Knaben' sprach, meldete. Ein anderes Mal schlossen wir die Fensterläden, als wir merkten, daß er unsere Unterkunft betreten wollte. Klassenkameraden, die als HJ-Führer tätig waren, berichteten später, daß er unsere Aufnahmeanträge für die NSDAP mit den Worten zerrissen habe: ‚Auf diese Burschen legt der Führer keinen Wert!'(So wurde uns viel später ein Entnazifizierungsverfahren erspart).

Wenn wir Ausgang hatten, was nicht gerade oft war, veränderten wir sofort nach Verlassen der Stellung die Uniform: HJ-Armbinde wurde entfernt, Schulterstücke wurden gegen Flakschulterstücke ausgetauscht, das HJ-Abzeichen an der Mütze durch den Luftwaffenadler. Einige schmückten sich noch zusätzlich mit einem weißen Seidenschal. Wir fühlten uns eben als vollwertige Soldaten, die wir ja auch ersetzten, und wehrten uns auf diese Weise gegen die Einflußnahme der HJ. Allerdings handelten wir uns Meldungen des HJ-Streifendienstes ein, wenn wir in diesem Aufzug die Kröpeliner - und die Blutstraße auf und ab bummelten. Diese blieben aber bei unserem Chef ohne Wirkung."[137]

Die übergroße Mehrheit der LwH/MH identifizierte sich mit der Soldatenrolle, deren Aufgaben sie übernommen hatte und hochmotiviert erfüllte, und fühlte sich daher der NS-Jugendorganisation nicht mehr zugehörig und dementsprechend durch die HJ-Armbinde und den Zusatz (HJ) hinter der Dienstbezeichnung Luftwaffenhelfer/Marinehelfer diskriminiert. Für das Abnehmen der Armbinde im Ausgang nennt Ernst-Günther Sch. (OSfJ Ludwigslust, ab März 1944 eingesetzt bei der 1. Marinefeuerschutzabteilung Kiel) neben den üblichen Gründen, nämlich Distanzierung von der ungeliebten HJ und Selbstbewußtsein der Jungen als „vollwertige" Soldaten, auch die Hoffnung, „ohne Armbinde größere Chancen bei den Mädchen zu haben"[138] Politische Gründe indes nannte niemand der Befragten. Das Verhältnis der Flakhelfer zur Hitlerjugend bringt Jürgen G. (OSfJ Teterow, MH u.a. in der Batterie Kiel-Pries) drastisch auf den Punkt: „Wir grüßten durch Handanlegen an die Mütze und nicht mit erhobenem Arm. HJ-Führer grüßten wir gar nicht. Die konnten uns am A ... lecken, wir waren was besseres!"

Die „Zwitterstellung" der LwH/MH zwischen „Schüler" und „Soldat" nahm in den Erfahrungsberichten der Batteriechefs an das LGK XI einen breiten Raum ein. Und auch das gespannte Verhältnis zur HJ kam zur Sprache. So war im Bericht des LGK XI vom 12. Mai 1943 zu lesen: „Nach seinen militärischen Pflichten und Aufgaben werden von ihm (Flakhelfer - d.Verf.) Tatkraft, Haltung, Mut, Zu-

---

[137] Bericht von Claus P.
[138] Bericht von Ernst-Günther Sch.

verlässigkeit, Ausdauer und Härte verlangt. Das entspricht seinem jugendlichen Geltungsbedürfnis. Seine tatsächliche rechtliche Stellung ist aber eine andere ... Der Lw.-Helfer ist kein Soldat. Er gilt auch während seines Kriegshilfseinsatzes als Schüler und bekommt Schulunterricht. Das läßt er sich noch gefallen, denn er weiß, daß seine künftigen Lebens- und Berufsaussichten davon abhängig sind, daß er die mit dem Schulbesuch verknüpften Berechtigungen erwerben und sich das Wissen und Können aneignen muß, um im Leben bestehen zu können.

Was aber zunächst völlig unverständlich erscheint, ist der Umstand, daß der Lw.-Helfer in demselben Augenblick, in dem er in die Gemeinschaft der Batterie aufgenommen ist, sich äußerlich von der HJ löst. Er ist von der Wichtigkeit der neuen Aufgabe so erfüllt, daß er nicht mehr als Hitlerjunge, sondern als Soldat gelten will und äußert dieses dadurch, daß er entgegen den gegebenen Befehlen die Abzeichen der HJ ablegt, um die aus seiner eigenen Tasche beschafften Hoheitsabzeichen der Soldaten anzuheften. Als ihm das verboten wurde, fühlte er sich unbefriedigt. Er wollte als ganzer Mann, als Soldat gelten und wurde als Hitlerjunge nach außen gekennzeichnet." Zugleich warb der Bericht um Verständnis und Nachsicht der Batteriechefs bei derartigen Handlungen der Flakhelfer: „Jeder, der Menschen führt, weiß, daß man mit Jungen in dieser Stufe der Entwicklung am meisten erreicht, wenn man sie für voll und erwachsen nimmt. Tut man das nicht, so läuft der Jugendliche Gefahr, aus falschen Minderwertigkeitskomplexen heraus unüberlegte Handlungen zu begehen, die sich schädigend auf das Ganze in Leistung und Zucht auswirken."[139]

Viele der Vorgesetzten stellten sich bei Beschwerden vom HJ-Bann über die Verletzung der Uniformordnung oder Grußpflicht durch die Flakhelfer demonstrativ vor die Jungen, beließen es bei Ermahnungen oder verhängten - wenn es nicht anders ging - geringfügige Strafen. Ernst P. Reinhard, ehemaliger Offizier in der Batterie Eckernförde, in der ab Herbst 1943 u.a. MH aus Güstrow ihren Dienst versahen, berichtete: „Sie waren in ihren Funktionen voll in den Dienst und das Kampfgeschehen integriert wie jeder andere Soldat auch. Sie fühlten sich als vollwertige Soldaten, was sich schon darin zeigte, daß sie trotz unmißverständlicher Anordnung am liebsten auf das Tragen der HJ-Armbinde verzichteten, was wiederum von uns stillschweigend geduldet wurde. Eventuell mögliche Kontrollen seitens irgendwelcher Parteidienststellen sprachen sich rechtzeitig herum, so daß dann der Form Genüge getan werden konnte.[140]

Größten Unwillen bereitete den LwH/MH auch das Verbot des Besuchs „nicht jugendfreier" Filme. Auseinandersetzungen mit dem HJ-Streifendienst und z.T.

---

[139] Zit. nach Nicolaisen, Einsatz, S. 319f.
[140] Bericht von Ernst P. Reinhard

Vorgesetzten waren die Folge. Die Funktion von Soldaten ausübend, verlangten die Jungen die gleichen Rechte. Günther G. (OSfJ Malchin, seit März 1944 bei der Heimatflak in Lübeck eingesetzt) erinnert sich an eine Begebenheit: „Die Freizeit war knapp bemessen - Briefe schreiben, lesen. Lichtpunkte waren die Stadturlaube (überwiegend von 12.00 bis zum Zapfenstreich), während derer wir mindestens einmal, etliche Male auch zweimal ins Kino gingen, Cafes besuchten und durch Lübeck streiften. Während einer der Kinogänge wurden wir (wir waren zu zweit) von einer HJ-Streife kontrolliert und gehindert, die Vorstellung zu besuchen, weil der Film ‚nicht jugendfrei' war. Wir haben unsere Namen und die Stellung angegeben und den Film trotz des ‚Verbots' gesehen. Einige Tage später kam ein HJ- Mensch vom Bann aus Lübeck, ließ sich beim ‚Chef' (Oberleutnant Weber) melden, gab geschilderten Vorfall zur Kenntnis und strebte ‚Bestrafung' an. Ein bei dem Gespräch anwesender Wachtmeister schilderte uns: Weber habe dem HJ- Menschen erklärt, daß seine Jungs vorbildlichen Dienst machen und ‚an der Heimatfront' ihren Mann stehen, da sei es lächerlich, sie an einem Kinobesuch hindern zu wollen."[141]

Nicht in jedem Fall zeigten die Vorgesetzten diese Einsicht. Wolfhard E. (Große Stadtschule Rostock, ab Januar 1944 LwH in der Batterie Toitenwinkel): „Die kulturelle Betreuung in der Stellung bestand aus Kinoveranstaltungen. Einmal kam auch ein Varieté. Es hat uns maßlos empört, daß wir nur P14- oder P16-Filme, aber nicht die P18-Filme sehen durften. Darüber gab es heftige Auseinandersetzungen bis hin zum Batteriechef. ‚Sterben dürfen wir, schießen dürfen wir - wir dürfen alles -, nur einen Film dürfen wir nicht sehen.' Eingebracht haben diese Auseinandersetzungen aber nichts."[142] Gelegentlich gab es auch Enttäuschungen. Man hatte sich von den Filmen mehr versprochen. Ludwig B. (Große Stadtschule Rostock, Batterie Biestow): „Was machten wir? Wir bestachen den Küchenbullen, öffneten die Küchenklappe zur Kantine, wo die Aufführung stattfand, und kamen so auch in den Genuß. Es handelte sich um völlig harmlose Filme. Ich sah keinen, in dem eine nackte Frau auftrat. Doch je nach Batteriechef wurde diese Bestimmung ernst genommen. Soweit wir Lehrer hatten, brachte das zwar generelle Vorteile, aber der Nachteil war, daß sie das auch sehr genau beachtet haben. Manche hingegen dachten: Das interessiert mich gar nicht, die Jungs gehen ohnehin an die Front. Wenn sie mit sechzehn Soldat sein sollen, warum sollen sie nicht auch solche Filme sehen?!"[143]

Ähnlich wie mit dem Besuch von Filmveranstaltungen verhielt es sich mit dem Genuß von Alkohol und dem Rauchen. Auch hier pochten die Flakhelfer auf ihre Rechte als Soldaten. Die LwH/MH wurden nach den Tagesverpflegungssätzen

---

[141] Bericht von Günther G.
[142] Bericht von Wolfhard E.
[143] Bericht von Ludwig B.

der Wehrmacht verpflegt, erhielten aber statt der Alkohol- und Tabakrationen Süßigkeiten, was nicht bei jedem Jungen auf Verständnis stieß. MH Jürgen L. (Mittelschule Plau, ab März 1944 in der Batterie Havighorst bei Kiel) klagte: „Wir durften nicht rauchen, nicht an der Truppenbetreuung teilnehmen, keinen Film über 18 Jahre sehen und mußten frühzeitig aus dem Ausgang zurückkommen. Wir waren wohl nur Soldaten 2. Klasse."[144] Da die Flakhelfer in den Stellungen lebten, dort tagtäglich mit Soldaten, Wachtmeistern und anderen höheren Dienstgraden Umgang hatten und auch an den Batteriefesten teilnahmen, wo sie mit Alkohol und Zigaretten in Berührung kamen, mußte das LGK XI zur Verhinderung von Disziplinverstößen eine Lösung finden. Im Erfahrungsbericht vom 12. Mai 1943 wurde zusammengefaßt und vorgeschlagen: „Die Erfahrung hat gezeigt, daß es sich nicht umgehen läßt, daß bei Batteriefesten oder aus sonstigen Anlässen die Soldaten und Lw.-Helfer zusammensitzen, wobei die Soldaten Bier oder Wein bekommen, die Lw.-Helfer dagegen nur Limonade trinken dürfen. Wenn das auch dem Geschmack des einen oder anderen Lw.-Helfers entsprechen mag, so wirkt das strikte Verbot, bei einer solchen Angelegenheit Alkohol trinken zu dürfen, doch deprimierend und verleitet dazu, es mit oder ohne Billigung des Vorgesetzten zu übertreten. Die Aufrechterhaltung des im ‚Luftwaffenhelfer, Ziffer 20' ausgesprochenen Verbotes von Alkoholgenuß und Rauchen, selbst in geringen Mengen, bringt die Lw.-Helfer in Gefahr, gegen den Befehl zu verstoßen und schädigt mit die Disziplin. Das Verbot wird auch zu Hause durch die Eltern nicht in demselben Maße wie in der Batterie beachtet.

Das Luftgaukommando will versuchen, das Verbot dahin zu mildern, daß der Genuß mäßiger Mengen Bier und Wein und auch das Rauchen mit Genehmigung des Vorgesetzten bei besonderen Gelegenheiten statthaft ist. Das Bier hat ohnehin nach eingezogenen ärztlichen Gutachten, selbst für die Jugend, keine schädigende Wirkung, und Wein wird nur in so geringen Mengen zugeteilt, daß auch nach der Richtung Befürchtungen nicht zu erwarten sind. Tabak wird an die Jugendlichen sowieso nicht ausgegeben, sie können also nur das verrauchen, was sie von zu Hause mitbringen. Das Luftgaukommando geht dabei auch von der Erwartung aus, daß nur die Jungen Alkohol und Tabak genießen werden, die sowieso schon dafür die Erlaubnis der Eltern haben.

Bestehen bleiben muß selbstverständlich das Verbot von Schnapsgenuß und das Rauchen in der Öffentlichkeit. Hier erwartet der Jugendliche auch keine Lockerung der Bestimmungen. Er wehrt sich nur dann dagegen, wenn er, wie an Kameradschaftsabenden, mit den Soldaten zusammen ist und nach seiner Meinung für geringer bewertet wird als diese."[145]

---

[144] Bericht von Jürgen L.
[145] Zit. nach Nicolaisen, Einsatz, S. 324f.

Die Teilnahme an Batteriefesten, Kameradschaftsabenden oder Besuche von Filmveranstaltungen und Künstlerauftritten - so diese gestattet waren - bildeten einen Teil der Freizeitbeschäftigung der Flakhelfer. Die Luftlage bestimmte das Maß an Freizeit, welches den Jungen zur Verfügung stand. Durch Voralarm - häufig nachts - aus den Betten geholt, dienten die freien Stunden vor allem dazu, den verlorenen Schlaf nachzuholen, Briefe zu schreiben, Karten zu spielen, Schularbeiten zu erledigen, zu lesen, Musik zu hören, Sport zu treiben und sich zu unterhalten. Auch allerlei Unfug wurde ausgeheckt. Man „überfiel" sich gegenseitig in den Stuben oder verstopfte die Schornsteine, um die anderen „auszuräuchern". In der Batterie Biestow, in der die Großen Stadtschüler auf den Türmen der leichten Flak auch eine Kaninchenzucht betrieben, wurden die LwH vom „heiligen Geist" heimgesucht. „In unserem Verhältnis untereinander änderte sich während des Einsatzes nichts. Nur etwas Gewalt kam hinzu. So erschien nachts der ‚heilige Geist', d.h., ein Mitschüler wurde auserwählt, von drei bis vier Mann festgehalten, sein Nachthemd hochgezogen bis schließlich die Koppel auf ihn niedersausten. Bei dieser Art Freizeitbeschäftigung ging es immer reihum. Eigentlich eine feige Angelegenheit, für die es keinen Grund gab. Ausgang erhielten wir an jedem zweiten Wochenende. Wir gingen nach Hause, wo wir uns allerdings nicht über die Gebühr lang aufhielten, sondern unternahmen oftmals gemeinsam etwas. An kulturellen Dingen wurde in dieser Zeit nicht mehr viel geboten. Wir suchten uns Orte, wo man ein Gläschen abbeißen konnte. Natürlich fragte meine Mutter, wenn ich im Ausgang daheim war, ob wir bei der Flak auch gut behandelt werden. Man antwortete: Ja, alles große Klasse! In dem Alter haut man ja bekanntlich auf den Putz."[146] Ein „Freizeitvergnügen" besonderer Art hatten die LwH in der 3./232 in Lichtenhagen. Rolf-Dieter L.: „Unsere Batterie war eine sogenannte Musterbatterie, d.h., die Wege wurden fein säuberlich geharkt, es gab Birkenzäunchen usw. Die angehenden Offiziere der Flakschule Rerik wurden in unsere Stellung gefahren, um ihnen zu zeigen, wie schön so eine Batterie aussehen kann. Mit diesen Verschönerungsarbeiten beschäftigte man die Flakhelfer."[147] Einige LwH/MH erledigten für die Vorgesetzten kleinere Arbeiten und besserten so ihren Sold auf. Erich J. (Mittelschule Neustrelitz, MH in der Batterie Kiel-Marienfelde): „Manche Marinehelfer hatten schon ihren kleinen Posten. Zuletzt war ich Kalfaktor beim Schneidermeister. Das war ein Obermaat, schon ein älterer Herr, der mein Vater hätte sein können. Ich versah dort einige Hilfsdienste. Der alte Herr brachte mir das Bügeln bei. Am Wochenende - wenn er nach Hause fuhr - durfte ich für jede Hose, die ich den Offizieren und Unteroffizieren bügelte, eine Mark kassieren. Da kamen

---

[146] Bericht von Wilfried H.
[147] Bericht von Rolf-Dieter L.

an manchem Wochenende 15 bis 20 Mark zusammen. Das war damals viel Geld. Zudem war ich durch diesen zusätzlichen Dienst vom Großreinemachen - einer üblen Schinderei - befreit."[148]
Den Ausgang - den LwH sollte die Möglichkeit eines wöchentlichen Elternbesuches gegeben werden - verbrachten die LwH zu Hause oder mit Freunden. Öffentliche Vergnügungen gab es seit der Verkündung des „Totalen Krieges" erheblich seltener. Joachim H. (Schule bei den 7 Linden): „Wenn wir Ausgang hatten, fuhren wir im allgemeinen mit der Straßenbahn nach Hause und gingen dann in die Stadt, um uns mit Freunden zu treffen. Vor dem Ausgang, bevor wir auf die Menschheit losgelassen werden konnten, gab es einen Kleider- und Hygieneappell. Womit wir nicht gerechnet hatten: Beim ersten Appell dieser Art mußten wir die Hosenbeine unseres Ausgehanzuges auf links umkrempeln, und prompt fand der Unteroffizier in den Nähten Staubablagerungen, was den Beginn des Ausgangs noch einmal verzögerte. Wir waren froh, als wir endlich doch noch gehen durften. In späterer Zeit bekam ich auch regelmäßig Sonderurlaub für den HJ-Dienst. Darüber hinaus erhielten wir 1943 mehrere Wochen Jahresurlaub, in denen man verreisen konnte."[149]
An den Wochenenden bestand für die Eltern Gelegenheit, ihre Jungen in den Batterien in Rostock und Wismar zu besuchen.
Zur Sicherung ihres künftigen Unterführer- und Offiziersnachwuchses erfolgten in einigen Batteriestellungen oder anderen Örtlichkeiten gelegentliche Werbungen für die Waffen-SS und die Wehrmachtstruppenteile. Auch während des HJ-Dienstes waren bereits Werbungen erfolgt. Günther-Albert L. (OSfJ Ludwigslust, Mitglied der Flieger-HJ): „Werbungen für die Waffen-SS erfolgten schon vor dem Marinehelfereinsatz. Das geschah während der „Jugendfilmstunden", die wohl einmal wöchentlich stattfanden. 3 bis 4 hochdekorierte Mannschaftsdienstgrade gingen von Mann zu Mann mit der Frage ‚Wo willst Du denn mal hin?' Bei der Fliegerschar wurde gar nicht erst gefragt, da war die Sache klar. Aber bei allen anderen begann dann das Spiel. Da bis 1942 die Meldung freiwillig war, konnte der Erziehungsberechtigte unter Hinweis auf die Nichtmündigkeit seines Sohnes sein Veto einlegen. Das ist mehrfach geschehen. Passiert ist den Beteiligten nichts. Auch in Kiel wurde für die Waffen-SS geworben. Wer zur Marine, Luftwaffe oder zu den Fallschirmjägern wollte, hatte die Werbung schon ausgestanden, weil die Waffen-SS diese Waffengattungen nicht hatte. Wir waren alle Kriegsfreiwillige. Ich für die Luftwaffe, ich gehörte der Flieger-HJ an und hatte die Segelfliegerprüfung und den Annahmeschein für die Luftwaffe (Luftwaffen-Ersatzreserve I ‚Fliegertruppe'). Sonst hieß es: ‚Zu den Pionieren, Panzern usw.

---

[148] Bericht von Erich J.
[149] Schreiben von Joachim H. vom 9. Dez. 1992.

wollen Sie? Haben wir doch auch.' Dann wurde versucht, den Betreffenden zu werben."[150] Joachim H. (Schule bei den 7 Linden, Rostock): „Einmal wurden wir zum früheren Polizeipräsidium im Patriotischen Weg (damals Horst-Wessel-Straße), Ecke Neue-Werder-Straße beordert, wo ein Offizier der Waffen-SS einen Vortrag hielt und uns aufforderte, sich freiwillig zu melden. Ich meine, daß sich damals ein Klassenkamerad, namens Jochen Sch., gemeldet hat, der dann 1944 während des Warschauer Aufstandes als Schwerverwundeter im Lazarettzug von Partisanen elendig umgebracht worden sein soll."[151]

Hans-Joachim F. (Blücherschule Rostock) schilderte, daß die Vertreter der Waffen-SS mit ihrer modernen Ausrüstung prahlten - „Wir haben keine Gewehre, sondern Maschinenpistolen und die modernsten Panzer" - und versuchten, vor allem durch den Hinweis auf ihren Elitecharakter, die Jungen zu werben. Die Begeisterung der Jungen für die Waffen-SS hielt sich jedoch in Grenzen, die Waffen-SS wurde zunehmend als Bedrohung des eigenen Lebens empfunden. Beliebter waren die Kriegsmarine, die Luftwaffe, die Flak und Sanitätstruppenteile. Einige der Flakhelfer besaßen bereits ihre Annahmerklärungen für die Offiziers- bzw. Reserveoffizierslaufbahn bei verschiedenen Wehrmachttruppenteilen und waren so für die Waffen-SS-Werber uninteressant. Die Kriegsmarine stellte im März 1943 den als LwH eingesetzten Schülern der Rostocker Schulen Seetaktikspiele zur Verfügung, um „dazu beizutragen, den Jungen ihre Mußestunden zu verkürzen und den Gedanken an die Marine wachzuhalten."[152]

Im Frühjahr und Sommer 1943 waren die LwH in Rostock häufig umgruppiert worden. Die Batterie Kassebohm (1./271) verlegte im August 1943 an die deutsch-sowjetische Front, die LwH der Großen Stadtschule Rostock wurden mit ihren Klassenkameraden in der Batterie Biestow zusammengefaßt. Vereinzelt schieden LwH aus dem Dienst aus - Hans-Heinrich B. begann auf Anraten der Eltern eine landwirtschaftliche Berufsausbildung; Günter H. wurde wegen eines Herzfehlers entlassen und kam bei der Technischen Nothilfe u.a. beim Bergen von Leichen zum Einsatz; Wilfried H. und Gerd S. kehrten in ihre Schulen zurück. 1944 rückten die Jungen zum RAD und später zur Wehrmacht ein.[153]

---

[150] Bericht von Günther-Albert L.
[151] Schreiben von Joachim H. vom 9. Dez. 1992.
[152] AH Rostock 1.21.1. Schulwesen/Große Stadtschule Nr. 320 (Schreiben des Wehrbezirkskommandos Rostock, Sachgebiet Marine an die Direktoren der Rostocker Schulen vom 16. März 1943).
[153] Wilfried H. "Nach meiner Entlassung am 1. November 1943 kehrte ich in die Schule zurück und kam im September 1944 zur RAD-Abteilung 1/61 - Güstrow. Dort blieb ich ein halbes Jahr als Hilfsheilgehilfe. Im März 1945 wurde ich Angehöriger des Fallschirmjägerregiments der SA-Standarte "Feldherrnhalle" - einer Eliteeinheit. Allerdings habe ich niemals einen Fallschirm gesehen. Ich bin auch niemals vereidigt worden, besaß kein Soldbuch und erhielt demzufolge auch keinen Sold. Von Prag aus begann - getrieben von der Angst vor den Russen - der Rückzug in Richtung der Amerikaner. Auf dem Rückmarsch erlebte ich dann die Ermordung wehrloser Russen. In Pilsen geriet ich in amerikanische Gefangenschaft."

Im Sommer 1943 hatten Deutschland und seine Verbündeten schwere Niederlagen hinnehmen müssen. In der Schlacht im Kursker Bogen verloren die Wehrmacht und Waffen-SS die strategische Offensive. Rommels Afrikakorps war zerschlagen worden, alliierte Truppen landeten in Italien und auf Sizilien. Mussolini dankte ab und wurde festgenommen, Badoglio übernahm die Regierung in Italien und schloß am 3. September 1943 einen geheimen Waffenstillstand mit den Alliierten. Deutsche Verbände rückten in Italien ein und besetzten am 10. September 1943 Rom. Der eine oder andere LwH begann sich Gedanken über das Kriegsende zu machen. Ludwig B. (Große Stadtschule Rostock): „Ein Erlebnis war sehr einprägsam. Auf dem Klo neben mir saßen zwei Soldaten, die sich darüber unterhielten, daß die Itaker kapituliert hätten. Ich bekam erstmals das Gefühl: Mein Gott, unser Verbündeter kippt um. Wie soll das weitergehen? Bis zu diesem Zeitpunkt habe ich immer an ein ordentliches Ende geglaubt, obgleich mein Vater da anderer Meinung war."[154]

Derartige Stimmen waren im Sommer 1943 noch die Ausnahme. Die Mehrheit der Flakhelfer gab sich siegesgewiß, trotz des Debakels, welches die deutsche Luftverteidigung hinnehmen mußte. Im Juli 1943 sank Hamburg in Schutt und Asche. Mehr als 40.000 Tote forderten die Vernichtungsbombardements und die Flächenbrände. Das Luftgaukommando XI hatte sein „Stalingrad" erlebt. Jagdflugzeugen und Flakbatterien gelang lediglich der Abschuß von 86 Flugzeugen, was 2,8% der Angriffskräfte entsprach. Die Rückverlagerung von Jagdgeschwadern von den Fronten nach Deutschland, modifizierte Angriffsstrategien auf die Bomberverbände und der Übergang von der Objekt- zur Raumverteidigung sollten die alliierten Angriffe auf deutsche Städte und Rüstungsbetriebe verhindern. An den Brennpunkten des Luftkrieges wurde die Flakdichte erhöht; die LGK`s aufgefordert, weitere Luftwaffen- und Marinehelfer zum Einsatz zu bringen. Mit der Eröffnung einer deutschen Front in Italien wurde ein Großteil der für die Luftverteidigung Deutschlands zuständigen Jagdfliegerkräfte abgezogen. Die Hauptlast der Luftverteidigung begann sich mehr und mehr auf die Flakbatterien und somit auch auf die jugendlichen Luftwaffen- und Marinehelfer zu verlagern.

Erweiterte Einsatzrichtlinien

Am 23. Juli 1943 unterrichtete Bormann den Reichsminister und Chef der Reichskanzlei Lammers von der Entscheidung Hitlers, wonach „die bisherige Beschränkung des Einsatzes der Luftwaffenhelfer auf die Verwendung bei Flak-

---

[154] Bericht von Ludwig B.

einheiten am Schulort oder in einem Orte, in dessen unmittelbarer Umgebung" aufgehoben wurde. Die Schüler der Jahrgänge 1926/27 konnten nunmehr zu einem überörtlichen Einsatz herangezogen werden. Die Richtlinien bezüglich des allgemeinen überörtlichen Einsatzes sahen vor, die nicht mehr am Schulort unterzubringenden Schüler in einer Entfernung von sechs bis acht Stunden vom Schulort entfernt einzusetzen. Die Verlegung einiger Klassen in größere Entfernungen war der staffelweisen Verlegung vieler Klassen in mittlere Entfernungen vorzuziehen.[155]

Zudem trat eine weitere Maßnahme in Kraft, die sich einschneidend auf die Tätigkeit der Luftwaffenhelfer auswirken sollte. In einer Vorlage an Bormann hieß es: „Mehrere Gaue, z.B. Westfalen-Nord, Düsseldorf und Hessen-Nassau, sind der Ansicht, daß die zunehmende Menschenknappheit einerseits, die Verstärkung der aktiven Luftabwehr andererseits es notwendig macht, die Luftwaffenhelfer intensiver als bisher heranzuziehen.

Diese Gaue glauben, daß man in der Zukunft nicht mehr mit der bisherigen Regelung auskommen kann, nach der die Luftwaffenhelfer nur dann außerhalb der Deckung, also z.B. in der Batterie-Stellung verwendet werden dürfen, wenn sie sich freiwillig zum Einsatz außerhalb der vollen Deckung melden und wenn der Vormund seine Einwilligung gibt.

Die Luftwaffe hat mit den Luftwaffenhelfern durchweg gute Erfahrungen gemacht. Die Jungen haben sich insbesondere am Kommandogerät, am Ortungsgerät, Meßgerät und an den übrigen Geräten bewährt, die eine besondere geistige Wendigkeit und körperliche Fixigkeit erfordern. Die Luftwaffe würde es begrüßen, wenn die Möglichkeit geschaffen würde, alle Luftwaffenhelfer je nach Eignung in der Batterie-Stellung zu verwenden. Selbstverständlich soll die Verwendung dem Stand der körperlichen Entwicklung angepaßt bleiben.

In Übereinstimmung mit den o.a. Gauen bin ich der Ansicht, daß eine Heranziehung aller Luftwaffenhelfer zum Dienst in der nach oben nicht geschützten Stellung auf die Dauer unvermeidlich sein wird. Ich bin aber auch aus Gründen der Gerechtigkeit der Auffassung, daß man die weichlichen Jungen bzw. die Söhne besonders vorsichtiger Eltern ebenso gut der Gefahr aussetzen sollte wie die Freiwilligen. Zur Zeit hat der weichliche Junge die Möglichkeit, in der Deckung, also unter Dach zu bleiben, während sein freiwilliger Klassenkamerad sein Leben einsetzt. Abgesehen von dem erzieherischen Nachteil dieser Lösung ergibt sich der weitere schwerwiegende Nachteil, daß die tüchtigen, also die für die Zukunft wertvolleren Jungen, größere Verluste haben als die weniger einsatzfreudigen Jungen.

---

[155] Vgl. BAK, NS 6/66 (Schreiben Bormanns an Lammers vom 23. Juli 1943) und Schätz, Luftwaffenhelfer, S.230f.

Ich bitte um Ihre Entscheidung, ob mit der Reichsjugendführung und mit dem Oberbefehlshaber der Luftwaffe verhandelt werden kann in der Richtung: Die 16-18 jährigen Luftwaffenhelfer können in Zukunft ohne besondere Meldung und ohne besonderes Einverständnis des Vaters bzw. Vormunds zum Einsatz am Kommandogerät, Ortungsgerät usw. sowie zu geeigneten Diensten in der Feuerstellung herangezogen werden."[156]
Bormann äußerte Einwände: „Ich bin nicht ohne Bedenken. In diesem jugendlichen Alter ist der Entwicklungsstand ganz verschieden. Mancher Junge entwickelt sich früh, mancher spät. 1-2 Jahre Altersunterschied können gerade in dieser Entwicklungszeit viel ausmachen. Es ist m.E. nicht gesagt, daß ein Junge, der sich jetzt mit 16 Jahren noch nicht freiwillig meldet, nicht doch mit 18 Jahren ein guter Soldat wird. Ob es daher immer gut ist, den erwünschten Einsatz in der Feuerstellung zu befehlen, ... praktisch zur Pflicht zu machen, möchte ich bezweifeln."[157] Doch schließlich schob Bormann seine Einwände beiseite und gab dem Vorschlag seine Zustimmung. Somit erhielt die Luftwaffe grünes Licht für die Verwendung aller Luftwaffenhelfer in der Batteriestellung außerhalb der Deckungen ohne die Einverständniserklärung der Eltern oder eine Freiwilligmeldung der Jungen.

Aufgrund der Erhöhung des Luftwaffen- und Marinehelferkontingents in den LG-Kommandos wies REM Rust am 23. Juli 1943 die Sonderbeauftragten und Unterrichtsverwaltungen an, alle noch nicht herangezogenen Schüler der Klassen 6 bis 8, soweit sie den Jahrgängen 1926/27 angehörten, zu erfassen.[158] Für Mecklenburg hatte diese Anordnung zur Folge, daß die Beschränkung auf Güstrower, Rostocker, Warnemünder und Wismarer Schulen hinfällig wurde und weitere höhere und mittlere Schulen des Landes ihre Schüler der Luftwaffe bzw. Kriegsmarine zu überstellen hatten.

---

[156] BAK, NS 6/66 (Vorlage an Bormann vom 24. Juni 1943).
[157] Ebenda (Handschriftliche Randnotizen Bormanns).
[158] Vgl. ebenda (Schnellbrief Rusts vom 23. Juli 1943).

II. An Brennpunkten des Luftkrieges

Zweite Einberufungswelle

Nach den gestaffelten Einziehungen vom Sommer (15. Juli) und Herbst 1943 (September/Oktober) befanden sich 364 höhere Schüler und 72 Mittelschüler (gesamt 436) der Klassen 6 bis 8 (Jahrgänge 1926/27) aus Mecklenburg im örtlichen und überörtlichen Einsatz.[1] Da der Eigenbedarf Mecklenburgs an Luftwaffenhelfern relativ gering und bereits durch die Güstrower, Rostocker, Warnemünder und Wismarer LwH abgedeckt war, konnten die Schüler aus anderen mecklenburgischen Städten der 8. Flakdivision Bremen, dem 14. Marineflakregiment (MFLR) Brunsbüttel, den Marineflakabteilungen im Bereich Kiel, der Marineflakabteilung (MFLA) Eckernförde, der Marineflakabteilung Wilhelmshaven, der Heimatflak Lübeck und der Marineflakabteilung Swinemünde überstellt werden. Die Mehrheit der mecklenburgischen Flakhelfer unterstand im Herbst 1943 als Marinehelfer der Artillerie der Marineoberkommandos Nord- und Ostsee.

Überörtlicher Einsatz mecklenburgischer Flakhelfer ab Herbst 1943

MFLA 211 (Eckernförde)
Batterie Eckernförde-Stadt 1./211: Vereinigte John-Brinckmann-Schule und Domschule (OSfJ) Güstrow
Batterie Barkelsby 2./211: OSfJ Hagenow,
Batterie Hemmelmark 3./211: OSfJ Bützow, Wilhelm-Gustloff-Schule, Realgymnasium Schwerin

MFLA 221 (Kiel-Friedrichsort)
Batterie Marienfelde 1./221: Haupt- und Mittelschule Goldberg, Haupt- und Mittelschule Neustrelitz, Mittelschule Woldegk (ab November 1943 auch Mittelschule Bützow)
Batterie Pries 3./221: Friderico Francisceum Doberan (OSfJ)[2], Carolinum Neustrelitz (OSfJ), OSfJ Ribnitz, Claus-von-Pape-Schule, Oberrealschule Schwerin
Batterie Krusendorf 6./221: Horst-Wessel-Schule Teterow (für wenige Tage zuvor in die Batterie Mönkeberg 1./281 einberufen)
Batterie Tüttendorf 7./221: Claus-von-Pape-Schule, Oberrealschule Schwerin
Batterie Kiel-Bülk 10./221: Mittelschule Bützow (im November 1943 in die Batterie Marienfelde 1./221 verlegt)

---

[1] Schätz gibt für Herbst 1943 folgende Einsatzzahlen an: 340 im örtlichen und 760 im überörtlichen Einsatz. (S.235f) Wenn man die Zahl der eingesetzten Schulen (lediglich 5 Mittelschulen waren von den Einberufungen betroffen) und die Klassenstärken betrachtet, muß es sich bei der von Schätz angegebenen Quelle um das theoretisch einzusetzende Potential von mecklenburgischen Flakhelfern handeln. Die tatsächlichen Einsatzzahlen liegen deutlich niedriger. Vgl. Anhang.

[2] Zu den neueinberufenen Marinehelfern gehörte auch der spätere Prinzgemahl der Niederlande, Claus von Amsberg, der das Friderico-Francisceum in Doberan besuchte.

MFLA 281 (Kiel)
Batterie Elendsredder 5./281: OSfJ Ludwigslust

MFLA 233 (Swinemünde)
Batterie Pritter/Wollin 8./233: Vereinigte John-Brinckmann-Schule und Domschule (Gymnasium) Güstrow, Carolinum Neustrelitz (Gymnasium)
Batterie Neuendorf bei Zinnowitz: Gymnasium Fridericianum Schwerin

MFLA 222 (Wilhelmshaven)
Batterie Schweiburg bei Varel 2./222: Richard-Wossidlo-Schule Waren

14. MFLR Brunsbüttel
MFLA 274 (Zweidorf)
Batterie Kaiser-Wilhelm-Koog 5./274: OSfJ Grevesmühlen

MFLA 294 (Balje über Stade)
Batterie Krummendeich 2./294: Richard-Wossidlo-Schule Waren

Heimatflak Lübeck
Batterie Buntekuh 209/XI: OSfJ und Gymnasium Neubrandenburg
Batterie Moislinger Baum 210/XI: OSfJ und Gymnasium Neubrandenburg
(ebenfalls im Bereich Lübeck eingesetzt waren die Mittelschüler aus Wittenburg; die Batterie konnte nicht ermittelt werden, die Angabe lautete lediglich Flakregiment 50/Flakgruppe Lübeck)

8. Flakdivision Bremen / Flakuntergruppe Delmenhorst
Batterie Albertushof 2./163: OSfJ Malchin
Batterie Almsloh 5./163: OSfJ Malchin

Für die Aufrechterhaltung der HJ-Arbeit in den betroffenen Städten wurden 55 HJ-Führer vom Einsatz freigestellt.[3]
Zunächst hatte es jedoch an einigen Schulen Unklarheiten über die Anzahl der heranzuziehenden Schüler gegeben, wie das Beispiel der Vereinigten John-Brinckmann-Schule und Domschule Güstrow zeigt. Der Mecklenburgische Staatsminister forderte 70 Schüler dieser Schule für den Marinehelfereinsatz in Swinemünde und Kiel an, die nach im Dezember 1942 von den Direktoren der Schulen angefertigten Listen angeblich zur Verfügung standen. Durch Ab-

---

[3] Vgl. MLHA Schwerin, MfU Nr. 2977.

gänge, Einberufungen zum RAD, ärztliche Untauglichschreibungen und Freistellungen für die HJ-Arbeit konnten im Oktober 1943 nur noch 49 Jungen als einsatzbereit gemeldet werden.[4]

Die LwH/MH gingen weitgehend unvorbereitet in den Einsatz, es gab aber bereits eine Art „Gewöhnungseffekt", da bekannt war, daß höhere und mittlere Schüler als Flakhelfer herangezogen werden. Es war also nur eine Frage der Zeit, wann die Einziehung erfolgen würde. Die Klassenkameraden des Jahrgangs 1928 verblieben noch in den Heimatschulen. Die Stimmungspalette der Jungen reichte während des Abschieds von ihren Angehörigen auf den Bahnhöfen von Euphorie bis zu abwartender und in wenigen Fällen ablehnender Haltung. Was sie wirklich bei der Flak erwarten würde, wußten die wenigsten Neueinberufenen.

Jürgen G: (OSfJ Teterow): „Mitte 1943 hörten wir zum ersten Male davon, daß Schüler als Helfer zur Flak eingezogen wurden. So warteten wir alle ungeduldig darauf, daß auch unsere Hilfe zur Verteidigung des Landes gebraucht würde ... Nachdem unsere Klasse sich fast geschlossen als Offiziersbewerber gemeldet hatte - so konnte man die Einberufung zur Waffen-SS umgehen -, wir in den Sommerferien 1943 den Truppenübungsplatz Döberitz (bei Berlin) besuchten, war es im September 1943 endlich so weit. Die Schüler der Oberschule für Jungen in Teterow/Meckl., Klasse 7 (Obersekunda), Jahrgang 1926 und Jahrgang 1927 erhielten die Einberufung zur Marineflak. Ein Klassenkamerad (Jahrgang 1926) wurde als HJ-Führer zurückgestellt, und er war damit einverstanden, wir konnten es nicht verstehen."[5]

Klaus K. (OSfJ Malchin): „Vom 23. September 1943 bis September 1944 diente ich als Luftwaffenhelfer bei der Flak. Wir waren die ersten Malchiner Schüler, die zum Flakdienst herangezogen wurden. Eine spezielle Vorbereitung auf den Einsatz erhielten wir nicht. Wir gingen mehr oder weniger blauäugig in den Flakdienst. Auf die Heranziehung reagierten wir überwiegend positiv, da man nun dem täglichen Einerlei entkam. Im HJ-Unterricht, während der Wehrertüchtigung und auf den Lehrgängen an der Gebietsführerschule Dobbertin bei Goldberg, die ich mehrfach besuchte, bereitete man uns ideologisch und praktisch auf unseren künftigen Wehrdienst vor. Auch daher läßt sich unsere Begeisterung für den Flakdienst sicherlich erklären. Meine Eltern machten mir meine Einstellung nicht schwer. Unsere Lehrer äußerten sich zum Flakdienst in keiner Weise, wir hätten uns auch nicht von ihnen beeinflussen lassen. Vielleicht wagten sie es auch nur nicht. Die Trennung von zu Hause - wir wurden ja zunächst bei Bremen einge-

---

[4] Vgl. ebenda.
[5] Bericht von Jürgen G.

setzt - fiel mir nicht schwer. Man stand in Briefkontakt mit dem Elternhaus, bekam Pakete von zu Hause, und wenn mir meine Mutter auch gelegentlich schrieb, daß in den und den Flakbatterien dieses und jenes passiert sein soll, tat man dies mit den Bemerkungen ab: Mir geht es gut, schickt mir dies und das."[6]

Erich J. (Mittelschule Neustrelitz): „Ich besuchte die Volks- und Mittelschule in Neustrelitz. Der Jahrgang 1927 wurde im September 1943 zum Flakdienst eingezogen. Als es los ging, waren wir begeistert. Da gab es keinen, der sagte, er habe keine Lust. Dann die schöne Uniform. Das war ein Reiz für uns. Im Herbst '43 wurde ich zum Marinehelferdienst nach Kiel-Marienfelde eingezogen. Wir waren die ersten unserer Schule, die zur Flak kamen. Es hieß einfach, ‚Ihr werdet Flakhelfer.', und dann ging das los. In unserer Batterie befanden sich hauptsächlich wehrmachtsuntaugliche ältere Herren. Die Trennung vom Elternhaus fiel mir nicht schwer. Man hatte sich an Trennungen bereits gewöhnt. Mein Vater war schon Soldat und mein Bruder beim Arbeitsdienst. Da gab's kein Pardon."[7] Auch Helmut H. (Wilhelm-Gustloff-Schule Schwerin), Jürgen R. (Claus-von-Pape-Schule Schwerin) und die Mehrheit ihrer Klassenkameraden gingen durchaus positiv motiviert in den Marinehelfereinsatz.

Für die Orte der Nord- und Ostsee, in denen die Luftverteidigung der Marineartillerie oblag, hatte die Kriegsmarine gefordert, anstelle der Luftwaffenhelfer künftig Marinehelfer (MH) einzusetzen. Am 15. März 1943 genehmigte Hitler den teilweisen Einsatz von Schülern als Marinehelfer. Entsprechend den Richtlinien für die Luftwaffenhelfer sollte diese auch schulisch und außerschulisch betreut werden.[8]

Bremer Intermezzo

Zum Schutz der Stadt und der Zivilbevölkerung, der Focke-Wulf-Werke, Atlas-Werke sowie der Treibstoffindustrie in Bremen-Oslebshausen verfügte die 8. Flakdivision Bremen Ende Juli 1943 über 52 Flakbatterien aller Kaliber mit insgesamt 268 Rohren. Durch das Vorhandensein kriegswichtiger Rüstungsbetriebe war Bremen immer wieder ein Angriffsziel alliierter Bomberverbände gewesen. Bis zum 30. Juni 1943 hatte es in Bremen 579 Fliegeralarme, 137 öffentliche Luftwarnungen und 112 Luftangriffe mit 1081 Toten und ca. 3000 Verwundeten gegeben. Am 3. August und 22. September fielen erneut Bomben auf die

---

[6] Bericht von Klaus K.
[7] Bericht von Erich J.
[8] Vgl. BAK, R 21/525 (Schreiben an Lammers vom 11. Febr. 1943); BAAP, Film Nr. 14647 (Geheimes Rundschreiben des Leiters der Parteikanzlei vom 15. Febr. 1943).

Stadt.[9]

In den Batterien Almsloh und Albertushof bei Delmenhorst in der Nähe Bremens kamen ab September 1943 auch Malchiner Luftwaffenhelfer zum Einsatz. Begleitet wurden sie zunächst von ihrem Betreuungslehrer, Studienrat Paul Eduard Köpke, der unter den Jungen ein hohes Ansehen genoß und sich als überzeugter Nationalsozialist im Mai 1945 das Leben nahm. Akribisch berichtete Köpke der Malchiner Schulleitung über Ankunft, Unterbringung, Ausrüstung und Verpflegung der Jungen: „(23. September) Nachdem der Direktor die Schüler in der Oberschule von ihren Eltern verabschiedet und dem Offizier der Luftwaffe übergeben hatte, begann die Fahrt um 9.16 in Malchin und führte über Hamburg und Bremen nach Delmenhorst, das gegen 18 Uhr erreicht wurde. Auf dem Bahnhof wurden die Klassen zu zwei Einsatzgruppen zusammengefaßt; die eine, gebildet aus den Schülern der Klassen 7 und 8, also zusammen 14 Jungen, kam zu einer Flakbatterie nach Almsloh, westlich Delmenhorst, die andere, bestehend aus den 18 Schülern der Klassen 6a und b, nach Albertushof, südlich D'horst. Vom Bahnhof aus wurden die Jungen mit Lastkraftwagen an ihre Batteriestellungen gebracht ... (Batterie Almsloh) Die Jungen wurden sofort nach ihrer Ankunft auf zwei vorbereitete Baracken verteilt und empfingen gleich kalte Verpflegung, bestehend aus Schmalz, Leberwurst und Käse. Auf die eine Baracke kamen 6, auf die andere 8 Jungen. Die doppelwandigen Baracken sind geräumig und freundlich, haben hellen Anstrich, Gardinen vor den Fenstern, Bildschmuck an den Wänden, elektrisches Licht. Die Jungen bewohnen in jeder Baracke einen großen Raum, der durch die Reihe der Spinde in zwei Teile geteilt ist. Je zwei Jungen haben ein Spind. Die Spinde verdecken die Betten. Es sind die bekannten zweistöckigen Militärbetten. Die Jungen schlafen auf Strohsäcken und haben Bettwäsche. Der große Tagesteil des Raumes enthält einen langen oder zwei kurze Tische, eine Wandbank und genügend Hocker, einen Ofen. Die Waschgelegenheit ist im Vorraum, dort ist auch ein Verschlag für Besen und Reinigungsgerät abgeteilt. Außerdem enthält jede Baracke einen Raum, in dem zwei oder drei Unteroffiziere wohnen. Einer von diesen ist sozusagen der Hausvater für die Jungen. Um die Baracken ziehen sich Splitterwälle, von der Lagerstraße aus führen zwischen Blumen- und Gemüsebeeten (Bohnen, Radieschen, Tomaten als Zusatzkost) mit freundlichem Birkengeländer eingefaßte Wege zu den Eingängen. Die Aborte befinden sich hinter den Baracken in einer Entfernung von etwa 30 m, es sind rings geschlossene Häuschen. Für die Nacht empfingen die Jungen je zwei Decken; sie haben nach meiner Erkundigung genügend warm gehalten. Ich selber war in der Offiziersbaracke untergebracht. Am Abend wurde mir und den Jungen noch die Stellung gezeigt, die Nacht verlief ohne

---

[9] Vgl. Nicolaisen, Einsatz, S. 62 u. 158.

Dieses Blatt kann abgetrennt und vom Erziehungsberechtigten behalten werden.

Dienstverhältnisse der Marinehelfer

1. **Der Dienst als Marinehelfer gilt als Erfüllung der Jugenddienstpflicht.** Die Betreuung der Marinehelfer durch die HJ erfolgt nach besonderen, von der Reichsjugendführung im Benehmen mit dem Oberkommando der Kriegsmarine erlassenen Bestimmungen.

2. **Einsatz:** Die Marinehelfer werden nur zu einer ihrer Entwicklungsstufe entsprechenden Tätigkeit herangezogen. Der Einsatz erfolgt klassenweise am bisherigen Schulort oder in dessen unmittelbarer Umgebung sowie auch außerhalb des Schulortes*), jedoch nur innerhalb des Reichsgebietes. Die am Schulort eingesetzten Schüler können auch für einen auswärtigen Einsatz in Frage kommen.

    Der Einsatz endet spätestens mit der Einberufung zum Arbeitsdienst oder zum Wehrdienst.

3. Die **ärztliche Betreuung** der Marinehelfer erfolgt durch Truppenärzte der Kriegsmarine.

4. **Krankenversicherung:** Die Marinehelfer sind während ihres Einsatzes krankenversichert. Während dieser Zeit ruht eine schon bestehende Krankenversicherung bei einer anderen Krankenkasse, bei privaten Krankenversicherungen jedoch nur auf Antrag.

5. **Fürsorge und Versorgung**

    Erleidet ein Marinehelfer infolge seines Einsatzes eine Dienstbeschädigung, wird Fürsorge und Versorgung auf Grund der Personenschädenverordnung vom 10. November 1940 und damit nach Maßgabe der Bestimmungen des Wehrmachtfürsorge- und -versorgungsgesetzes und des Einsatz-Fürsorge- und -versorgungsgesetzes gewährt.

6. **Urlaub**

    Die Marinehelfer erhalten zweimal im Jahr einen 14tägigen Erholungsurlaub zuzüglich Reisetage. Zur Aufrechterhaltung der Beziehungen zum Elternhaus wird den am Schulort oder in dessen unmittelbarer Umgebung eingesetzten Marinehelfern mindestens einmal im Monat Wochenendurlaub erteilt, darüber hinaus wird ihnen jede Woche einmal Gelegenheit zu mehrstündigem Besuch des Elternhauses, sofern es der Dienst zuläßt, mit der Erlaubnis zum Übernachten gegeben.

    Die auswärts eingesetzten Marinehelfer erhalten als Ausgleich für den wegfallenden Wochenendurlaub alle 5 Wochen einen 48stündigen Sonderurlaub zuzüglich Reisetage zum Besuch der Eltern.

    Bei allen Beurlaubungen wird freie Fahrt auf Wehrmachtfahrschein gewährt.

    Ein Anspruch auf Urlaub besteht nicht. Bei wichtigen dienstlichen Gründen muß eine Einschränkung der vorgesehenen Urlaubsregelung erfolgen.

7. Die Marinehelfer erhalten freie **Verpflegung, Bekleidung und Unterkunft** (in gesonderten Räumen) sowie eine tägliche Abfindung von 0,50 $\mathcal{RM}$. Beim Ausscheiden erhält jeder Marinehelfer für jeden angefangenen Monat der Dienstleistung nach Vollendung des 16. Lebensjahres 15,— $\mathcal{RM}$.

---

*) Als Einsatz außerhalb des Schulortes gilt jeder Einsatz, der außerhalb des Gemeindebezirkes des Schulortes bzw. weiter als eine Verkehrsstunde von der Schule entfernt erfolgt.

8. Die Marinehelfer, die eine höhere Schule besuchen, erhalten etwa 4 Wochen nach Dienstantritt im Rahmen ihres Dienstes bei der Kriegsmarine **Schulunterricht,** der mindestens 18 Stunden in der Woche beträgt. Beim Einsatz am Schulort oder in dessen unmittelbarer Umgebung sowie beim Einsatz der Heimschulen wird der Unterricht in der Regel durch die bisherigen Lehrer erteilt, bei auswärtigem Einsatz nach Möglichkeit durch mindestens einen der bisherigen Lehrer, im übrigen durch Lehrer des Einsatzortes. Der Unterricht wird bis zu der Zeit durchgeführt, in der die Schüler die Reifeprüfung ablegen. Für die Ablegung der Reifeprüfung werden besondere Bestimmungen erlassen. Marinehelfer, die vor der Zeit, in der sie unter regelmäßigen Umständen die Reifeprüfung ablegen würden, aus dem Einsatz bei der Kriegsmarine ausscheiden, um in den Arbeits- oder Wehrdienst überzutreten, erhalten nach den hierüber erlassenen Vorschriften des Reichsministers für Wissenschaft, Erziehung und Volksbildung auf ihrem Abgangszeugnis den Reifevermerk bzw. Vorsemesterbescheid, sofern ihre Leistungen und ihr Verhalten im Unterricht und im Einsatz dies rechtfertigen.

Für die Schüler der mittleren Schulen wird nach den gleichen Grundsätzen wie für die Schüler der höheren Schulen ein Schulunterricht eingerichtet, der bis zum Abschluß des 6. Schuljahres der mittleren Schule durchgeführt wird.

Letzter Schulausflug der Malchiner Oberschüler (16. September 1943) (Klaus Kronke)

Alarm ... (Batterie Albertushof) Unter Führung des Batteriechefs, des Hauptmanns Wolfram, besichtigte ich auch hier die Unterkünfte, die ebenfalls den besten Eindruck machten. In Albertushof liegen in der einen Baracke 10, in der andern 8 Jungen. Die Raumverteilung in den Baracken ist etwas anders als in Almsloh. ... In eingehenden persönlichen Unterhaltungen mit den Offizieren erkundigte ich mich nach den verschiedensten Dingen, die der Lehrer- und Elternschaft am Herzen liegen: Die Möglichkeit eines warmen Brausebades ist in Delmenhorst gegeben, für die Unterhaltung sorgen die Truppenbetreuung durch KdF und wöchentlich einmal Kinovorstellungen, auf der einen Baracke sah ich ein Rundfunkgerät, in Albertushof einen großen Fußballplatz. ... Im Laufe des Nachmittags kamen die Jungen von der Einkleidung zurück, und ich konnte sie noch begrüßen und sprechen. Sie sind mit reichlich Kleidung ausgestattet, verfügen über einen Drillich-, einen wollenen Arbeits- und einen Ausgehanzug, zwei Garnituren Unterwäsche, zwei Paar Schuhe und Strümpfe, einen Mantel, Nachthemden, zwei Decken, dazu kommen die militärischen Ausrüstungsgegenstände wie Kochgeschirr, Brotbeutel, Feldflasche, Koppel, Stahlhelm. Zusätzliche Winterbekleidungsstücke (Strickhandschuhe, Pulswärmer, wollene Unterziehjacken u.ä.) empfangen sie später noch, wenn es kälter wird ... Die Jungen erhalten Truppenverpflegung, außerdem zusätzlich täglich Milch, die in Form von viermal wöchentlich Milchsuppe ausgegeben wird, täglich 100 gr. Brot und wöchentlich 100 gr Fleisch mehr als die Flakkanoniere." Der schulischen Betreuung der LwH galt Studienrat Köpkes besonderes Interesse. „Für den Nachmittag um 18 Uhr hatte ich mich beim Kommandeur der Untergruppe, Herrn Major Simon in Delmenhorst, melden lassen. Ich lernte in ihm einen Offizier kennen, der nicht nur durch eine umfangreich Allgemeinbildung, sondern vor allem auch durch seine geradezu väterliche Fürsorge für seine Luftwaffenhelfer auf mich den günstigsten Eindruck machte. Ich besprach zunächst allgemeine Fragen des Dienstes mit ihm und erfuhr, daß als das Allerwichtigste von ihm die Schulweiterbildung der Jungen angesehen würde. Nach vierwöchentlicher militärischer Ausbildung setzt der Unterricht ein. Der Dienst der Luftwaffenhelfer besteht normal aus 3 Zeitstunden (180 Minuten) Unterricht am Vormittag, 2 Arbeitsstunden und 2 Stunden Batteriedienst am Nachmittag. Ist die Nachtruhe der Jungen durch Alarm gestört, wird die Schlafzeit, die grundsätzlich 10 Stunden beträgt (von 21 bis 7 Uhr), um die Zeit des Alarms verlängert, dafür wird dann der Unterricht auf den Nachmittag verlegt, und der Batteriedienst fällt aus. Der Unterricht selber muß in den Batteriestellungen stattfinden, da die Jungen bei jedem Alarm, auch am Tage, sofort für ihre militärischen Aufgaben bereitstehen müssen. Als Unterrichtsräume dienen die Kantinensäle, die ich mir daraufhin auch angesehen habe. Sie sind hell, beinahe zu groß, aber geeignet. Eine Wandtafel ist dort vorhanden. Ich bekam dann von dem Major die Anschrift des ‚Sonderbeauftragten für den Unterricht der Luftwaffenhelfer', mit dem ich alles Weitere zu verhandeln haben würde. Damit war ich einen großen Schritt weitergekommen ... Am Sonnabendmorgen 10.22 fuhr ich dann nach Bremen, um 11 Uhr war ich bei Herrn Dr. Hackenberg in der Unterrichtsverwaltung. Meine Verhandlungen mit dem Sonderbeauftragten ergaben folgendes: Die 180 Zeitminuten, die die Militärverwaltung für den täglichen Unterricht zur Verfügung stellt, sind von dem Sonderbeauftragten in vier Schulstunden zu je 45 Minuten aufgeteilt, so daß außer den als Mindestmaß vorgesehenen 18 Wochenstunden noch vier weitere Stunden Unterricht angesetzt werden, und zwar 3 Stunden Englisch und 1 Stunde Biologie. Besonders wichtig erscheint dem Sonderbeauftragten der Deutsch- und der Geschichtsunterricht, er soll möglichst durch einen von der Heimatschule zu stellenden Lehrer erteilt werden. Die Bremer Schulverwaltung kann keine Lehrer mehr für den Unterricht stellen, da sie außer 45 Luftwaffenhelferklassen noch weit über 200 landverschickte Bremer Oberschulklassen in Hessen und anderen Gegenden zu betreuen hat und außerdem die in Bremen zurückgebliebenen Oberstufen schulisch versorgt. Herr Dr. Hackenberg will versuchen, bei der Unterrichtsverwaltung des Landes Oldenburg noch Lehrkräfte zu bekommen. Oldenburg hat bisher verhältnismäßig wenig Luftwaffenhelfer und dementsprechend auch wenig Lehrkräfte zu stellen brauchen. Eine Betreuung von der Oberschule Delmenhorst her, die ich in Vorschlag brachte, kommt wegen Überlastung nicht mehr in Frage, vor acht Tagen wäre sie noch möglich gewesen. Einen Lehrer wird voraussichtlich Mecklenburg zu stellen haben. Ich wies noch darauf hin, daß die Oberstufe unserer Malchiner Schule ja durch die Abgabe der Luftwaffenhelfer nicht leer geworden und damit auch keine Lehrkräfte frei geworden seien, da wir ja keine reine Jungenschule seien, sondern auch sehr viele Mädchen hätten, und gerade in der Oberstufe. Das Luftgaukommando hätte richtiger gehandelt, eine reine Jungenschule für Delmenhorst zu wählen, dann wäre die Versorgung mit Lehrkräften sehr viel leichter gewesen. Daß in Malchin Koedukation besteht, ist dem Luftgaukommando anscheinend nicht bekannt gewesen."

Über das Ausbildungsprogramm meldete der Lehrer: „Der Batteriechef zeigte mir auch bereitwilligst die Stellung und erklärte mir genau, was die Luftwaffenhelfer zu tun hätten. Danach kommen sie in der Hauptsache zum Einsatz im Umwertungsraum, dort zeichnen sie die Flugwege gemeldeter Flieger nach telephonischen Angaben in große Karten ein, arbeiten am Umwertungs- und andern Geräten, bedienen akustische und optische Signalanlagen, sind also hauptsächlich für den Nachrichtendienst eingesetzt. Dieser Raum liegt bunkerartig unter einer dicken Balkenlage. Unter Umständen werden sie auch am großen Kommandogerät verwendet. Weiter werden sie in der Bedienung der leichten 2,2-cm-Flakkanone ausgebildet, und zwar als Richt- und als Ladekanonier. Das, was von

An der 2 cm-Flak (solo) Stellung Albertushof (Klaus Kronke)

Entfernungsmesser (EM 4m R 40 BLc) mit Bedienung (Klaus Kronke)

den Luftwaffenhelfern gefordert wird, verlangt keine körperlichen Kräfte, auch nicht bei der Bedienung des leichten Flakgeschützes, es sind hier lediglich sehr leicht laufende Handkurbeln zu drehen oder die Patronenmagazine in den Ladeschlitz zu schieben. Ich habe mich überzeugt, daß von den Jungen nichts gefordert wird, was nicht jeder, auch der körperlich noch weniger Entwickelte leisten kann."[10]

Die Realität sah dann doch etwas anders aus. Was Studienrat Köpke nicht erfahren hatte, war, daß die LwH neben der Unterweisung am Kommandogerät, an dem Malsi-Tisch und an der Leichten Flak auch an den schweren 8,8cm-Geschützen ausgebildet wurden. Und auch die erste Begegnung mit dem Luftkrieg ließ nicht lange auf sich warten.

Wenige Tage nach ihrer Ankunft erlebten die Malchiner Schüler einen Luftangriff auf Bremen. Noch nicht in die Geschützbedienungen integriert, verfolgten sie das Bombardement als unbeteiligte Zuschauer. Klaus K. erinnert sich: „Ich glaube, daß wir gerade zwei Tage bei der Batterie waren, als wir den ersten Bombenangriff erlebten. Um uns herum knallte und ballerte es, durch die Rohrerhöhung der Geschütze klackerten die Flaksplitter auf unsere Stahlhelme, so daß wir uns vor Angst bald in die Hosen machten. Wir saßen draußen vor der Baracke und guckten uns vor Staunen erst einmal groß an. Die Batterie schoß, und von weitem sah man das lichterloh brennende Bremen. An die Geschütze durften wir ja noch nicht. Das war ein gewaltiges Erlebnis!"[11] Der ohrenbetäubende Lärm der Geschütze, die umherschwirrenden Flaksplitter und das brennende Bremen beeindruckte die Malchiner Jungen um so mehr, da die kleine Stadt im Gegensatz zu Rostock von direkten Kriegseinwirkungen bislang verschont geblieben war. Der Anblick von brennenden Städten, Trümmern und Leichen waren den Malchinern unbekannt, die Realitäten des Krieges konnte man nur aus Berichten und Zeitungen erahnen. In den ersten vier Wochen erhielten die LwH in den aktiven Batterien ihre Ausbildung - „effektiv, interessant, ohne Drill und Schliff" -, kamen jedoch nicht zum Schuß. Eine Begegnung mit KZ-Häftlingen (Wirtschaftskriminelle), die in der Stellung Albertushof die Geschütze versockelten, gehörte zu den aufregenden Erlebnissen der Malchiner LwH. Dem Reiz des Verbotenen nachgebend, lenkten die Jungen die SS-Wachen ab, unterhielten sich mit den Häftlingen und steckten ihnen Lebensmittel zu. Den nächsten Angriff erlebten die Jungen am 6. Oktober 1943. Zwischen 15 und 16.00 Uhr warfen 357 US-Bomber 710 Spreng- und mehr als 2000 Flüssigkeitsbrandbomben und hinterließen im gesamten Stadtgebiet Schäden. 284 Wohngebäude wurden zerstört; 48 Einwohner starben. Die Flak schoß 30 Bomber ab und beschädig-

---

[10] MLHA Schwerin, MfU Nr. 2977.
[11] Bericht von Klaus K.

te 150.[12]

Anfang November 1943 wurden die Malchiner LwH bereits aus den Batterien herausgelöst und der Flakuntergruppe Rechlin in Mecklenburg unterstellt.
In den folgenden Wochen erlebte Bremen erneut eine Reihe schwerster Angriffe, die am 26. November (amerikanischer Großangriff von 427 Bombern und 180 Jägern) 264 Tote und am 16. Dezember 1943 weitere 116 Tote forderten. Tagesangriffe erfolgten zudem am 13. und 20. Dezember 1943. Von diesen Schrecken blieben die Malchiner verschont.
In Rechlin wurden sie in der Flakbatterie 3./604 auf dem Boeker-Berg zum Schutz der Luftwaffenerprobungsanstalt eingesetzt und weiter ausgebildet. „Wir mußten zugucken, lernen, ausprobieren", erinnert sich Klaus K. Dafür bot Rechlin Abwechslungen anderer Art. Interessiert verfolgten die Jungen von ihrer Stellung aus die Tests mit neuartigen deutschen sowie erbeuteten gegnerischen Flugzeugen und konnten ihre im Flugzeugerkennungsdienst erworbenen Kenntnisse anwenden. Die schulische Betreuung, in die Studienrat Köpke große Erwartungen gesetzt hatte, ließ eher zu wünschen übrig. Lediglich sechs Unterrichtsstunden hatten die LwH seit September 1943 erhalten, als sie am 21. Dezember 1943 in den Heimaturlaub wegtraten. Obgleich es vereinzelte Alarmbereitschaften gegeben hatte, waren die LwH auch in Rechlin nicht zum Schuß gekommen - für die Malchiner Flakhelfer ein eher enttäuschender Zustand. Man war seit drei Monaten Luftwaffenhelfer und brannte auf Bewährung.[13]

Grundsätzlich andere Erfahrungen als die Malchiner LwH machten hingegen die Schüler aus Bützow, Bad Doberan, Goldberg, Ludwigslust, Neustrelitz, Schwerin, Woldegk und Teterow, die im Oktober und November 1943 als Marinehelfer nach Kiel eingerückt waren.

Bomben auf Kiel

Das Leben in der „Reichsmarinestadt" Kiel wurde von Kriegsmarine, Kriegsschiffen und drei Großwerften - Deutsche Werke, Howaldtwerke, Kruppsche Germaniawerft - bestimmt. Im Zuge der Wiederaufrüstung waren Hafenanlagen, Flugplätze, Kasernenanlagen und ganze Wohngebiete für das Militärpersonal errichtet worden. Nach dem Flottenabkommen von 1935 begann der Bau von Großkampfschiffen. Den Verantwortlichen Kiels war aufgrund der einseitigen Ausrichtung der Stadt auf Schiffbau und Kriegsmarine durchaus bewußt, daß Kiel

---

[12] Vgl. Schwarzwälder, Geschichte der Freien Hansestadt Bremen, S. 586ff.
[13] Vgl. Bericht von Klaus K.; vgl. auch Nicolaisen, Flakhelfer, S. 86.

im Falle kriegerischer Auseinandersetzungen als Angriffsziel höchste Priorität erlangen würde. Passive (Luftschutzübungen, Verdunklungsübungen) und aktive Schutzmaßnahmen (Errichtung von Hoch- und Tiefbunkern, Anlegen von Luftschutzstollen, Deckungsgräben und Feuerlöschteichen, Schaffung eines Luftmeldesystems) wurden ergriffen. Um die Stadt zog sich ein Ring von Flakbatterien, welche vorrangig über 10,5cm- und 12,8cm-Geschütze verfügten. Die MFLA 221, 231, 241, 251, 261, 271 und 281 mit fast 150 Geschützen übernahmen den Schutz der Zivilbevölkerung, der Werften und Anlagen der Kriegsmarine. Bereits am 4. September 1939 hatte es in Kiel den ersten Luftalarm gegeben. In den darauffolgenden Monaten und Jahren nahm die Zahl der Angriffe, die Dauer und Wucht der Bombardements und die Zerstörungswirkung ständig zu. Großangriffe in mehreren Wellen, die Hunderte Todesopfer forderten und den Innenstadtbereich, den Stadtteil Gaarden und die Germaniawerft schwer trafen, erlebte die Stadt in den Nächten vom 7. bis 9. April 1941 und am 14. Mai 1943.[14] Die mecklenburgischen Marinehelfer kamen im Herbst 1943 also in eine Stadt, welcher der Krieg bereits schwere Wunden zugefügt hatte. Eine neue Erfahrung für die meisten Jungen aus den idyllischen Kleinstädten Mecklenburgs. Und die schwersten Angriffe sollten sie selbst erleben. Für einige MH war die Einberufung nach Kiel zugleich die erste Begegnung mit dem Leben in einer modernen Großstadt. Erich J. (Mittelschule Neustrelitz): „An die Fahrt und Ankunft erinnere ich mich genau. Mit dem Zug fuhren wir von Neustrelitz über Neubrandenburg, Güstrow, Lübeck nach Kiel. Im Dunkeln angekommen, wurden wir auf LKWs verladen. Ich war ja vom Lande und nicht viel verreist, so daß ich mich während der Fahrt wunderte, ‚Mensch, was blitzt da immer?' Das war die Straßenbahn, wenn sie an die Oberleitung kam. Ich hatte nie zuvor eine Straßenbahn gesehen, die nachts blitzte. Müde kamen wir in der Batterie an und bezogen eine lange Baracke. Ich fragte mich noch, was denn da so rauscht und bullert. Das waren die Ostseewellen, die an der Steilküste hochschlugen. Morgens guckten wir aus der Tür, wo wir überhaupt gelandet waren. Dann hieß es ‚Antreten' und der Batteriechef, Oberleutnant B., erschien. Es wurde aussortiert. Wir Großen und Kräftigen sollten an die Geschütze und die Kleinen an den Meßtisch ... Auch Mittelschüler aus Goldberg befanden sich in unserer Batterie. Wir Neustrelitzer und die Goldberger waren die ersten Flakhelfer, die in der Batterie Marienfelde zum Einsatz kamen."[15]
Die Ausbildung der Marinehelfer erfolgte an den Entfernungsmeß- und Kommandogeräten (Dreiwaggerät, Kleinkog C 5), den Funkmeßgeräten, dem Mecke-Tisch, den leichten Flakgeschützen und am Standardgeschütz der Marineartil-

---

[14] Vgl. Geschichte der Stadt Kiel, S. 397ff; Geschichte Schleswig-Holsteins, S. 559ff; Nicolaisen, Einsatz, S. 58f, 145f.
[15] Bericht von Erich J.

lerie, dem von der Firma „Bochumer Verein für Gußstahlfabrikation" entwickelten 10,5cm SK C/32 in 8,8cm MPL C/30 D, das sich gleichermaßen für die Luft- und Erdzielbekämpfung eignete. Das Geschütz verfügte über Deckungsschutzschild (Panzerkuppel) und Ladeschale; MPL bedeutete Mittelpivotlafette der 8,8cm Kanone, Konstruktionsjahr 1930. Die maximale Schußweite betrug 15.000 m, die Schußhöhe 10.200 m. Eine Grante mit Kartusche wog ca. 25 kg. Die MH erlernten wie die LwH die Bedienung aller Geschützfunktionen, u.a. Höhe, Seite, Zünderstellmaschine, Ladekanonier, Patroneneinleger, Hülsenfänger, Befehlsübermittler, Munitionskanoniere. Erich J. (Mittelschule Neustrelitz, Batterie Marienfelde, 1./221): „Die Ausbildung war hart. Ich lernte, die Höhe, Seite und Zünderstellmaschine (10,5cm-Geschütz) zu bedienen. Die Funktionen wurden während der Ausbildungsstunden ständig gewechselt. In der Anfangszeit traten uns die Alten schon mal anständig auf die Füße, denn es mußte ja klappen. Unser Ausbilder, Viete T., war aber ein Pfundskerl, eben urgemütlich. Auch der Batteriechef und der Spieß waren in Ordnung. Daneben gab es ein paar Gefreite, die nichts taugten. Am zweiten Geschütz, wo ich zum Einsatz kam, war zum Beispiel der Ex-Gefreite Fritz, ein richtiges Ekel.

Neben der Ausbildung am Geschütz gab es auch infanteristische Ausbildung. Wir standen Wache und übten Gasschutz.

Auf unser Gelände erfolgten keine Bombenangriffe. Wir waren mehr eine Lehrbatterie, zu der auch Marinehelfer aus anderen Batterien zur Ausbildung kamen. Sie lernten in Marienfelde auf Luftsäcke zu schießen. Wir standen wie die Altgedienten am Rande und sahen zu. Während der Ausbildung haben wir schon auf ‚Munimann' machen müssen. Uns wurde gezeigt, die und die Munition wird gebraucht, und drei Mann mußten losziehen, um die Granaten heranzuschleppen. Eine Knochenarbeit!"[16]

Minutiöse Einblicke in Ausbildungsinhalte, die Gestaltung des Schulunterrichts und der Freizeit geben die Tagebücher der Marinehelfer Jürgen R. (Claus-von-Pape-Schule Schwerin, Klasse 7, Batterie Pries 3./221) und Heinz L. (Mittelschule Bützow, Klasse 6, Batterien Kiel-Bülk 10./221, Marienfelde 1./221, Heidkate 1./261).[17] Den Tagebüchern kann Generelles über den Marinehelfereinsatz in Kieler Flakbatterien entnommen werden. Sie sollen deshalb in Auszügen abgedruckt werden. Kampfeinsätze ließen in Kiel nicht lange auf sich warten. In der relativ kurzen Zeit seines Einsatzes vom 1. November 1943 bis 18. Januar 1944 erlebten Jürgen R. und seine MH-Kameraden aus Doberan, Neustrelitz, Schwerin, Schleswig und Rochlitz/Sachsen 34 Flakalarme. Zehnmal beschos-

---

[16] Bericht von Erich J.
[17] Tagebücher von Heinz L. und Jürgen R. Um die Parallelität der Ereignisse in Kiel zu verdeutlichen, werden die Tagebuchaufzeichnungen nebeneinander abgedruckt. Erläuternde Bemerkungen wurden später von Heinz L. und Jürgen R. in Klammern hinzugefügt; die Verfasser haben im Interesse eines besseren Verständnisses einige Abkürzungen ausgeschrieben.

sen sie feindliche Flugzeuge aus ihren 10,5 cm Geschützen und erlebten 3 schwere Angriffe auf die Stadt. Heinz L. war bereits am 11. Oktober 1943 in die Batterie Kiel-Bülk eingerückt.

Tagebuch des Marinehelfers Heinz L. (Jahrgang 1927, Mittelschule Bützow):

Donnerstag, den 7. Oktober 1943
L., Gr. und K. haben als erste der Klasse ihre Einberufung zur Marine nach Kiel erhalten. Am Montag, dem 11., soll es losgehen.

Montag, den 11. Oktober
... 14,30 sind wir in Kiel - aber niemand ist da, der uns haben will! bis 19,00 Uhr sitzen wir auf Abruf in der Wehrmachtsunterkunft des Hauptbahnhofes, dann können wir einsteigen in einen Stadtbus nach Schilksee. An der Endhaltestelle erwartet uns ein junger Mann in Marineuniform, „Exerziergefreiter Bahl", der uns antreten läßt und mit dem wir die restlichen 8 km bis nach Kiel-Bülk marschieren.
„Unsere" Batterie liegt auf einem kleinen Landvorsprung direkt an der Steilküste mit freier Sicht über die See. Auf der einen Seite plätschern die Wellen der Kieler Förde, und auf der anderen stinkt der „Kieler Arsch".

Donnerstag, den 14. Oktober
9,00 Uhr Ausmarsch zum „Fußdienst". Die MH lernen das richtige Stehen und Gehen, Grundstellung und Blickwendungen und werden vom Gefr. Bahl in die Hohe Schule des richtigen Grüßens eingeführt. 11,00 Uhr Einmarsch zum Mittagessen. Es gibt Kartoffeln (geschält von ausgesuchten MH!), Rotkohl, Wurst und Kirschensuppe. 14,00 Uhr Ausmarsch zum theoretischen Geschütz-Unterricht unter Maat Reizammer (im Beisein von Gefr. Bahl). Nun erfahren wir auch, womit wir künftig auf feindliche Flugzeuge schießen sollen: mit einer Schnellfeuerkanone, einer „3,7 cm SK C 30, in Einheitslafette C 34, in zweiachsiger Anordnung, die sich nach beiden Seiten um je 360 Grad drehen läßt". Der Vertikalwinkel des Geschützes ist jeweils an Anschlägen arretiert ... 15,00 Uhr erstes Exerzieren am Geschütz: Seiten- und Höhenrichter, Ziel aufnehmen, Verschluß öffnen, schließen, Abzugshebel bedienen usw. usw. Es hat sogar

Tagebuch des Marinehelfers Jürgen R. (Jg. 1926, Claus-von-Papen-Schule Schwerin)

Batterie Pries oder 3. Batterie: 4 - 10,5 cm in Kuppeln mit 20 mm Pz, mit 79° Rohrerhöhung; 2 - 2cm auf Flaktürmen; 1 Funkmeßgerät; 1 Entfernungsmeßgerät (Dreiwag)
Die Batterie Pries ist die erfolgreichste der Abteilung. Sie hat 1 Abschuß und 20 Beteiligungen (Stand: Oktober 1943). Die Abteilung besteht aus zwölf Batterien, darunter eine Stabsbatterie. Batteriechef von Pries ist Oltn. (MAA) Schmidt.

Montag, den 1. Nov. 1943
Die Einberufung als Marinehelfer zum 1. November 1943.
Ab Bzbg.(Boizenburg) 6.12. Treffpunkt Hindenburgplatz um 12.45 in Schwerin. Unter Führung eines Bootsmanns und in Begleitung von Studienrat (Martin) Karsten fahren wir um 13.20 nach Kiel. In Lübeck 1 1/2 Stunde Aufenthalt. Besehe mir die Stadt. Ab Lübeck 17.30. Vor Kiel in Raisdorf wegen Zugentgleisung in einen anderen umgestiegen. An Kiel Hauptbahnhof um 22 Uhr. Mit Lastwagen in die Stellung in Pries, einem Fort aus dem (Ersten) Weltkrieg, später gesprengt, jetzt befestigt mit 4 - 10.5 x, 2 - 2 x, 1 Funkmeßgerät. Begrüßung durch den Batteriechef Oberleutnant Schmidt in der Kantine. Anschließend Bettruhe. Schlafe mit Günther Dahl, Günther Reppenhagen, Hans Bentin, Hans Jochen Dumann und Jürgen Ode im Bunker C 1.

Dienstag, den 2. Nov. 1943
Wecken um 7.00 Uhr, anschließend Kaffee und Abrücken zum Einkleiden. 12 1/2 Uhr Mittag. 14.00 Uhr Antreten zur Vorbereitung der Besichtigung durch den Abteilungskommandeur, Korvettenkapitän Krug, anschließend Übung. 17.30 Uhr Abendessen. 18.30 Empfang von Bettzeug. 21.00 Uhr Bettruhe. Bei der Ronde aufgefallen, die ganze Stube. Parole „Senftenberg"

Spaß gemacht! 17,00 Uhr Einmarsch in die Stellung und anschließend Freizeit ...

Freitag, den 15. Oktober
Von schulischem Unterricht, wie es uns angekündigt war, sprach noch immer niemand, statt dessen ging es in den Gasraum ... Es folgten laut Dienstplan „I-Dienst" und „A-Dienst" ... In der Mittagsstunde gab es den ersten Flakalarm. Da wir noch nicht eingesetzt werden, heißt das für uns auf kürzestem Weg in den Schutzbunker. Es ließ sich aber kein feindliches Flugzeug sehen. Abends gab es (als Ausgleich für den Alarm?) für uns als Sonderzuteilung Kekse und Studentenfutter. In der Nacht lief ein Lazarettschiff (die „Berlin"?) in die Kieler Förde ein.

Sonntag, den 17. Oktober
Wecken erst um 8,00 Uhr; von 9 bis 10 Uhr „Rein Schiff"; dann als „Strafarbeit" Aufbau und Wirkungsweise der „SK C 30" abschreiben und auswendig lernen. Der Grund: irgendjemand hatte uns am Strand gesehen - welch Frevel: mit offenem Kragen und dazu noch in Turnschuhen!! Das war gemeldet und der Sachverhalt auf dem Dienstweg „nach oben" gewandert; von dort kam es dann als „Donnerwetter mit Strafauftrag" wieder nach unten, bis es über den Ex-Gefreiten wieder bei uns war ... Das Wochenende ist grausam langweilig. „Landurlaub" gibt es nicht. Lesen kann man auch nicht den ganzen Tag, und so wird stundenlang Karten gespielt ...

Mittwoch, den 20. Oktober
Der Dienst wird zur Routine; I-Ausbildung wechselt mit Geschützexerzieren und theoretischem Unterricht. Wir lernen, wie wir uns bei Gasalarm zu verhalten haben und die Berechung des Vorhaltewinkels bei Geschossen unterschiedlicher Anfangsgeschwindigkeit. Wir pauken, da es unter Umständen lebenswichtig sein könnte, die Schattenrisse deutscher, englischer und amerikanischer Flugzeuge. Wir kennen deren Bewaffnung, können Spitfire und Lightnings von Messerschmidt und Heinkel unterscheiden und wissen auch, daß die Geschosse unserer SK den Lauf mit etwa 1000m/sec verlassen. Wir können die Zeit berechnen, die das Geschoß dann benötigt, um ein imaginäres Feindflugzeug zu erreichen und welchen Weg der Bomber inzwischen auf seinem

Mittwoch, den 3. Nov. 1943
Wecken 6.30 Uhr. Gefechtsbesichtigung durch den Kommandeur um 9.00 Uhr. Ich gehöre zum Löschtrupp. Anmeldung auf der Schreibstube. 14.30-17.45 Unterricht. Gasmaskenempfang. Unterricht bei Leutnant Petersen und Besichtigung der Batterie auf dem „Affenberg". Ich werde zur Leichten - Flak Nord, später West kommandiert. 18 Uhr Abendessen, anschließend Einräumen der Spinde. 21.00 Uhr Bettruhe. Parole „Lemberg"

Donnerstag, den 4. Nov. 1943
Wecken 6.30 Uhr. 8.00 Uhr Untersuchung durch den Stabsarzt. 12.00 Uhr Mittag. 14.00 Uhr Unterricht. 15.00 Uhr Geschützexerzieren am 2cm-Flak 38 West. Ich bin Beobachter und Störungsnummer ...16.30 Uhr Prüfung der Gasmasken in einer mit Tränengas gefüllten Kasematte. 18.00 Uhr Abendessen und später Gasschutzbelehrung. 21.00 Uhr Bettruhe. Parole „Apolda"

Freitag, den 5. Nov. 1943
Wecken 7.00 Uhr. 8.00 Uhr Belehrung über Postenstehen, anschließend Geschützexerzieren. 10.00 Uhr Unterricht über die 2cm-Flak 38. 12.00 Uhr Mittag. 14.00 Uhr Geschützexerzieren. 14.55 -15.00 Uhr 1. Flakalarm, anschließend Unterricht. 19.00 Uhr Abendessen. 19.55 - 20.30 2. Flakalarm, in Kiel Fliegeralarm. Rundherum Flakfeuer. Viele Batterien, vom 12,8cm - 2cm Geschütz, schießen, außer Batterie Pries. Die alten Rekruten werden in Deckung geschickt, wir Marinehelfer Möller, Rühs, Wahrncke und ich sollen Bedienung bilden. 5 Flugzeuge waren im Batteriebereich. Es war aber nur Funktionsschießen der anderen Batterien. 21.00 Uhr Bettruhe ... Parole „Reichenbach"

Sonnabend, den 6. Nov. 1943
Wecken 7.00 Uhr. 8.00 Uhr Arbeitsgemeinschaftseinweisung, anschließend theoretischer Unterricht. 10.00-11.00 Uhr Geschützreinigen. Entfernungsmesser angesehen. 12.00 Uhr Mittag, vorher Parole. 14.00-15.00 Uhr Geschützexerzieren. Anschließend Reinschiff und Zeugstunde. 18.00 Uhr Abendessen. 21.00 Nachtruhe. Bunker C 2 wird frech. Nach Abendessen in der Kantine Musik gehört. Parole „Flensburg"

Weg in Richtung Deutschland zurückgelegt hat.

Sonntag, den 24. Oktober
Heut nacht sollte K. Besuch vom „Heiligen Geist" bekommen. Er hatte sich erfolgreich vor einer Gruppenarbeit drücken können, und das sollte nun ausgeglichen werden ... Keiner stand in der Nacht auf, und der Friede in unserer Gruppe blieb erhalten ... Ausgang gibt es immer noch nicht. Dafür wurde aber bei uns für das WHW gesammelt, und wir bereiten ein Fußballspiel gegen die MH von Marienfelde vor .

Dienstag, den 26. Oktober
Heute hatten wir auch die erste Begegnung mit den ernsten Folgen des Krieges. Am Strand ist der Oberschenkel und das zugehörige Becken eines Menschen, teilweise noch mit Uniformteilen bedeckt, angespült worden. Nach Meinung der Alteingesessenen handelt es sich um Teile der sterblichen Überreste eines amerikanischen Piloten, der hier vor etwa vier Wochen von der Flak abgeschossen wurde. Die See ist stürmisch aufgepeitscht, wie wir es bisher noch nicht erlebt haben ...

Mittwoch, den 27. Oktober
Diesmal haben wir Unterricht im „Flugzeugerkennungsdienst" gemeinsam mit „den Alten". Zumeist sind es Gefreite und Obergefreite, die für den eigentlichen Frontdienst zu alt sind. Darunter auch einige „Stabsobergefreite". Diesen Dienstgrad gibt es nur bei der Marine. Wenn ich es richtig sehe, gehören dazu vor allem alte Fahrensleute. Sie haben hier eindeutig eine Sonderstellung. Man merkt, daß sie sich nur schwerlich etwas sagen lassen, entweder hören sie entsprechende Befehle nicht, oder sie machen das, was sie machen wollen; aus der Ruhe lassen sie sich jedenfalls nicht bringen. Und offensichtlich vermeiden es auch unsere Vorgesetzten, sich mit diesen Dienstgraden anzulegen.
Erstaunlich für uns bleibt aber der relativ große Anteil jüngerer Leute. Wie haben sie es geschafft, sich auf diesen Heimatposten zurückzuziehen? Vielleicht wollen sie ihre Unabkömmlichkeit durch besonders forsches Auftreten uns gegenüber unter Beweis stellen, und wir haben es auszubaden!
Im Gegensatz zu uns haben „die Alten" zeitweilig so etwas ähnliches wie Schule. Maat Grannatzki (von

Sonntag, den 7. Nov. 1943
Wecken 8.00 Uhr. 9.00-10.00 Uhr Geschützexerzieren. Ich bin Beobachter und Störungsnummer. Um 12.00 Uhr Mittag. Dann Freizeit. Strümpfe, Halsbinde und Taschentücher gewaschen. 17.30 Abendbrot. 19.15 Kantine. Unsere „Kapelle" jazzt. 21.00 Bettruhe. Bei der Abendronde alle gelacht. Hinlegen - Auf. Verrammeln unser Schott gegen Bunker C 2. U.v.D. kommt nicht rein. Melden ihm die Frechheit von C 2. Parole „Wachau"

Montag, den 8. Nov. 1943
7.00 Uhr Wecken. C 2 (Claus) v. Amsberg schlägt sich mit C 1 (Hans Jochen) Dumann. Kaffee. 8.00 Uhr Antreten zum Dienst, anschließend in der Kantine Lieder für den 9. November geübt. 9.00-10.00 Uhr Geschützexerzieren. 10.15 - 11.05 Uhr theoretischer Unterricht. 12.00 Uhr Mittag. 14-15 Uhr Geschützexerzieren. 15-17 theoretischer Unterricht über das Rohr der 2 cm X 38. Dann Abendessen. Ausbilder Obergefreiter Findeisen sagt mir, daß ich mich besser benehmen soll, habe mit Reinert und Wagner viel Blödsinn gemacht. 19.00 Uhr in der Kantine. 20.15-21.30 Rede des Führers angehört. Beim Unterricht mußte ich über die Hindernisbahn. 23.00 Ronde, gut aufgefallen. Parole „Agram"

Dienstag, den 9. Nov. 1943
8.00 Uhr Wecken. 10.30 Uhr antreten zur Feier des 9. November. In der Feier um 11.25 Uhr der 3. Flakalarm meiner Dienstzeit. Ende des Flakalarms um 11.40. Ein feindlicher Aufklärer im Anflug auf Kiel. - Sonntagsdienst - Um 4 Uhr nachmittags nach Kiel gefahren und für Obergefr. Findeisen Äpfel von der Expressgutabholstelle geholt. Landgang bis 21.00 Uhr. Während ich in Kiel mit (Jürgen) Ode bin, ist um 17.00 Uhr der 4. Flakalarm. Um 20.30 Ronde. Beim Skat 1.60 RM verloren. Parole „Wien"

Mittwoch, den 10. Nov. 1943
Morgens 7.00 Uhr Wecken. 8.00-9.00 Uhr Geschützexerzieren mit 4 Störungen. 9.00-11.00 Uhr Unterricht übers Geschütz. 11.30 Parolenausgabe. 12.00 Uhr Mittag. 13.12-13.40 5. Flakalarm. Aufklärer kommt von Rendsburg über Fehmarn nach Kiel. FuMG faßt nicht auf, da außer unserem Bereich. (FuMG-Führer Maat Karsten) 2.00-3.00 Uhr nachmit-

Beruf ein Lehrer?) macht mit ihnen „Deutsch-Unterricht".

Donnerstag, den 28. Oktober
Am Nachmittag kam aus Friedrichsort ein Friseur in die Batterie. Wir haben jetzt alle den gleichen Militärschnitt. Mit dem „Marine-Extra-Langschnitt" ist es dadurch erst einmal vorbei ...

Montag, den 1. November
Heute nachmittag war die große Besichtigung durch den Abteilungskommandeur, Korvettenkapitän Kroy. Dazu gehörten in der Vorbereitung die üblichen Aufregungen. Wer möchte schon negativ auffallen und u.U. dadurch seinen Heimatjob gefährden? Also: „Rein Schiff" auf den Stuben, im Gelände, am Geschütz. Gleich nach dem Mittagessen antreten mit Stahlhelm, Gasmaske und Gasplane und im Laufschritt an die Steilküste. Gemeinsam mit unseren vier „Spezialisten" nahmen wir Aufstellung - und dann kam die ganze Obrigkeit. Reitzammer machte eine zackige Meldung, wie nur er sie hinlegen kann. Dafür fiel aber unser Ex-Gefreiter voll aus der Rolle. Der K.-Kapitän grüßte - für uns alle recht ungewohnt - mit „Heil Hitler", und unser Exer Bahl antwortete als einziger mit „Heil, Herr Kapitän". Als er dann bei „Richt euch" rührte, fragte ihn der KK, wie lange er schon Soldat sei; darauf unser Exer: „Drei Jahre, Herr Kapitän". Der antwortete darauf nur: „Dann dürfte das eigentlich nicht mehr vorkommen." ... Eine Viertelstunde durften wir dann den hohen Herren unsere Fähigkeiten am Geschütz vorführen. Dann folgte eine kurze Ansprache des KK, in der er betonte, daß er mit uns und dem Stand unserer Ausbildung zufrieden sei ... Wir waren froh, als das „Theater" mit uns nach einer halben Stunde beendet war ...

Freitag, den 5. November
A l a r m - Ducker Gr. und ich mußten á Tempo zur Steilküste ans Geschütz; Meldungen über den Haupt-BÜ im Leitstand: Feindliche Flugzeuge im Raum Hannover - Brandbomben auf Hildesheim - Rückflug Richtung Bremen - nun in Richtung Hamburg - abgedreht in Richtung Süd-Süd-West. - Viel Flak, aber keine Jäger! Wie ist es möglich, daß die Flugverbände fast ungestört so weit landeinwärts fliegen können??

tags Geschützexerzieren. Von 15.15-17.00 Uhr theoretischer Unterricht. Bei der Ronde haben 2 Mann keinen Rock an. Morgen 1/2 8 Uhr Strafantreten. Abends 7.00 Uhr in der Kantine. Parole „Hamm"

Donnerstag, den 11. Nov. 1943
Morgens von 6.00-6.30 6. Flakalarm. Regenwetter. Bedienung geht in BÜ Raum. 7.30 Antreten vor UvD Stube. Einräumen der Kantine für Filmvorstellung. Dann Kaffee, Vortrag über Rohrrücklaufbremse, Filmvorführung „Ein Windstoß", besser wäre ein „Windstuß". 12.00 Uhr Mittag. 14.00-15.00 Geschützexerzieren, nun bin ich Richtschütze, vorher Beobachter und Störungsnummer. 15.00-16.00 Uhr Unterricht. 16.00-17.00 Uhr Exerzieren am Geschütz. 17.30 Wehrsold. 5 RM. (Davon) 50 Pfg. gleich an Winterhilfe abgegeben. 21.00 Uhr Abendronde. Alle fielen auf. Aber nichts passiert. Scheinwerferalarm ist schon wieder. Auf der Reede lag ein U-Boot. Sehr weit entfernt. Parole „Herzberg"

Freitag, den 12. Nov. 1943.
7.00 Uhr Wecken. 8.00 Uhr Singen. Spinduntersuchung, da in der Schülerbaracke ein Spind aufgebrochen ist. 9.30-11.00 Unterricht über die 2cm-Flak 38. Von 11.15-11.40 7. Alarm bei der Flak. Nichts Besonderes. 11.50 Parole. 12.30 Mittag. 14.00-16.00 Uhr FED Flugzeugerkennungsdienst. 16.00-17.00 Zeugstunde. Ich habe Stubendienst. 18.30 in der Kantine mit Henning Larsen. Bei der Ronde gut aufgefallen. Erzählen lange mit dem Obergefreiten. Abends 9.40 Bettruhe. Parole „Bitterfeld"

Sonnabend, den 13. Nov. 1943.
7.00 Uhr Wecken. 8.00-9.00 Uhr Exerzieren. Aus der Kieler Förde laufen M-Boote aus. 9.30-10.50 Uhr Waffenreinigen. Ein Fieseler Storch landet dicht bei der Batterie. 11.10-12.15 8. Flakalarm. Stichwort „Angriff auf Kiel". Kiel hat Alarm und nebelt sich ein. Ringsherum alles neblig. FuMG faßt auf. FuMG-Schießen. Pries schießt Salventakt. (Salventakt alle 4 Sek.) 23 Salven schießen die 4 Geschütze. 400 Meter vom MG West haut ein 10.5cm Flakblindgänger in den Acker. Große Staubwolke. Über Flensburg 3 Flugzeuge abgeschossen. Mit 200 Flugzeugen flogen die Anglo-Amerikaner an. Von Appenrade-Flensburg. Einmal hat FuMG einen „Liberator", viermotori-

123

Von nun an müssen S., Gr. und ich bei Flakalarm ans Geschütz. Wann gibt es den ersten aktiven Einsatz?

Sonnabend, den 6. November
Erst Rein Schiff und Stubenmusterung durch den Batteriechef und unseren Spieß, dann „Antreten zur Musterung". Nach der Bekanntgabe der Parole durch den Spieß verlas Oberleutnant Eberhardt zwei Todesurteile an Matrosen, die sich am Eigentum ihrer Kameraden vergriffen hatten - Kameradendiebstahl; ein Vergehen, das gleich hinter Fahnenflucht einzuordnen ist! Es folgte eine längere Ansprache mit Belehrungen über „das Benehmen des Soldaten". - Danach sind wir, ohne den Übergang zu merken, von „Schülern" zu „Soldaten" mutiert. Vereidigt sind wir nicht und können es auf Grund unseres Alters und unserer sozialen Stellung, unserer Bindung an die alte Schule, auch nicht. Wir sind also Zwitterwesen - mit vielen Pflichten und wenig Rechten; denn von unserer Schule, die uns ja delegiert hat, kümmert sich niemand um uns und tritt auch keiner für uns ein. Uns ist heute klar geworden, daß wir für uns selbst verantwortlich sind - Hilf dir selbst, dann hilft dir auch der liebe Gott!
Anschließend gab es für jeden von uns Kekse und Süßigkeiten ...! (Als neuer Stubenältester mußte ich sie für unsere Gruppe in Empfang nehmen.)

Freitag, den 12. November
Vom Spieß erhielten Eide L. und ich Urlaubsanträge. Bereits morgen früh können wir in Richtung Heimat starten und müssen Montag nachmittag um 15,00 die Bahnhofssperre in Kiel wieder passiert haben. Eigentlich waren für uns beide 5 Tage Urlaub vorgesehen, aber dann hat es mit Dieter D. in Friedrichsort einen aus militärischer Sicht unverzeihlichen Zwischenfall gegeben: Unser alter Bekannter hat seinen Urlaub um 36 Stunden überzogen und außerdem (Was wiegt schwerer?) unterwegs irgendwo seine Gasmaske liegengelassen ...

Donnerstag, den 18. November
Nach unserer Rückkehr aus dem Kurzurlaub - von Schilksee im Dunkeln zu Fuß bis nach Bülk haben sich hier in der Stellung erstaunliche Veränderungen angekündigt. Zunächst einmal waren zu uns 4 M-Helfer aus Friedrichsruh gestoßen, unter ihnen auch wiegen Bomber, über Laboe aufgefaßt. Ein brennendes Flugzeug in der Nähe, ist aber nicht zu sehen. Ich sehe Sprengwolken am Himmel, in den Wolkenlöchern, wo der künstliche Nebel nicht vorlagert. Über mir brummen sowohl anglo-amerikanische Bomber als auch deutsche Jäger. Die ersten Ziele wurden auf 6000 m unter Feuer genommen. 84 Schuß 10.5 wurden verschossen.
13.15 Mittag. 14.00 Uhr, die von der Schweren Flak schleppen Granaten. Ich soll Papier sammeln. 2 Zerstörer, ganz deutlich zu erkennen, laufen in die Kieler Förde ein. 16-17 Uhr Zeugstunde. Dann Kantine einräumen. 18.00 Uhr verabschiedet sich Konteradmiral (Wilhelm) Matthies, unser Brigadekommandeur. Nun kommt er nach Berlin ins OKM. Unser neuer Brigadekommandeur ist Konteradmiral (Werner) Stichling, der aus Norwegen kommt. 18.30 Abendessen. Nachher Mantel empfangen, nur die Bedienung der L-Flak. 20.07-20.45 9. Flakalarm. 4 Störflugzeuge kommen zurück. Scheinwerfer fassen einen Schnellbomber auf. Kondensstreifen sehe ich ganz deutlich, ebenfalls das Flugzeug. Mehrere Batterien schießen darauf. Nach kurzer Zeit ist das Ziel verlorengegangen. Erstes Scheinwerferschießen, das ich gut miterlebt habe. 22.15 Abendronde. Parole siehe gestern.

Sonntag, den 14. Nov. 1943
8.00 Uhr Wecken. Finde in der Schuttkuhle der Batterie die Reste eines „Vickers Wellington" (Bombers). 10.10 Antreten in blauer Uniform, da der Admiral abfährt. 12.00 Uhr Mittag. Nachmittags Skat gespielt. 2,50 RM verloren. Scheiße... 20.40 Ronde. Parole „Osnabrück"
...

Donnerstag, den 18. Nov.1943
7 Uhr Wecken. 8-9.10 Gasmaskengebrauchsunterricht und Anwendung der Gasplane. 9.20 Unterricht über die 2cm X 38 bis um 10 Uhr. Von 10 Uhr bis 11.15 Exerzieren. 11.30 Paroleausgabe und Mittagsmusterung. 14-15 Uhr Arbeitsstunde, im Buch „Vom Zarenadler zur Roten Fahne" gelesen. Von 15-17.15 Fronttheater „Der verkaufte Großvater". 18 Uhr Abendbrot. Habe heute Stubendienst. 10. Flakalarm von 20.18-21.05 Uhr. FuMG faßt auf, aber ungenau, da die Briten zur Täuschung Silberpapierstreifen abwerfen. 21 Uhr Ronde. Aufgefallen, da ich

der unser alter Freund D. Außerdem haben der neue Zugführer, ein Feldwebel und ein Maat die Mannschaft in Bülk verstärkt. Jetzt gibt es hier 6 Unteroffiziere - was damit bezweckt werden sollen, wissen nur die Götter - und natürlich der Abteilungsstab.

Gestern kam plötzlich Bescheid, daß wir aus Bülk in eine andere Einheit verlegt werden sollten; wohin, wußte noch keiner, aber alle wußten, daß wir zur „Schweren Flak" kommen sollten. Nachdem wir nun gerade die „3,7 SK" so beherrschen, wie es „die Alten" bestimmt nicht besser konnten.

Heute morgen ging es dann tatsächlich los: Sachen packen - Rein Schiff - klar machen zur Abreise. Warum diese Verlegung, sagte uns niemand. Wir wären gerne geblieben. Wir waren eingelebt, kannten den Betrieb und vor allem auch die Mannschaft - vom Ex-Gefreiten bis zum Kommandeur der Einheit.

Heute mittag sind wir zum letzten Mal geschlossen zur Steilküste marschiert, haben von dort die M-Helferinnen am Scheinwerfer beobachtet und mit ihnen Winksprüche ausgetauscht. Um 14,30 Aufstellung in unserer alten Stube, und der Oberleutnant, der Feldwebel, Maat Reizammer und Ex-Gefreiter Bahlmann verabschiedeten sich von uns; dann Abmarsch mit dem gesamten Gepäck zur Steilküste. Von da mit einem LKW bis zur Chaussee vor Marienfelde und im Fußmarsch weiter zur „Schweren Batterie Marienfelde", Stube 20; nun harren wir der Dinge, die da kommen sollen.

Sonnabend, den 20. November
Inzwischen haben wir die neue Batterie kennengelernt. Die Geschütze liegen halb in der Erde, abgedeckt durch eine schwere Panzerkuppel. Die Geschütze, „10,5 cm SK C32", werden durch elektrisch betriebene Steuerungen in der Höhe und horizontal bewegt. ... Geschossen wird im Salventakt - auf Klingelzeichen - , um über die Streuwirkung eine höhere Treffsicherheit zu erreichen. An der Kanone sieht man, im Gegensatz zu Bülk, nichts mehr von der Außenwelt, ist nur noch ausführender Kanonier; selbstverständlich mit unterschiedlichem Schweregrad ...

Zuständig für uns und die Geschützausbildung ist unser Gruppenführer, Gefreiter Link; dessen Vorgesetzter und in der Hierarchie weiter für uns zuständig, ist Maat Matern.

keinen Staub auf dem Spind gewischt hatte. 2. Ronde um 21.50. 11. Flakalarm 21.50-22.40. FuMG-Schießen. Batterie Pries schießt 15 Salven ... 37 Schuß 10,5 cm.

Während wir schießen, schießt das Flugzeug Erkennungssignal. Zweimal schießt es rot. Deutsche Ju 88 gewesen. Ringsherum schießen die anderen Batterien. Bei meinem Stand surren Splitter. MG West sollte Funktionsbeschuß machen. Fällt weg, da Kiel entwarnt. Das 4. Geschütz schoß nur einmal, da der Lademotor versagte, ein Versager war und der Munitionsmanner seinen Finger im Verschluß eingeklemmt hatte. Parole „Donauwörth"

Freitag, den 19. Nov. 1943
7 Uhr Wecken. 8-9 Uhr Singen und Zugexerzieren. 9-11.15 Uhr Unterricht. 12 Uhr Mittag. 14-15 Uhr Infanteriedienst. 15-17 Uhr Unterricht über die 2 cm X 38. Doll geschliffen, da Blödsinn gemacht. Abendbrot gut. 18.30 Uhr Soldempfang. 50 Pfg. für die N.S.V. gespendet. 20.30 Ronde, wieder aufgefallen. Parole „Eifel"

Sonnabend, den 20. Nov. 1943
7 Uhr Wecken. 8-9 Uhr Generalprobe über Gefechtsbereitschaft der neuen Marinehelfer nach Übernahme von den alten Marinehelfern. Im ganzen klappte die Sache gut. Ich bin gefechtsmäßig Richtschütze. 9-11 Uhr Rein Schiff auf dem Gefechtsstand. 12.15 Mittagessen. Dann Zeugdienst. Blau anziehen da heute Batteriefest. 17.15 Essen in der Kantine. 19.30-22.30 Abschiedsabend in der Kantine, gestaltet durch die „alten Marinehelfer". Um 23.15 in die Falle gegangen. Parole „Maierhofen"

Sonntag, den 21. Nov. 1943
Von 5.00 Uhr-8.15 Uhr Festungsalarm-Kiel. Wir müssen das Geschütz besetzen gegen feindliche Landstreitkräfte. Stehe auf dem Bunker Posten. Kriegen Suppe zu essen, sonst nichts. Parole während des Übungsalarms ist: „Elisabeth". 12 Uhr Mittag. Nachmittags ist Aufnahme ins Personalbuch. Morgen soll die Schule beginnen. Wie das werden soll, ist mir schleierhaft. Heute morgen war ich zum ersten Male BÜ im L.- Flak West, da der alte Marinehelfer versetzt ist. Nachmittags verliere ich 1,30 (RM) beim Skat. Abends in der Kantine. Ronde um 20.15 bei Maat

Unmittelbar im Anschluß an „Geschützkunde" hatten wir auch wieder Schulunterricht, Geschichte durch einen A-Maat (Ausbildungsunteroffizier), offensichtlich ein in Uniform gesteckter Lehrer, und dann Mathematik bei einem Lehrer in Zivil. Für uns nun bereits nicht nur ein ungewohnter Anblick, sondern ein „Zivilist" hat es schwer, deutlich schwerer als ein Uniformierter, sich bei uns durchzusetzen.

Freitag, den 26. November
Knapp zwei Wochen nach dem ersten Heimaturlaub gab es bereits den zweiten; diesmal regulär, da ja der andere als „Sonderurlaub" gewertet war ...

Sonnabend, den 27. November
Besuch in unserer Schule; selbstverständlich in Uniform; man will ja schließlich zeigen, wer und wo man ist; nicht zu früh - erst nach der Großen Pause; Begrüßung durch unsere Mitschüler/innen und auch durch die Lehrer. Gemeinsam mit MV (!) und MVI nach oben in den Physiksaal; B. hat seine Unterrichtsführung nicht geändert - langweilig wie eh und je. Anders in der nächsten Stunde: Englisch bei Miss H.; sie fragte und bezog ihren „Besuch" mit in den Unterricht ein. Mathematik ließ ich dann wieder ausfallen - Langeweile gibt es auch in der Marienfelder Batterie; deshalb braucht man nicht extra nach B. zu kommen ...

Donnertag, den 2. Dezember
Unter uns ist Scharlach ausgebrochen. Als ersten hat es G. erwischt. Zum Glück für ihn, war er zu dem Zeitpunkt zu Hause. Wir leben nun in unserer Baracke in Quarantäne. Ab heute abend dürfen wir unsere Stube nicht mehr verlassen. Unser Essen soll uns sogar gebracht werden ...

Sonntag, den 5. Dezember
Gestern abend gab es im Gemeinschaftsraum Unterhaltung vom feinsten. Es spielte eine Jazz-Kappelle - Musik, die wir eigentlich gar nicht kennen dürften; aber bei der Marine ist eben vieles anders.
Anders als in Bülk, gibt es hier auch M-Helferinnen. Beim Billard-Spielen haben wir einige näher kennengelernt.
Als der UVD seine Abendrunde drehte, war es bei uns nicht so, wie es lt. Dienstvorschrift hätte sein sollen.

Krowalski. Parole „Elisabeth"

Montag, den 22. Nov. 1943
7 Uhr Wecken. Von 8-10.30 FED bei Maat Hermann. Anschließend Infanterie-Dienst. Beim FED lernen wir die Jäger und viermotorigen Bomber kennen. Während des Unterrichts werden die Spinde untersucht, da schon wieder ein Kolani weggekommen ist. 12 Uhr Mittag. 14-16 Uhr Schule, u.a. Latein bei Studienrat (Erich) Creutzfeldt.(„Crux" stammt aus Parchim). Dann 2 Arbeitsstunden, in denen meine ersten 5 Schlafgenossen ausziehen. In C 1 kommt die L-Flak-West-Bedienung (Gottfried Lange, Johannes Wahrncke, Alfred Möller, Karl-Heinz Rüss und Ego.) Ich werde als Stubenältester gewählt. Um 21 Uhr Bettruhe.
Stundenplan:

Montag	Dienstag	Mittwoch	Donnerstag	Freitag
Latein	Deutsch	Mathematik	Physik	Mathematik
Latein	Deutsch	Latein	Physik	Mathematik
Arbeitsstunde	Geschichte	Latein	Chemie	Deutsch
Arbeitsstunde	Erdkunde	Geschichte	Chemie	Geschichte

Betreuungslehrer	*Unterrichtsfach*
Stud.-Rat Creutzfeld	Latein
Stud.-Rat Grundmann	Mathematik, Physik, Chemie
Stud.-Rat Utpott	Geschichte, Erdkunde
Stud.-Rat Karsten	Deutsch

Dienstag, den 23. Nov. 1943
Morgens von 4.30-5 Uhr der 12. Flakalarm. Ich bin BÜ. 7 Uhr Wecken. 8-9 Uhr Unterricht über die 2cm X 38. Von 9.30-11.50 in der Kantine der Film „Jugend" mit Kristina Söderbaum und Veit Harlan. Ein Film, der mir sehr gut gefiel. 12.00 Parolenausgabe. 12-16.00 Uhr Deutsch. 16-17 Geschichte, 17-18 Uhr Erdkunde. Zwischen 16 und 17 Uhr war Gasalarm, mit Gasmasken wird unterrichtet. 20.45 Ronde bei Leutnant Petersen. Ich muß meine Füße waschen, sonst alles O.K. Später Ronde durch Maat Maier. Parole „Eutin"

Es gab ein Donnerwetter und Nachexerzieren - aber anschließend unter uns wieder eine 1 1/2stündige (!) Kopfkeilschlacht.

Donnerstag, den 9. Dezember
Nach I-Dienst, A-Dienst und Gasschutzunterricht wieder Mathematik und Physik bei Herrn G. In dieser Stunde wurde es dem altern Herrn dann doch zu bunt mit uns; knallrot vor Empörung versuchte er, uns zur Räson zu bringen. Ich bekam von ihm gleich zwei Strafarbeiten „wegen Nichtausführung eines Befehls"! Im anschließenden Geschichtsunterricht versuchte A-Maat Schneider, uns die Bedeutung des Kriegseintritts Japans zu erläutern und uns die Gründe dafür zu erklären, warum sie damit so lange gewartet haben.

Sonnabend, den 11. Dezember
Inzwischen haben wir uns mit Herrn G. arrangiert. Sein Unterricht fängt an, uns Freude zu machen. Wir merken, daß wir bei ihm etwas lernen können, und er sagte uns heute, daß ihm diese Unterrichtsstunde Spaß gemacht hätte, wie lange nicht.
Nach der Mittagsmusterung wurden wir gestern eingeteilt. Außer Bu. und Ol. gehören wir nun zum Zweiten Geschütz. Ich bin als Haupt-BÜ eingesetzt.
In der Mittagspause wurden wir wieder einmal dem Stabsarzt vorgestellt. Montag soll unsere Stube noch einmal desinfiziert werden, und dann ist unsere Isolierung aufgehoben.
Durch vielfaches Aufziehen auf den Keil hat meine Hose nun einen Schlag von 70 (!) cm.

Sonntag, den 12. Dezember
Flakalarm - eine einzige Salve konnte die Batterie abgeben; ein einzelnes Flugzeug, ein Fernaufklärer hatte uns überflogen und kreiste nun trotz heftigem Abwehrfeuer ungehindert - da für die Flak viel zu hoch über Kiel. Nach kurzer Zeit ließ man ihn deshalb in Ruhe weiter seine Aufnahmen oder Beobachtungen machen. Von Abwehrjägern merken wir immer noch nichts.
Die Amerikaner und Engländer können mit ihren Verbänden einfliegen, wann immer sie wollen. Wir versuchen hier, sie daran zu hindern. Aber bei der Höhe und der seitlichen Entfernung haben wir auch mit der „10,5 SK" keine Chancen.

Sonnabend, den 27. Nov. 1943
7.00 Wecken. 8-9 Uhr Vortrag über Feindgerüchte u.s.w. 9-11.15 Geschützexerzieren. 12.15 Mittag. 14.00 Antreten, Schleifdienst. Über die Eskaladierwand, Hindernisbahn, in den Grund marsch, marsch; weil Bonbonpapier rumlag. Dann Großreinschiff. 21.45 Ronde durch (ObMaat) Hussmann. Parole „Nordheim"

Montag, den 29. Nov. 1943
Heute morgen von 5.45-6.15 der 20. Flakalarm seit meinem Hiersein. 7.00 Uhr Wecken. 8-9.00 Unterricht über 2cm X 38. 9-10.30 FED, deutsche Jäger und britische 4motorige Bomber. Beim Alarm heute morgen hatte FuMG einen Aufklärer bei Marienfelde aufgefaßt, leider aber wieder verloren. Von 10.30 bis 11.30 Exerzierdienst. Auch wieder von Müller geschliffen. 11.30 Parolenausgabe. Für die Beteiligung am notgelandeten Flugzeug bei Marienfelde am 9.10.43 wird an einen Obergefreiten, der die Sprengpunkte der Marienfelder Flak mit dem E-Messer aufgefaßt hatte, das EK II verliehen. Habe Urlaub für den 6. Dez. eingereicht. 12.15 Mittag. 14-16 Uhr Latein. Von da bis 18 Uhr Arbeitsstunde. 18.30 Uhr dritter Soldempfang. Um 20.30 Ronde durch OMaat Brammer. Muß pumpen im Liegestütz, da mein Kolani auf ist. Parole „Goslar"

Montag, den 6. Dez. 1943
„Urlaub". 2.30 aufgestanden, geduscht, angezogen. Um 3.30 abmarschiert mit Guddi nach Friedrichsort, treffen unterwegs Möller und Rüss, die zurückkehren. 5.35 aus Kiel mit D-Zug nach Hagenow Land. 8.15 dort angekommen. Um 15 Uhr weiter nach Boizenburg. Lasse meine Soldatenhandschuhe im Zug liegen. Urlaub!!!!

Freitag, den 10. Dez. 1943
Etwas nach 0.00 mit dem Urlauberdampfer (der Kriegsmarine ab Bahnhofsbrücke) nach Friedrichsort. Gegenüber liegt am Kai ein Zerstörer (Typ „Karl Galster"). Da ganz heller Mondschein, ist alles klar zu erkennen. Bei Wik liegen U-Boote. Ungefähr 10 U-Boote. Die Fahrt war prima. Um 1.15 in Friedrichsort. Von da mit dem schweren Koffer in die Stellung. Etwas nach zwei Uhr dort angekommen. Um 3.00 in die Koje. Morgens 7.00 Wecken. 8-9.00 Vortrag über die

Und ganz offensichtlichen wissen ihre Stäbe besser über uns Bescheid, als wir über sie. Eine kleine Korrektur in der Flugrichtung, und sie können ungestört weiterfliegen. Solange hier keine Jäger oder/und mobile Flak-Einheiten stationiert werden, werden die Boing B 29, die Liberators und vor allem die schnellen „Mosquitos" immer weiter landeinwärts ins Reich einfliegen ...

Montags, den 13. Dezember
Mittags Flakalarm; Stahlhelm auf, Gasmaske umgehängt und im Laufschritt an das Zweite Geschütz. Ständig wechselnde Standortmeldungen: Anflug auf Kiel - Anflug auf Plön - auf Flensburg - abgedreht auf Husum ... Als Haupt-BÜ am Geschütz kann ich mitverfolgen, wo die Verbände stehen und wo die Bomben fallen: In Kiel werden das Hauptpostamt und das Polizeipräsidium getroffen, und in Plön brennen Häuser der Innenstadt nach dem Abwurf von Stabbomben.
13,15 Uhr - Anflug eines feindlichen Verbandes auf unsere Stellung. Wir schießen Salventakt. Bereits nach 10 Schüssen Meldung vom Haupt-BÜ der Zentrale: „Ausfall des Vierten Geschützes durch Rohrkrepierer"; kurz darauf „Drittes Geschütz ausgefallen durch Bombentreffer". Bei uns hieß es unbeirrt weiter: FuMG Ziel aufgefaßt - Folgezeiger in Deckung - Salventakt! - Abwarten! und von neuem: „Folgezeiger in Deckung".... Inzwischen liefen bereits die verschiedensten Gerüchte. Wir wußten nicht, ob es einem Bomber oder einer Jagdmaschine gelungen war, über See die Batterie im Niedrigflug anzugreifen und die tödliche Last auf die Steilküste zu werfen. Schließlich kamen vom Leitstand die ersten Sachinformationen: Beim Dritten Geschütz hatte es eine Ladehemmung gegeben. Der Geschützführer hatte nun, entgegen der Vorschrift und jeder Logik, warscheinlich nur, um „im Takt" zu bleiben, statt eine neue Patrone anzusetzen, mit dem stählernen Rohrwischer auf den Granatboden geschlagen. Dabei wurde die Zündschraube getroffen, und der Schuß ging - natürlich - nach hinten los. Die Granate verließ (zum Glück!) das Rohr und erreichte die See. Die Kartusche aber sprang zurück in den Bunker.
Die Folgen waren verheerend. Der Geschützführer, ein Obergefreiter, wurde direkt getroffen - der Leib zerfetzt, ein Arm (mit Ladehandschuh) abgerissen

Ernährungslage durch den Küchenunteroffizier. 9-10.00 Unterricht 2cm X 38. 10-12.00 Arbeitsstunde. Dann den Verlust der Handschuhe gemeldet. Muß besseren Ausweg erfinden. 12 Uhr Mittag. 14-15.35 Mathematikarbeit. 13 Aufgaben. 16-17.00 Deutsch. Habe im Aufsatz „Für Deutschland auf Wacht" eine 3. 17-18.00 Geschichte. 21.00 Ronde. Vorher in der Kantine gejazzt.

Sonntag, den 12. Dez. 43
8.00 Wecken. Wäscheabgabe. Buschmann auf Urlaub. Sonst nichts von Bedeutung. Buch „Polnische Grausamkeiten" geliehen. Um 14.32 plötzlich Flakalarm bis um 15.03. Eine viertel Stunde vor dem Alarm hat Fähnrich Kröhnke die feindliche Maschine, eine „Spitfire", schon mit dem „Dreiwag" aufgefaßt. Eine Anfrage an Ugruka besagt, daß alles in Ordnung ist. 2x kreist die Maschine über der Batterie. Da endlich Alarm. FuMG faßt sofort auf. Salventakt. 10 Salven sind geschossen worden ... 20 Schuß 10,5 cm. Ich kann von meinem Stand das Flugzeug prima sehen. Zieht einen dicken Kondensstreifen hinter sich her, kreist bei Holtenau. Wird wenig beschossen. Bei den Geschützen ist die Bremsflüssigkeit dick, daher so wenig Salven. Nach dem Alarm läßt Ltn. Petersen antreten. Wegen saumäßiger Befehlsübermittlung Urlaubssperre. Danach wird in der Kantine von der Niederdeutschen Bühne ein plattdeutsches Stück aufgeführt. Um 18.15 Abendbrot. Zum Alarm: Maat Hermann erkannte, daß es eine „Spitfire" war. Selbst Hoheitsabzeichen waren zu erkennen ... Parole „Marokko"

Montag, den 13. XII. 43
4.00-4.15 Scheinwerferalarm. Raus aus der Koje ... 12.00 Uhr bis 14.05 Flakalarm. Kiel wird vernebelt. FuMG faßt auf. Plötzlich hat es keinen Strom. Schaden wird behoben. Schußzahl 172 Schuß 10.5 cm bei ca. 66 Salven ...
Immer FuMG Schießen. Die Flugzeuge brummen wie doll über unserem Stand. FuMG faßt neue Ziele auf und wechselt oft. Wir beobachten den Aufschlag eines Flugzeuges. Ich melde es dem Batteriechef. Am Schluß sollen wir Funktionschießen machen, wird aber von Nord-West verboten. In der „Batterie Marienfelde" explodiert das 3. Geschütz. Die Granate wollte nicht ganz ins Rohr, durch Gegenschlagen ge-

und in ein Munitionsschapp geschleudert, ebenso ein Bein; der Schädel zertrümmert - es war grausam; ganz grausam auch noch das, was wir nach dem ersten Aufräumen zu sehen bekamen. Durch die ungeheure Wucht der Explosion wurde die schwere Panzerkuppel ungefähr 50 bis 60 cm hochgeworfen - zum Glück für die Geschützbesatzung, die durch den Überdruck hinausgeschleudert wurde. Allesamt müssen ins Lanzarett; aber es scheint, als ob sie Überlebenschancen hätten.

... und dabei hatten wir uns alle unter der Panzerkuppel, im Gegensatz zum vergleichsweise dünnen Panzerschild der „3,7 cm SK", sehr sicher gefühlt. Und nun das! Und dann auch noch, daß es hinterher hieß, „wie gut dieses Ende" für den Obergefreiten sei; denn wäre er davongekommen, und es hätte einen anderen getroffen, würde man ihn vor ein Kriegsgericht stellen ...!

Um 14,30 Uhr - „Bereitschaftsgrad Ruhe"; anschließend „Stand und Geschütze fest". Erst dann kam der Oberstabsarzt mit seiner Crew und nahm die Verwundeten in seine Obhut ... Um 17,00 Uhr wurden die Überreste des Toten abtransportiert. Wir waren gemeinsam mit der Stammbesatzung unter Stahlhelm und Gewehr auf dem Batteriehof angetreten, um ihm in feierlicher Form die letzte Ehre zu erweisen. Dann hat der Spieß die Todesmeldung an die Familie des Geschützführers durchgegeben: „Im Gefecht auf dem Felde der Ehre gefallen".

Über Kiel steht eine rotschwarze Rauchwolke ... Für uns war es unser erster Einsatz, unter extremen Bedingungen; denn es wurde zeitweilig mit einer Rohrerhöhung von 80 Grad geschossen, und gleichzeitig die Feuertaufe, die niemand von uns Zeit seines Lebens vergessen wird ... Wir fragen uns natürlich, wie es mit der Sicherheit der Geschütze und der erst vor kurzem angelieferten Granaten bestellt ist![18]

Donnerstag, den 16. Dezember
Zum ersten Male hat es der Engländer geschafft, unser FuMG außer Gefecht zu setzen ... Gestern sollen es über 1.500 feindliche Maschinen gewesen sind, die ins Reich eingeflogen sind. Durch die Funkstörung konnten die großen Pulks ungestört über unsere Stellung hinwegfliegen.

gen das Zündhütchen Explosion. 14.15 Essen. 15-16.00 Uhr Latein. 16-18 Uhr Arbeitsstunde. Zum Alarm: Bei Kiel fallen Bomben. Die Splitter surren bei unserem Stand. Heute Abend sehen wir den Feuerschein von Kiel. Die Post, das Rathaus, Theater u.a. sind getroffen und kaputt, auch Soldatenheim. 21.00 Abendronde durch Maat Hermann und Hauptfeldw. Paulsen. Alles o.k. Außerdem sollen wir heute noch eine Beteiligung erreicht haben. Der Abschuß im Zusammenwirken mit einer Ju 88. 1 Gefangener gemacht. Parole „Rothenburg"

Donnerstag, den 16. XII. 43
7.00 Wecken. 8-9.00 FED. 9-10.00 Uhr Geschützexerzieren bei Maat Ullmann. Der Idiot. 10.00-11.50 Arbeitsstunde. 12.15-13.50 Flakalarm. „Stichwort Angriff auf Kiel". Kommende Ziele. FuMG faßt prima auf. Im ganzen wurden 54 Schuß 10.5 cm verschossen bei 15 Salven ...
Während des Alarm Mittagessen. Das erste Ziel ist plötzlich verschwunden. FuMG hat den Weg verfolgt. Sehr wahrscheinlich Abschuß! Danach zur Schule nach Kiel. 15-16.00 Chemie. 16-17.30 Physik. Dann nach Pries zurück im Auto. In der Unteroffiziersmesse Schach gespielt. Ein Turnierspiel gegen Hauptfeldw. Paulsen verloren. Von 20.55-21.50 Flakalarm. Erst ein Aufklärer, dann hat FuMG mit einem Male vier Ziele aufgefaßt. Im ganzen wurden 76 Schuß 10.5 bei 23 Salven verfeuert ...
Lange rote Flammen schlagen beim Schuß aus den Rohren. Rund herum schießen die Batterien. Ich gehe 23.30 in die Koje. Parole „Kalkutta"

Montag, den 20. XII. 43
5-5.15 Flakalarm. Kaum auf dem Stand, Ruhe. Aufklärer abgeflogen. 7.00 Wecken. 8-10.00 Latein; 10-11.50 Deutsch. Keiner hat den Aufsatz abgegeben. Bubi Karsten: „Offene Meuterei". 12.15 Mittag. Ist schon wieder Luftgefahr 15. Von 14-15 Uhr Gefechtsübung, Exerzieren. 15-16.00 Flakschießlehre, vorgetragen von Oberfähnrich Baumeister. 16-18.00 Arbeitsstunde. Abends in der Kantine Adventsfeier, Gottesdienst vom Marinepfarrer abgehalten. Ronde durch Maat Fikkelscherer.

---

[18] Nicolaisen schreibt, daß bei dem Unfall zwei Soldaten getötet und elf Geschützmitglieder verletzt wurden. Vgl. Nicolaisen, Einsatz, S. 431.

Mittwoch hatten wir zum ersten Male wieder Englisch-Unterricht. Dazu kam ein Artillerist aus einer Batterie bei Laboe zu uns. Er will jeden Mittwoch kommen. Wir freuen uns - er erinnert uns an Miss H., macht interessanten Unterricht und spricht ein exzellentes Englisch ...

Sonntag, den 20. Dezember
4. Advent - Der Abteilungsgeistliche feiert mit uns einen Adventsgottesdiest. Statt Orgelmusik gab es Klavierbegleitung und dazu sang ein Tenor vom Kieler Theater. - Wir waren beeindruckt.
Die drei Woldegker sind wieder bei uns. Bei der Mittagsmusterung wurden die Urlaubsturns bekanntgegeben. Fünf Turns wurden gebildet, um jedem die Möglichkeit zu geben, in der Weihnachtszeit nach Hause zu seiner Familie zu fahren und trotzdem die Gefechtsbereitschaft sicherzustellen. Bis jetzt weiß aber noch niemand, wer wann fahren darf.

Donnerstag, den 23. Dezember
Noch ein Tag bis Weihnachten; und unsere Gruppe darf wegen der gestrigen Ereignisse unter der speziellen Obhut von Obermaat Hoffmeister zwei Stunden I-Dienst auf nassem und sogar matschigem Boden absolvieren.
Nachmittags Fortsetzung durch „kleine Schikane". Für drei Tage im voraus Kartoffeln schälen. Aber wie immer, wird aus jeder Situation versucht, das Beste zu machen. Einer holte ein Schifferklavier, wir schälen, er spielt, und gemeinsam wird gesungen. Aus der Strafaktion wird eine richtig gemütliche Vorweihnachtsstunde.
Nach Dienstschluß erhielten wir unser Batterie-Weihnachten: für jeden ein Buch mit persönlicher Widmung des Batteriechefs (Mölders), eine Tüte Keks, 4 Drops, eine Dose Hering, einige Äpfel und dazu die berühmte Weihnachtsstolle. Wenn das kein Christkindchen ist!

Freitag, den 24. Dezember
Weihnachten in Marienfelde. Nicht für drei M-Helfer. Noch gerade zur rechten Zeit erhielten F., K. und ich auf der Schreibstube unsere Urlaubsscheine. Morgens um 3 Uhr Wecken; 4,30 Uhr Abmarsch in Richtung Fernsprechschule Bülk.
Kurz vor der Abfahrt unseres LKW kam Flakalarm;

Freitag, d. 24. XII. 43 - Heilig Abend!
5-6 h Alarm. Über Kiel Tannenbäume und Leuchtgranaten. Holtenauer Flugplatz hell beleuchtet!! FuMG faßt auf. 2 Salven irrtümlich auf deutschen Jäger, dieser wirft 2 x 6 Rot als Erkennungssignal, ist nur 3000 m hoch ... 8 Schuß 10,5 cm ... 8.30 Ausschmückung der Räume zu Weihnachten. Zwischendurch lade ich Munition 10.5 cm aus dem Auto in die Bunker mit ab. 12 Uhr Mittag. Um 13 Uhr müssen die Stubenältesten Strafantreten. Ich muß Gasmasken schichten. Um 16 Uhr antreten. Vereidigung durch den Batteriechef. (Vorher gab (Ltn.) Petersen uns Verhaltensmaßregeln und fragte, wer sich in den Bedienungen noch unsicher fühle.)
„Ich verpflichte mich als Marinehelfer allzeit meine Pflicht zu tun, treu und gehorsam, tapfer und einsatzbereit, wie es sich für einen Hitlerjungen geziemt." Danach Weihnachtsfeier (vielmehr Parteifeier) in der Kantine und Bescherung. Ich bekomme das Büchlein „Tigerhai", 1 Stollen, 1 Tüte Kekse, 1 Tüte Pfeffernüsse, 4 Äpfel, 4 Rolle Drops und Bonbons. Anschließend Essen in der Kantine. Abends Linß geholt, der dämliche Ullmann rollt auch an, und dann lustig gefeiert, z.T. in C2 mit Obergefr. Schultze. Nach 24 Uhr in die Koje. Am Heilig Abend kein Schnee, sondern Dreckwetter.

Sonnabend, den 25. XII. 43
8.00 Wecken. Rein Schiff. Ziemlich katerig ist mir zu Mute. Lasse mir auf dem Leitstand erst einmal den Wind um die Ohren wehen. Mittag habe ich nicht gegessen, da mein Teller perdu. Um 16 Uhr Kaffeetrinken, jeder 3 St. Kuchen und 3 Tassen Bohnenkaffee. Mit Linß erzählen wir nett. 19.45 spielt in der Kantine die Jazzkapelle „Orchestra Casamatra". Wir sind weg. Den Bassist im „Orchideen-Kaffee" in Hamburg gesehen. Der italienische Gitarrenspieler, einer der besten der Welt. Alle total verjazzt. Abends kommt Lotti, eine gezogene Helferin aus Sachsen, noch bis um nach 24.00 zu uns. Möller, Buschi und ich bringen sie nach Hause in die Stabsbatterie. Um 1/2 1 Uhr schreibe ich noch Tagebuch, doch jetzt geht es sofort ins Bett. Parole „Villingen"

Montag, den 27. XII. 43
7.00 Wecken. 9.20-10.20 Infanteriedienst, anschließend Zeugdienst. 12.00 Mittag. Um 12.30

glücklicherweise ließ man uns noch abfahren. In Stohl hieß es warten auf einige M-Helferinnen, die auch noch Weihnachten zu Hause sein wollten. Rund um uns heftiges Geschützfeuer; Scheinwerfer und Lichtspurmunition suchten sich ihre Wege. Es dauerte aber nicht lange; dann konnten wir weiter, und auch auf dem Kieler Hauptbahnhof war alles längst wieder ruhig und beinahe friedlich.

Silvester 1943
Zwei Stunden Wache in der Batterie - zwei Stunden Zeit zum Nachdenken über Vergangenes und zum Spekulieren über Künftiges.
Anschließend Teilnahme an der „Silvesterfeier" im Gemeinschaftsraum. Der neue Batteriechef, Oberleutnant Bracht, hielt eine kernige Ansprache an seine Mannschaft ... Dann durfte der gesellige Teil des Abends beginnen. Wir Flakhelfer hatten ein buntes Programm vorbereitet, das von „den Alten" mit Beifall aufgenommen wurde.

Dienstag, den 4. Januar
Gegen Mittag Alarm; Bomberstaffeln von mehreren hundert Flugzeugen waren auf dem Weg von der Nordsee über Holstein südwärts Richtung Kiel, Lübeck und Berlin. Ein Verband überflog unsere Stellung. Bei klarer Sicht konnten wir die dicht aufgeschlossenen 50 bis 60 Flugzeuge mit ihren Kondensstreifen und den sie umkreisenden Jägern gut beobachten. Dazwischen lagen wie kleine Wattebäuschchen die detonierenden Geschosse der „12,8". Leider flogen sie für uns viel zu hoch, so daß wir sie nicht erreichen konnten.
Das Schußprotokoll ergaß 68 Schuß für unser Geschütz ... Die Besatzungen vom Dritten und Vierten Geschütz feuerten je 70 Schuß.
Unser Geschütz wurde wiederum von einer Pechsträhne verfolgt; zunächst gab es hintereinander zwei „Versager"; dann folgte ein Patronenklemmer, und schließlich sprang auch noch die Andrückfeder zum Lademotor. Dadurch gingen uns über 10 Schuß verloren, und die Ladenummer mußte ganz durchladen. In dieser Turbulenz passierte es, daß wir einen Schuß zuviel aus dem Rohr gejagt haben. Das Geschoß war gerade im Rohr, da kam von Leitstand „Abwarten"; in der Hitze des Gefechts zog Geschützführer Paul trotzdem noch durch. Es knallte dann nicht nur aus un-

kommt durch, daß (das Schlachtschiff) „Scharnhorst" gesunken ist! Ein schwerer Verlust! Von 15.30 bis 17.20 Kino. Es gab den Film: „Himmel, wir erben ein Schloß". Abends Schachspiel gegen Flemming in der Kantine verloren. Bis um 23 Uhr im Arbeitssaal der Schülerbaracke. Parole „Brüssel"

Dienstag, den 28. XII. 43
7.00 Wecken. 8-10 Uhr Arbeitsstunde. 10-11.50 Mathematik. 11.50 bei Leutnant Petersen. Bücher nennen, die man gerne lesen möchte. 14-15 nachmittags hält der Fähnrich über die bevorstehende Invasion der Briten und Nordamerikaner einen Vortrag und verliest „Geheimbefehle". 15-16 Schießen (Ltn. Petersen). 16-18 Vortrag über politische und militärische Lage. 21 Uhr Ronde durch Obmt. Ohme. Parole „Schleswig"

Mittwoch, d. 29. XII. 43
7 Uhr Wecken. 8-9 Latein. 9-11 Deutsch. 11-12 Latein. 14-15.30 Vortrag über die Entstehung der Erde von Obfhr. Baumeister. Danach in der Schülerbaracke über die Aufführungen zu Sylvester beraten. Ich kaufe mir das Buch „Ursula", welches mir sehr gut gefällt. Ich werde es im Urlaub verschenken. Von 16-18 Arbeitsstunde. Um 23.15 in die Koje. Zum 1. Male habe ich mich heute rasiert. Parole „Chiemsee"

Freitag, den 31. Dezember 1943 - Sylvester!
7.00 Wecken. Bis zum Mittagessen für Aufführungen geprobt. 12.00 Mittag. Karten und Verpflegungsgeld geholt von der Schreibstube. Nachmittags Schach gespielt. Gegen Schöfisch 1:1. Gemeinschaftsessen in der Kantine. Danach feiern wir erst in der Schülerbaracke und um 23 Uhr abends führen wir vor dem Stamm unser Programm auf und feiern dort mit. Um 24 Uhr Höhepunkt. Linß und ich! HA! Ha! Ha! Parole „Malmedy"

Sonnabend, den 1. Januar 1944 - Neujahr!
Um 2.30 in die Koje. Auf Urlaub vorbereitet. Um 19.00 marschieren wir aus Pries ab. Nacht über in Kiel... Abends, die von der Kapelle „Casamatra" im „Hansa-Hotel" gesehen.

Sonntag, den 2. Januar 1944
1. Urlaubstag. Nacht über in Kiel. Bahnhof, „Hansa-

serem Rohr, sondern auch aus dem Leitstand vom Batteriechef in unsere Richtung ..."[19]

Mittwoch, den 5. Januar
Von der Baracke sind wir heute in Geschützbunker umgezogen. Ich liege im „dritten Stock". Über meinem Kopf hängt die Alarmglocke - zwei derbe Stahlglocken mit dazwischen schwingendem Klöppel ...

Mittwoch, den 19. Januar
Seit gestern abend ist das Dritte Geschütz wieder klar gemeldet, obwohl Lademotor und Seitenschwenkmotor noch fehlen. Die Besatzung darf also die Technik durch Muskelkraft ersetzen. Wir sind nun wieder 4 Geschütze - aber trotzdem nicht voll gefechtsbereit, weil das Funkmeßgerät wiederum unklar ist. Ein Defekt löst in letzter Zeit den nächsten ab. Dafür gibt es personelle Verstärkung. In der Wirtschaftsbaracke sind 25 Rekruten untergebracht, die bei uns (und unter uns!) ihr Waffenhandwerk erlernen sollen. Außerdem sind 30 M-Helferinnen und eine größere Gruppe Flakhelfer avisiert. Für uns kann das nur von Vorteil sein; denn je größer die Besatzung, um so größer auch die Wahrscheinlichkeit, wieder einmal Ausgang oder sogar Wochenendurlaub zu erhalten ...

Sonntag, den 23. Januar
Wieder einmal wurden wir umquartiert und dabei unsere Gruppe völlig auseinandergerissen: zwei von uns liegen in der Zentrale, drei im Zweiten Geschützbunker, einer am Dritten Geschütz und ich im Nebenbunker des Ersten Geschützes, dem sog. „Sterbezimmer".

Hotel" (Oberfähnrich Baumeister 2x getroffen), Jazzkaffee. Bahnhof Walli und Jochen Wagner. Ab Kiel 5.35 h. An Hagenow Land 8.30 h. In Bzbg. (Boizenburg) um 16 Uhr ganz überraschend. Abends den Film „Die kluge Marianne" gesehen. Obligatorische Befragung der Marinehelfer durch Leutnant Petersen als schikanöse Voraussetzung für Urlaubsantritt.

Dienstag, d. 4. Jan. 1944
Urlaub:... Mittags von 11.15-13 Uhr Fliegeralarm. u.a. soll Kiel angegriffen worden sein. - Mit Werner Oswald den Film „Münchhausen" gesehen.

Mittwoch, d. 5. Jan. 1944
Die schönen Tage sind zu Ende!! Um 19.15 aus Bzbg (Boizenburg). Der D-Zug hat in Hagenow Land schon 35 Min. Verspätung. Zug fährt über Neumünster, da Strecke von Lübeck nach Kiel getroffen ist.
(In Pries laut Marinehelfer Möller:) 10.40 Flakalarm. Ein neuer Großangriff auf Kiel. Auch um die Batterie fielen Spreng- und Brandbomben. Ungefähr 300 Flugzeuge überflogen Batterie. Große Brandwolken über Kiel. Abschüsse beobachtet. Auch Luftkämpfe. 12.30 Ruhe ... 253 Schuß 10,5 cm. Andere Batterien schossen Flakrichtungspfeil.

Donnerstag, den 6. 1. 1944
Um ca. 4 Uhr Ankunft auf dem Kieler Hauptbahnhof, der durch Fackel erleuchtet wird und brennt. Alles Glas liegt unten. Schon wieder Luftgefahr. Der Urlauberdampfer muß geräumt werden, da Alarm ist. Wir gehen in einen Bunker, da kommen auch schon die Banditen. Über Kiel eine Brandwolke, es riecht furchtbar. Das „Hansa Hotel" ist eine Ruine. Dann mit dem Dampfer nach Friedrichsort, dort treffe ich Wagner

---

[19] Am 4. Januar 1944 waren 500-600 amerikanische Bomber am späten Vormittag in die Deutsche Bucht eingeflogen und hatten Kiel in vier Großwellen angegriffen. Die schwere Flak gab 11.406 Schuß ab und vernichtete 12 gegnerische Flugzeuge. Einen Tag später, gegen 11.00 Uhr erfolgte der nächste Angriff. Brand- und Sprengbomben töteten 216 Menschen und hinterließen Schäden im Kieler Stadtgebiet. Der Flak gelang - teilweise im Zusammenwirken mit Jägern - der Abschuß von 14 Bombern, einige der angreifenden Verbände konnten durch das Flakfeuer abgedrängt werden.
MH Jürgen G. (OSfJ Teterow, eingesetzt in den Batterien Krusendorf und Pries) über einen Angriff auf Kiel: „Ich war am Dreiwaggerät eingesetzt, hatte den Folgezeiger zur Deckung zu bringen, zeitweise stand ich draußen als Beobachter mit Kopfhörer und Halsmikrofon. So sah ich bei einem Tagesangriff auf Kiel einen Verband von der Förde kommend auf uns zufliegen. Wir schossen aus allen Rohren, da der Verband schnell auf Schußentfernung 10.000 m herangekommen war ... Am nächsten Tag haben wir uns die riesigen Bombentrichter auf freiem Feld und die Löcher der Blindgänger mit Respekt betrachtet. Freudig konnten wir sehen, wie eine feindliche Maschine getroffen mit schwarzer Rauchwolke und nacheinander aussteigender Besatzung verschwand. Eine weitere Maschine stürzte ab, ein Besatzungsmitglied hatte sich mit dem Fallschirm im Leitwerk verfangen und hatte somit keine Rettungsmöglichkeit. Damals ein erhebendes, aber auch mulmiges Gefühl."

Sonntag, den 30. Januar
... Gemeinschaftsempfang der Führerrede. Durch Störungen aus dem Äther war jedoch nicht viel davon zu verstehen. Reaktion des Artilleriechefs, Oberleutnant Bracht, in seiner anschließenden Rede: „Gezielte Einflußname der Engländer, die verhindern wollen, daß wir unseren Führer hören können."
Die ganze Nacht davor folgte ein Alarm dem anderen. Erst um 6,00 Uhr in der Frühe endlich der erlösende Befehl „Bereitschaftsgrad Ruhe! Stand und Geschütze fest!"
Allein unser Geschütz hat in dieser Nacht 133 Geschosse aus dem Rohr gejagt, die größte Zahl, seitdem wir in dieser Batterie sind, obwohl auch diesmal wieder das Funkmeßgerät über einen längeren Zeitraum unklar war ... An allen wichtigen Anlagen unserer Batterie, also an den Geschützen, am FuMG, dem Leitstand usw. werden seit gestern von Feuerwerkern, Spezialisten auf ihrem Gebiet, Sprengkörper angebracht. Alles geschieht in Vorbereitung auf eine mögliche Invasion, die über See oder, was wahrscheinlicher wäre, von Fallschirmjägern erfolgen würde. Durch einen kleinen Knopfdruck fliegt dann unsere ganze Batterie in die Luft - und wo bleiben wir dann??? ... Als Trost bleibt uns, daß wir Hoffnung haben dürfen, in absehbarer Zeit das Flakkampfabzeichen zu erhalten. Bei den Angriffen vom 4. und 5. Januar wurden uns bei Abschüssen 4 Punkte angerechnet, und in der letzten Nacht müßte es zumindest wieder einige „Beteiligungen" gegeben haben.

Mittwoch, den 2. Februar
Heimaturlaub - allerdings mit vorbestimmter Ziel- und Aufgabenstellung; ich mußte mich am Heimatort zur Musterung melden ... Damit sind die Weichen für die Zeit nach Kiel und RAD gestellt.

Freitag, den 11. Februar
Wieder einmal durften wir sieben, ..., die Stellung wechseln. Am 8. Februar wurden wir von Marienfelde nach Heidkate zur Abt. 261 der Ersten Flakbrigade und hier wiederum zur Ersten Batterie abkommandiert. Über Schilksee und Kiel fuhren wir - mit einigen Umwegen - in unsere neue Stellung hinter Schönberg und in der Nähe vom Ehrenmal Laboe.
Und wieder einmal müssen wir umlernen; ich bin als einziger von uns wieder an einem Geschütz gelandet, wieder. Scheußlicher Wind hindert am schnellen Marschieren. Um ca. 6 Uhr wieder in B 3. Gerade war wieder Alarm. In C 1 schläft Kröhnke und Kowalski. Morgens gehe ich nach C 3. Um 10 Uhr ist Wecken. Mein Spind steht auf dem Flur. Alles Scheiße. Vormittags kein Dienst mehr. Wieder Urlaubssperre, da Stand nicht OK ist. Heute keine Schule in Kiel, da die Hebbel-Schule einen Volltreffer erhalten hat. 14-16 h Chemie. 16-18 h Physik. Petersen ist zum Oberleutnant befördert worden. In der Kantine Brief an Eltern geschrieben. Ronde durch Obm. Flick gut verlaufen. Parole „Düren"
In Pries laut Marinehelfer Möller: 1.50 Flakalarm Feindliche Flugzeuge im Anflug. Eigene Jäger in der Luft. Mehrere Salven auf eigenen Jäger ... 8 Schuß 10,5 cm.

Freitag, den 7. Januar 1944
7.00 Wecken. Schlief mit (Rudi) Kottke zusammen, da keine Koje in C 3 mehr frei ist. Mir ist nicht ordentlich. Schlecht geschlafen, Schnupfen. 8-9 Uhr A-Unterricht „Das Gehäuse". 9-10 h I-Dienst bei Findeisen. 10-11.50 Arbeitsstunde. Von 11.25-11.47 h Flakalarm. Feindlicher Aufklärer bei Fanö.- Wir ziehen wieder nach C 1 um. Die neuen Marinehelfer sind eingetroffen. 13.10-13.25 h Flakalarm. Feindlicher Aufklärer bei Appenrade Kurs Ost, dann Mitte Fehmarn Kurs Ost. Von 14-15 h Mathematik. Dann sollte Variete sein, fällt aber aus. C 1 schwänzt den Rest der Schulzeit. Hole mir von Max „Vom Zarenadler zur roten Fahne". Abends Ronde durch Maat Larisch. Parole „Eger"

Sonnabend, den 8. Januar 1944
(Erst) 8.00 Wecken, da Elektrizitätswerk in Kiel beschädigt und Kohlenvorräte verbrannt sind. 9-11.15 Waffenreinigen. 11.30 Hauptmusterung. Beim Angriff auf Kiel wurden von unserer Brigade 19 Abschüsse erzielt. 14-15 h Rein Schiff. 15-17 h Zeugdienst. Abends in der Kantine. Ronde durch Obm. Schiffelholz gut verlaufen. Parole „Quedlinburg"

Sonntag, den 9. Januar 1944
Aufgestanden um 9.10 h. Es kommt ein Spruch durch, daß die Marinehelfer des Jahrganges 1926 am 20. Januar bzw. am 5. Februar entlassen werden. Dann gibt's auch das Abgangszeugnis. Nachmittags

die anderen wurden an den „Kleinkog" und den „Mecketisch" kommandiert ... Eingeführt wurden wir von Batteriechef Oberleutnant Brümmer. Die anderen M-Helfer sind großenteils Schwaaner Jungs, mit denen durchweg auszukommen ist.
Erstmalig haben wir in unserem Quartier (Bunker 3, Raum 3) auch einen Volksempfänger ...
Als wir uns am Montag auf der Marienfelder Schreibstube unsere Marschpapiere abholten, erhielten wir gleichzeitig unsere Schul-Abgangszeugnisse. Niemand hatte uns vorher etwas davon gesagt... Ganz einfach erhielten wir die Zeugnisse in die Hand gedrückt und wußten nicht, ob wir damit noch Schüler unserer alten Schule waren oder nicht ...

Sonntag, den 20. Februar
Dreimal nacheinander gab es Flakalarm. Dreimal waren starke feindliche Verbände im Anflug. Der erste Alarm dauerte von Null Uhr 30 bis 3 Uhr ...

Sonnabend, den 4. März
...Am letzten Mittwoch kamen neue Soldaten in die Batterie; älter als unsere Väter, zum Teil bereits über 50 (!) Wir durften ihnen (aus der Ferne) bei der Grundausbildung zusehen. Was wir an Langsamkeit bewußt gestalten, läuft bei diesen Männern von Natur in gebremsten Tempo. Wenn die uns ersetzen sollen, wird es künftig lange dauern, bis es heißt „Geschütz Zwei einsatzbereit".

Mittwoch, den 8. März
Und wieder einmal ist „Luftgefahr 15". Jeden Augeblick rechnen wir mit Alarm. - Etwa eine Stunde später waren wir wieder zurück vom Einsatz. So schnell geht es oft. Diesmal gab es fast keine Standortmeldungen. Anzunehmen ist, daß der Engländer mit seinen Verbänden auf dem Wege nach Berlin ist. Wir bleiben dann für ihn „links" liegen.
Seit Montag ist nun auch der künftige Ersatz für uns eingetroffen: 47 Marinehelfer, darunter auch Jungen aus der Nachfolgeklasse unserer alten Schule. Vorläufig sind sie im Gemeinschaftsraum und im Schulraum untergebracht ...
Um 1/2 vor 2 gab es dann „richtigen" Alarm. So oft in der Vergangenheit über das Schrillen der Alarmglocken und das Heulen der Sirene geschimpft worden ist, in diesem Fall hat der Alarm ganz offen-

lasse ich mir die 10.5 von Rypczinsky erklären. Wir laden mit scharfen Patronen durch ... Auf dem großen Batteriehof steht ein fahrbares Funkmeßgerät (Würzburg 39T). Abendronde durch Maat Maier, schlage die Birne kaputt, nehme mir am nächsten morgen eine aus dem Klassenraum. Parole „Klagenfurt"

Montag, den 10. Januar 1944
7.00 Wecken. 8.30-10 h Latein. Arbeit, die ich nicht mitgeschrieben habe, wird zurückgegeben. Viele haben eine 6, da sie wörtlich vom Schmöker abgeschrieben haben. 10-11.50 h Arbeitsstunde. 12.15 h Mittag. Findeisen beim Umzug geholfen. 14-15 I-Dienst. 15-16 h Posten „Ausguck". 16-18 h Arbeitsstunde. Abends noch in der Kantine, es sollte Kino sein, fällt aber aus. Heute ist Diensttuer Hein U.v.D. Parole „Hohensalza"

Dienstag, den 11. Januar 1944
7.00 Wecken. 8-10 h Deutsch. Halte den Vortrag „Die Sowjet- Flotte". Bester Vortrag 2. Danach Filmvorführung „Der Strom" nach Max Halbe. 12.15 Essen. 13-15 h Übung. Schießen nach optischen Geräten. Dreiwag-Schießen. Eine He 111 fliegt als Ziel. Wir exerzieren bei Maat Ullmann. Dann Arbeitsstunde bis um 18 Uhr. Von 18-19.20 spielen und singen 3 Künstler bzw. Künstlerinnen.
Mache die Stube sauber, da Stubendienst. Heute war Konferenz der Lehrer. Heute wurden auch die militärischen Beurteilungen geschrieben. U.a. bei mir „lebenslustig", ausgebildet als alle 5 (Bedienungs) Nummern an der 2cm-Flak 38, speziell Richtschütze. Abends in der Kantine. Unsere Kapelle spielt prima. Parole „Rathenow"

Mittwoch, den 12. Jan. 1944
7.00 Wecken. 8-9 h Mathematik. 9-11 h Latein. Muß auswendig lernen, ha ha, weil ich zu spät komme. 11-11.50 Geschichte. U. (Betreuungslehrer Utpott) sagt, daß ich in Geschichte gut bin. 12h Mittag. 12.08-12.25 Flakalarm. Aufklärer im Gebiet von Schleswig mit Ostkurs. Erhalte Erkennungsmarke: Kriegsmarine KJ 9831. In den Nachrichten wird gesagt, daß 130 feindliche Bomber beim Angriff auf Leipzig, Dresden, Hannover abgeschossen worden sind, von 1100 Maschinen. 14-15.15 FED Unterricht. 14.10-14.25 Flak-

sichtlich den Helfern im M-Bunker das Leben gerettet. Durch unkontrolliertes Austreten von CO und CO_2 waren die meisten bereits bewußtlos, konnten aber durch den schnellen Einsatz der „Ersten Hilfe" und das Bemühen des Sani-Dienstes wieder ins Leben zurückgeholt werden ...

Samstag, 25. März 1944.
- Die Zeit als Marinehelfer an der Kieler Außenförde ist beendet.
Am Freitag kam der nächste Großalarm. Unsere Uniformen lagen bereits wieder in der Kleiderkammer ... Trotzdem hieß es für uns Einsatz wie gehabt. ... Und dann haben wir noch einmal geschossen und geschossen. Bereits nach kurzer Zeit war das Geschützrohr kochendheiß. Mit kurzen Unterbrechungen verließen ca. 300 Schuß die Rohre ... 300 Schuß heißt auch 300mal Transport der Granate, 300 leere glühendheiße Kartuschen im Bunker; heißt Geschützdonner, Pulverdampf, Nervenanspannung, äußerste Konzentration - und körperliche Anstrengung ... Da unsere Batterie an einem Abschuß beteiligt sein soll, hätten wir damit die für das „Flak-Kampf-Abzeichen" erforderlichen acht Punkte mehr als zusammen: 3./5. Januar - 3 Beteiligungen; 29. Januar - ein Abschuß; 30. Januar - 2 Beteiligungen ... Als der Spieß die Fahrscheine ausgeben wollte, kam erneut Flak-Alarm. Doch nun waren wir wirklich und wahrhaftig „entlassen" ... Zum letzten Male Antreten auf dem Batteriehof zum Abmarsch. Fähnrich Beyer brachte uns dann noch bis zum Schönberger Bahnhof. Keiner von uns hat sich persönlich von ihm verabschiedet. Wortlos drehte er sich um und verließ den Bahnhofsvorplatz ...
Um 10 Uhr Ankunft in der Heimatstadt. Auf dem Bahnhof wurde unsere Gruppe ... von Mucki M. und Inge S. - als Vertreter der Klasse - in Empfang genommen. Was wir bis dato nicht wußten: Für den Abend war im Café L. für unsere alte Klasse eine Schulentlassungsfeier vorgesehen, da die Mädel ihre Zeugnisse inzwischen ebenfalls erhalten hatten. ... Eigentlich war um 24 Uhr Polizeistunde; aber es gab soviel zu erzählen und „zu feiern", daß wir bis 1 Uhr - trotz einsetzendem Flugalarm - zusammenblieben.

alarm. Rückkehrer im Raum von Schleswig, Kurs West. Trage mich ins Urlaubsbuch ein für den 25., 26., 27., 28. Januar 1944. Genehmigung von Ullmann hab ich. - Bis 16 h Zeugdienst. 16-18 h Arbeitsstunde ... Abends Süßigkeiten empfangen. Ronde durch Obgfr. Lasch. Um 22 Uhr nachmelden. Von 22-23 h dürfen wir noch arbeiten. Parole „Klagenfurth"

Freitag, den 14.1.44
7.00 Wecken. 8-10 h Mathematik. 10-11 h Deutsch. Über den Film „Der Strom" gesprochen. Alle, die noch nicht im WE (Wehrertüchtigungslager) waren, werden am 20.1. entlassen und sollen dann ins WE-Lager. 11-12 h Geschichte. 12.15 Mittag. 14-15 h Artillerieunterricht. 15-16 h Infanterie-Dienst bei Maat Ullmann, der sich jetzt langsam wandelt. 16-18 h Arbeitsstunde, d.h. eigentlich, ich mache keine Schularbeiten. Abends Ronde durch Obm. Brammer. Petersen kommt nach Holland als Batteriechef. Hauptfeldwebel Paulsen und Obfhr. Baumeister zur Front. Parole „Bunzlau"

Sonntag, den 16.1.44
8 h Wecken, anschließend Kaffee trinken. Ich bin heute Backschafter. 11 h Postausgabe. 12 h Mittag. Backschafter gewesen. Nachmittags von Wachtel FED-Sammelmappen geholt und besehen. Abends Ronde in Zivil gemacht. UvD Fähnrich W. Dirksen. Nach der Ronde Armin Linß' Sachen vertauscht und anschließend gebadet. Parole „Schweden"

Entlassung. Montag, den 17.1.44
6.45 h Wecken. Sachen gepackt und erst zum Revier zur Nachuntersuchung. Dann Kleidung abgegeben. Um 10 h wieder zurück. Auf der UvD Stube Laufzettel geholt. Auf der Schreibstube Erkennungsmarke, (Marinehelfer-Personal) Ausweis und Krankenversicherungsausweis abgeben. Nachmittags ist die Schulkommission da. (Stud.-Rat) Creutzfeldt wird runtergemacht. Gasmaske, Plane und Losantintabletten abgegeben, ebenfalls Stahlhelm und Koppel. Laufzettel. Abends werden uns der Fahrschein, Wehrpaß, Marken, Geld ausgehändigt. Der Batteriechef verabschiedet sich von uns und sagt, daß unsere Leistungen gut gewesen wären, und daß jeder seinen guten Willen gezeigt hätte. Verabschiede mich von Maat Ull-

mann, meinem Chef (Geschützführer). Er sagt mir: „Immer die Besten müssen gehen." Ich wäre der Beste gewesen und hätte ihm tadellos gefallen. Ronde durch Maat Karsten um 21.15 h. Verabschiede mich dann von (den Betreuungslehrern) Utpott, Zelk, Creutzfeldt und den Kameraden. Gehe erst spät in die Koje, war noch bei Linß.

Dienstag, den 18. Januar 1944.
2.30 weckt Linß Rüss und mich. Ziehen uns an und marschieren um 3.30 h los nach Fr.ort (Friedrichsort). 4.40 h fährt der Bus bis zum Kieler Hbh. Abfahrt nach Hamburg mit dem Personenzug 5.41 h. In Altona nach 8 h. Von dort, ich fahre mit (Rudi) Kottke zusammen, mit der S-Bahn zum Hbh...Ich gehe durch die Stadt zum Hafen. Alles trostlos. Schlechtes nebelnasses Wetter. Esse im Wartesaal. 13.21 h Zug nach Hause. Beim Einlaufen des Zuges in Altona sah ich mehrere Eisenbahngeschütze. Wahrscheinlich 10,5cm- Flak.

24 Marinehelfer der Mittelschulen Goldberg und Neustrelitz in der Batterie Marienfelde bei Kiel (Herbst 1943). Am 13. Dezember 1943 explodierte durch Unachtsamkeit eines Geschützführers das dritte Geschütz. Einige Marinehelfer trugen schwere Brandverletzungen davon. (Erich Joers)

Die MH des Jahrganges 1926 schieden im Januar/Februar/März 1944 aus dem Flakdienst aus. „Da wurde aber kein großes Aufhebens gemacht. Marinehelfer anderer Schulen lösten uns ab."[20] so Erich J. (Mittelschule Neustrelitz) über die Entlassung seiner Klasse (28. März).

[20] Bericht von Erich J. Über seinen weiteren Kriegseinsatz: „Nach meiner Rückkehr fing ich in Neustrelitz als bautechnischer Fachschulpraktikant an. Doch schon im September '44 mußte ich zum Arbeitsdienst nach Hagenow-Land. Auf dem dortigen Flugplatz erhielten wir eine friedensmäßige Ausbildung am Spaten. Wir bauten beispielsweise Splitterschutzwälle für die Jagdflugzeuge und erweiterten Waldstraßen. Ende November wurden wir in die Nähe Gadebuschs verlegt, wo ich einen Fuhrpark betreute. Während meine Klassenkameraden zur Wehrmacht mußten, verblieb ich dort bis März '45 als Ausbilder. Nach meiner Entlassung aus dem Arbeitsdienst kam ich zur Wehrmachtsausbildung nach Joachimsthal bei Eberswalde. Nach Kämpfen im Raum Prenzlau-Pasewalk geriet ich am 28. April 1945 in russische Gefangenschaft."

Im Gegensatz zu den Malchiner Luftwaffenhelfern, die bis Januar 1944 weder in Delmenhorst noch in Rechlin zum Schuß gekommen waren, hatten die im Raum Kiel-Eckernförde eingesetzten MH den Luftkrieg in seiner Härte bereits zu spüren bekommen. Einflüge und Durchflüge von Bomberverbänden zu Angriffen auf Hannover, Hamburg, Berlin u.a., gegen Städte und Produktionsstätten in Mecklenburg und Pommern, Minenflüge, um den Kieler Hafen zu sperren, Störangriffe und Großangriffe auf Kiel prägten und beanspruchten die jüngsten Soldaten sehr nachhaltig. Mit zunehmender Einsatzdauer erfüllten die LwH/MH zuverlässig ihre Aufgaben, gewöhnten sich an Pulverqualm, das Dröhnen der Geschütze und den Aufschlag von Bomben in der Umgebung der Geschützstände. Verspürten überörtlich eingesetzte LwH/MH gelegentlich Heimweh, so halfen ihnen die Geschlossenheit des Klassenverbandes, das Sichbesserkennenlernen während des Einsatzes über den Trennungsschmerz hinweg. Die Kameradschaft wurde zur prägenden Erfahrung der jüngsten Soldaten. Im Unterricht hielt man gegen Pauker zusammen; Tricks und Schliche, sich den Dienst angenehmer zu gestalten, wurden abgeguckt. Urlaub und Ausgang bildeten zentrale Gesprächsthemen. Erste Bekanntschaft mit Alkohol und Zigaretten wurde geschlossen; Weihnachts- und andere Batteriefeste stärkten das Zusammengehörigkeitsgefühl. LwH/MH berichteten vom Abhören sogenannter Feindsender, weniger um sich über politische Geschehnisse zu informieren, sondern um Jazz zu hören, der sich bei vielen LwH/MH größter Beliebtheit erfreute. Dazu ein Erinnerungssplitter von Helmut P. (Große Stadtschule Rostock): „Eigentlich waren wir ja ganz brav damals. Aber der Horizont wurde schon erweitert durch das Zusammenleben von 6 bis 12 Mitschülern. Wenn Gerd P. nach der Melodie eines bekannten Marsches sang: ‚Hab`n se schon ein Hitlerbild, hab`n se schon ein Hitlerbild? Nee, nee wir hab`n noch keens, wir hab`n nur von Stalin eens.' Dem späteren Rostocker Generalmusikdirektor billigten wir damals schon künstlerische Freiheit zu. Eher fremd waren uns die ‚Salonlöwen' Horst Idzak und Edgar Möller (letzterer Sproß der renommierten Rostocker Tanzlehrer Lu&Ed Möller). Beide erregten mit ihren (relativ) langen Haaren Aufsehen und eröffneten uns mit Jazz, Stepptanz und aufmüpfigen Songs eine neue Welt: ‚Wir tanzen Swing im nassen Ha-andtuch und hotten nach No-oten, das ist verb-oten. Und kommt die Polizei ... und ist sie wieder weg...`"[21]

In der Batterie Schmarl gab es folgenden Spruch: „Wer ist morgens beim Stubenreinigen der körperlich ruhigste? Antwort: Der Stubendienst. Wieso? Antwort: Morgens zur Zeit des Stubenreinigens - von 7.00 bis 1/2 8 Uhr - bringt Ko-

---

[21] Bericht von Helmut P.

penhagen - auch über unseren Kleinempfänger - moddern Daanzmusiken. Da stand das ganze Volk am Radio - bis auf den Stubendienst - und hottete in unglaublichsten rhythmischen Bewegungen."
Für Schörken ist die Hinwendung der Flakhelfer zum Jazz „ein spontaner, wenngleich keineswegs voll bewußter Ausdruck eines diffusen Freiheitsdranges".[22]
An Diskussionen über politische Themen erinnern sich nur sehr wenige LwH/MH.

Weit weniger vom Kriegsgeschehen beansprucht als die MH in Kiel und im Bereich Eckernförde waren die Gymnasiasten aus Güstrow, Neustrelitz und Schwerin, die in den Batterien der MFLA Swinemünde einfliegende Verbände u.a. nach Stettin beschossen, die MH aus Grevesmühlen und Waren, welche die Schleusenanlagen und die Kanaleinfahrt im Bereich Brunsbüttel schützten, sowie die in den Batterien Buntekuh (209/XI) und Moislinger Baum (210/XI) bei der Heimatflak Lübeck eingesetzten 52 Luftwaffenhelfer aus Neubrandenburg.
In Lübeck hatten die Neubrandenburger LwH im September/Oktober 1943 ihre Grundausbildung an den 8,8cm-Geschützen, an der Leichten Flak und an den Meßgeräten erhalten. Studienrat Dr. Stichel und Lübecker Lehrkräfte sorgten für eine regelmäßige Unterrichtserteilung. Ludwig Sch. beschreibt seinen wenig dramatischen Dienst: „Am 22. September 1943 hatte die Oberschule für Jungen zu Neubrandenburg eine Klasse für den Luftwaffenhelfer-Einsatz zu stellen. Wir gehörten dem Jahrgang 1927 an und waren zum Teil noch nicht 16 Jahre alt. In diesem Alter sind Kinder, die wir ja noch waren, leicht für heroische Taten zu begeistern. Unsere Eltern sahen das Geschehen natürlich mit anderen Augen. Mein Vater war Soldat und hat von meiner Einberufung erst erfahren, als ich schon Flakhelfer war. Mutter hatte sich damit abzufinden, daß sie nun auch mich ziehen lassen mußte. Viele Frauen hatten ja damals dieses Los zu tragen. Bei unserer Ankunft in der schweren Heimatflakbatterie 209/XI bei Lübeck waren wir natürlich begeistert von der Technik, die wir zu sehen bekamen. Unsere Batterie hatte sogar ein Funkmeßgerät. Unsere Bewaffnung bestand aus Kanonen 39 R. Das waren 8,5cm-Geschütze russischer Herkunft, die für deutsche Munition passend auf 8,8cm aufgebohrt und mit einer Mündungsbremse versehen waren. Die größten, kräftigsten Jungen taten zusammen mit Flak-Wehrmännern aus Lübeck an diesen Kanonen Dienst. Die Kleineren dagegen wurden für die Arbeit am Behelfs-Umwertegerät, dem sogenannten Malsi-Gerät, eingeteilt. Außer uns waren keine Luftwaffenhelfer in der Batterie. Der Umgangston in der Heimatflakbatterie war sehr leger, Schliff und Schikane waren unbekannte Begriffe."[23]

---

[22] Schörken, Luftwaffenhelfer und politisches Bewußtsein
[23] Bericht von Ludwig Sch.

Neubrandenburger LwH in der Batterie Buntekuh (209/XI) beim Geschützexerzieren mit der 8,8 cm-Flak 39 R. Die Bewaffnung bestand vorwiegend aus aufgebohrten russischen Beutegeschützen. (Ludwig Schmidt)

Neubrandenburger LwH am Maxim-Vierlings-MG zur Abwehr von Tieffliegerangriffen. Batterie Buntekuh (209/XI), Herbst 1943 (Ludwig Schmidt)

Neubrandenburger Luftwaffenhelfer an der 2 cm-Flak (solo) in der Batterie Buntekuh bei Lübeck. (Herbst 1943) (Ludwig Schmidt)

Die Batteriechefs lobten den Einsatzwillen der LwH. So hieß es in einem Schreiben des LGK XI vom 13. Oktober 1943 an den Direktor der Neubrandenburger Schule: „Ihre Jungen sind mit sehr viel Freude an der Arbeit, sind bereits tüchtige Flakartilleristen und genießen die uneingeschränkte Zufriedenheit ihrer Chefs."[24]

Um die Jahreswende 1943/44 endete die Beschaulichkeit der Neubrandenburger LwH in Lübeck. Die Flakhelfer wurden an die Luftwaffenerprobungsstelle Rechlin verlegt.

Auch den in den Rostocker Flakbatterien eingesetzten LwH blieben weitere Bombenangriffe im Herbst und Winter 1943 erspart. Batteriedienste, weiterführende Ausbildungsmaßnahmen, Flakalarme, Schüsse auf überfliegende Verbände und der Schulunterricht bestimmten den Alltag der Jungen. Am 9. Oktober 1943 gelang der Batterie Markgrafenheide (inzwischen in 1./275 umbenannt) der Abschuß von 2 Boeing Fortress II.[25]

---

[24] MLHA Schwerin, MfU Nr. 2977.
[25] Jugend auf dem Sonnenkamp, S. 80.

Schulische Betreuung?

Der überörtliche Einsatz der Luftwaffenhelfer/Marinehelfer verkomplizierte die ohnehin angespannte Schulsituation weiter. Gemäß einer Anweisung des REM war jede Schule, die Luftwaffenhelfer/Marinehelfer zu einem überörtlichen Einsatz abzugeben hatte, verpflichtet, einen Betreuungslehrer der Stammschule in die Stellungen zu entsenden. Die örtlichen Schulverwaltungen trugen die Verantwortung für die Unterrichtung der in ihrem Bereich eingesetzten Luftwaffenhelfer, gleichgültig welcher Schule diese angehörten.[26]

Am 15. Oktober 1943 mußte das Luftwaffenministerium melden, daß das REM infolge des durch überörtlichen Einsatz der LwH/MH bedingten erhöhten Lehrerbedarfs nicht mehr in der Lage war, die für den Unterricht der LwH/MH erforderlichen Lehrer aus dem eigenen Bereich zur Verfügung zu stellen. Es wurde daher die Freistellung von 600 - 700 im aktiven Wehrdienst stehenden Lehrern beantragt.[27] Diese Forderung des REM führte zu heftigen Kontroversen zwischen dem REM und den Personalämtern des Heeres, der Kriegsmarine und der Luftwaffe. Letztlich wurde nur ein Bruchteil des Bedarfs für den Luftwaffenhelfer/Marinehelfer-Unterricht vom Wehrdienst freigestellt.

Auseinandersetzungen hatte es auch auf der am 21. Juni 1943 im REM stattgefundenen Sitzung über Unterrichtsangelegenheiten der LwH/MH gegeben. Im Gegensatz zum REM, das für eine Stärkung der Position des Betreuungslehrers eintrat, schlugen die Vertreter der RJF und der Luftwaffe vor, die Position des Betreuungsoffiziers zu stärken. Die RJF versuchte ihren bislang nur auf dem Papier existierenden Führungsanspruch auf die LwH/MH geltend zu machen, indem sie forderte, nur HJ-Führer als Betreuungsoffiziere einzusetzen. Letztlich aber unterstützte die Parteikanzlei den Plan des REM, da es keinem HJ-Betreuungsoffizier gelingen könne, den HJ-Führer genügend herauszukehren. „Der Hitler-Jugend-Führer wird vor dem Offizier zweifellos zurücktreten."[28]

Neue Probleme erwuchsen den Schulbehörden aus den Verlegungen und taktischen Umgruppierungen der Flakbatterien. Die Schulen - oft erst verspätet von den Verlegungen in Kenntnis gesetzt - mußten den ohnehin nur improvisierten Unterricht dann wieder völlig neu organisieren. So erschien es dem LGK XI sinnvoll, den „durch allerlei räumliche Veränderungen" gefährdeten Unterricht erst ab dem 10. November 1943 beginnen zu lassen, wodurch die Erteilung der üblichen Weihnachtszeugnisse entfiel.[29] Daß auch dieser Termin nicht bindend war, zeigt das Beispiel der Batterie Kiel Pries, in der der Unterricht am 22. November 1943 begann. Bis zu ihrer Entlassung im Januar 1944 erhielten die MH des

---

[26] Vgl. Schätz, Luftwaffenhelfer, S. 174.
[27] Vgl. BLHA Potsdam, Pr. Br. Rep. 2 A II Gen. Nr. 1311.
[28] Vgl. BAK, NS 6/66 (Vorlage an Bormann vom 24. Juni 1943).
[29] Vgl. MLHA Schwerin, MfU Nr. 2977.

Jahrganges 1926 gerade 30 Tage Schulunterricht.[30]
Ende des Jahres 1943 wurden die Schulen und Klassenlehrer aufgefordert, einen Bericht über den Unterricht der LwH einzureichen. Daraus ergibt sich, daß 36% der LwH/MH höherer Schulen Mecklenburgs einen „übernormalen", 35% einen „normalen" und 29% einen „unternormalen" Unterricht erhalten hatten. Von den Mittelschülern wurden 31% „übernormal" und 69% „normal" unterrichtet. Als Bezugsgröße für „normal" galten die vorgeschriebenen 18 Wochenstunden Unterricht. Mit diesem Bericht relativiert sich die Unterrichtssituation der mecklenburgischen LwH/MH, obgleich nichts über die Qualität des Unterrichts ausgesagt wird.[31]

Von der Verlegung in weite Entfernungen vom Schulort waren die Schüler der Klasse 7b der Schule bei den 7 Linden Rostock und die Klasse 6 der Mittelschule Rostock betroffen. Ab Mitte Dezember 1943 kamen sie im Zuge von Verlegungen einiger Batterien aus dem LGK XI in die LGK's III und XVII zum Aufbau einer neuen Abwehrfront gegen einfliegende amerikanische Verbände aus Italien in der 10,5cm-Batterie Hental bei Neudörfl in der Nähe des Ortes Wiener-Neustadt bzw. in Wien-Mödling zum Einsatz. Joachim H. schildert in seiner Klassenchronik, daß die LwH am 20. Dezember 1943 in der Batterie Lichtenhagen zu einer vorgezogenen Weihnachtsfeier zusammengerufen wurden, auf der BC Oberleutnant Jobst die Verlegung am Abend des gleichen Tages bekanntgab. Nach einer strapaziösen viertägigen Fahrt in teilweise ungeheizten Waggons quer durch Böhmen erreichten die Rostocker ihren Einsatzort Hental. Die Stellung befand sich im Ausbau, die Unterkunft erfolgte daher in „Wohnkoffern". Am Vormittag erhielten die Jungen eine Umschulung auf die 10,5cm-Geschütze in einer Batterie in Wiener-Neustadt, wo sie bald einfliegende Bomber beschossen. Mittags marschierten die LwH in die 5 km südöstlich gelegene Stellung Hental zurück, legten Wege an und schaufelten Geschützstände. In der eisigen Kälte litt der Gesundheitszustand einiger Jungen erheblich. Als ein unvergeßliches Erlebnis schildert Joachim H. die Teilnahme an einer mehrtägigen Flakschießübung in Rust am Neusiedler See. Hier machten die Jungen zudem Bekanntschaft mit den burgenländischen Weinen und ihren Nebenwirkungen.[32]
Nach dem Ausscheiden des Jahrganges 1926 verblieben noch 11 LwH des Jahrganges 1927 in Hental. Dank der Bemühungen des Direktors der Schule bei den 7 Linden kehrten auch die übrigen Luftwaffenhelfer Mitte Februar 1944 nach Rostock zurück. Dort wurden sie der 3./232 in Lichtenhagen zugewiesen.

---

[30] Vgl. Kriegstagebuch von Jürgen R.
[31] Vgl. Nicolaisen, Einsatz, S. 114.
[32] Vgl. Hengelhaupt, Chronik der Sexta b/1937.

Aus dem Schreiben des Direktors der Schule bei den 7 Linden (Rostock) an das Mecklenburgische Staatsministerium, in dem er Beschwerde über den Einsatz seiner Schüler in Hental führt[33]:

> *Bericht über die Luftwaffenhelfer der Klasse 7b bei Wiener Neustadt*
>
> 1. *Einsatz.-* Die Jungen sind zunächst in Wiener Neustadt in einer Schule untergebracht gewesen und hatten nur am Tag einige Arbeitsstunden. Dann wurden sie bei schneidendem Wind und Kälte zum Ausheben der Stellung verwendet. Dadurch hat der Gesundheitszustand ziemlich stark gelitten (vergl.2). Gegen die Unterbringung in den Wohnwagen ist nichts einzuwenden. Der Unterricht findet in einem Gasthause inmitten der Stellung statt, so daß der Unterrichtsraum von den weitest entfernten Punkten in 10 Minuten zu erreichen ist. Da nur der von hier abgeordnete Lehrer zur Verfügung steht, haben sie vorläufig Unterricht in Latein und Deutsch, während er ihnen, sobald die Unterlagen vorhanden sind, auch noch Erdkunde- und Geschichtsunterricht geben will.
> 2. *Erkrankungen* sind ziemlich häufig gewesen, vor allen Dingen an Angina und Grippe. Ein Schüler hat 1 Monat und 5 Tage wegen eiteriger Mittelohrentzündung, ein weiterer wegen Lungenentzündung 1 Monat und 2 Tage, zwei wegen Rippenfellreizung und Angina 7 Tage im Lazarett gelegen. Sieben weitere haben 3 und 4 Tage im Revier zugebracht.
> 3. *Über die Verpflegung* wird seit einem Wechsel in der Batterieleitung ganz allgemein geklagt. Vor allem fehlen unseren norddeutschen Jungen natürlich die Kartoffeln, doch lässt sich das eben nicht ändern. Wie weit die Klagen sonst berechtigt sind, kann ich natürlich nicht feststellen. Tatsache ist aber, daß die Jungen, die hier auf Urlaub sind oder waren und mich aufsuchten, ausserordentlich schlecht aussehen. Ob daran die für Schüler zu schwere Schanzarbeit oder die Verpflegung schuld ist, entzieht sich meiner Kenntnis.
> 4. *Nach der Entlassung des Jahrganges 1926* befinden sich nun noch 11 Schüler meiner Anstalt in Neudörfl bei Wiener Neustadt. Sie sollen durch Wiener Schüler verstärkt werden. Ich halte diese Massnahme für bedenklich.
>
> *Eine Abschrift habe ich an das Luftgaukommando XI weitergegeben.*

Weit weniger Erfolg hatte Adolf Hannemann, der die Rostocker Mittelschüler betreute. Er meldete am 22. Februar 1944 aus Wien-Mödling nach Rostock: „Nach dreimaligem Versuch ist es mir heute gelungen, den Sacharbeiter für Luftwaffenhelfer bei der Division, Herrn Hauptmann Nicht, anzutreffen und zu sprechen. Er stellte sich auf den Standpunkt des Divisionskommandeurs, dem seinerzeit vom Mil. Bef. Mitte statt der für die Feuerbereitschaft der einzelnen Batterien benötigten Mannschaften die Luftwaffenhelfer zugewiesen worden sind, die - auch wenn sie nicht aus Wien und den umliegenden Gauen sind - selbst nach beendeter Schulpflicht von ihm zur Rückführung in ihr Heimatgebiet nicht freigegeben werden können. Dann würden auch andere (Hauptm. Nicht nannte mir Hamburger und eine Klasse aus Ostpreußen, die als Luftwaffenhelfer hier ein-

---

[33] Ebenda (Schreiben des Direktors der Schule bei den 7 Linden an das Mecklenburgische Staatsministerium, Abt. Wissenschaft, Erziehung und Volksbildung vom 17. Februar 1944 über den Einsatz der Luftwaffenhelfer der Klasse 7b bei Wiener Neustadt).

gesetzt sind) mit derselben Forderung kommen. Nur einem höheren Befehl würde er stattgeben...."[34] So verblieben die Rostocker Mittelschüler der Klasse 6 in Wien-Mödling. Erst wenige Tage vor ihrer Einberufung zum RAD kehrten sie in die Heimatstadt zurück.

Am 8. Oktober 1943 hatte im LGK XI in Hamburg eine Beratung stattgefunden, die sich neben den Problemen des Luftwaffenhelfer/Marinehelfer-Unterrichts, vor allem mit den Fragen des Ersatzes für die ab Januar 1944 aus dem Luftwaffenhelfer/Marinehelfer-Einsatz ausscheidenden Schüler des Jahrgangs 1926 beschäftigte.[35] Danach sollte Mecklenburg der Luftwaffe und Kriegsmarine 610 höhere und 377 mittlere Schülern des Jahrganges 1928 als Nachersatz zur Verfügung stellen.[36]

Für den Jahrgang 1926 hatte Hitler die Teilnahme an einem Wehrertüchtigungslager der HJ und am RAD-Einsatz ab 1. März 1944 befohlen, im November 1943 diese Weisung widerrufen und die Einsatzzeit des Jahrganges 1926 bis zum 15. Februar 1944 verlängert. Die Gefechtsbereitschaft der Flakbatterien war so auch in der Ausbildungsphase gewährleistet.[37]

Bilanz des Jahres 1943 im Luftgaukommando XI

Außerordentlich starke Feindaktivitäten trafen den Bereich des LGK XI (Hamburg) im Jahre 1943. 60 Angriffe durch Bomber und 102 durch Minenleger, 8.861 Feindeinflüge bei Tage und 11.454 bei Nacht waren erfolgt. 69.280 Sprengbomben und 4.843.160 Brandbomben fielen auf Wohnungen, Fabriken und militärische Anlagen und töteten 46.478 Zivilisten sowie 290 Soldaten. 51.327 Zivilisten und 662 wurden verletzt. Es waren dies die höchsten Verlustzahlen im Bereich des LGK XI während des gesamten Krieges.

369 feindliche Flugzeuge konnten abgeschossen werden, davon 200 durch die Flak, 143 durch das Zusammenwirken der Flak und Jäger sowie 26 durch Flak und Marine. An den Abschüssen waren die seit dem 15. Februar 1943 in den Batterien eingesetzten Luftwaffen- und Marinehelfer beteiligt, unter denen auch Opfer zu beklagen waren. 27 Flakhelfer höherer und 7 Flakhelfer mittlerer Schulen kamen bei Angriffen ums Leben, 25 erlitten Verletzungen.[38]

Im gesamten Reich waren 102 Luftwaffen- und Marinehelfer gefallen, 11 weitere durch Unfälle, Verletzungen und Selbstmord gestorben. 165 Flakhelfer wur-

---

[34] Ebenda (Bericht Adolf Hannemanns vom 22. Febr. 1944).
[35] Vgl. ebenda, MfU Nr. 2977 (Sitzungsprotokoll).
[36] Vgl. ebenda, MfU Nr. 2978 (Statistik).
[37] Vgl. BAK, R 21/527 (Schreiben Lammers an Göring vom 19.6.1943); BAAP, Film Nr. 14647 (Rundschreiben 165/43 des Leiters der Parteikanzlei vom 26. Nov. 1943).
[38] Vgl. Nicolaisen, Einsatz, S. 115.

den verletzt, 10 galten als vermißt.[39]

Schüler aus Mecklenburg befanden sich bis Ende 1943 noch nicht unter den Opfern.

---

[39] Vgl. BAK, NS 6/318.

III. Bombenteppich und Tiefflieger – Luftwaffenhelfer in Rostock, Lübeck und Rechlin

Die Klassenzimmer leeren sich - Einberufung des Jahrganges 1928

Nach den Heranziehungen der Schüler der Jahrgänge 1927/28 aus den Klassen 5 und 6 der höheren Schulen sowie aus den Klassen 5 der mittleren Schulen im Januar 1944 ergaben sich für Mecklenburg folgende Einsatzzahlen:
Höhere Schulen: Im Kriegshilfseinsatz befanden sich am 15. Februar 1944 insgesamt 614 Schüler, davon 196 Schüler aus den Klassen 5, 279 Schüler aus den Klassen 6, 137 Schüler aus den Klassen 7 und 2 Schüler aus den Klassen 8. In den Schulen verblieben 582 Schüler. Somit leisteten 51,3% der höheren Schüler ihren Kriegshilfsdienst bei der Luftwaffe und Kriegsmarine.
Mittlere Schulen: Die Zahl der eingesetzten Schüler belief sich auf 273. 410 Jungen verblieben in den Schulen. Zum Kriegshilfsdienst waren 39,9% der Schüler mittlerer Schulen erfaßt.
Insgesamt wurden 887 Schüler durch die Luftwaffe und Kriegsmarine zum Einsatz gebracht. Diese Zahl entspricht 47% der höheren und mittleren Schüler Mecklenburgs. 992 Jungen wurden vorerst noch nicht eingezogen. Damit gehörte Mecklenburg im Reichsdurchschnitt zu den weniger beanspruchten Gebieten. Im März 1944 wurden weitere 326 höhere Schüler (1. Marinefeuerschutzabteilung) sowie 119 Mittelschüler (Batterien Heidkate und Havighorst) als Marinehelfer nach Kiel einberufen. Die Gesamtzahl der eingesetzten LwH/MH aus Mecklenburg erhöhte sich auf 1332 (höhere Schulen: 940, Mittelschulen: 392).Von März bis Oktober 1944 erreichten noch ca. 30 „Nachzügler" die Einheiten, in denen ihre Klassenkameraden ihren Dienst versahen.[1]
Folgende mecklenburgische Schulen stellten 1944 erstmalig Luftwaffen- und Marinehelfer:
Höhere Schulen: Friedland, Grabow, Parchim, Schönberg.
Mittelschulen: Boizenburg, Festung Dömitz, Gnoien, Lübz, Ludwigslust, Malchin, Malchow, Mirow, Neubrandenburg, Neustadt/Glewe, Plau, Schwaan, Schwerin, Tessin, Waren.
Mit mehr als 600 höheren und mittleren Schülern aus 27 Schulen kam der überwiegende Teil der Mecklenburger bei der Marineartillerie in Kiel und Eckernförde zum Einsatz. Weitere Einsatzschwerpunkte waren die Flakuntergruppen Rostock und Rechlin, die Heimatflakbatterien Lübeck und Wismar, die MFLA Swinemünde sowie das 14. MFLR Brunsbüttel. Einige Schüler wurden nach Stade, Hamburg, Schwerin-Lankow, Wangerooge und Borkum einberufen.[2]
Für die von Januar bis März 1944 einberufenen Schüler der Jahrgänge 1927/28 war der Flakeinsatz bereits zur Selbstverständlichkeit geworden, über den man

---

[1] Vgl. MLHA Schwerin, MfU Nr. 2978 (Statistik vom 15. Febr. 1944).
[2] Vgl. Anhang.

kaum noch nachdachte. Schließlich befanden sich die älteren Klassenkameraden seit einiger Zeit im Kriegsdienst und denen wollte man nicht nachstehen. Horst K. (Jahrgang 1927, OSfJ Bützow) war von Anfang an hoch motiviert. Er und seine Kameraden wollten es den Anglo-Amerikanern „richtig zeigen". „Im Dezember 1943 erhielten wir den Einberufungsbescheid und wurden Anfang Januar 1944 Flakhelfer. Ich besuchte zu diesem Zeitpunkt die Untersekunda des Reformrealgymnasiums in Bützow. Für uns war der Bescheid positiv: Wir wollten etwas erleben. Denn die Zeiten waren damals so, daß wir glaubten, etwas ‚Für Führer, Volk und Vaterland' - wie man damals sagte - tun zu müssen. Wir waren alle begeistert. Es gab absolut keine negativen Reaktionen. Meine Mutter hingegen sah dies etwas skeptischer. Für meinen Vater - er war Zwölfender, also lange Zeit Soldat - war der Flakeinsatz selbstverständlich. Er betrachtete es als eine Ehre, etwas für Deutschland zu tun. Wir - die 16jährigen - haben nicht groß überlegt. Wir wurden im Sinne des Nationalsozialismus erzogen, und wir sahen im Einsatz bei der Flak ein Abenteuer, während eine Mutter doch im allgemeinen zurückhaltender ist. Zumal im Jahre 1944 die Kriegslage nicht mehr so günstig aussah und die großen Bombardements begannen. Da besaß meine Mutter den größeren Weitblick und dachte, daß mir ja auch etwas passieren könnte. Ich ging völlig unbelastet und unbedarft in den Einsatz. Um die Presse und die offizielle Luftwaffenhelferpropaganda habe ich mich nicht gekümmert. Anstatt Zeitung zu lesen, sind wir lieber herumgestrolcht. Wir waren in dem Alter, in dem man andere Interessen als die Zeitung hatte. So gab es hübsche Mädchen und schöne Parks, in denen man spazierengehen konnte."[3]

Der ehemalige MH Reiner D. (OSfJ Ribnitz) bemerkte dazu: „Unsere gesamte Klasse - Jahrgang 1927/28 - wurde im Februar 1944 eingezogen. Die meisten von uns waren erst 15 Jahre alt, wenige 16. Nachdem der damalige Direktor der Oberschule für Jungen Ribnitz uns mit vaterländischen Worten verabschiedet hatte, fühlten wir uns eigentlich nicht mehr als Schüler, sondern als Soldaten, die mit großer Selbstverständlichkeit ihren Dienst ‚für Volk und Führer' abzuleisten hatten. Somit wurde der Heranziehungsbescheid von der Majorität der Schüler begeistert aufgenommen. Die ideologischen Grundlagen waren ja bei allen von uns sehr intensiv gelegt worden - Führungspositionen in der Hitlerjugend, intensive Schulungen und das ganze Brimbamborium. Zum zweiten waren wir die Schule los. Kurzum, die meisten gingen gern. Der Empfang in der Flakbatterie Kiel-Pries, wo wir zuerst hinkamen, war nüchtern soldatisch. Wir wurden ernst genommen. Man brauchte uns. Das gab weitere Motivationen."[4]

Heinz K. (Jahrgang 1928, Mittelschule Plau): „Als am 1. September 1939 der

---

[3] Bericht von Horst K.
[4] Bericht von Reiner D.

2. Weltkrieg begann, waren wir als Jungen des damaligen ‚Jungvolk' hell begeistert, hatten wir doch nun auch ‚unseren' Krieg. Als Pimpfe in der Hitlerjugend waren wir darauf systematisch vorbereitet worden. Daß wir den Krieg gewinnen würden, stand außer Frage. Wir waren durch die Propaganda der führenden Nazis als sogenannte ‚Herrenmenschen' erzogen und deshalb siegesgewiß. Das waren unsere Gedanken und Gefühle damals. Am 6. März 1944 war der Termin unserer Einberufung gekommen. Ich war gerade 15 1/2 Jahre alt. Endlich konnten wir unter Beweis stellen, daß wir fähig waren, zum Endsieg Deutschlands beizutragen. Das wurde uns auch bei der Verabschiedung aus unserer Schule mit auf den Weg gegeben."[5]

Georg M. (Jahrgang 1928): „Als Schüler der Oberschule für Jungen Malchin wurde ich zusammen mit meinen Klassenkameraden im Januar 1944 zur Flak einberufen. Obgleich mein Vater Polizist gewesen war, sympathisierte er mit der SPD und hat weder mich noch meine Geschwister nationalsozialistisch erzogen. Er sah es nur ungern, wenn ich zum DJ-Dienst ging, aber ausschließen konnte man sich ja damals nicht. Die Einstellung meines Vaters war bekannt, und so wurde ich auch im DJ schikaniert. Durch Erzählungen bereits vor uns eingezogener Luftwaffenhelfer unserer Schule wußten wir, daß der Dienst einiges von uns abverlangen würde, aber daß wir direkt vorbereitet in den Einsatz gingen, möchte ich verneinen. Die Schüler der höheren Klasse erlebten schwere Luftangriffe auf Lübeck mit, und einige sind noch in den letzten Kriegswochen in der Oderstellung bei Stettin gefallen.

In der Schule wurden wir vor die Alternative gestellt, entweder die Schule zu verlassen oder in den Luftwaffenhelfereinsatz zu gehen. Daraufhin schieden auch einige Mitschüler aus dem Klassenverband aus. In unseren Augen galten sie als Dienstverweigerer. Der Rest der Klasse ging doch überwiegend begeistert in den Flakeinsatz. Man versuchte uns den Dienst auch etwas schmackhaft zu machen. Es hieß, daß wir in der Umgebung bleiben, weiterhin Schulunterricht haben und als Soldaten gelten würden. Mein Vater hatte zu diesem Zeitpunkt bereits seine Strafversetzung in den Sudetengau in der Tasche und gestattete mir, wohl um nicht noch mehr aufzufallen, daß ich die Schule weiterführte und in den Flakeinsatz ging, obwohl er diesen ablehnte."[6]

Ernst-Günther Sch. (Jahrgang 1927, OSfJ Ludwigslust): „Wie war die Stimmung, als uns die Nachricht erreichte? Sie durfte schon „euphorisch" genannt werden; nicht begeistert im Sinne der NS-Ideologie. Viel Übermut und Abenteuerlust, wie sie jungen Menschen eigen sind und von der Nazidiktatur, wie auch von anderen Diktaturen, schamlos und skrupellos mißbraucht wurden und werden. Daß

---
[5] Bericht von Heinz K.
[6] Bericht von Georg M.

uns in Kiel, einem kriegsstrategisch wichtigen Punkt der Bombenkrieg erwartete, haben wir uns nicht oder nur undeutlich bewußt gemacht, obwohl er im Reich, wie wir ja wußten, bereits heftig tobte. Unsere Eltern waren natürlich besorgt, aber irgendwie gelassen, nicht panisch reagierend. Denn Kiel war nicht Rußland. Und Marinehelfer waren ja noch keine Soldaten, also noch nicht extrem gefährdet. Wir sollten da wohl irgendeinen erweiterten HJ-Dienst ausüben. So etwa lassen sich die Gedanken unserer Eltern beschreiben, als wir den Zug nach Kiel bestiegen. Jedenfalls, bei uns 16- und 17jährigen herrschte Aufbruchstimmung! Weg von der elenden Penne. Was uns in Kiel an Unterricht erwartete, konnte so schlimm nicht sein. Womit wir letztlich recht behielten."[7]

Jochen H. (Blücherschule Rostock): „Am 5. Januar 1944 wurde ich als Angehöriger des Jahrganges 1928 als Luftwaffenhelfer zur Flak einberufen. Ich ging vorbereitet in den Flakeinsatz. Im Winter 1943 kamen Flakoffiziere in unsere Klasse und hielten Vorträge über die Luftverteidigung und die zu erwartenden Aufgaben. Wir trafen uns am 5. Januar 1944 vor der Goetheschule und fuhren auf Lastwagen in die Batterie Schmarl. Von Abenteuerlust beherrscht, waren wir voll bei der Sache. Es gab keine negativen Reaktionen. Es kam darüber hinaus vieles zusammen - von der Schule weg und schon früh Soldat zu sein, der Einsatz an einer Kanone -, was eine gewisse Begeisterung hervorrief. Über den Krieg an sich machte man sich in dem Alter kaum Gedanken. Die Lust am Abenteuer war unsere beherrschende Motivation. Zentrale Parolen wie ‚Für Führer, Volk und Vaterland' spielten bei uns kaum eine Rolle. Während der Verpflichtung - es war gerade Feuerbereitschaft wegen eines Angriffs auf Kiel - hielten uns die Vorgesetzten eine Ansprache, in der diese Parolen vorkamen, aber im Dienstbetrieb hielt man das nationalsozialistische Gedankengut von uns fern."[8]

Vereinzelt gab es auch skeptische Stimmen zum bevorstehenden Einsatz.

Günter B. (OSfJ Ribnitz, Batterie Pries): „Das Jahr 1943 ging dem Ende entgegen. In Stalingrad war die 6. Armee untergegangen. Schwerste Verluste sowohl bei uns als auch bei den Russen kennzeichneten das nahende Ende des Krieges. In der Bevölkerung herrschte Trauer, denn die Zahl der betroffenen Familien stieg steil an. Der Glaube an den Endsieg begann zu schwinden. Die großen Luftangriffe der Engländer und Amerikaner zeichneten in den deutschen Städten Spuren der Verwüstung. Schwerer fiel es, die Menschenverluste auszugleichen. Die Forderungen des totalen Krieges waren stärker, und der Einsatz der Schüler als Luftwaffen - bzw. Marinehelfer wurde eingeleitet. Nach den Jahrgängen 1926 und 1927 wurde auch der Jahrgang 1928 aufgerufen. Freiwillig konnte und mußte sich niemand melden. Das laute Nachdenken über eine Si-

---

[7] Bericht von Ernst-Günther Sch.
[8] Bericht von Jochen H.

tuation war in dieser Zeit nicht üblich. Nur im engsten Kreise wurde eine Ausnahme gemacht. Die Wehrwilligkeit konnte fast allen Jungen unterstellt werden. Vor dem ersten Weltkrieg galt die Wehrtauglichkeit als das Gesundheitszeugnis schlechthin. Mein Vater hat das oft berichtet, und von anderen Männern hörte ich es auch. Wer würde wohl bei der Wehrtauglichkeit nicht auch wehrwillig sein? Dennoch - unsere Situation war eine andere. Wir erhielten nicht den Status eines Soldaten, wurden aber als solche eingesetzt. Dem Vaterland zu dienen war unsere Pflicht und Schuldigkeit. Diese Vorstellung von Pflicht hatte sich über das Ende des ersten Weltkrieges hinweg gerettet und wurde natürlich 1933 mit der ‚Machtübernahme' wieder aufgegriffen. Nach Einführung der ‚Allgemeinen Wehrpflicht' mußten die nicht tauglichen Männer eine ‚Wehruntauglichkeitssteuer' zahlen. Viele von ihnen wurden während des Krieges eingezogen und fielen. So erging es auch meinem Onkel Fritz. Ich war über den Wandel in meinem Leben nicht glücklich. Es erschien mir aber als eine Notwendigkeit, denn die Pflichten gegenüber dem Vaterland waren zu erfüllen. Die langsam im Laufe der Monate aufkommenden Zweifel an dem Endsieg fanden nicht so ganz leicht Gehör. Es stellt sich aber auf jeden Fall häufiger ein Unbehagen ein, das nur schwer zu deuten war."[9]

Wolfhard E. (Jahrgang 1928): „Am 5. Januar 1944 wurde ich als Luftwaffenhelfer einberufen. Von unserer Schule, der Großen Stadtschule Rostock (Gymnasium), waren seit dem 15. Februar 1943 Schüler als Flakhelfer eingesetzt worden. Die Bombenangriffe auf Rostock hatten uns bereits mit dem Kriegsgeschehen konfrontiert, so daß man wußte, was passieren könnte. Der Flakeinsatz wurde uns hingegen als harmlos dargestellt. Es hieß: ‚Ihr kommt dahin; habt vormittags Schulunterricht, nachmittags ein bißchen Dienst.' Mein Vater war seit 1939 im Krieg, und meine Mutter machte sich verständlicherweise Sorgen wegen des Einsatzes. Ich weiß, daß wir auf die zurückbleibenden Schüler in HJ-Funktionen verächtlich herabsahen, da sie sich unabkömmlich gemacht hatten. An diesem 5. Januar 1944 ging ich mit sehr gemischten Gefühlen zur Batterie. Ich glaube, daß es anderen Klassenkameraden ähnlich erging. Man war nicht begeistert, nun von der Familie getrennt zu sein. Natürlich hatten wir auch Mitschüler, die mit ‚Sieg Heil' und ‚Hurra' in den Einsatz gingen."[10]

Heinz L. (OSfJ Malchin): „Ich besuchte die Oberschule für Jungen in Malchin. Anfang 1944 wurde ich zur Flak eingezogen. Im Vorfeld hatte man uns gesagt, um die und die Zeit sollten wir damit rechnen. Zum Zeitpunkt der Einberufung war ich noch fünfzehn. Ich muß sagen, daß ich ziemlich geschockt reagierte - wie meine Eltern auch, weil mein vier Jahre älterer Bruder im Oktober 1943 gerade

---

[9] Bericht von Günter B.
[10] Bericht von Wolfhard E.

gefallen war. Sie können sich vorstellen, wie vor allem meine Mutter traurig und erschüttert war, nun auch den jüngeren Sohn in den Krieg zu schicken. Meine Klassenkameraden reagierten unterschiedlich. Eine riesige Freude kam sicherlich nicht auf, aber unterschwellig empfanden einige doch Freude; man glaubte, vom Unterricht abzukommen. Auch unterschieden sich die Einstellungen einzelner Schüler. Einige waren dem nationalsozialistischen System sehr angetan und hörig, während andere schon etwas anders eingestellt waren. Ich war nie ein großer Pimpf oder in der Hitlerjugend besonders engagiert gewesen."[11]

Günther G. (OSfJ Malchin, Klassenkamerad von Heinz L): „Im Frühherbst 1943 wurden wir ‚gemustert', den sich daran anschließenden Gerüchten zu Folge sollte unsere Einberufung im Oktober/November 1943 erfolgen. Wie gesagt: Gerücht. Eine Bestätigung ist meines Wissens nie erfolgt. Es hieß dann, daß die Stellungen noch nicht fertig seien und der Einsatz sich verschiebe; endgültig und offiziell wurde der 08.01.1944 festgelegt. Eigenartigerweise gingen wir nicht vorbereitet in den Einsatz. Das schulische und auch das außerschulische Leben ging seinen gewohnten Gang. Wohl fand der bevorstehende Einsatz im Kreise betroffener und nichtbetroffener Mitschüler z.B. Erwähnung, jedoch - soweit mir erinnerlich - nie vertiefend, bald endend mit einem - bangen ?? - ‚wat dat woll noch ward'.

Als meine Mutter mich am Freitag, 01.09.1939, weckte, sagte sie: ‚Junge, wir haben Krieg mit Polen', worauf ich antwortete: ‚Davon kriege ich bestimmt nichts mehr ab'. Als dann der Bescheid vorlag, war meine erste Reaktion: ‚Nun wird's doch noch ernst.' Und dann trat eine gewisse Selbstberuhigungsphase ein, etwa: ‚Was kann schon groß passieren? Wir sind ja erst 15, an die Front kommen wir nicht; wir werden wohl die Kanone putzen, der Unterricht soll weitergehen und am Wochenende können wir nach Hause fahren.' Dennoch spürte ich ein Unbehagen. Meine Eltern reagierten eindeutig besorgt, mit fragenden Zusätzen: Was wird denn nun mit dem Schulunterricht? Hoffentlich gibt es genug zu essen! Hoffentlich habt ihr warme Unterkünfte! Hoffentlich bekommt ihr häufig Urlaub!

Meine Klassenkameraden reagierten unterschiedlich. Die Bandbreite enthielt die gegensätzlichsten Stimmungen ..."[12]

Die große Mehrheit der Jungen aus den mecklenburgischen Kleinstädten folgte dem Einberufungsbescheid begeistert und motiviert. Kiel bedeutete die „große Welt". Eine Vorstellung vom Luftkrieg mit Bomben, Toten, Verletzten und Trümmern hatten zu diesem Zeitpunkt nur die Rostocker Schüler, deren Reaktionen dementsprechend eher zurückhaltend waren. Die meisten LwH/MH gingen un-

---

[11] Bericht von Heinz L.
[12] Bericht von Günther G.

vorbereitet und mit sehr vagen Vorstellungen in den Flakeinsatz. Claus P. von der Schule bei den 7 Linden war - als seine Einberufung erfolgte - bereits ein vollausgebildeter Flakhelfer. „`Die Fehlstellen von 21.000 Mann in der Flak-Artillerie hoffte der Luftwaffenführungsstab durch Besetzung von Heimatflak-Batterien durch den Arbeitsdienst oder Hilfswillige, Luftwaffenhelfer und dergleichen herabmindern zu können.` (Zitat aus KTB des OKW 1943, Teilband II). Dies führte zur Einberufung des Schülerjahrganges 1926, (später Jahrgang 1927), den wir vom Jahrgang 1928 im Januar 1944 ablösten. Es führte aber auch zur Aufstellung von Heimat-Flak-Batterien, in der Regel mit 2cm-Flak 30 ausgerüstet. Diese zugweise eingesetzten Einheiten waren mit geringem aktiven Personal versehen. Die zur Bedienung und Wartung der Geschütze erforderlichen Mannschaften setzten sich aus Arbeitern und Angestellten, aber auch aus Schülern zusammen, die im Schichtwechsel abends nach Feierabend den Dienst in der Stellung wahrnahmen. Ich erwähne dies, weil ich mich im Frühjahr 1943 zur Heimatflak freiwillig, ohne Wissen meiner Eltern, gemeldet hatte. Aus zweierlei Gründen: (1) Meine engsten Freunde waren älter (Jahrgang 25/26) und hatten sich gemeldet. Also, so meinte ich, müsse ich auch dabei sein. (2) Wir hatten eine abgrundtiefe Abneigung gegen den HJ-Dienst, dem wir durch unsere Meldung entgehen konnten.

Die Ausbildung an den Geschützen fand abends in der Ulmen-Kaserne statt (HJ-Dienst wurde zu Hause vorgeschoben). Doch als diese beendet war und der Einsatz folgen sollte, mußte ich meine Freiwilligenmeldung gestehen. Mutter war entsetzt und verlangte Rückgängigmachung; Vater reagierte eher enttäuscht, daß ich mich ihm nicht anvertraut hatte. Allerdings mußte er zugeben, daß er in diesem Falle seine Zustimmung versagt hätte. Er wollte mir aber die ‚Schmach' des Rücktritts ersparen und löste das Problem auf seine Art. Kurz entschlossen suchte er in der Stellung (Kesselborn, südl. Hbf. - heute Südstadt) den als Zugführer eingesetzten Unteroffizier auf. Als er dabei wohl feststellte, daß dieser ein vernünftiger Mann war, und der vermutlich durchblicken ließ, ... nicht gerade ein überzeugter Nationalsozialist zu sein, bekam ich für den Nachteinsatz (immer wochenweise) seinen Segen ... Ich schreibe diesen Vorspann aus dem Grund, da kaum bekannt ist, daß Schüler vereinzelt vor der regulären Luftwaffenhelferzeit in Einheiten der sog. Heimat-Flak auf freiwilliger Basis im Einsatz waren. Somit nahm ich den Übergang zur regulären Flak am 5. Januar 1944 mehr oder weniger ohne besondere Regung hin - im Gegensatz zu den meisten Mitschülern, die noch nicht im Einsatz waren bzw. mit dem Kommiß keine Berührung hatten.

Vor der Einberufung wurden wir regulär gemustert. Ein Mitschüler, Sohn eines Arztes, erschien mit einem ganzen Packen Atteste. Er wurde zurückgestellt, und ihn traf unsere Verachtung. Andere hatten vom Jungvolk oder in der HJ höhere

Chargen. Die wurden ebenfalls zurückgestellt. Unsere Abneigung gegen die HJ verstärkte sich zur Ablehnung."[13]

Die Verabschiedung der LwH/MH von den Schulen vollzog sich wenig spektakulär. Mit markigen oder auch nur aufmunternden Worten ihrer Direktoren und Lehrer im Ohr begaben sich die Jungen - meist in Begleitung ihrer Betreuungslehrer - zu ihren Einsatzorten.
Claus P. (Schule bei den 7 Linden): „Kein Lehrer suchte uns auf, als wir am 5. Januar im Vorraum der Goethe-Schule, auf unseren Persilkartons sitzend, auf den Abtransport in die Flakstellung Lichtenhagen warteten. Vermutlich hatte die Schule 1943, als die ersten Schüler eingezogen wurden, mehr offizielles Aufheben veranstaltet. Wir waren ja bereits die dritte Generation. Nur ein Lehrer kam zu uns. Er sagte: ‚Jungens, merkt Euch eines: lieber fünf Minuten feige, als ein ganzes Leben tot.' Der war kein Nazi!
Als wir in der Batterie ankamen, empfingen uns jovial die älteren Kameraden vom Jahrgang 26 und 27. Erstere ausgemustert und schon in Zivil mit dem Einberufungsbescheid zum RAD in der Tasche. Im Kantinenraum versuchte uns der Spieß, Hauptwachtmeister H., klar zu machen, welch hochgestelllte Persönlichkeit der Batteriechef, der alsbald erscheinen würde, sei, und überhaupt, was da alles auf uns zukäme. Wir würden schon sehen. Dann verließ er uns, und ein Klassenkamerad, der gut Klavier spielen konnte, begann auf dem Klavier das ‚Horst-Wessel-Lied' gekonnt zu verjazzen. (Wir wußten das von Teddy Stauffer.) Doch plötzlich standen der Chef, Oberleutnant Grosche, der Spieß und ein Wachtmeister im Raum und fuhr uns schneidend an: ‚Wohl wahnsinnig geworden, was?' Wir erschraken heftig, doch es erfolgte in sachlichem Ton die Einweisung in die zukünftigen Aufgaben, Erledigung von Formalitäten auf der Schreibstube und die Zuweisung der Unterkünfte.
Der Wachtmeister wurde uns als Betreuungsfeldwebel vorgestellt. Ein etwas älterer, ruhiger und wohl auch gebildeter Mann; jedenfalls meinte er, die Unterkünfte hätten stets ‚picum bellum' sauber zu sein.
Wir wurden in einer Baracke untergebracht ... Später, nach der Grundausbildung, wurden wir auf Geschütz- und Meßstaffel aufgeteilt und lebten mit unseren älteren Klassenkameraden zusammen.
Zur Batterie: Es war die 3. schwere Flak-Batterie/232. Sie lag zwischen Rostock und Warnemünde westlich des Dorfes Lichtenhagen. Die Abteilung lag in Evershagen. Schutzobjekte waren die Heinkel-Werke in Rostock-Marienehe, Neptun-Werft und Arado-Flugzeugwerke in Warnemünde.

---

[13] Bericht von Claus P.

Sie war bewaffnet mit 6 x 8,8cm Flakkanonen 37, optischen und funkmeßtechnischen Ortungsgeräten sowie einem Halbzug 2cm-Flak 38 zum Schutz gegen Tieffliegerangriffe." erinnert sich Claus P.

Im Jahr 1944, das mit einem alliierten Doppelschlag gegen die Stadt Kiel begonnen hatte, nahm der Luftkrieg an Härte und Angriffsintensität weiter zu. Britische und amerikanische Flugzeuge errangen die Luftüberlegenheit im Reichsgebiet. Das LGK XI registrierte eine Verzehnfachung der Tageseinflüge (84.161) und eine Verdoppelung der Nachteinflüge (20.831) gegenüber 1943. Die Zahl der Angriffe auf norddeutsche Städte und Rüstungszentren stieg an. So erlebten im Verlauf des Jahres 1944 Hannover 48, Hamburg 39, Watenstedt-Salzgitter 38, Osnabrück 21, Bremen 20 und Kiel 19 Angriffe. Emden und Rostock wurden sechsmal, Wilhelmshaven fünfmal, Lübeck viermal, Wesermünde und Wismar zweimal bombardiert.[14] An fast allen diesen Brennpunkten des Luftkrieges im LGK XI waren Luftwaffen- und Marinehelfer aus Mecklenburg eingesetzt.

In der Zielkartei der Alliierten - Seestadt Rostock

Am 5. Januar 1944 rückten LwH der Jahrgänge 1927/28 der Großen Stadtschule, der Schule bei den 7 Linden, der Blücher- und Mittelschule sowie der Heimschule Güstrow in die Rostocker Flakbatterien ein, um ihre Kameraden des Jahrganges 1926 abzulösen und deren Funktionen an den Geschützen und Geräten zu übernehmen. Aus Gründen der Effektivierung des Unterrichts wurden die LwH in ein und derselben Batterie bzw. in benachbarten Batterien konzentriert. So wurden alle LwH der Großen Stadtschule, die bisher in der Batterie Biestow ihren Dienst versahen (mit zeitweiligen Versetzungen in die Batterien Diedrichshagen und Petersdorf), mit den Neueinberufenen in der Batterie Toitenwinkel (6./232) zusammengefaßt. Die LwH der Schule bei den 7 Linden (außer Klasse 6b) kamen in die Batterien 3./232 und 7./232 nach Lichtenhagen, die Blücherschüler zur Leichten Flak im Bereich der Heinkel-Werke. Die Güstrower LwH besetzten die Funktionen in den Batterien Groß Klein, Barnstorf und Markgrafenheide. Der Einberufung folgte unverzüglich der Beginn der Grundausbildung.
Wolfhard E. (Große Stadtschule Rostock, Batterie Toitenwinkel, 6./232): „Die Grundausbildung erhielten wir in Rostock-Toitenwinkel; es blieben alle Mitschü-

---

[14] Vgl. Nicolaisen, Einsatz, S. 58f.

ler zusammen. Wir wurden in einer Baracke untergebracht und wohnten mit 18 Mann auf einer Stube. Unser Stubenältester war Karl Heinz C., ein Sitzenbleiber. Das war an einem Gymnasium durchaus üblich. In einem Jahr erhielten wir sieben Sitzenbleiber. Bei 20 bis 25 Schülern einer Klasse waren also mehr als 30% sitzengeblieben. Ausgebildet wurden wir an der 8,8cm Flak. Ich wurde als Richtkanonier eingesetzt ... In unserer Stellung waren auch Luftwaffenhelfer höherer Klassen unserer Schule eingesetzt. Spannungen zwischen uns und den älteren Flakhelfern erlebte ich nicht. Während der Ausbildung wurden wir geschliffen. ‚Auf, auf! Marsch, marsch!' - halt alles, was zum Kommiß gehörte. In Rechlin erlebten wir später Schlimmeres! Die Ausbildung hat uns von der technischen Seite her Spaß gemacht, und nach dem Angriff bzw. später waren wir ‚alte Krieger', die die Waffen und Geräte beherrschten. Luftwaffenhelfer waren sowohl an den Geschützen als auch auf der B 1, am Entfernungsmeßgerät tätig. Wir befanden uns in einem Zwiespalt der Gefühle. Ich glaube nicht, daß wir als überzeugte Nationalsozialisten in den Einsatz gingen, aber wir wollten etwas tun, um die Angriffe auf unsere Heimatstadt abzuwehren.

In Toitenwinkel wurde ein Luftwaffenhelfer in der Nachbarbatterie verwundet. Er bediente die 2cm-Flak. Nach jedem Alarm mußte überprüft werden, ob sich noch Munition im Lauf befindet. Der Verschluß wurde gezogen und mit einem Fühlgerät geprüft; man schrie ‚Lauf frei', der andere ließ den Verschluß los, und er schnappte wieder zu. Doch die Jungs nahmen nicht das Fühlgerät, sondern die Finger - der Verschluß schnappte zu und der Finger war ab."[15]

Fritz L. (Schule bei den 7 Linden): „Meine Grundausbildung erhielt ich in der 7./232 in Lichtenhagen am Funkmeßgerät, Kommandogerät, Flug-Malsi und an den aufgebohrten 8,8cm-Beutegeschützen. Das Komische war, daß uns - obgleich wir nicht freiwillig in den Einsatz gegangen waren - die Ausbildung am Gerät viel Spaß machte. Das Funkmeßgerät beispielsweise war seinerzeit das neueste auf dem militärischen Markt, und wir waren stolz und froh, daß man uns dieses Gerät anvertraute. Später wurden wir in Hannover an der 2cm-Flak ausgebildet und in Bruch auch an der schweren 12,8cm. Wir waren grundsätzlich als Kommandogeräteleute, Funkmeßgeräteleute und Kanoniere spezialisiert. Schikanen kannten wir nicht. Natürlich erfreute sich der Infanteriedienst keiner großen Liebe. Aber wir wurden eben nicht über den Ausbildungsplatz gescheucht oder dergleichen. Die Soldaten, die waren froh, an der Heimatfront zu stehen. Vereidigt wurden wir mit den Schulkameraden der 3./232. Irgendwie kam ich mir komisch vor, verraten und verkauft. Man mußte mit durch bis zum bitteren Ende.

---

[15] Bericht von Wolfhard E.

Meinen Eltern habe ich ehrlich gesagt, daß ich nicht aus Freude bei der Sache bin, aber andererseits die Sache Spaß macht. Schizophrene Einstellung zu der ganzen Geschichte, nicht? Wir haben den Eltern nicht die Ohren vollgeheult. Es war eben für uns eine unumgängliche Notwendigkeit. Es gab einen Befehl von oben und damit kein Entrinnen. Ich weiß nicht, ob ich damals schon so durchgesehen habe, daß es uns an den Kragen gegangen wären, wenn wir gemeutert hätten. Aber irgendein Instinkt sagte uns: Du bist zwar ein bißchen jung, aber für würdig befunden worden, dich totschießen zu lassen - so ungefähr. Nun mußt du mitmachen. Mach das Beste daraus.

Beim Scharfschießen hat man nicht viel überlegt. Einmal erschrak ich, als es hinter mir knallte. Ein anderes Mal war die Telefonleitung vom Gefechtsstand zur Batterie gestört, so daß mich der Batteriechef losschickte, die Nachrichten den Geschützen zu überbringen. Als ich gerade in den Geschützstand wollte, wurde geschossen. Ich Idiot öffnete nicht den Mund, so daß mir ein Trommelfell platzte. Nach dem Schießen sagten wir uns: Wiedermal Glück gehabt!

In Lichtenhagen hatten wir einen sehr guten Kontakt zu den Hiwis. Das waren feine Jungs. So stahlen sie für uns zum Beispiel Briketts zum Heizen im Winter und bekamen dafür Brot von uns. Nach Auflösung der Stellung 1944 kamen wir in Hannover in eine Flakschule und trafen dort unseren ‚Iwan' wieder. Die ‚Rostocker' Russen waren gegenüber unserer Baracke untergebracht und saßen abends vor ihrer Unterkunft, wo sie wehmütige Heimatlieder sangen. Wir konnten mit ihnen nicht sprechen, haben uns nur kurz zugewinkt, doch es war schön, ihn nach einem Vierteljahr wiederzusehen. Insgesamt wurden die Hiwis menschlich behandelt. Sie konnten sich in der Stellung frei bewegen, nur nachts wurden sie eingeschlossen.

An meine Vorgesetzten habe ich recht gute Erinnerungen. Besonders unser Geräteführer in Lichtenhagen setzte sich über das normale Maß hinaus für uns ein, wenn es um Urlaub oder Ausgang ging. Einmal hatte er mehr Luftwaffenhelfer als erlaubt beurlaubt, und als dann prompt Alarm kam, bediente er zwei Funktionen am Gerät. Wäre dies herausgekommen, hätte er wohl großen Ärger bekommen. Einige unserer Unteroffiziere hörten auch den Londoner Rundfunk. Ein Unteroffizier klopfte mal in unserer Gegenwart den Eröffnungstakt der Nachrichtensendung, um so unsere politischen Reaktionen zu testen. Eine große Kriegsbegeisterung gab es unter unseren Vorgesetzten 1944 schon nicht mehr und ganz aus war es, als nach dem gescheiterten Attentat auf Hitler der deutsche Gruß als militärischer Gruß eingeführt wurde. Es war schon eigenartig, wie sich unser Batteriechef beim Morgenappell in Garbsen mit seinem Arm einen abquälte, wenn er uns begrüßte."[16]

---

[16] Bericht von Fritz L.

Jochen H. (Blücherschule Rostock): „Als wir in der Batterie ankamen, waren wir doch sehr gespannt, was uns erwartete. Unsere Grundausbildung erhielten wir in Schmarl bei der Leichten Flak - der 66/XI. In Schmarl befanden sich lediglich 2cm-Vierlingsgeschütze, an denen wir ausgebildet und eingesetzt wurden. Bis auf Munitionsträger und Geschützführer übernahmen wir Luftwaffenhelfer alle Funktionen - K1 und K2 bedienten Höhe und Seite, K3 und K4 saßen rechts und links und schoben die Magazine nach. Zwei russische Hilfswillige reichten aus den Bunkern die Munition nach. Gezielt wurde über ein Fadenkreuz. Optische Geräte wie bei der 8,8cm-Flak hatte die 2cm-Flak nicht. Die Qualität der Ausbildung war sehr gut. Die versierten Flaksoldaten - oft nur noch heimatverwendungsfähig - erreichten, daß wir die Geschütze schnell beherrschen lernten. Bis auf wenige Ausnahmen verlief die Ausbildung sehr human. Sehr unangenehme Erinnerungen habe ich an unseren Zugführer F. - ein übler Nazi, der gleich bei Ankunft in der Batterie unseren Hund und unsere Katze erschoß und unsere Abenteuerliteratur verbrannte. Doch wir erreichten, daß F. später unsere Batterie verließ. Als er uns eines Tages schliff - ‚Auf, nieder! Auf, nieder!' -, blieben wir einfach liegen. Ein Luftwaffenhelfer stand auf und verlangte eine Aussprache. Diese Aussprache fand in einem Schulungsraum statt, und am Ende stand LwH B. - unser Sprecher - auf und sagte: ‚Und außerdem sind wir der Meinung, Herr Feldwebel, daß sie sich in dieser kritischen Lage an die Ostfront melden.' Eine Woche später verließ er die Batterie. Das wollte er wohl nicht auf sich sitzen lassen. Danach bekamen wir wieder einen vernünftigen Zugführer."[17]

Einem glücklichen Umstand ist es zu verdanken, daß die 1944/45 angefertigten Aufzeichnungen des inzwischen verstorbenen ehemaligen LwH Jürgen F. (Schüler der Blücherschule, Klassenkamerad von Jochen H., in der DDR ein bekannter Schauspieler) erhalten geblieben sind, die detailliert Auskunft über den Batteriealltag in Schmarl, Lichtenhagen und Osnabrück geben. Seine Notizen beginnen mit der Einberufung zum Flakhelferdienst: „Am 5. Januar 1944 Fahrt auf Lastwagen zur Vierlingsstellung Schmarl am Nordrand der Heinkelrollfelder. Während eines schweren Angriffes auf Kiel Vereidigung, noch in Zivil durch den Untergruppenkommandeur. Marsch nach Lütten-Klein und Empfang durch Uffz. N. Einweisung in die Baracken der ehemaligen 3,7cm Stellung. Nach drei Tagen bei Matsch- und Regenwetter Empfang der ersten Uniformteile. Abends dann querfeldein zurück. Gutes Essen von der Sperrabteilung. Erster Kurzurlaub in Uniform. Beginn der Ausbildung. Täglicher Marsch in die Stellung, dort Geschützexerzieren, Gerätelehre, Flakschießlehre. Kommandos, Befehle, Luftlage, sonstiges: Geschützexerzieren: Fliegeralarm Richtung zwozehn! Alles Dauerfeuer,

---

[17] Bericht von Jochen H.

drreinzwanzig! Dauerfeuerr, Magazinwechsel! Hemmung Waffe 1 und 4: Hülsenreißer! Verschlußwechsel! Waffe 2 und 3 Hemmung Hülse wird nicht ausgezogen! Einzelfeuer, Magazinwechsel! Zielwechsel Richtung 9, Vorbeiflug von links nach rechts (K 1: Ziel erkannt, Ziel aufgefaßt!) Alles Dauerfeuer, drreinzwanzig! Alles Dauerfeuer, drreinzwanzig! Rohrwechsel! Zielwechsel Richtung 1, kommendes Ziel! Einzelfeuer, Maggazienwechsel: K 1 und 3 fällt aus, Verschlußwechsel ... usw. - bis zur kalten Vergasung - Feuerpause! Hebel - Kette Abzug! - Wächselt umm!

VP oder Feuerbereitschaft oder A 1: ... langanhaltender Hupton. Alles ‚wetzt' an die ‚fahrbaren Gewehre'. Waffen werden gespannt und scharfe Magazine eingesetzt. Die Bedienung nimmt die Plätze ein. Die Stadt hat schon oder bekommt erst Vor- oder Vollalarm. ZvG (Zugführer vom ‚Gefechtsstand'), besetzt mit einem Telefon und zwei MGs: Erstes! Zwootes! Kampfverbände (oder Jagdverband, oder einzelne Mosquitos, oder ein Fernaufklärer ... usw.) bei Falster (oder Laaland, oder südlich Lübeck, oder westlich Güstrow, oder nördlich Rostock ... usw.) Kurs Oost (oder Nordoost, oder südoost oder nord)! Meinungen über Flugrichtung, Flugziel und Zweck werden ausgetauscht.

Einige Eigenarten des Flaksenders ‚Eberhardt': Einige Radfahrer in Richtung Nordpol neun, Karuso Oost. Oder: Viele dicke Autos in Konrad-Emil Karuso leicht Südoost, Ende. Mehrere Indianer - Möbelwagen - Rennwagen in Richard-Quelle sieben kreisend, Kondorschaltung für Rose, Ende.

Achtung, Achtung Eberhardt! Die dicken Autos in Konrad-Emil jetzt wieder Karuso Oost - Weckruf für Rose - wiederhole ... Ende!

Ungemütliches Wohnen in Lütten-Klein. Kalter Kachelofen, wenig Feuerung, erste Appelle. Beginn des Skatspielens. Bei Unterricht oft unerwartetes Eintreffen unseres Zugführers Wachtmeister Landwehr. Schnelles Kennenlernen des Wortes ‚Specker'. Sonntags entweder Ausgang oder Kurzurlaub, jeweiliges Abmelden beim Unteroffizier, Zugführer und Rechnungsführer, Empfang des Urlaubscheines, Lebensmittelmarken und des Verpflegungsgeldes. Ende der vierwöchigen Ausbildung am 10. Februar. Entlassung der alten Luftwaffenhelfer. Umzug in die verschneite Stellung. Am Abend erster Posten. Zum ersten Male die ungewohnten Feuerbereitschaften, pechschwarze Nächte, Ueberflüge nach Berlin, Scheinwerfer, schwere Flak. Beginn der Schule in der Stellung, Flugmelder, Telefonposten. Eintreffen eines neuen Zugführers Wm. Funk, er macht sich nicht sonderlich beliebt..."[18]

---

[18] Aufzeichnungen von Jürgen F.

Beim verhaßten Infanteriedienst: LwH der Klasse 5 (Schule bei den sieben Linden Rostock) in der Batterie Lichtenhagen (7./232) (Fritz Lahl)

LwH der Klasse 5 (Blücherschule Rostock) in der leichten Heimatflakbatterie Schmarl. Januar 1944 (Jochen Hasselwander)

Rostock blieb auch im Winter 1943/44 im Blickpunkt der 8. US Air Force, als die Alliierten eine kombinierte Bomberoffensive zur endgültigen Vernichtung der deutschen Flugzeugindustrie in Vorbereitung der Eröffnung einer zweiten Front in Europa planten. Als entscheidende Voraussetzung dafür wurde die Erringung der totalen Luftherrschaft über Deutschland angesehen. Die Konzentration auf Ziele der Luftrüstung entsprang - angesichts der begrenzten Erfolge des Jahres 1943 - auch dem Druck, den maßgebende Politiker und militärische Stäbe auf die Fliegerkräfte ausübten, wobei sie diesen einen größeren Realitätssinn hinsichtlich der Zielplanung abverlangten. Auf Grund dieser Forderungen erhöhte die USAF die Anzahl der Flugzeuge in den Geschwadern von 18 auf 36, erweiterte die Reichweite der Maschinen durch Zusatztanks und modifizierte die Bombenabwurftaktik. An die Stelle der Präzisionsabwürfe, die nicht die erwarteten Ergebnisse erbracht hatten, traten Bombenteppichangriffe, womit sich die USAF der Bombertaktik des britischen Bomber Command annäherte.[19]

Die LwH des Jahrganges 1926 waren erst wenige Tage entlassen und in ihren Funktionen von den Neueinberufenen abgelöst worden, als amerikanische Flugzeuge die Seestadt Rostock am 20. und 24. Februar 1944 angriffen. Gegen Mittag des 20. Februar heulten die Sirenen. In zwei Angriffswellen warfen die Flugzeuge Bomben auf die Heinkel-Werke, die Neptunwerft und die Stadt. 40 Menschen starben. Der Jugendliche Peter-Erik Kobermann notierte in sein Tagebuch: „21. Februar 1944: Wir besichtigten einige zerstörte Straßen im Werftviertel. Überall grausige Bilder, in der Klosterbach- und Borwinstraße, Kasernen- und Elisabethstraße. Von 14.00 bis 15.15 Uhr erneut Luftalarm. Wir befürchteten wieder das Schlimmste. Aber es blieb ruhig.

24. Februar 1944: Wir waren immer noch dabei, die durch den letzten Angriff stark verschmutzte Wohnung zu säubern, da ertönte gegen 11.00 Uhr wieder Vollalarm. Noch während des Sirenengeheuls schon Flakschießerei und entfernte Bombeneinschläge. Erst um 15.00 Uhr gab es Entwarnung, aber um 15.30 Uhr erneut Vollalarm. Wir rannten wieder in den Luftschutzkeller. Abermals erfolgte ein schwerer Bombenangriff. Entsetzlich pfiffen die Luftminen direkt über unsere Straße hinweg. Wir dachten, nun ist alles aus. Schlimme Volltreffer gab es in den Wohnblocks der Otto- und Neubramowstraße, im Barnstorfer Weg und in der Wismarschen Straße. Um 17.30 Uhr kamen wir noch wieder mal heil aus dem Keller heraus."[20]

Für die erst wenige Wochen zuvor einberufenen Luftwaffenhelfer waren die Februarangriffe auf Rostock zugleich die „Feuertaufe". Wolfhard E. (Batterie Toi-

---

[19] Schaar, Luftkriegsstrategie, in: Bomben auf Rostock, S. 13.
[20] Zit. nach ebenda, S. 145.

tenwinkel): „Wir waren erst kurze Zeit Luftwaffenhelfer, als Rostock bombardiert wurde. Wir hatten vorher noch keinen Schuß abgegeben, und es wurde nun ernst. Das Abdecken gestaltete sich äußerst schwierig. Jemand schrie ‚Abgedeckt', die Kanone war schußbereit, dann kam von der Einsatzstelle ‚Gruppenfeuer - Gruppe', und das Geschütz rumste los. Man dachte, daß es nur knallt, aber das ganze Geschütz sprang hoch. Das war ein Schock! Vorher hatte man uns gemahnt, nicht mit den Knien gegen die Lafette zu kommen oder mit dem Fuß unter den Teller, sonst ist der breit. Doch das hatten wir nicht erwartet. Ein Luftwaffenhelfer war vor lauter Schreck aus der Stellung gelaufen und war weg. Ob es uns tatsächlich gelang, die Werte zur Abdeckung zu bringen. Niemand konnte es kontrollieren. Natürlich gab es in unserer Klasse auch Angeber, die sich nach dem Angriff bereits als Helden fühlten. Durch diesen Angriff wurde die Grenze zwischen Ausbildung und Einsatz verwischt.

Während dieser Februarangriffe 1944 waren wir dementsprechend motiviert. Hinzu kam, daß wir den Gegner nicht sahen. Es ist etwas anderes, wenn man im Schützengraben liegt und den Feind Auge in Auge sieht, als an der Kanone zu stehen und auf jemanden zu schießen, der in 5 bis 8000 Meter Höhe fliegt und Bomben auf Rostock wirft."[21]

Kaum waren die LwH der Klasse 7b aus Wiener-Neustadt in die 3./232 in Lichtenhagen zurückgekehrt, erlebten sie den Angriff vom 24. Februar 1944. Joachim H. - eingesetzt an den Meßgeräten - beobachtete den Abschuß mehrerer Bomber. Rauchfahnen hinter sich herziehend, trudelten sie ab. Die Hoffnung der LwH auf Abschußbeteiligungen und die Verleihung des Flakkampfabzeichens erfüllte sich jedoch nicht.[22]

Die LwH in der Batterie Schmarl kamen, da der Angriff aus großer Höhe erfolgte, mit ihren Flakvierlingen nicht zum Schuß. So blieben sie noch Zuschauer. Jürgen F. notierte: „Am 20. Febr. bei diesigem Wetter, unser erster Angriff, er richtet sich hauptsächlich gegen die Werft und Heinkel. Abends noch Urlaub für mich, da in Gehlsdorf augenscheinlich ein ziemlicher Segen runtergegangen ist, doch war alles halb so wild. Mit dem Rad am nächsten Morgen in die Stellung zurück. Am 24. zwei weitere Angriffe auf die Stadt, Massensterben von Sperrballons."[23]

Obgleich eine größere Anzahl von Sprengbomben ihre Ziele verfehlten und in die Warnow bzw. auf freies Feld bei Diedrichshagen fielen, wies Rostock nach den Angriffen beträchtliche Schäden auf. „Hätten diese Bomben alle getroffen, so wäre von Rostock, Warnemünde, Aradowerft nicht viel übriggeblieben." schrieb ein Reichsbahnbeamter an die Großherzogliche Familie. Größere Teile des zivi-

---

[21] Bericht von Wolfhard E.
[22] Vgl. Hengelhaupt, Chronik der Sexta b/1937.
[23] Aufzeichnungen von Jürgen F.

len Bereichs der Neptunwerft wurden vernichtet; die Marinewerft hingegen blieb unbeschädigt. Das Fährschiff „Schwerin" sank nach Bombentreffern. Das ehemalige Wertheim-Kaufhaus, die Firmenniederlassungen von Daimler Benz und Birkigt sowie das Heinkel-Werk in der Lübecker Straße fielen den Bomben zum Opfer. Wie schon während des Viertagebombardements im April 1942 trafen Brandbomben auf die Marienkirche. Küster Bombowski und seinen Helfern gelang es jedoch, die Brände rasch unter Kontrolle zu bringen.[24]

Daß der Angriff vom 24. Februar 1944 trotz aller Opfer und Zerstörungen keine Erwähnung im Wehrmachtsbericht fand, rief in der Rostocker Bevölkerung Unverständnis hervor und gab der Befürchtung Ausdruck: „Wenn der Angriff auf unsere Stadt so unwesentlich war... , wie müssen sich dann erst die Angriffe auf die im Wehrmachtsbericht namentlich angeführten Städte ausgewirkt haben."[25]

Am 10. März 1944 erreichte die LwH der Großen Stadtschule der überraschende Befehl zur Verlegung der Batterie. In der Nacht wurden die Wälle abgerissen, die Geschütze abmontiert und samt der Munition verladen. Am frühen Morgen begann die Fahrt Richtung Westen. Die Verlegung der 6./232 erfolgte so plötzlich, daß vergessen worden war, die Schule zu informieren. Am Vormittag standen die Lehrer vor dem „leeren Nest". Auch die LwH erhielten keine Mitteilung über ihren neuen Einsatzort. Gerd P.: „Nun war man das erste Mal vom Elternhaus getrennt, ohne daß wir wußten, wohin es ging. Je weiter ich nach Westen kam und die Bahnhofsschilder las, desto unguter wurde mein Gefühl. In der Verlegung sahen wir keinen Sinn." Wolfhard E.: „Nachdem in der Nacht alles zusammengepackt worden war, luden wir am frühen Morgen unsere Geschütze auf offene Güterwagen und fuhren gen Westen, ohne daß wir wußten wohin. Uns war auch nicht bekannt, daß die Verlegung von Luftwaffenhelfern inzwischen üblich geworden war. Bei der Einfahrt in den Thüringer Wald hielt ich in einem dicken Mantel Geschützwache und durchfuhr auf dem offenen Wagen die Tunnelstrecke bis Probstzella - das war ein gewaltiges Erlebnis."

Zum Schutz der rüstungswirtschaftlich bedeutenden Stadt Schweinfurt wurde die Batterie in die Flakuntergruppe Zeil/Main verlegt. Da feindliche Bomberverbände wiederholt die Kugellagerwerke angegriffen hatten, wurde nunmehr die Flakdichte um das Werk erhöht. Während der Ankunft der Rostocker LwH in der Stellung Stettfeld regnete es in Strömen. Das Batteriegelände verwandelte sich in einen Sumpf aus Matsch und Dreck, wo die Jungen ihre Geschütze in Stellung zu bringen versuchten. Die Unterbringung der LwH erfolgte im Saal des Gasthofes Ebelsbach und auf einem Bauernhof. Ludwig B.: „Die Geschütze wur-

---

[24] Vgl. Bomben auf Rostock, S. 151f.
[25] BAK, NS 6/407 (Bericht des SD-Abschnittes Schwerin vom 7. März 1944).

den installiert, da hörten wir auch schon, daß wir nicht dableiben sollten. Untergebracht waren wir auf einem Hof, wo wir nachts auf Stroh schliefen. Die Leute schlachteten ein Schwein und boten uns Wellfleisch an, wovon ich auch aß und einen Durchfall bekam, daß ich gar nicht mehr vom Klo runterkam. Das war schon eine ganz negative Erfahrung, die alles andere überschattete. Das zweite war, daß ich mit einem Fuhrwerk unterwegs erstmals einen englischen Kriegsgefangenen kennenlernte - vorher kannte ich nur Franzosen, Polen und Russen. Der trug `ne schicke Uniform, rauchte und bot Kindern und Fremden Schokolade an. Ich habe damals erstmalig bewußt erlebt, wie unterschiedlich die Gefangenen behandelt wurden. Die Engländer und Amerikaner haben also materiell überhaupt nichts ausgestanden."[26]

Am 17. März endete der Einsatz bei Schweinfurt bereits wieder. Dr. Neumann, der Direktor der Großen Stadtschule, hatte erfolgreich beim LGK XI interveniert und die Rückverlegung nach Mecklenburg durchgesetzt. Doch statt in die Rostocker Batterien kamen die LwH nun nach Wismar zur Leichten Flak (die 6./232 verblieb in Stettfeld), da man inzwischen die Wismarer LwH nach Rechlin, Lübeck sowie an die Flugplätze Parchim und Gardelegen verlegt hatte und so die vakanten Posten bei der 2cm-Flak neu besetzt werden mußten. Dr. Neumann war über den Einsatzort Wismar wenig begeistert: „Hier haben sie mehrere Wochen ohne wesentliche militärische, jedenfalls ganz ohne schulische Tätigkeit gelegen. Die zahlreichen Beschwerden der Eltern heben hervor, daß die Jungen in dieser Zeit nicht einmal von einem Offizier betreut waren. Sie haben gebummelt und die Zeit totgeschlagen."[27]

Die LwH hingegen „genossen" die Wismarer Zeit. Wolfhard E.: „Nunmehr kamen wir an der 2cm-Flak, die auf Türmen stand, zum Einsatz. Wir betrachteten es als unter unserer Würde, mit diesem ‚Spielzeug' umzugehen. Der uns beaufsichtigende Unteroffizier war das Zerrbild eines Soldaten, und so machte jeder, was er wollte." Ludwig B.: „Die wenigen Wochen, die wir in Wismar bei der leichten Flak verbrachten, lebten wir sehr ungebunden. Die einzige Verbindung zu irgendwelchen Vorgesetzten bestand in einem Telefon, das beim Unteroffizier stand. Tieffliegerangriffe kamen dort nicht vor, so daß unsere Stellung eigentlich sinnlos war. Obgleich Wismar bombardiert wurde, erlebte ich während meines Einsatzes keine Angriffe. Ich bin dort oft ins Kino gegangen. Verpflegung holten wir uns aus den Dornier-Werken."[28]

Daß die Rostocker LwH in Wismar ein relativ ruhiges Leben hatten, wird aus den Briefen deutlich, die Ludwig B. an seine Eltern schrieb.[29]

---

[26] Vgl. Berichte von Gerd P., Ludwig P., Ludwig B., Wolfhard E.
[27] MLHA Schwerin, MfU 2978 (Schreiben von Dr. Neumann vom 2. Mai 1944).
[28] Berichte von Wolfhard E. und Ludwig B.
[29] Briefe von Ludwig B.

E.O. (Wismar), den 22.3.1944

Liebe Eltern!

Wieder will ich Euch schreiben. Gestern hatten wir den ganzen Tag Putz- und Flickstunde. Dann um 1/2 5 Appell im Übermantel. Unsere Übermäntel waren ja noch von Stettfeld so schmutzig. Ich bin natürlich nicht aufgefallen. Danach wurden 5 Karten für eine Militärveranstaltung verteilt. Ich hatte das Glück, eine davon zu bekommen. Ich zog mir die erste Garnitur an und ging mit den anderen Glücklichen ab. Es war noch ziemlich hell, so daß wir uns die Stadt ansehen konnten. Wir gingen zum Markt, dort ist übrigens auch eine Bombe gefallen, die in einen Flügel vom Rathaus reingesaust ist. Das Hotel, in dem die Veranstaltung stattfand, befand sich in einer großen Straße, wo auch andere Hotels und Kinos lagen. Dort habe ich zum ersten Mal einen regelrechten Bummel kennengelernt. In Gruppen von 3 bis 4 zogen Mädchen und Jungen mehr oder weniger albern lachend durch die Straße. Die Veranstaltung war eine Jazzveranstaltung erster Güte. Danach zogen wir noch etwas in der Stadt umher und gingen in den ‚Alten Schweden' und tranken ein ‚Dunkles'. Um 1/2 10 waren wir wieder in der Stellung. Nun will ich Euch noch den Weg zur Stellung beschreiben. Ihr müßt Euch nach der Adolf-Hitler-Schule für Mädchen erkundigen oder nach dem Elektrizitätswerk. Wenn Ihr das Gasometer seht, dann müßt Ihr auch schon die 3 kleinen Türme aus Eisenrohren sehen. Dort hausen wir. Eine Privatadresse habe ich auch schon. ... Im Augenblick heulen gerade die Sirenen. Vollalarm!! Im Augenblick können wir noch nichts machen, da wir vollkommen unausgebildet sind. Ihr könnt mir ja jetzt auch Briefe, Karten und Päckchen in großer Zahl schicken, was ich auch hoffe. Wenn die Kuchenmarken zurückkommen, dann schickt sie bitte gleich hierher.

Nun viele Grüße von Eurem Ludwig

E.O., den 23.3.1944

Liebe Eltern!

Im Augenblick haben wir gerade Mittagspause. Ich habe nichts zu Lesen und schreibe deswegen gern. Unser Dauerskat wird kurz einmal unterbrochen. Hier jagt ein Alarm den anderen. Wir brauchen nichts zu tun. Mir ist das sehr lieb, denn auf unserem immerhin 5 1/2 m hohen Turm weht ein eisiger Wind. Nach oben führt eine Leiter ohne ein Geländer, und da ich nicht schwindelfrei bin, kostet es mich jedesmal Überwindung dort hinaufzusteigen. Heute morgen hatten wir unsere erste Ausbildungsstunde. Dabei stellte es sich heraus, daß unser Unteroffizier keine Ahnung von der 2cm hat. Er ist ein alter 3,7 Mann. Nun, uns kann es egal sein. Wir kommen wahrscheinlich innerhalb der nächsten vier Wochen wieder nach Rostock, da dort wieder leichte Flak hinverlegt wird. Und dann wahrscheinlich nach Biestow. Nun, wir müssen das Beste hoffen.... Mit dem Dienst ist es hier viel besser, als in den großen 8,8 Batterien. Morgens haben wir praktisch 2 1/2 Stunden Dienst und nachmittags 2 Stunden. Alle 3 Tage können wir nach Dienstschluß ausgehen. Ob das so bleibt, das weiß ich nicht, aber ich hoffe es. Sonntag könnte ich bestimmt, sobald ich Besuch bekomme, aus der Stellung. Aber Ihr werdet doch wohl nicht kommen. Vielleicht kann ich zu Günters Konfirmation nach Schwerin. Die Konfirmation haben, die können auf Urlaub fahren. Mit 14tägigem wollen wir ja auch bald anfangen. Urlaub ist doch alles, woran man hier denkt. Leider haben wir hier keine Kantine, wo es Filmvorführungen geben könnte.

Nun viele herzliche Grüße von Eurem Ludwig

Das Fährschiff „Schwerin" brannte nach Bombentreffern am 20. Februar 1944 aus und sank im Hafenbecken der Neptunwerft. (AHR)

Zerstörte Motorenhalle der Arado-Flugzeugwerke Warnemünde nach dem Angriff von 85 „Fliegenden Festungen" (B17) am 9. April 1944. Elf Tote waren zu beklagen. (AHR)

Nach dem Luftangriff vom 11. April 1944 - Rostock, Alexandrinenstraße 83 (AHR)

Auch hier hinterließ der Luftangriff vom 11. April 1944 nur Trümmer - Rostock, Graf-Schack-Str. 8. (AHR)

Ostern 1944 erfolgten weitere amerikanische Angriffe auf Rostock. Am 9. April zwischen 12.18 Uhr und 12.30 Uhr bombardierten 85 „Fliegende Festungen" (B 17) Warnemünde und hinterließen Zerstörungen bei Arado, auf dem Bahnhof und in der Krögerschen Bootswerft. Ein kleinerer Verband von 18 B 17 hatte gegen 11.50 Uhr den Flugplatz der Heinkel-Werke in Marienehe mit 180 Zehn-Zentner-Bomben belegt. Elf Menschen verloren ihr Leben, 34 wurden verwundet.
Zwei Tage später fielen 600 Spreng- und 400 Flüssigkeitsbrandbomben auf Wohngebiete der Stadt. Das Nebenwerk Heinkels in der Bleicherstraße, zwei Kliniken, der Güterbahnhof sowie die Kreisleitungen Rostock-Stadt und Rostock-Land wurden schwer getroffen. 51 Menschen verloren ihr Leben, 20 galten als vermißt, ca. 5000 Rostocker verloren ihr Obdach.[30]
Über die Stimmung der Rostocker nach den beiden Angriffen berichtete der SD-Abschnitt Schwerin am 18. April 1944: „Die Rostocker Bevölkerung hat den schweren Angriff am 11.4.1944 mit guter Haltung durchgestanden und hat auch nach dem Angriff eine anerkennenswerte Haltung bewiesen. Überall ist die Meinung verbreitet, daß die Bombardierung von Rostock nur im Zusammenhang mit

[30] Vgl. Bomben auf Rostock, S. 153ff.

der von Tag zu Tag sich steigernden Luftoffensive der Anglo-Amerikaner gesehen werden dürfe und daß Rostock durchaus mit weiteren schweren Angriffen zu rechnen habe. Die Art der geworfenen Bomben, der Grad der angerichteten Verwüstungen und die fortgesetzte Folge von Luftalarmen haben in der Rostocker Bevölkerung zwar keine Panikstimmung oder Verzweiflung ausgelöst, aber doch zu einer ernsten Auffassung der Gesamtlage geführt. Insbesondere haben die starken Verwüstungen in den Rostocker Rüstungsbetrieben zu der weit verbreiteten Auffassung geführt, daß die schweren Schläge auf die deutsche Rüstung, insbesondere auf die deutsche Flugzeugproduktion, nur noch kurze Zeit ertragen werden können. Vielfach konnte man den Ausspruch hören, daß der Krieg trotz aller Tapferkeit der Soldaten und trotz aller Opfer der Zivilbevölkerung bald verloren sein werde, wenn nicht allerspätestens in zwei bis drei Monaten entscheidende deutsche Gegenschläge geführt werden würden. Eine monatelange Fortsetzung der feindlichen Luftangriffe in dem bisherigen Ausmaß würde sich nach Ansicht der meisten Volksgenossen geradezu katastrophal auswirken müssen ... Die Rundfunkmeldung von einer ‚Luftschlacht über Rostock' hat vielfach insofern Erstaunen ausgelöst, als nur wenige Jäger in Aktion getreten seien. Die Verbände hätten ihren Kurs unangefochten durchhalten können ... Einen tiefen Eindruck haben nach Berichten auch die Tatsachen bewirkt, daß die feindlichen Verbände von Fernjägern sowohl hin als auch zurück begleitet worden sind."
Während der Bericht insgesamt eine Verschlechterung der Stimmung und eine kritische Beurteilung der Kriegslage konstatieren mußte, hält er auch positive Äußerungen über die Rostocker Flak fest: „In Bevölkerungskreisen hat auch bei diesem Angriff die geringe Anzahl der zum Schutze Rostocks eingesetzten Flakbatterien Erstaunen und Befremden ausgelöst. Um so höheres Lob zollt man den wenigen vorhandenen Geschützen, von denen man sagt, daß sie hervorragend geschossen hätten. Fünf Abschüsse konnten von Rostock aus deutlich wahrgenommen werden."[31]
Wie erlebten die LwH die Angriffe auf die Stadt? Rolf-Dieter L. (3./232 Lichtenhagen): „Im April 1944 erfolgten große Angriffe auf die Flugzeugwerke. Es war herrliches Wetter, und die amerikanischen Geschwader kamen aus Berlin zurück. Ich hatte Ausgang und hätte ab 8 Uhr die Batterie verlassen können. Aber irgendwie vertrödelte ich mich und plötzlich hieß es: ‚Fliegeralarm'. Da war natürlich Feierabend mit meinem Urlaub. Mein Batteriechef sagte: ‚Wer die erste Maschine am Himmel entdeckt, bekommt einen Tag Sonderurlaub.' Wer entdeckte die erste Maschine?! Er selbst. Gegen Mittag kamen die Bomber, und es begann ein wahnsinniges Dauerschießen. Von den gesamten um Rostock statio-

---

[31] BAK, NS 6/407 (Bericht des SD-Abschnittes Schwerin vom 18. April 1944).

nierten Batterien wurde nur noch in die Luft geknallt, und am Himmel hingen eine Menge Fallschirme, da - so glaube ich - 25 bis 27 Maschinen abgeschossen wurden. Der ganze Spuk dauerte 20 bis 25 Minuten. Danach leere Geschoßhülsen aufsammeln und Munition auffüllen. Nachmittags gegen 16 Uhr konnte ich meinen Ausgang antreten und nach Warnemünde radeln. Um 20 Uhr mußte ich wieder in der Batterie sein. Nach manchen Angriffen merkten wir schon, daß das Schießen teilweise unsinnig gewesen war. Die 8,8 hatte wohl eine Reichweite von 8.000 Metern, während die Bomber später 9.000 bis 10.000 Meter hoch flogen. Von den Flaksoldaten hörte man häufiger, daß es Quatsch sei, auf die viel zu hoch fliegenden Maschinen zu schießen. Wir machten uns da weniger Gedanken. Während des Schießens war man voll auf seine Tätigkeit konzentriert und kam überhaupt nicht zum Nachdenken."[32]

Fritz L. (7./232 Lichtenhagen): „In Lichtenhagen erlebte ich die Bombenangriffe auf Rostock vom Februar und April '44. Das war besonders schlimm, weil wir praktisch sahen, was auf unsere Eltern und Geschwister, auf Rostock niederging, und wir mehr oder weniger hilflos waren. Wir schossen zwar, was das Zeug hielt, und nachher wurde uns auch gesagt, wir wären an zwei oder drei Abschüssen beteiligt gewesen, aber das juckte uns in dem Moment weniger. Telefonieren konnte man nicht, so daß unsere jüngeren Geschwister mit dem Rad nach Lichtenhagen kamen und berichteten: Hör zu, bei uns zu Hause und bei dem und dem ist alles in Ordnung. Auf Abschüsse waren wir sehr stolz. Es gab damals ein bestimmtes Punktsystem, nach dem das Flakkampfabzeichen verliehen wurde. Mir fehlten zum Abzeichen leider fünf Punkte. Wir waren sehr stolz darauf, wenn wir an einem Abschuß teilhatten. Daran, daß wir mit unserer Arbeit versuchten Menschen umzubringen, dachten wir im Krieg nicht. Zudem war es auch nicht eindeutig entscheidbar, ob nun die 7./232 oder die 3./232 oder die Batterie Biestow den Abschuß erzielt hatte. So teilte man sich die Ehre. Wir schossen auf Flugzeuge, die versuchten, unsere Verwandten zu töten. Man hatte doch eine enge Beziehung zur Heimatstadt. In Hannover und im Sudetenland hat man sich kaum noch Gedanken gemacht. Es wurde geschossen, was das Zeug hielt, und je mehr Granatenhülsen nachher umherlagen, desto besser hatten wir gespurt und gearbeitet. Zur Stadt Hannover und dem im Sudetenland zu bewachenden Hydrierwerk hatten wir keinerlei Beziehung. So war beides anonym, die Umgebung und die feindlichen Flugzeuge."[33]

---

[32] Bericht von Rolf-Dieter L.
[33] Bericht von Fritz L.

Tiefflieger

Eine weitaus größere Bedrohung für die Flakbatterien als die hochfliegenden Bomber stellten die tieffliegenden Jäger der Aliierten dar, deren Aktivitäten im deutschen Luftraum seit dem Frühjahr 1944 deutlich zunahmen. Mit ihren Bordkanonen nahmen die Tieffliger alles, was sich bewegte, unter Feuer - Eisenbahnzüge, Fahrzeuge auf der Straße, Bauern auf dem Feld, Radfahrer, Kinder auf dem Weg zur Schule, Viehherden auf der Weide, Trauergäste hinter dem Sarg (Beerdigungen fanden wegen Tieffliegergefahr später nur noch nachts statt - Hinweis von Günther-Albert L.) und auch Flakbatterien. Angesichts dieser Verletzung der Haager Landkriegsordnung befahl Mecklenburgs Gauleiter Friedrich Hildebrandt, gefangengenommene alliierte Piloten zu erschießen, was ihm nach Kriegsende das Todesurteil einbrachte. Hildebrandt wurde von den Amerikanern in Landsberg gehängt.
Die Bekämpfung der Tieffliger oblag vor allem den Leichten Flakbatterien. Die Batterie Schmarl war während der Februar- und Aprilangriffe aufgrund der Angriffshöhe noch nicht zum Einsatz gekommen. Scharf geschossen wurde lediglich während der Ausbildung am Warnemünder Strand. Jürgen F. erhielt wegen hervorragender Schießergebnisse mehrfach Sonderurlaub.
Vom 4. März bis 20. Mai 1944 verzeichnete Jürgen F. - sieht man von den Angriffen ab - keine besonderen Ereignisse. Routine bestimmte den Batteriealltag. Diese Ruhe fand ein jähes Ende, als am 21. Mai 1944 ein Verband von 200 feindlichen Flugzeugen in den Luftraum Mecklenburgs eindrang und Angriffe auf verschiedene Zielobjekte vornahm, wobei 4 Menschen getötet und 100 verletzt wurden.[34] Schließlich näherten sich die Maschinen den Heinkel-Werken. Jürgen F. und seine Kameraden erlebten ihren „großen Tag": „Tieffliegerangriff am 21. Mai 1944: Langanhaltender Hupton: A 1. Vollalarm für die Stadt. Luftlage ziemlich unklar, es war dauernd die Rede von Feindflugzeugen und Feindmaschinen, aber nicht von Bombern oder Jägern. Die Luft war oft voll vom Brummen vieler Motoren, aber trotzdem keine Wolke am Himmel stand, war nichts zu sehen, es war sehr diesig. Schließlich gab es Tieffliegerwarnung, einmal, dann doch öfter. Plötzlich hieß es: Erstes! Zwootes! Tieffliger aus Richtung 4, Waffen entsichern. Da schlug mir das Herz höher, wir hatten noch nie auf Feindmaschinen geschossen. Da packte mich Hassi (Jochen H.), mein K 2 an der Schulter und zeigte schnell in Richtung 9, da! eins - zwei einmotorige Maschinen kommen aus Richtung Lichtenhagen, diese beiden hatten sich vor einer viertel Stunde mit der dortigen 8,8 Batterie herumgeschlagen, die hatten dort ihr erstes Nahfeuer ge-

---

[34] Vgl. Bomben auf Rostock, S. 155.

schossen. Diese beiden, Mustangs waren es, flogen uns nun an. Zuerst sah ich nur eine, doch plötzlich war die eine Maschine schon viel näher. Ich hatte die Rohre auf ungefähr 60 Grad gedreht, wie sie dicht dran war, drückte ich auf beide Abzüge - die vier Waffen hämmerten los - dicht über und vor der Maschine zog die Leuchtspur dahin, blitzschnell drehte ich das Geschütz etwas tiefer und in dem selben Augenblick rauschte die Mustang in alle Waffen hinein, hellauf brannte die rechte Tragfläche, dann sackte sie runter aufs Rollfeld zu, fing sich aber und zog weidwund über das Werk ab. In dem Moment, als unsere Magazine leer waren, prasselten feurige Schlangen an unseren Geschützwall und zwischen die Geschütze, so daß alles die Köpfe einzog. Die Maschine hatte vor unserem Schießen auf uns geschossen, doch die Einschläge kamen erst, wie unsere Magazine leer waren. Sogar eine Hemmung stellten wir hinterher fest, d.h., es hätte einen Versager gegeben: Verschluß trotz leergeschossenem Magazin vorgelaufen. Freudige Stimmung am Geschütz, wir hatten, ganz im Gegensatz zum zwooten, wunderbar genau geschossen.

Bald darauf kamen fünf weitere Mustangs aus Warnemünde, die gesamte Aradoflak schoß, doch schaurig schlecht. Sie kamen genau auf uns zu, ich wollte sie noch näher kommen lassen, da drehten sie plötzlich nach Westen ab. Ich drückte auf die Abzüge, und wieder lagen die Garben zu weit vor und zu hoch, wie es sein soll; ich drehte wieder tiefer, und in dem Augenblick, wo die Maschine die Garben durchfliegen muß, wurden wir in eine Dreck- und Sandwolke gehüllt. Ich hatte nämlich so tief gedreht, daß die Geschosse der beiden unteren Waffen durch die Oberfläche des Walles schossen. Tabak, Käppis und Dachpappe sauste uns um die Ohren. Doch die Hauptsache war: Die Maschine ist abgestürzt bei Doberan. Auch das zwoote hatte besser geschossen, sie hatten den K 1 gewechselt, und der war besser als der erste. Der Erfolg: Eine Maschine zu 80 % von uns abgeschossen, eine schwer beschädigt, folglich mindestens eine Maschine ganz abgeschossen. Auf den Schultern der Bedienung wurde ich bei A 1 Ende hineingetragen. Am Nachmittag wurden Berichte von Augenzeugen in Schmarl und Lütten-Klein gesammelt. Anerkannt ist nur eine Abschußbeteiligung, erst als wir nach Lichtenhagen versetzt waren, bekam unsere ehemalige Stellung den Abschußring, obgleich sie überhaupt nicht dabei waren. Es waren die Lw.H.-Lehrlinge und hatten 3,7cm-Geschütze. - Wir hatten uns eben mal wieder zu früh gefreut. So endete der Tag, auf den wir soo stolz waren."[35]

Jochen H., der als K2 an dem Abschuß beteiligt war, schrieb begeistert nach Hause: „Hurra! Heute morgen haben wir unseren ersten abgeschossen. Und

---

[35] Aufzeichnungen von Jürgen F.

zwar einen amerikanischen Jäger vom Muster ‚Mustang' der Tiefangriffe auf uns und Heinkel ausführte. Wir haben geschossen wie die Wilden und unser Geschütz und zwar F. hat ihn abgeschossen. Die linke Tragfläche brannte und mit einer Qualmwolke ging er ab. Anerkannt ist uns der Abschuß noch nicht, wir müssen noch Zivilzeugen haben, aber es wird schon klappen. Uns hat er auch wüst beharkt, aber alles in den Acker."[36]

Auch die schweren Flakbatterien machten ab Frühjahr 1944 häufiger Bekanntschaft mit den Tieffliegern und oft waren diese Angriffe einprägsamer als die Bombenangriffe auf die Stadt, da die Tieffliegerangriffe die Batterien und das Leben der Flakhelfer unmittelbar bedrohten.

Fritz L. (7./232 Lichtenhagen): „In Lichtenhagen erlebten wir auch Tieffliegerangriffe. Das war nicht schön. Wenn die Munitionsbunker brannten! Nicht der Bunker brannte, sondern die Verschalung. Aber das wußte man ja in dem Moment nicht. Hinterher hatten wir die Hosen voll. Das erinnert mich an meinen Batteriechef, der als einziger während eines Tieffliegerangriffes auf dem Stand blieb und sozusagen dem Feind ins Auge sah, während die anderen in Deckung gingen. Das hat auf uns Jungs damals unheimlich Eindruck gemacht."[37]

Rolf-Dieter L. (3./232 Lichtenhagen): „Angriffe auf unsere Batterie gab es nicht, dafür Tieffliegerangriffe auf die Eisenbahnzüge zwischen Rostock und Warnemünde. Die Fernjäger schossen auf alles, was sich bewegte - Züge, LKWs - alles. 1944 brachte man auf unsere 8,8cm-Geschütze Richtoptiken wie Kimme und Korn an, um auf Tiefflieger zu schießen, was von den alten Soldaten allgemein als lächerlich empfunden wurde. Wir schwenkten die Rohre in die gemeldete Flugrichtung, und wenn der Vogel im Tiefflug kam, wurden Granaten mit Zeitzünder abgefeuert. Einem Geschütz unserer Batterie ist ein Sonntagsschuß gelungen: ein ‚Mustang'-Jäger. Es war reiner Zufall! Doch eines Tages in den frühen Morgenstunden fühlten wir so etwas wie Todesangst, als ein Tiefflieger auf uns zujagte. Wir schmissen uns hinter die Wälle. Doch wir wußten nicht, daß es kein Tiefflieger, sondern eine abgeschossene ‚Spitfire' war, die sich 2 bis 300 Meter hinter unserer Batterie in den Boden bohrte.

Wir schossen oft auf die vorüberfliegenden Verbände, die aus Richtung Süden kamen oder Richtung Süden nach Berlin flogen. Auf einzeln fliegende Maschinen schossen wir nicht. An ein Erlebnis erinnere ich mich besonders: Es war dunstig. Wir durften nicht schießen, da deutsche Jäger am Feind waren und Luftkämpfe stattfanden. Ein deutsches Jagdflugzeug stürzte in der Nähe unserer Batterie ab. Kurz darauf landete der abgeschossene Pilot - ein junger deutscher Leutnant - direkt in unserer Stellung. Der Kerl muß Nerven gehabt haben! Spä-

---

[36] Aus einem Brief von Jochen H. vom 21. Mai 1944; vgl. auch Faksimile, S. 174 (Mitte).
[37] Bericht von Fritz H.

ter erzählte man mir, daß er bereits das dritte Mal abgeschossen worden war. Er bekam einen Schuß in die Benzinleitung, konnte nicht mehr volle Leistung fliegen. Ein englischer Jäger setzte sich hinter ihn, schoß ihn in aller Seelenruhe ab. Der Pilot stieg aus und schwebte an seinem Fallschirm zur Erde. Die Kaltschnäuzigkeit dieses jungen Menschen hat mich sehr beeindruckt. Er war vielleicht 24 Jahre alt. Bis auf den Tiefflieger bekamen wir wohl keine Abschüsse zugesprochen. Als wir in der Batterie eintrafen, bemerkten wir bereits einige Ringe an den Kanonenrohren. Uns fehlte im September 1944 noch ein anerkannter Abschuß, dann hätten wir das Flakkampfabzeichen erhalten. Wie die zentralen Dienststellen die Abschüsse registrierten, ist mir ein Rätsel. Wenn alle Rostocker Batterien schossen, ging es wohl mehr Pi mal Daumen."[38]

Einen weiteren Tieffliegerangriff erlebten die LwH der Batterie Schmarl am 20. Juli 1944. Jochen H. und Jürgen F. hatten das Essen für die Batterie aus den Heinkel-Werken geholt und befanden sich auf dem Rückweg in die Stellung, als eine „Bristol Blenheim" auftauchte und eine auf dem Rollfeld stehende He 111 in Brand schoß. Der Angriff erfolgte so überraschend, daß kein Geschütz das Feuer eröffnete. Jochen H. hat diese Episode in einer Zeichnung festgehalten. An diesem Tag bombardierten Tiefflieger auch den Flugplatz Trollenhagen bei Neubrandenburg.

Fliegerhorste und Flugplätze gehörten neben Eisenbahnzügen und Fahrzeugkolonnen zu den bevorzugten Angriffszielen der Fernjäger. Die dicht am Schutzobjekt und in der Regel an leichten Flakgeschützen eingesetzten LwH waren hier besonders bedroht. Ab Januar 1944 wurden LwH der OSfJ Malchin auf die Fliegerhorste Schwerin-Görries und Schwerin-Lankow sowie LwH der Mittelschule Wismar auf die Flugplätze Parchim und Gardelegen (später auch auf den Flugplatz Achmer bei Osnabrück) verlegt. Darüber hinaus kamen ab 19. April 1944 insgesamt 14 LwH (Klasse 7 der Großen Stadtschule Wismar) auf dem Flugplatz Gardelegen zum Einsatz. Klaus M. und Ernst H., die in Wismar keine Kämpfe erlebt hatten, erinnern sich: „Im Frühjahr 1944 kam ich von der Heimatflakbatterie zu einer aktiven Flakbatterie (Leichte Flak), die zunächst auch in Wismar lag, aber am 19. April in Gardelegen auf dem Feldflugplatz Stellung bezog. In der Stellung befanden sich auch sogenannte russische Hiwis, die die Munition heranzubefördern hatten. Mit diesen russischen Soldaten hat man auch Geschützexerzieren durchgeführt, obwohl dies gegen internationale Konventionen verstieß. Daß diese Russen in Wirklichkeit zur Wlassow-Armee gehörten, haben wir damals nicht gewußt. Sie führten ein relativ gutes Leben. Während der Zeit in Gar-

---

[38] Bericht von Rolf-Dieter L.

Ein Luftwaffenhelfer karikierte den Infanteriedienst.
(Jochen Hasselwander)

Außergewöhnlich genug, um das Ereignis in einer Zeichnung festzuhalten: Direkter Abschuß eines „Mustang"-Jägers am 21. Mai 1944 (Jochen Hasselwander)

Trügerische Idylle. Ein Luftwaffenhelfer entwarf die Zeichnung nach einem Tieffliegerangriff auf die Rostocker Heinkel-Werke. (Bildüberschrift: Sommer 1944. Tiefflieger greift überraschend Heinkel an und schießt eine He III in Brand. Jürgen Frohriep u. ich beim Essenholen) (Jochen Hasselwander)

delegen hatten wir ein gutes Verhältnis zu ihnen - soweit dieses gestattet wurde ...

In Gardelegen besuchten wir das hiesige Schulhaus, um weiterhin unterrichtet zu werden. Die Qualität des Unterrichts hatte sich gegenüber Wismar verschlechtert, was allerdings kaum störte. Da wir wußten, daß wir alle noch an die Front kämen, interessierte uns die Schule nur noch wenig.

Im Gegensatz zu unserem Wismarer Batteriechef, der von Beruf Lehrer war und sich auf uns Schüler einstellen konnte, blieb das Verhältnis zum Gardelegener Batteriechef distanziert. Er hatte seine gesamte Familie bei einem Bombenangriff, bei dem sein Bauernhof in der Nähe Braunschweigs zerstört worden war, verloren und war dementsprechend verbittert. Er sah uns als Soldaten an und behandelte uns auch so. Ich möchte sagen, daß wir während unseres Einsatzes voll unseren Mann gestanden haben.

In Gardelegen lagen wir an der Einflugschneise der Bomber nach Berlin und Sachsen und kamen manchmal von der Kanone gar nicht weg. Wir lagen mit unseren Baracken wegen des Fliegerschutzes im Wald, während sich die Geschütze dreihundert Meter entfernt auf einem Kartoffelacker befanden. Eine der Standardmeldungen, die damals jede Nacht kam, lautete ‚Anflug auf Raum Hannover-Braunschweig'. Durch diese Tag- und Nachteinsätze waren wir so kaputt, daß wir bei Feuerbereitschaft - die durch Alarmsignal gegeben wurde - einfach nicht schnell genug in die Stellung kamen. Die Russen waren schneller als wir. Plötzlich kamen die Engländer mit ihren Mosquitos - eine damals sehr gefürchtete Maschine, für deren Abschuß sogar ein EK 1 versprochen wurde. Sie schossen einige auf dem Flugplatz befindliche Ju 88 in Brand. Da wir nicht rechtzeitig aus den Betten gekommen waren, haben die Russen folgendes gemacht: Sie haben zwar nicht auf die Maschinen geschossen, sich aber an die Kanonen gesetzt und etwas rausgeschossen, damit wir wenigstens Munitionsverbrauch melden konnten. Ansonsten hätte uns Strafe erwartet.

In Gardelegen bekamen wir sehr deutlich die alliierte Luftüberlegenheit zu spüren. Deutschland war zum offenen Himmel geworden. Bevor die Bomberpulks über uns hinwegflogen, kamen Gruppen von Jagdflugzeugen herangedonnert, welche teilweise unsere Geschützrohre unterflogen, so daß wir nicht auf sie schießen konnten. Diese ‚Heckenspringer' - wie wir sie nannten - schossen auf alles, was sich bewegte, vor allem auf Eisenbahnzüge. Da wir an der für die Ost-West-Verbindung wichtigen Eisenbahnstrecke Berlin-Hannover lagen, haben wir oft gesehen, wie Züge von den Jagdbombern beschossen wurden. Gegen diese Jagdflugzeuge kamen auch wir mit unseren Flakgeschützen zum Einsatz. Besonders eingeprägt hat sich mir ein Flächenangriff auf den Flugplatz und die nähere Umgebung. Neben unseren Geschützstellungen befanden sich sogenannte Einmannlöcher, und als nun der Bombenteppich über uns ausgeklinkt wurde,

verschwanden die Russen plötzlich alle in diese Löcher. Sie zitterten wie Espenlaub. Wir hatten auch große Angst, denn wenn Bomben fallen, machen sie ein Höllenspektakel, daß man denkt, die Welt geht unter. Die Bomben schlugen wenige hundert Meter von uns entfernt ein. Der Angriff dauerte nur wenige Minuten. Verluste gab es nicht, da man in den Geschützständen durch die sie umgebenden Erdwälle relativ geschützt war. Die Russen hingegen wollten gar nicht mehr raus aus den Löchern. Als wir uns dann mit ihnen darüber unterhielten, warum sie so zitterten und kalkweiß aussahen, stellte sich heraus, daß diese Russen 1941 schwere Stukaangriffe auf ihre Stellungen erlebt hatten. Das Jaulen der herabfallenden Bomben hat sie an die Sturzkampfsirene der deutschen Stukas erinnert, die wohl eine fürchterliche moralische Wirkung hinterließen."[39]
Über sein schrecklichstes Erlebnis in Gardelegen berichtet Klaus M.: „Es war Fliegeralarm und während dieses Alarms versuchten einige deutsche Transportflugzeuge vom Typ Ju 52, auf dem Flugplatz zu landen. Mitten in diesen Pulk von Ju 52 stießen alliierte Jagdflugzeuge, die sich als Tiefflieger angeschlichen hatten. In dieses Durcheinander von alliierten und deutschen Flugzeugen konnten wir nicht hineinschießen und mußten erleben, daß die sehr langsam fliegenden Ju 52 wie die Hasen abgeschossen wurden. Als sehr grausam erinnere ich, daß einige Soldaten ohne Fallschirm aus den brennenden Ju's sprangen und zu Tode kamen."[40]
Obgleich Klaus M. um die tödliche Bedrohung wußte, wünschte er sich, mit einer Vierlingsflak zum Schutz von Eisenbahnzügen eingesetzt zu werden, deren Beschuß durch Tiefflieger die Wismarer LwH oft beobachten mußten.
Trotz wiederholter Angriffe durch Bomber und Fernjäger gab es in Parchim und Gardelegen keine Verluste unter den Wismarer LwH. Auch ihre in Lübeck und Rechlin eingesetzten Schulkameraden überstanden den Flakdienst ohne Opfer.

„Auf Abschüsse waren natürlich alle scharf" – Luftwaffenhelfer in Lübeck

Am 5. Januar 1944 kehrten Klaus K. und seine LwH-Kameraden aus dem Weihnachtsurlaub in ihre Stellung an der Luftwaffenerprobungsstelle Rechlin zurück.

---

[39] Bericht von Ernst H. „Im September 1944 erfolgte unsere Entlassung aus dem Flakhelferdienst und die Einberufung zum RAD. An einem Wehrertüchtigungslager der HJ hatten wir Luftwaffenhelfer nicht teilnehmen müssen. Im November 1944 - nach einer nur zweimonatigen vormilitärischen Ausbildungszeit beim RAD - zog uns die Wehrmacht ein. Ich kam zur Panzerdivision ‚Hermann Göring', zu der ich mich freiwillig gemeldet hatte. In Berlin-Tegel erhielt ich meine Grundausbildung und wurde im Februar 1944 mit der Einheit nach Karinhall verlegt. Im April 1944 wurde die Einheit Richtung Mecklenburg - Wesenberg, Lübz, Parchim - abgedrängt. In Parchim überrollte uns der Russe, und ich schlug mich mit einem Kriegskameraden aus Bremen durch die russischen Linien. Wir erreichten die Demarkationslinie zwischen den Russen und Amerikanern, überquerten den Stör-Kanal, und ich kam schließlich nach Bad Kleinen, meinem Heimatort, wo der Krieg für mich zu Ende war. Eine Gefangenschaft blieb mir erspart."
[40] Bericht von Klaus M.

12 Tage später wurde der Unterricht durch Major Dr. Schmidt, Studienrat aus Grabow, wieder aufgenommen. Die Jungen erhielten täglich 3 Stunden Unterricht, hauptsächlich in Deutsch, Mathematik und Geschichte. Gelegentlich wurden auch Physik und Chemie erteilt. 3 Wochen später erfolgte eine erneute Versetzung der Malchiner LwH, diesmal zum Fliegerhorst Schwerin-Görries, wo sie eine Umschulung auf die Bedienung der 3,7cm-Flak absolvierten. In Schwerin-Görries befanden sich bereits ihre im Januar 1944 einberufenen Klassenkameraden des Jahrganges 1928, so daß der Klassenverband wieder vereint werden konnte. Doch auch Schwerin blieb nur Zwischenstation.

Günther G. (Jahrgang 1928): „Der 08.01.1944 war ein überwiegend von sonnigen Abschnitten geprägter Wintertag. Wir erreichten Schwerin-Görries mit zweistündiger Verspätung, kamen also schon im Dunkeln an. Vom Bahnhof mußten wir noch etwa 3 km marschieren, bis wir die Unterkunft (Baracken) am Rande des Fliegerhorstes erreichten. Als wir auf die Stuben verteilt waren, saßen wir um den in der Mitte stehenden Ofen des noch nicht hergerichteten kahlen Raumes, und ein Mitschüler äußerte aus voller Brust: ‚Scheiße!'

Die Batterie war die 8. der leichten Flakabteilung 876 (O). Die Geschütze standen in einer noch nicht fertigen Stellung, die wir nach einem etwa halbstündigen Marsch erreichten. Hier machten wir Bekanntschaft mit der 3,7cm Fliegerabwehrkanone. Von ‚Ausbildung' kann man in unserer Runde kaum reden, eine gewisse ‚Einweisung' wäre die treffendere Bezeichnung, denn nach relativ kurzer Zeit begannen wir am 09.02.1944 mit dem Barackenbau, die, nachdem sie standen, dann andere bezogen, weil wir am 06.03. völlig überraschend nach Lübeck versetzt wurden. Hier wurden wir der Großkampfbatterie in Moisling, und zwar der 210. Batterie, zugeteilt. Es handelte sich um 8,8cm-Geschütze. Hier kann man von einer Ausbildung sprechen, für mich heißt das: Ausbildung und späterer Einsatz am Malsi-Gerät. Erweitert wurde Ausbildung und Einsatz am FuMG (Funkmeßgerät). In Lübeck fanden wir ältere LwH vor, die - soweit ich mich erinnere - alle schon LOH (Oberhelfer) waren (und die wir - wie sich in kurzem herausstellte - ablösten). Wir kamen von der 3,7cm Flak (‚Kinderspielzeug', ‚Tripperspritzen') und waren aus Mecklenburg (‚Wo liegt das denn?') - zwei Fakten, die ‚unentschuldbar' waren! Es entstand in der kurzen Zeit unseres Zusammenlebens (Gut, daß wir räumlich getrennt waren!) ein äußerst gespanntes Verhältnis ..."[41]

Mit ihrer Verlegung in die der Flakgruppe Mecklenburg unterstehenden Heimatflakbatterien 209/XI (Buntekuh) und 210/XI (Moislinger Baum) kamen die Malchiner LwH in eine Stadt, die aufgrund rüstungswirtschaftlich wichtiger Anlagen

---

[41] Bericht von Günther G.

- Hochofenwerk, Drägerwerke, Werft, Hafen, Fertigungsstrecken für Gewehre, Munition, Drucklufttechnik und Medizintechnik - bereits mehrere Luftangriffe hatte erleben müssen. In der Nacht vom 28. zum 29. März 1942 war an Lübeck die Flächenangriffstaktik der Royal Air Force erprobt worden.

1944 kamen neben den Malchiner auch Wismarer LwH der Großen Stadtschule (Klassen 6a und 6b) in den Batterien 209/XI und 210/XI sowie fünf Schönberger LwH in der Heimatflakbatterie Dummerstorf bei Lübeck zum Einsatz. Die seit Oktober 1943 in Lübeck stationierten Neubrandenburger LwH wurden nach Eintreffen der Malchiner Jungen „aus schulischen Gründen" an die Luftwaffenerprobungsstelle Rechlin verlegt.

In der ersten Jahreshälfte 1944 flogen die Alliierten vier Angriffe auf die Rüstungsbetriebe und die Stadt Lübeck, bei denen nun auch die Malchiner LwH ihr Können unter Beweis stellen konnten.

Klaus K. (210/XI): „In Lübeck kamen wir in der 8,8cm-Flakbatterie Moislinger Baum auch richtig zum Einsatz, als Lübeck noch mehrfach angegriffen wurde. Da zeigte es sich, daß wir eine sehr gute Ausbildung erhalten hatten, zumal wir bei den Tagangriffen zusammen mit den Russen, die auch in der Batterie Dienst taten, auf uns allein gestellt waren. Die Flakwehrmänner, die nachts an die Geschütze kamen, leisteten auch nicht mehr als wir Schüler. Nur manchmal hatte man das Gefühl, daß es mit der Spionage wohl gut geklappt haben mußte, denn die Bomberverbände flogen so über die Batterien hinweg, daß weder die eine noch die andere Batterie sie erreichen konnte. Auf den Rückflügen schossen wir einige Nachzügler ab, was sich dann wieder positiv motivierend auswirkte. Wir erhielten auch die Kriegsverdienstmedaille. Als ich die Medaille erhielt, durfte ich mit meinem Batteriechef und einem anderen ausgezeichneten Kameraden nach Lübeck ins Theater. Vorher gingen wir noch essen. An diesem Tag war ich sehr stolz. Auf Abschüsse waren natürlich alle scharf - das ging vom Batteriechef los bis hin zum Luftwaffenhelfer. Einen direkten Abschuß habe ich nie gesehen, wohl aber den Absturz einer schon brennenden Maschine, die unweit der Batterie auf dem Boden zerschellte. Die Piloten waren vorher mit dem Fallschirm abgesprungen und wurden wenig später gefangengenommen."[42]

Heinz L. (210/XI): „Neben dem Knall und dem Ballern der 8,8cm-Kanonen gab es beim Scharfschießen keine besonderen Dinge, die einen beeindruckt hätten. Beim ersten Schießen war ich am sogenannten Malsi-Stand, was sicherlich auch beruhigend wirkte. Dort bummerte es auch ganz schön, aber doch gedämpfter. Einmal hatten wir auch ein feindliches Flugzeug getroffen. Die Piloten konnten sich aber retten. Einer von ihnen kam in der Nähe unserer Stellung zu Boden,

---

[42] Bericht von Klaus K.

wurde in unsere Stellung gebracht, wo sich der Lehrer noch auf Englisch kurz mit ihm unterhielt, bis die sogenannten Schnellkommandos von anderen Wehrmachtseinheiten kamen und ihn abholten. Ich erinnere mich, daß wir im Ausgang in einem Lokal saßen und eine Flasche Wein von den Damen am Nebentisch spendiert bekamen. Die hatten wohl unsere Unterhaltung über den Abschuß mitgehört. Als wir ganz erstaunt guckten, sagte die eine Dame sinngemäß: ‚Das habt Ihr gut gemacht, Jungs. Dann können die wenigstens keine Bomben mehr auf uns schmeißen.' Es gab ja schon soviel Ausgebombte zu dieser Zeit. An der Stadtgrenze von Lübeck, wo sich unsere Stellung befand, sahen wir Bombenwürfe auf die Zivilbevölkerung, nicht auf militärische Objekte. Unser Ziel war es, die Angriffe auf Lübeck abzuwehren und vor allem zum Schutz der Zivilbevölkerung beizutragen. Tieffliegerangriffe erlebte ich nicht."[43]

Die langen und sehr häufigen Alarmphasen, „die alle Aktivitäten, die dienstplanmäßig anstanden, nahezu undurchführbar machten", behinderten vor allem den Schulunterricht. Der Direktor der OSfJ Malchin beklagte sich deshalb am 14. März 1944 beim SBREM im LGK XI: „Während nun die am 23. September eingezogenen 19 Jungen der Kl. 6 zunächst in Rechlin blieben, wurden ab 8. Januar 1944 weitere 11 Jungen derselben Klasse (Jahrgang 1928) nach Schwerin-Görries eingezogen. Die 19 Rechliner Jungen der Klasse 6 hatten zunächst gemeinsam mit den Luftwaffenhelfern der Klasse 7 Unterricht bei Herrn Major Dr. Schmidt, und zwar bis 7.2.44. Am 8.2. wurden sie nach Schwerin-Görries versetzt, damit sie dort mit ihren Klassenkameraden des Jahrgangs 28 Unterricht hätten. Tatsächlich war auch bei der Claus-von-Pape-Schule alles vorbereitet, die Unterrichtsverteilung, der Stundenplan waren fertig, die Lehrkräfte bereitgestellt, ein Klassenraum freigemacht - da wurden am 6. März sämtliche in Görries befindlichen Schüler der Klasse 6 plötzlich nach Lübeck versetzt. Hier ist seitdem von Unterricht noch keine Rede gewesen. Die am 23. September einberufenen Luftwaffenhelfer der Kl. 6 haben also bisher außer 6 Stunden vor Weihnachten - ganze drei Wochen Unterricht gehabt, die am 8.1. einberufenen Lw.-Helfer der gleichen Klasse in den seitdem vergangenen 11 Wochen noch nicht eine einzige Unterrichtsstunde! Augenscheinlich besteht zunächst auch keine Aussicht, daß sie in Lübeck Unterricht erhalten. Diese Tatsachen haben in den Kreisen der Eltern größte Beunruhigung hervorgerufen, da die Eltern die schwersten Nachteile für die wissenschaftliche Ausbildung ihrer Jungen befürchten müssen."[44]

Doch nicht nur der Malchiner Direktor hatte die Unregelmäßigkeiten in der schulischen Ausbildung angeprangert. Das REM erließ im Februar 1944 – eben in

---

[43] Bericht von Heinz L.
[44] MLHA Schwerin, MfU Nr. 2978.

Auswertung der Mißstände hinsichtlich des Luftwaffenhelfer/Marinehelfer-Unterrichts – modifizierte Richtlinien, wobei besonders die Mitverantwortung der vorgesetzten militärischen Dienststellen für Ziel, Inhalt und Gestaltung des Schulunterrichts betont wurde. Im Bereich der Lehrerschaft sollte ein beweglicher Lehrkörper geschaffen werden, der an der Verlegung der Batterien teilnimmt und den Unterricht gewährleistet.[45] Diesen Bemühungen des REM um eine weitreichende Verbesserung der schulischen Betreuung versetzte General Wolff, Befehlshaber im LGK XI, einen herben Schlag. General Wolff war offensichtlich mit den flakartilleristischen Leistungen der Batterien nach Ablösung des Jahrganges 1926 unzufrieden. In seinem Schreiben vom 11. März 1944 hieß es: „Die küstennahe Lage des LGK XI fordert in den nächsten Wochen von der Truppe höchste Einsatzbereitschaft. Durch intensive Ausbildung der Flakbatterien ist der Leistungsstand auf das Höchste zu steigern. Mit allen Mitteln sind insbesondere die Lw.-Helfer, die in den Batterien die wichtigsten Geräte bedienen, für ihre Aufgabe zu schulen und zu unbedingt zuverlässiger Arbeit zu erziehen. Die Dauer des täglichen Dienstes soll kurz, der Wirkungsgrad groß sein. Jeder Batteriechef hat dafür zu sorgen, daß Soldaten und Lw.-Helfer jederzeit frisch, kampfkräftig und kampffreudig sind. In dieser Zeit soll deshalb die doppelte Belastung durch Dienst und Unterricht in meinem in vorderster Front stehenden Luftgau aufhören. Ich befehle, daß von heute ab bis zum 15.4.1944 der Unterricht der Lw.-Helfer ausgesetzt wird, damit die flakartilleristische Ausbildung der Lw.-Helfer unter Schonung ihrer jugendlichen Kräfte, bei ausreichender Nachtruhe und Freizeit gefestigt und vertieft wird."[46] Der Direktor der Mecklenburgischen Landesschule Güstrow bezeichnete diesen Befehl als „eine schulische Katastrophe". Er meldete am 16. März 1944 an das Schweriner Ministerium, daß die in Rostock seit Januar 1944 eingesetzten Schüler der Klassen 5 und 6 durch häufigen Stellungswechsel erst 16 Tage Unterricht erhalten hätten und damit die Osterzeugnisse hinfällig würden. Der Direktor fügte die wohl alle Lehrer quälende Frage hinzu, wie „bei dem praktischen Ausfall eines vollen Drittels des Schuljahres das Klassenziel erreicht werden soll?"[47]

Die sich durch Versetzungen aus Wismar verkomplizierende Unterrichtssituation der Wismarer LwH beschrieb Dr. Kleiminger: „Die Auflösung (der Großen Stadtschule Wismar) begann am 28. Februar 1944, als die Klassen 6a und 6b zum Luftwaffenhelferdienst nach Lübeck kamen. Wenn nun auch die Klasse 5a am 17. April aus Rechlin zum Flakdienst nach Wismar zurückkehrte, kamen am 19. April die Luftwaffenhelfer der Klassen VII/7b nach Gardelegen, um hier auf einem ziemlich exponierten Posten, einem Flugplatz, militärische Hilfsdienste zu

---

[45] Vgl. ebenda (Schreiben REM Rust vom 9. Februar 1944).
[46] MLHA Schwerin, MfU Nr. 2978.
[47] Vgl. ebenda.

leisten ... Wären die Luftwaffenhelfer in Wismar geblieben, so hätte ihre schulische Betreuung sicher keine Einbuße erlitten. Es kam indessen bald anders. Die Militärbehörde sah in dem Einsatz der Flakhelfer in ihrer Heimatstadt offenbar eine Gefahr und sorgte fast überall dafür, daß die Luftwaffenhelfer anderenorts eingesetzt wurden. Die Versetzung unserer Schüler nach Rechlin, Lübeck und Gardelegen hatte zur Folge, daß sie sich bei dem Mangel an geeigneten Lehrkräften im Unterricht langweilten und oft alles wieder vergaßen, was sie einst in Wismar gelernt hatten. Fehlte in Gardelegen so gut wie ganz die Unterweisung in Mathematik und in den Naturwissenschaften, so war in Lübeck eine ganze Zeit hindurch überhaupt kein Unterricht, bis ich mich beschwerdeführend an die oberste Stelle in Hamburg wandte, und in Rechlin wurden unsere Schüler zusammen mit Malchiner Schülern unterrichtet, deren Niveau bedeutend unter dem unserer Schüler lag. So kam es, daß unsere Schüler wohl gute Zeugnisse bekamen, in Wirklichkeit aber wenig gefördert wurden. Ein wirklich trauriger Zustand, in den unsere Oberstufe gegen Ende des Krieges kam, ohne daß von der Schule aus irgendwie eingegriffen werden konnte."[48]

Die zunehmende Sorge um seine Schüler veranlaßte den Direktor der Großen Stadtschule Rostock am 2. Mai 1944 zu einem Bericht an den Sonderbeauftragten des REM im LGK XI. Dr. Neumann beklagte die Verlegungen der LwH aus Rostock nach Schweinfurt, Wismar und Rechlin, („Die drei Klassen sind weit getrennt...") sowie den gemeinsamen Unterricht mit Neubrandenburger Oberschülern, woraus „sich alle die Spannungen (ergeben), die in der Tatsache zum Ausdruck kommen, daß eine Schule in gewissen Fächern weiter fortgeschritten ist als die andere, in anderen Fächern hinter ihr zurücksteht." Seine größte Sorge galt den fünf Schülern der 5. Klasse, die - herausgerissen aus ihrem Klassenverband - seit Januar 1944 kaum einen Monat lang unterrichtet wurden. „Ich selbst kann nicht beurteilen, ob die dauernde Verschiebung unserer Luftwaffenhelfer zwingender militärischer Notwendigkeit entsprach. Ich habe Mühe gehabt, die Eltern davon zu überzeugen. Andererseits kann ich mir nicht vorstellen, daß mit fünf Schülern erhebliche militärische Belange getroffen werden."[49]

Um ihr schulisches Fortkommen machten sich die meisten Luftwaffenhelfer und Marinehelfer jedoch weniger Gedanken. Sie hatten RAD-Dienst und Fronteinsatz vor Augen und nahmen den Bildungsverlust oft erst nach dem Krieg wahr. Ausfallende Schulstunden wurden freudig begrüßt, Arbeiten gelegentlich boykottiert, Schulstunden manchmal geschwänzt. Als einen „besonderen Glücksfall" bezeichnete MH Jürgen R. (Claus-von-Pape-Schule Schwerin) die Zerstörung der Kieler Hebbel-Schule während des Angriffs am 4. Januar 1944, die den MH Mög-

---

[48] Kleiminger, S. 408 u. 417.
[49] Vgl. MLHA Schwerin, MfU Nr. 2978; AHR, 1.21.1 Nr. 453, Schulwesen/Große Stadtschule.

lichkeiten für physikalische und chemische Experimente geboten hatte. MH Gustav-Adolf S. (Carolinum Neustrelitz) berichtete in seinem Tagebuch über eine Schulstunde in der Batterie Pritter (MFLA Swinemünde), in der jeder Marinehelfer ein Glas Bier vor sich hatte. Dieses blieb jedoch eine Ausnahme.

Nach Aufhebung des Unterrichtsverbots am 15. April 1944 traf schließlich der Betreuungslehrer der Malchiner LwH, Studienrat Paul Eduard Köpke, in Lübeck ein und übernahm zusammen mit Lübecker Lehrkräften in einer Baracke der 209/XI den Unterricht. Für Günther G. hatte der Schulunterricht lediglich Alibifunktion, da die Alarmphasen eine geschlossene Ausbildung nicht zuließen. Klaus K. schätzt den Unterricht als „gut, wenn auch begrenzt" ein. Heinz L. erinnert sich lediglich an Unterricht in Deutsch, Mathematik, Geschichte und Englisch. Hinzu kam die ständige Übermüdung der Jungen.[50]

Lediglich statistischen Wert - ohne Berücksichtigung der Unterrichtsqualität - hat deshalb der Bericht des SBREM beim LGK XI, der für das 1.Halbjahr 1944 auswies, daß 8,5% der LwH/MH höherer Schulen Mecklenburgs „übernormalen", 38% „normalen", aber 53,3% „unternormalen" Unterricht erhalten hatten. Günstiger sah es bei den Mittelschülern aus. 35% wurden „übernormal", 55% „normal" und nur 10% „unternormal" unterrichtet.[51]

Wie sich den Akten entnehmen läßt, häufen sich die Beschwerden der Eltern gegen den überörtlichen Einsatz und die mangelhafte schulische Ausbildung ihrer Kinder. Am 1. August 1944 wandte sich daher der Kommandeur der Flakgruppe Mecklenburg in einem Brief an die Eltern der LwH/MH, um „die immer noch vereinzelt vorhandenen Unstimmigkeiten und Sorgen auf Seiten der Eltern zu beseitigen und das Interesse und Verständnis der Elternschaft für den Luftwaffenhelfer-Einsatz zu steigern." Die Realitäten vorsätzlich beschönigend, teilte Oberstleutnant Richter den Eltern mit, daß diese Schwierigkeiten beseitigt seien und der vorgeschriebene Unterricht in allen Fächern pünktlich durchgeführt werde. „Darüber hinaus stehen Soldaten-Lehrer meiner Batterie zur Verfügung, um bei Ausfall einer Lehrkraft sofort einzuspringen oder zusätzlichen Unterricht zu erteilen." Zudem behauptete Oberstleutnant Richter, daß eine intensive Betreuung der LwH durch die HJ erfolge und regelmäßig Heimabende und sportliche Wettkämpfe durchgeführt werden. Der Kommmandeur schloß mit der Forderung an die Eltern, ihren Söhnen keinen Alkohol, Zigaretten, Lebensmittel oder Geld zu schicken.[52] Ob es gelang, die Eltern mit diesen Plattitüden zu beruhigen, darf ernsthaft bezweifelt werden.

Abgesehen von der „Feuertaufe", einigen Angriffen, Abschüssen und Kriegs-

---

[50] Vgl. Berichte von Günther G., Heinz L. und Klaus K.
[51] Vgl. Nicolaisen, Einsatz, S.121f.
[52] Vgl. Faksimile.

Oberstleutnant Richter
Kommandeur der Flakgruppe Mecklenburg
Feldpost Nr. L 17657
Luftgaupostamt Hamburg 1

Gefechtsstand, den 1. August 1944.

Liebe Eltern!

Da es mir aus technischen und dienstlichen Gründen nicht möglich ist, persönlich zu Ihnen zu sprechen, ich aber auf der anderen Seite eine enge Fühlungnahme zwischen den Eltern meiner Lw.-Helfer (H.J.) und mir für unbedingt erforderlich halte, will ich auf diesem Wege versuchen, mich mit Ihnen in Verbindung zu setzen.

Ich habe hierzu das Bedürfnis, da ich Ihre berechtigte Sorge um das Wohl Ihrer Söhne kenne, und will daher durch meine Ausführungen versuchen, Unklarheiten und Unstimmigkeiten — soweit diese überhaupt vorhanden sind — zu beseitigen und Ihnen, verehrte Eltern, die Notwendigkeit des Einsatzes Ihrer Söhne als Lw.-Helfer (H.J.) und den Einsatz selbst näherbringen.

Anlaß dazu ist mir der vor kurzem erfolgte Einsatz der Lw.-Helfer-(H.J.) Lehrlinge. Ich hätte schon eher zu Ihnen sprechen können, aber ich wollte — nachdem ich im März dieses Jahres die Führung des gesamten Flakeinsatzes Mecklenburg übernommen habe — erst meine Erfahrungen sammeln. Was hier für die Lw.-Helfer-(H.J.)Schüler gilt, gilt gleichermaßen auch für Lw.-Helfer-(H.J.)Lehrlinge.

Die Erfahrungen, die ich bei dem Einsatz der Lw.-Helfer-(H.J.)Schüler gesammelt habe, zeigen mir, daß es keine Schwierigkeiten mehr gibt und, falls solche auftreten, diese, von wenigen Ausnahmen abgesehen, fast immer auf Irrtümern oder Unwahrheiten beruhen. Auf die Ausnahmen werde ich mein ganz besonderes Augenmerk richten. Es bedarf keiner Frage, daß ich als verantwortlicher Regimentskommandeur, in der klaren Erkenntnis, daß es sich bei den Lw.-Helfern-(H.J.)Schülern wie bei den Lw.-Helfern-(H.J.)Lehrlingen um junge, unfertige Menschen handelt, es als meine vornehmste Aufgabe betrachte, neben der militärischen Ausbildung die charakterliche Haltung der Lw.-Helfer (H.J.) erzieherisch zu beeinflussen. Zur Erreichung und Durchführung dieser hohen Aufgabe stehen mir meine Abteilungskommandeure und Batteriechefs sowie besonders eingesetzte Betreuungsoffiziere und ausgewählte Unteroffiziere zur Seite. Mit diesem Stab von Mitarbeitern wird von mir nichts unversucht gelassen, um den Jungen die vorzeitige Trennung vom Elternhaus so leicht wie nur irgend möglich zu machen. Auf der anderen Seite soll ihnen durch eine straffe Führung soviel Halt gegeben werden, daß sie auch ohne Elternhaus unbeschadet durch die Schwierigkeiten der Entwicklungsjahre hindurchkommen. Meine Batteriechefs, die als unmittelbare Vorgesetzte der Lw.-Helfer in erster Linie für die Ausbildung, Erziehung und Betreuung verantwortlich sind, werden stets nicht nur Vorgesetzte, sondern auch Kamerad und Freund der ihnen anvertrauten Jugendlichen sein und sie dabei zwar streng, aber gerecht behandeln. In meinem Befehlsbereich gibt es keinen Offizier oder Unterführer, der sich nicht der hohen und verantwortungsvollen Aufgabe bewußt wäre, die uns mit der Betreuung der Lw.-Helfer gestellt ist und denen unsere ständige Fürsorge zu gelten hat.

So wird alles Erdenkliche getan, um den Bedürfnissen der Jungen inbezug auf Ausbildung, Erziehung, Verpflegung, Bekleidung und Unterkunft gerecht zu werden. Auch außerhalb der Batteriestellung können und sollen sich die Lw.-Helfer meiner Aufsicht nicht entziehen. In engster Fühlungnahme und Zusammenarbeit mit dem jeweiligen Bannführer der H.J. sind Mittel und Wege gefunden, um jeden Lw.-Helfer in seiner Haltung und in seinen Handlungen zu überwachen, so daß bei etwaigen Verfehlungen, die nicht im Dienstbereich des militärischen Vorgesetzten begangen werden, immer wieder die aufrichtende Führung eingreifen kann. So sind z. B. die Streifen der H.J. zum Einschreiten gegen Lw.-Helfer (H.J.) und deren Kontrolle befugt.

Es ist mir klar, daß die jungen Lw.-Helfer in ehrlicher Einsatzfreudigkeit dazu neigen, sich schon jetzt mehr als Soldat zu fühlen, denn als jugendlicher Helfer. Diesen Bestrebungen muß ich entgegentreten, da es der Wille des Führers ist, daß die als Lw.-Helfer herangezogenen Jugendlichen auch im Rahmen dieses Kriegshilfsdienstes in der Erziehungsgemeinschaft der Hitlerjugend verbleiben. — Ich bitte daher Sie, liebe Eltern, mich in der Durchführung dieser Aufgabe ganz besonders zu unterstützen. In Zusammenarbeit mit der Führung der H.J. werden darüber hinaus, neben der militärischen Ausbildung durch geeignete Führer der H.J., Heimabende, sportliche Wettkämpfe usw. in den Batteriestellungen durchgeführt. Weiter besteht für die Jungen, die sich für den späteren Dienst in der Luftwaffe oder Marine gemeldet haben, die Möglichkeit, an einer dreiwöchentlichen Sonderausbildung der Flieger- und Marine-H.J. teilzunehmen, ohne daß dieser Urlaub auf den zweimal 14 tägigen Erholungsurlaub angerechnet wird.

Meine besondere persönliche Fürsorge gilt der Durchführung des schulischen Unterrichtes, besonders da ich weiß, daß ich hiermit Ihnen, verehrte Eltern, die größte Sorge abnehme. Ich kann es heute sagen, daß sich in diesem Punkt zuerst die größten Schwierigkeiten uns entgegenstellten. Das lag einmal an der Neuartigkeit des Unterrichts in den Batteriestellungen, zum andern an dem passiven Widerstand einiger Unverantwortlicher. Jetzt kann ich Ihnen aber mitteilen, daß diese Schwierigkeiten beseitigt sind und der vorgeschriebene Unterricht in allen Fächern pünktlich durchgeführt wird. Darüber hinaus stehen Soldaten-Lehrer meiner Batterien zur Verfügung, um bei Ausfall einer Lehrkraft sofort einzuspringen oder zusätzlichen Unterricht zu erteilen. Ebenso verhält es sich mit den Lehrlingen. Ich werde alles daran setzen, Ihnen neben der weiteren geistigen Schulung auch einen guten fachlichen Unterricht zur Vertiefung in dem von ihnen erwählten Beruf zuteil werden zu lassen.

Monatliche Berichte der Lehrkräfte geben mir die Möglichkeit einer genauen und laufenden Überprüfung der schulischen Betreuung. Ich konnte u. a. aus diesen Berichten zu meiner Freude feststellen, daß die Lw.-Helfer größtenteils selbst Wert darauf legen, einen geregelten und planmäßigen Unterricht zu erhalten.

Für die Zukunft wird von meiner Seite nichts unterlassen, um in engster Fühlungnahme mit dem Lehrkörper die schulischen wie fachlichen Belange in jeder Weise, und sei es auch mit teilweiser Hintansetzung des militärischen Dienstes, zu fördern und auszubauen. Selbstverständlich sind auch meinen Bemühungen im Hinblick auf die Kriegsnotwendigkeiten Grenzen gesetzt. Aber nichts geschieht bei uns unüberlegt.

Nun noch ein Wort über meine Lw.-Helfer selbst. Es werden hier und da von den Eltern lebhafte Klagen über allzustrengen und harten Dienst geführt. Bei der Nachprüfung des Tatbestandes stellte sich dann in der Mehrzahl der Fälle heraus, daß der betreffende Junge entweder die Unwahrheit gesagt oder zumindestens eine maßlos übertriebene Schilderung gegeben hatte. Grundsätzlich spreche ich Ihnen, verehrte Eltern, in jedem Falle, soweit Zweifel Ihrerseits vorhanden sind, das Recht zu, diese Angaben oder Beschwerden durch eine Anfrage bei mir oder der Truppe zu klären. Bemerken hierzu muß ich aber, daß gerade im Entwicklungsalter bei den Jungen eine Neigung zum Übertreiben vorhanden ist. Sie berichten dann gern von Entbehrungen und Überanstrengungen und zwar hauptsächlich zu dem Zweck, um vor den Eltern oder jüngeren Geschwistern zu prahlen und zu zeigen, was für Kerle sie doch eigentlich sind und wie sie schon jetzt wie ein richtiger Soldat allen Belastungen des Krieges gewachsen sind. So kommt es denn, daß sich die besorgten Eltern auf Grund der übertriebenen Schilderung ihres Jungen ein völlig falsches Bild über den den Lw.-Helfern zugemuteten Dienst machen. Hier muß ich nun einmal an meine Elternschaft appellieren und um Beachtung von folgendem bitten:

Sollten in meinem Bereich Vorkommnisse auftreten, die das Mißfallen der Eltern erregen, dann bitte ich darum, sich unmittelbar an den Batteriechef Ihres Jungen zu wenden. Ohne Frage steht Ihnen auch der Weg zum Abteilungs-Kommandeur offen, und selbstverständlich habe ich selber jederzeit ein offenes Ohr für alle Wünsche, Beschwerden und Sorgen der Mütter und Väter meiner jüngsten Untergebenen. In jedem Falle ist dieses der schnellste und einfachste Weg, um Mißhelligkeiten, seien sie berechtigt oder unberechtigt, aus der Welt zu schaffen, oder um Wünsche und Anregungen der Eltern zum Vorteil der Lw.-Helfer vorzubringen. Heben Sie daher auf alle Fälle meine Feldpostanschrift am Kopfe dieses Schreibens auf!

So wie ich mit meinen Offizieren Ihnen, meine verehrten Eltern, jederzeit zur Verfügung stehe, so bitte ich, auch von mir einige Wünsche entgegennehmen zu wollen:

1. Schicken Sie keine Lebensmittel, da Ihre Söhne hier weit besser verpflegt werden, als das nach der zivilen Markenzuteilung möglich ist. — Spindkontrollen haben gezeigt, daß die Jungen vor allem Brot und Belag verderben lassen.

    Wie gut ihnen die Militärkost bekommt, ergibt die ärztliche Feststellung, daß sie, von wenigen Ausnahmen abgesehen, durchweg eine Gewichtszunahme erfahren haben.

2. Schicken Sie Ihren Söhnen keine Rauchwaren und keinen Alkohol! Ihr Genuß ist ihnen ausdrücklich verboten und würde eine disziplinarische Bestrafung nach sich ziehen.

3. Geben Sie Ihren Söhnen kein Geld für persönliche Bedürfnisse in die Finger! Genügsamkeit bewahrt sie vor dummen Streichen. Sie lernen ferner den Wert und Sinn des sauerverdienten Geldes erst dann richtig schätzen, wenn sie — wie es ja auch unsere Soldaten tun müssen — mit ihrem Solde hauszuhalten haben.

4. Prägen Sie Ihrem Jungen immer wieder ein, wie wichtig es für ihn und sein späteres Fortkommen ist, daß er aufmerksam und mit Eifer am Schul- und Fachunterricht teilnimmt. Der Junge wird dann durch ein anhaltendes Interesse der Eltern an seinem Fortkommen zum Ehrgeiz und zu größeren Leistungen angespornt.

Zum Schluß möchte ich meiner Erwartung und Hoffnung Ausdruck geben, daß durch meine Worte die Sorgen und Nöte der Eltern meiner Lw.-Helfer soweit wie irgend möglich behoben und die Beziehungen der Truppe zum Elternhaus weiter gefestigt werden.

Ich begrüße Sie mit

Heil Hitler!

Richter

Oberstleutnant und Regimentskommandeur.

DRUCK: HINSTORFF

verdienstmedaillen gab es - wie die Befragten übereinstimmend aussagten - für die Malchiner LwH in Lübeck keine besonders prägenden Erlebnisse. Von Bomben auf die Flakstellungen oder Tieffliegerangriffen blieben die Jungen verschont; Opfer gab es unter den LwH nicht zu beklagen. „Unsere Stimmung während des Einsatzes möchte ich als ‚ausgeglichen' oder ‚ohne besondere Nuance' bezeichnen", so Günther G.

Am 25. August 1944 flogen die Alliierten ihren letzten Angriff gegen Lübeck, der 110 Menschenleben forderte. Nach Eröffnung der zweiten Front am 6. Juni 1944 kam der Hafen Marseille als Umschlagplatz für Post und Liebesgaben für die Kriegsgefangenen beider Seiten nicht mehr in Frage. Nach längeren Diskussionen wurden Göteborg und Lübeck dafür vom Internationalen Roten Kreuz ausersehen. Schwedische Schiffe transportierten die Hilfsgüter von Göteborg nach Lübeck. Dort wurden sie übernommen und von kanadischen Kriegsgefangenen in die Gefangenenlager gefahren. Als ein vom IRK besonders geschützter Ort wurde der Lübecker Hafen nachts hell erleuchtet. Auf Grund dieses Abkommens blieben den Lübeckern und Luftwaffenhelfern weitere Bombenangriffe erspart.[53]

Bomben auf die Heinkel-Werke

Einen Doppelschlag gegen die Produktionsanlagen von Arado, Dornier, Heinkel sowie die Raketenversuchsanstalt Peenemünde führte die 2. US Bomberdivision im August 1944.

Seit dem Abschuß der „Mustang" am 21. Mai 1944 hatte das Luftwaffenhelfer-Dasein in der Batterie Schmarl und den anderen Rostocker Flakstellungen wenig „Höhepunkte" zu verzeichnen gehabt. Batterieexerzieren, Schulunterricht, Arbeitsdienst, Alarmbereitschaften, Freizeit bestimmten den Alltag.

Jochen H.: „Schulunterricht erhielten wir im Wartesaal des Bahnhofgebäudes Schmarl. Wir gingen eigentlich gern zur Schule, weil uns die besten und nettesten Lehrer unterrichteten. Außerdem waren wir froh, keinen Dienst machen zu müssen. Umgekehrt schützen wir auch Dienste vor, um den schwierigen Arbeiten zu entgehen. Trotzdem muß man sagen, daß uns der - wenn auch reduzierte - Unterricht Spaß machte. Unser Verhältnis zu den Lehrern besserte sich, da sie als Weltkriegsteilnehmer auch wußten, was man uns Jungen bei der Flak abverlangte. Natürlich wirkte sich der Nachtalarm auf den Unterricht aus. Wir durften länger schlafen, saßen übermüdet im Raum oder der Unterricht fiel gänzlich aus. In unserer Freizeit lasen wir viel, spielten Karten, Halma, Schach - auch mit

---

[53] Vgl. Lübeckische Geschichte, S. 728.

unseren Geschützführern -, machten Schularbeiten, brutzelten uns etwas, reinigten unsere Sachen oder angelten in der Warnow. Am schönsten war der Ausgang. Man ging mit der Freundin ins Kino oder ähnliches. Im Dorf Lütten-Klein - wo sich unser Batteriegefechtsstand und die Küche befanden - fanden gelegentlich Kinoveranstaltungen, Operettenabende oder Kabarett statt. Darüber hinaus feierten wir auch alle Geburtstage. Am Sonntag durften wir Besuch in der Stellung empfangen. Die Kuchen und Torten wurden dann brüderlich geteilt. Ausgang gab es regelmäßig, wenn man sich nichts zuschulden kommen ließ. Luftwaffenhelfer W. wollte sich eine 2cm-Granate mit nach Hause nehmen, welche ihm bei der Fahrt durchs Heinkelwerk aus der Jacke guckte. Dafür bekam er drei Tage Bau. Ich erhielt auch drei Tage Arrest wegen Wachvergehens. Ich hatte mich in den Munitionsbunker schlafen gelegt und vergaß, meinen Nachfolger zu wecken."[54] Bei Jürgen F. ist zu lesen: „Sommeranfang. Angeln, Fischräuchern, Bratkartoffeln, eigene Kantine, Skat, Zuckereier. Beginn der 14täg. Urlaube. 10tägige Kurzausbildung an der 3,7. Unsere 2cm-Vierlinge sollten aufs Rollfeld und wir sollten 3,7 Waffen bekommen. In dieser Zeit trafen die Luftwaffenhelfer-Lehrlinge ein, diese sollten später unsere Vierlinge übernehmen. Sie bewunderten uns hauptsächlich bei den Feuerbereitschaften, wenn wir die Geschütze in die Richtungen der zu erwartenden Anflüge drehten."[55]

Das friedliche Bild in der Batterie Schmarl änderte sich jedoch am 4. August 1944. Zwischen 14.48 Uhr und 15.00 Uhr gingen 6 Teppichwürfe - 800 Sprengbomben und 1600 Brandbomben - auf das Werk Marienehe der Ernst Heinkel AG nieder.

Jürgen F.: „Es war heißes Sommerwetter. ZvG: Erstes! Zwootes! Die gemeldeten Bomberpulks stehen jetzt südöstlich Fehmarn weiterhin mit Oostkurs! Ende! Kurze Zeit darauf sehen wir die ersten Pulks am Horizont auftauchen, sie fliegen an der Küste entlang, an Warnemünde vorbei, weiter mit Ostkurs. Immer mehr Verbände tauchen auf, die ersten verschwinden schon wieder in dem flimmernden Dunst. Die Luft vibriert von den vielen Motoren, es brummt und singt. Will denn das kein Ende nehmen? Doch dahinten, das scheinen endlich die letzten zu sein. Wo mögen die wohl hinfliegen, die Meinungen waren verschieden, die einen tippten auf Berlin, die anderen auf Stettin. Nun waren die letzten Verbände auch schon gut zu sehen, und einige Zeit später schon im Abflug weiter nach Osten, langsam nur schwoll das Brummen ab. Es fiel doch den meisten nicht auf, daß es nicht ganz abschwoll, sondern langsam wieder lauter wurde. Doch plötzlich horchte ich auf, das Dröhnen kam jetzt ja aus der Richtung der Stadt, ich blicke nach oben zu einer großen weißen Wolke herauf. Meine Stim-

---

[54] Bericht von Jochen H.
[55] Aufzeichnungen von Jürgen F.

me überschlägt sich: Herr Wachtmeister, oooh Bomber!!! Erst in diesem Augenblick fängt die schwere Flak an zu schießen, zu spät! Weiße Fäden gleißen von den vordersten Maschinen auf, Zielmarkierungen! Volle Deckung! wird befohlen, doch ich sitze wie gelähmt in meinem Sitz und starre auf diese tödlichen Fäden, die auf uns zuzischen. Erst als vor uns das Werk sich aufbäumt unter dunkelroten Blitzen und turmhohen Fontänen, lasse ich mich aus dem Sitz fallen. Die Luft heult, die Erde zittert, auf allen Vieren krieche ich in ein tiefes Loch neben dem Geschützstand, ein Verband nach dem anderen schiebt sich aus der Wolke, Zielmarkierungen zischen, Bomben und Minen heulen und jaulen, die Erde und wir zittern. Ein ungeheurer Druck liegt auf unseren Lungen, man möchte schreien, näher heulen die Bomben, fester pressen wir uns an die Erde, nimmt es kein Ende? Nein! Weiter geht diese Hölle, einige schreien, andere weinen, ein Teppich geht sogar über uns herüber, ungewohnt, dieser furchtbare Druck plötzlich von einer anderen Seite. Wohlfahrt wimmert dauernd: ... es ist aas, es ist aas, mer sinn im Arsch, se ham noch nich assgeleest, es ist alles aas!.. Wir teilten seine Meinung. In den Augenblicken glaubten wir selbst daran - es ist aus. Furchtbar war es, als nach einer Pause weitere Pulks anflogen und angriffen. Nein, diese Augenblicke werde ich nicht vergessen. Als alles vorbei war, hingen unsere Blicke immer noch am Himmel, als ob da noch mehr hervorkommen könnte. Mit fliegenden Händen drehten wir uns Zigaretten, ich ging zum Wachtmeister, der schon am Flakfernrohr stand, um die brennenden Reste des Werkes zu betrachten. Er fuhr mich an, wohl bloß um etwas zu sagen und um sich Luft zu machen: F., sind Sie so mit den Nerven herunter, daß Sie schon wieder rauchen müssen? Was für eine Frage! Rauchend und noch zitternd gingen wir planlos umher, die Leitungen waren alle zerstört, wir machten erst Schluß, als auch die Stadt entwarnte. Leider machte ich erst Aufnahmen vom Werk, als die Brände schon am Verlöschen waren, am Nachmittag. Abends gab es zusätzlich zur Kaltverpflegung einige Gramm gute Kaffeebohnen."[56]

Der Angriff auf die Heinkel-Werke war mit höchster Präzision durchgeführt worden. Mehr als 85% der Sprengbomben und fast 60% der Brandbomben - so belegen es Trefferkarten aus den Kommandostäben - trafen das Werk in Marienehe. Die 9000 Arbeiter und Angestellten hatten in fünf Luftschutztürmen und fünf Luftschutzkellern Deckung vor den Bomben gesucht. Durch Volltreffer und durchschlagene Eisentüren kamen 62 Menschen - überwiegend ausländische Zwangsarbeiter - ums Leben. Trotz der hohen Trefferquote blieben die Fertigungsverluste im Werk relativ gering. 19 He 111/He 111 N erlitten Totalschaden, 14 weitere wurden beschädigt, ebenso 195 Großbauteile und 72 Motoren.[57]

---

[56] Aufzeichnungen von Jürgen F.
[57] Vgl. Bomben auf Rostock, S. 176ff.

Zehn Tiefflieger der Typen „Lightning" und „Mustang" versuchten die Batterie Barnstorf, in der die aus Markgrafenheide versetzten LwH der Mecklenburgischen Landesschule Güstrow ihren Dienst versahen, anzugreifen. Drei Me 109 vereiteilten diese Attacke, wurden dabei jedoch abgeschossen. Zudem versuchte ein Bomber, die Batterie im Zielflug auszuschalten. Die Bomben wurden eine Sekunde zu früh ausgeklinkt und detonierten 150 Meter von den Geschützstellungen entfernt auf freiem Feld.[58]

Die Batterie Schmarl, die sich am Ende des Rollfeldes befand, kam mit dem Schrecken davon, nicht so die Batterie Marienehe, in der LwH der Blücherschule (Klasse 7) Dienst taten. Der Angriff vom 4. August 1944 forderte unter den Luftwaffenhelfern aus Mecklenburg das erste Todesopfer - den 17jährigen Luftwaffenoberhelfer Wilhelm Joost. Er wurde am 9. August auf dem Neuen Friedhof in Rostock beigesetzt.[59]

Auch Anklam, Peenemünde, Schwerin und Wismar waren an diesem 4. August angegriffen worden.

Die LwH der Blücherschule hatten sich kaum von den Schrecken des Angriffs erholt, als die Amerikaner am 25. August 1944 erneut über Rostock auftauchten. Zwischen 12.10 Uhr und 12.40 Uhr donnerten 12 Bombenteppiche, abgeworfen aus 250 Flugzeugen, in das Heinkel-Werk Marienehe. Die Trefferquote der 600 Sprengbomben, 8000 gebündelten Stabbrandbomben und Flüssigkeitsbrandbomben betrug mehr als 60%. Dennoch blieben die Produktionsausfälle auch diesmal begrenzt, da wichtige Fertigungsabschnitte bereits verlegt worden waren. Zudem wurde die Rüstungsproduktion auch in bereits zerstörten Hallen fortgesetzt. 10 schwere und 40 leichte Werkzeugmaschinen, 25 Großbauteile für He 111/He 111 N sowie 18 Flugzeuge wurden beschädigt bzw. mußten als Verlust verbucht werden. Drei Menschen kamen im Werk ums Leben, 23 erlitten Verletzungen. Die Flakbatterien hatten keine Verluste. Kurze Zeit später lief die Fertigung in Marienehe wieder an. Am 27. August 1944 überflogen Aufklärer der USAF die Stadt und Rüstungsanlagen und photographierten die Schäden. Das Air Force Kommando glaubte Rostock und Warnemünde aus den Zielkarteien streichen zu können, und entschied, auf weitere Angriffe zu verzichten.[60]

Das Gefühl der ständigen Bedrohung blieb jedoch. Bis April 1945 gab es in Rostock noch 65 öffentliche Luftwarnungen und 73 Luftalarme.

Der Angriff vom 25. August vollzog sich im Rahmen einer größeren Operation gegen Städte im Bereich Schleswig-Holstein, Mecklenburg und Pommern. Bomben fielen auf Lübeck, Anklam, Schwerin, Wismar, Peenemünde und auf die Erprobungsstelle der deutschen Luftwaffe in Rechlin an der Müritz.

---

[58] Vgl. Jugend auf dem Sonnenkamp, S. 80.
[59] Gefallenenanzeige im Rostocker Anzeiger vom 8. Aug. 1944.
[60] Vgl. Bomben auf Rostock, S. 180ff.

Feuerbereitschaft. Batterie Schmarl (lei.Hei. 66/XI) (Jochen Hasselwander)

Bombentrichter in den Ernst-Heinkel-Flugzeugwerken nach 6 Teppichwürfen. Während des Angriffs am 4. August 1944 kam der Luftwaffenhelfer der Blücherschule Rostock, Wilhelm Joost, ums Leben. (AHR)

✠ Unser geliebter, ältester Junge, unser lieber Bruder, Enkel und Neffe, Luftwaffenoberhelfer

Pg. Wilhelm Joost

Schüler der Blücherschule, fiel bei einem Fliegerangriff im Alter von 17 Jahren für Führer und Reich. **Wilhelm Joost und Frau Frieda, geb. Dittmann; Ruth-Ursula Joost; Dieta-Irmgart Joost; Karl-Heinrich Joost.** Trauerfeier Mittwoch, 9. August, 15 Uhr, neuer Friedhof. **Seestadt Rostock, Fahnen**straße 9, den 7. August 1944.

Traueranzeige für den gefallenen Luftwaffenhelfer (Rostocker Anzeiger vom 8. August 1944)

Die durch Bombentreffer schwer beschädigte Versuchsabteilung der Heinkel-Werke Rostock - Marienehe nach dem Luftangriff am 25. August 1944 (AHR)

Schutz der Luftwaffenerprobungsstelle Rechlin

Die Erprobungsstelle der deutschen Luftwaffe in Rechlin bildete neben Kiel, Eckernförde und Rostock einen vierten Einsatzschwerpunkt für mecklenburgische Luftwaffenhelfer.

Von November 1943 bis Ende August 1944 waren in fünf schweren Flakbatterien 149 LwH höherer Schulen - OSfJ Malchin, OSfJ und Gymnasium Neubrandenburg, Große Stadtschule Rostock, Große Stadtschule Wismar -, 21 LwH der Mittelschulen Malchin, Mirow und Neubrandenburg sowie mehr als 100 LwH-Lehrlinge der Fachgruppen Metall, Holz, Nahrung und Handel u.a. aus Brüel und Waren in Rechlin stationiert. Bei den schweren Flakbatterien handelte es sich um die 1. - 3./604, die 4./461 und die 3./611. Hinzu kamen einige leichte Flakbatterien u.a. zum Schutz des Flugplatzes Lärz und in Retzow. Der Einsatz der LwH erfolgte zeitlich gestaffelt. Die im November 1943 aus Delmenhorst an die E-Stelle verlegten LwH der OSfJ Malchin (Klassen 6/7) waren Ende Januar 1944 durch LwH der Klasse 5a der Großen Stadtschule Wismar abgelöst worden. Neubrandenburger LwH wurden im März 1944 aus Lübeck, LwH der Klasse 5 (OSfJ Malchin) aus Schwerin-Lankow, die LwH der Großen Stadtschule Rostock Ende April 1944 nach Rechlin verlegt. Im August trafen die Mittelschüler aus Malchin, Mirow und Neubrandenburg aus Hamburger Flakbatterien (4./607, 1./613) an der E-Stelle ein. Im August 1944 wurden die LwH-Lehrlinge einberufen.

Verteilung der Luftwaffenhelfer (August 1944):

1./604:	28 LwH/Klasse 6 - Neubrandenburg / 21 LwH-Lehrlinge
2./604:	7 LwH/Klasse 7 - Rostock, 8 LwH/Klasse 7 - Neubrandenburg / 34 LwH-Lehrlinge
3./604:	31 LwH/Klasse 5 - Neubrandenburg / LwH-Lehrlinge ?
4./461:	14 LwH/Klasse 6 - Rostock / LwH-Lehrlinge ?
3./611:	5 LwH/Klasse 5 - Rostock, 19 LwH/Klasse 5 - Malchin / LwH-Lehrlinge

Leichte Flakbatterie Retzow: LwH-Lehrlinge
Leichte Flakbatterie Lärz: LwH-Lehrlinge

Nicht hinreichend geklärt sind der Einsatz der Mittelschüler aus Malchin, Mirow und Neubrandenburg sowie die Standorte aller Flakbatterien. Die 3./611 befand sich auf dem Sprott`schen Berg südöstlich des Rollfeldes Rechlin, die 2./604 auf einem Hügel oberhalb des Flugplatzes Lärz, die 3./604 auf dem Boeker Berg nordöstlich des Rollfeldes Roggentin, die 4./461 lag östlich des KZ-Nebenlagers

Retzow. Der Standort der fünften Batterie ist nicht bekannt.[61]
In Rechlin, im südöstlichen Teil der Müritz gelegen, kamen die LwH zum Schutz einer für die Luftrüstung und den Luftkrieg überaus wichtigen militärischen Anlage zum Einsatz.
Bereits 1916 war mit dem Aufbau einer „Lehr- und Prüfanstalt" für Albatros-Kampfflugzeuge auf der Gemarkung des Vorwerks Rechlin begonnen worden, die Großherzog Friedrich Franz IV am 29. August 1918 offiziell übergab. Nach der Niederlage Deutschlands im Ersten Weltkrieg und den Bestimmungen des Versailler Vertrages, die jede militärische und zivile Motorfliegerei verboten, wurden die bereits funktionsfähigen Anlagen in Rechlin demontiert. Im Jahre 1925 erwarb der Luftfahrtverein Waren e.V. - finanziert durch die geheime „Luftfahrtinspektion" im Heereswaffenamt des Reichswehrministeriums - den Flugplatz Rechlin für das Reich zurück. Besitzer wurden die Albatros-Werke (1931 Fusion mit Focke-Wulf), die Aufklärungs- und Verkehrsflugzeuge entwickelten und ihre Flugerprobung 1926 nach Rechlin verlegten. Arado, Heinkel und Messerschmitt führten ab 1927 Testflüge mit Jagdeinsitzern sowie Nachtjagd- und Erkundungsflugzeugen durch. Später folgten Dornier und Junkers, die ihre neuen Muster in Rechlin testeten. Seit 1930 entwickelte sich Rechlin zum Zentrum aller Erprobungen deutscher Militärflugzeuge und wurde in „Erprobungsstelle des Reichsverbandes der Deutschen Luftfahrtindustrie" umbenannt.
Seit der Machtübernahme durch die Nationalsozialisten begann der großflächige Ausbau der Erprobungsstelle. In den Gruppen „Nord", „Süd", „Ost" und „West" entstanden Prüfeinrichtungen auf dem Höchststand von Wissenschaft und Technik. In der Gruppe Nord erfolgte die Überprüfung der Bordausrüstung - Flugzeugzellen, Funk- und Navigationsgeräte, Bordgeräte und Ausrüstungen, Bodengeräte, Flugzeugmedizinische Ausrüstungen, Fahrwerke - sowie der Ergebnisse der Hochfrequenz- und Ionosphärenforschung. Gruppe Ost erprobte Bomben, Bordwaffen und Zünder, Gruppe Süd Flugantriebe und deren Zubehör. In der Gruppe West wurden die neuesten Flugzeugmuster auf ihre militärische Eignung getestet. Der Sitz des Kommandos der E-Stelle Rechlin befand sich in Rechlin Nord. Vom regen militärischen Betrieb zeugten ferner der Flugplatz Lärz, das Munitionslager, die Schießbahnen, der Schleuderprüfstand, die Flugzeughallen, die zentrale Treibstoffversorgung, die Boeker-Sender-Anlage, die Bombenplätze Leppin und Schillersdorf, das Erprobungsgebiet für Lufttorpedos Qualzow, der Fliegerschießplatz, die Zielattrappen, die Sondererprobungsstelle für Fallschirme, Wohnanlagen, Ställe, Kasernen, Beobachtungstürme, Tankstellen, Peil- und Antennenhäuser, Meßbasen, Bunker, ein Kälteprüfstand, Verwaltungsgebäude, Flakstellungen, Straßen, Eisenbahnlinien. Außerdem wurde das

---

[61] Vgl. Anhang und Erinnerungsberichte.

KZ-Nebenlager Retzow angelegt. Die Außenmüritz zwischen Flötter Graben und Rechlin Nord war Sperrgebiet. 1935/36 fanden Großflugtage und Vergleichsfliegen in Rechlin statt, in deren Ergebnis sich die Luftwaffenführung für den Serienbau der Me 109, He 111 und Ju 87 (Stuka) als Standardflugzeuge der Luftwaffe entschied, die später „erfolgreich" im Spanischen Bürgerkrieg getestet wurden. Rechlin erlebte 1937 den ersten Hubschrauber der Welt, die Fa-61. Projektarbeiten für erste Raketen- und Strahltriebwerkflugzeuge liefen in Rostock-Marienehe an. Die Erstflüge, auch aller späteren Muster, wurden auf dem Flugplatz Lärz (Erprobungskommando Lärz) vorgenommen. Hohe Militärs, u.a. Hermann Göring, Keitel, Jodl, Walter von Blomberg, Erhard Milch, Ernst Udet, Robert Ritter von Greim, sowie führende Flugzeugingenieure von Heinkel, Arado, Dornier, Messerschmitt, Focke-Wulf, Henschel und Junkers waren häufige Gäste auf der E-Stelle. Auch Hitler, Hess, Bormann und Speer besuchten Rechlin gelegentlich, um sich vom technischen Stand und der Zerstörungswirkung der Flugzeuge zu überzeugen. Rechlin erhielt den Beinamen „Waffenschmiede der Luftwaffe".[62]

Von ihren Flakstellungen aus beobachteten die Luftwaffenhelfer interessiert die Probeflüge modernster Jäger und Bomber sowie Tests mit erbeuteten gegnerischen Flugzeugen. Besonders beeindruckte die Jungen der erste in Serie hergestellte Düsenjäger, die Me 262, der erste Strahlbomber der Welt, die Arado-234, das neue Jagdflugzeug „Tank" Ta-152 sowie die Großraumflugzeuge „Gigant" und „Goliath".
In Rechlin nahmen die LwH der Großen Stadtschule Rostock ihren durch die Verlegungen nach Schweinfurt und Wismar häufig unterbrochenen Schulunterricht wieder auf. Dr. Neumann schrieb in seinem Jahresbericht: „Der Unterricht in Rechlin fand in Vereinbarung mit den dort ebenfalls eingesetzten Oberschulen für Jungen in Malchin und Neubrandenburg statt, zunächst ohne einen Rostocker Lehrer, unter Leitung des Studienrats Stichel vom Carolinum in Neustrelitz. Da aber hier der bis dahin durchgeführte griechische Unterricht in Frage gestellt war, wurde vom 22. Mai ab der Studienrat Niemeyer nach Genesung von seinem Unfall nach Rechlin abgeordnet und verblieb dort bis zum Schluß der Sommerferien, so daß der Unterricht jetzt auch dort ziemlich regelmäßig verläuft. Als Urlaub für die Luftwaffenhelfer waren zweimal im Jahre je 14 Tage angeordnet. Im Winter erfolgte der Urlaub klassenweise. Seit Ostern 1944 wurde der Urlaub nur einzeln erteilt, was wiederum zu unerfreulichen Unterbrechungen des Unterrichts für den einzelnen Schüler führte. Der auf 18 Wochenstunden bemessene

---

[62] Vgl. Aus der Geschichte der Erprobungsanstalt Rechlin der deutschen Luftwaffe, S. 14-71.

Unterricht wurde durchweg auf etwa 20 Stunden erweitert, indem weiterhin überplanmäßig der griechische Unterricht, z.T. auch der englische weitergeführt wurde ... Die militärische Führung zeigte sich den Anforderungen der Schule gegenüber entsprechend den Befehlen der oberen Führung durchweg recht entgegenkommend. Es fehlte nur häufig an der nötigen Freizeit und Ruhe für die häusliche Arbeit. Die Anforderungen und Leistungen konnten daher die Höhe der in den zivilen Klassen gestellten Ansprüchen nicht erreichen. Ebenso waren die häufigen Verlegungen für den Fortgang des Unterrichts recht ungünstig."[63]

Wolfhard E. hat an den Unterricht in Rechlin überwiegend gute Erinnerungen: „In Rostock war ich in Mathematik völlig versackt, stand 5 oder 6 ... Aber der Rechliner Mathelehrer machte uns den Stoff schmackhaft - es machte tatsächlich Spaß - und wir waren alle gut in dem Fach."[64] Als relativ wertlos beschreibt hingegen Georg M. (OSfJ Malchin, Klasse 5) die Schulstunden: „In Rechlin wurden wir von einem alten Major unterrichtet, der sonst in der Batterie nichts zu sagen hatte. Er legte allerdings keinen großen Wert auf den Unterricht. Manchmal, wenn wir unsere Hausaufgaben nicht erledigt hatten, versuchte er uns zu schikanieren, was ihm aber kaum gelang, da die Klasse zusammenhielt. Einmal befahl er ‚hinlegen', wir besahen uns die Stelle, befanden sie als zu dreckig und legten uns woanders hin. Der Major, der uns nach Hannover begleitete, war auch nicht in der Lage, alle Fächer zu unterrichten. Seine Spezialgebiete waren Chemie und Physik."[65] Am 3. Juli 1944 erhielten die LwH ihre Zeugnisse.

Die Luftwaffenerprobungsstelle Rechlin tangierte die Einflugschneise der Bomber nach Berlin. So wurde der Unterricht - als die Angriffe auf Berlin an Häufigkeit zunahmen - oft durch Alarm unterbrochen. Die LwH hockten viele Stunden an den Kanonen, ohne selbst zum Schuß zu kommen, da sie die hochfliegenden Verbände nicht bekämpfen konnten. Hinzu kamen Alarme durch Aufklärungsflugzeuge, welche die Erprobungsstelle photographierten. So war die Freizeit der LwH in Rechlin knapp bemessen. „Die Freizeit in der Stellung (2./604) verbrachten wir nach Möglichkeit mit Schlafen, um den versäumten Nachtschlaf nachzuholen. Die nächste Bahnstation war eine Stunde Fußmarsch entfernt. Dieser Weg lohnte nur mit dem Urlaubsschein in der Tasche." berichtete der ehemalige Neubrandenburger LwH Ludwig Sch. „Begrenzt waren die Freizeitmöglichkeiten. Wir lagen in solchen Gegenden, in denen sich Fuchs und Hase ‚Gute Nacht' sagen, so daß wir nicht in den Ausgang gehen konnten. Wir spielten viel Skat, machten Schularbeiten, hatten unsere Sachen in Ordnung zu halten oder schrieben Briefe." erinnert Georg M.[66] Und Wolfhard E.: „In Rechlin erhielten wir keinen Ausgang. Nur einmal besuchten wir ein Schwimmbad in der

---

[63] AHR 1.21.1. Schulwesen, Große Stadtschule, Nr. 453.
[64] Bericht von Wolfhard E.
[65] Bericht von Georg M.
[66] Berichte von Ludwig Sch. und Georg M.

Im April 1944 wurde die LwH der Großen Stadtschule Rostock zur Luftwaffenerprobungsstelle Rechlin versetzt. (Wolfhard Eschenburg)

Die LwH nutzten jede sich bietende Gelegenheit, um verlorenen Schlaf nachzuholen. (Georg Malgaday)

LUFTWAFFENHELFER-ZEUGNIS

Der Schüler *Wolfgang Eschenburg*,
geboren den 9. 7. 1928 zu *Warnemünde*,
Sohn des *Mittmeisters Karl Eschenburg* in *Warnemünde*,
zuletzt Schüler der Klasse L VI der *Großen Stadtschule (Gymn.)*
ist seit 5. Januar 1944 als Luftwaffenhelfer eingesetzt und hat an dem für Luftwaffenhelfer angeordneten Unterricht mit folgendem Ergebnis teilgenommen:

Deutsch	3	Chemie	3
Geschichte	3	Latein	3
Erdkunde	2	Englisch	—
Mathematik	1	Griechisch	4
Physik	2	Biologie	2

Auf Grund der Leistungen und des Verhaltens im Unterricht und im Einsatz und in Anwendung des Erlasses des Reichsministers für Wissenschaft, Erziehung und Volksbildung vom 22. Januar 1943 — E IIIa 3360 — wird der Schüler in die Klasse L VII der *Großen Stadtschule (Gymn.)* versetzt.

~~Seestadt Rostock~~ *Parchim*, den 3. Juli 1944.

Der Betreuungslehrer   Der Einheitenführer

Der Oberstudiendirektor   Oberleutnant u. Battr.-Chef

Unterschrift des Erziehungsberechtigten

DRUCK: HINSTORFF

Auch die Erledigung von Hausaufgaben gehörte zum Alltag der „Schüler-Soldaten". Malchiner LwH vor ihrer Unterkunftsbaracke in der Stellung - Luftwaffenerprobungsstelle Rechlin, Sommer 1944 (Georg Malgaday)

Umgegend. Ansonsten hockten wir auf unserem Berg (Sprott`scher Berg) herum. Es war ein heißer Sommer, und wir waren alle sehr braungebrannnt. In dieser Hitze mußten wir lange Unterhosen tragen, weil diese - wie unser Spieß sagte - zur Ausrüstung eines deutschen Soldaten gehören. In unserer Freizeit gingen wir gelegentlich in die Kantine, wo K. H. die gängigen Schlager ohne Noten auf dem Klavier spielte. Dazu wurde dann ‚gehottet'. Von unserem Berg verfolgten wir natürlich interessiert die Vorgänge auf dem Flugplatz mit Düsenmaschinen und Raketenjägern. Angefacht durch dieses Geschehen, bauten wir aus Käsetuben und Treibsätzen, die wir aus der Meßkartusche entwendeten, selbst Raketen. Die Käsetubenraketen ließen wir dann starten."[67]

Rechlin brachte für manchen LwH auch unangenehme Überraschungen mit sich. So waren die an den legeren Ton in den Lübecker Heimatflakbatterien gewöhnten Neubrandenburger LwH über das Wecken mit Trillerpfeife und militärische Kommandos wie „Kaffeeholer raustreten", „Im Laufschritt gefälligst" sehr verwundert. Wolfhard E. kam an das Funkmeßgerät, dessen Bedienung ihm mißfiel, da er „keinen Sinn für Elektronik" besaß. Er hatte sich an der Kanone wohler gefühlt. Auch mit verschiedenen Vorgesetzten machten die Jungen schlechte Erfahrungen. Gefürchtet war vor allem der Batteriechef der 2./604. Ludwig Sch. erinnert sich an einen meist laut brüllenden, von einer „Schnapsfahne" umgebenen Menschen. Helmut P. (Große Stadtschule Rostock) schreibt: „Rechlin: Die Frage der Menschlichkeit: Vier Monate am Erprobungsflughafen. Russische Beutekanonen 7,62, aufgebohrt auf 8,8cm. Der Batteriechef, Hauptmann Kochalski, hält es mit Wein, Weib und Schikane. Vor seiner Baracke pfeifen einem Posten Schüsse um die Ohren. Es heißt, der Chef habe sich mit einem Offizier um eine Frau geschossen. Tage später nächtlicher Alarm. Alles rennt an die Geräte und Kanonen. Doch die Batterie ist lahmgelegt. Alle Fernsprechgarnituren geklaut - vom Chef persönlich. Nächtliches Antreten und ein Donnerwetter für die Posten. Die sollen gefälligst auf die Stellung achten und nicht auf die Chefbaracke! Als Flakhelfer sind wir nicht betroffen, wir haben nur am Tage Dienst als Flugmeldeposten am Flakfernrohr. Das ist auch für Erdziele zu brauchen. Täglich sehen wir einen Zug von Elendsgestalten in Zebrakleidung vorbeiziehen: KZ-Häftlinge!

Eines Tages heißt es: An die Gewehre! Lightnings kommen im Tiefflug über die Stellung. Kaum sind sie fort, steht der Hauptmann aufgeregt in unserm Stand und setzt dem Geschützführer, dem Obergefreiten Lugk, das Gewehr auf die Brust und brüllt ihn an. Niemand weiß so recht, was der verkehrt gemacht haben soll. Aber keiner rührte die Hand, um dem ausgerasteten Chef das Gewehr

---

[67] Bericht von Wolfhard E.

zu entreißen..."⁶⁸ Als einen „Gemütsmenschen" hingegen beschreibt Ludwig Sch. den Hauptwachtmeister der 2./604 - Bäcker von Beruf -, der sich stets für die LwH und ihre Belange einsetzte. Besonders für das „Kloppen" von Gewehrgriffen, welches er beim Wachregiment „Karinhall" für Hermann Göring gelernt hatte, bewunderten ihn die Jungen.⁶⁹

Besonders nachhaltig prägte sich Ludwig B. (Große Stadtschule Rostock; eingesetzt in Rechlin) der 20. Juli 1944 ein. „Durch den Rundfunk erfuhren wir vom Putsch, und in der Nacht - wir guckten ja runter auf Rechlin - sahen wir, daß im Ort sehr viel Unruhe herrschte. Am nächsten Tage fiel mir auf, daß plötzlich der militärische Gruß abgeschafft war. Unter den Neubrandenburger Luftwaffenhelfern, die auch in Rechlin eingesetzt waren - zwar in anderen Batterien, aber man kam ja zusammen -, befand sich der Neffe von Remer, dem ich dadurch persönlich begegnete. Nach dem Putsch erhielt Remer - zum Oberst befördert - unmittelbar Urlaub. Natürlich betrachtete ich ihn damals als den großen Helden. Die Unfaßbarkeit des Ereignisses bestand für uns darin, daß die Beteiligten alles Offiziere waren - nicht irgendwelche, sondern ‚alte Frontschweine'. Das hatte schon Wirkung auf uns. Mein Klassenkamerad C. hatte Bekannte im Offizierskorps, und ich erinnere mich, daß er zur Entlassung des Generalstabchefs Halder (durch Hitler) sagte - sicherlich nur als Sprachrohr seiner Bekannten -: ‚Das war ein großer Fehler. Das durfte nicht passieren. Nun sind da Unfähige rangekommen.' Das war kein Widerstand, sondern die typische Nörgelei des Untergebenen.
Aber stärker noch prägte sich mir ein anderes Erlebnis ein, weil es wirklich erstmals meinen Blick weitete für Zusammenhänge, die ich bislang nicht kannte. In Rechlin hatten wir einen Feldwebel, also Spieß, der in der Legion Condor in Spanien gedient hatte. Ein hochgebildeter, schon etwas älterer Mann, um den sich allerlei Gerüchte rankten. Er war ein scharfer Hund, aber mit viel Humor und auch großem Verständnis für uns. An irgendeinem Feiertage setzte er sich mit uns Flakhelfern - wir waren ungefähr 20 Mann - zusammen. Das ging mit Trinken gleich los. Er trank gern, und wir schoben ihm auch zu, bis er anfing zu erzählen. Da hat er erstmalig erzählt, daß er - es war sein allererster Einsatz in der Legion - beim Waschen auf der anderen Seite des Baches ebenfalls Deutsche beim Waschen erblickte. Die riefen: ‚Nun verzieht Euch bloß hier!' Das waren Leute von der Thälmann-Brigade. Deutsche gegen Deutsche - das hatte ich bislang nicht gewußt. Daß es Gegner von Hitler gab, die sogar soweit gingen, im

---

⁶⁸ Bericht von Helmut P.
⁶⁹ Vgl. Bericht von Ludwig Sch.

Ausland gegen uns Krieg zu führen, war für mich völlig neu. Eine einschneidende Erfahrung. Auch ein Nachdenken, warum eigentlich. Für uns waren die Republikaner ja alle nur Nonnenschänder, die Massenerschießungen vornahmen. Ich bin in Norwegen vom Kriegsende überrascht worden. Eine Welt brach für mich zusammen - nicht, daß ich irgendwie Nazi gewesen wäre, aber Hitler hatte es so verstanden, sich und Deutschland zu identifizieren, daß es für uns junge Leute kaum möglich war, sich ein Deutschland ohne Hitler vorzustellen. Das war eine Wende für uns, die wir gar nicht nachvollziehen konnten. Das ging soweit, daß ich - als ich von den Engländern aus Norwegen abtransportiert und einem politischen Offizier vorgestellt wurde - auf die Frage, was ich von Hitler halte, antwortete: ‚Ja, wissen Sie, für Deutschland hat er wohl das Beste gewollt, aber für Europa und die Welt war er sicher nicht gut.' Als vernünftiger Mensch hätte man vom ‚größten Verbrecher aller Zeiten' gesprochen, bloß um da raus zu kommen. Der Offizier entgegnete: ‚Na, Sie sind ja noch so jung, daß Sie nochmal zur Schule gehen. Dann werden Sie das sicher anders beurteilen.' Aus dieser Tatsache ist zu ersehen, wie sehr man gefangen war von der Persönlichkeit Hitlers und dem Identifizieren Deutschlands mit Hitler."[70]

Wolfhard E. (Große Stadtschule Rostock, Rechlin): „Wir lagen auf dem sogenannten Monte Sprotto und erlebten dort auch den 20. Juli 1944. Ich weiß noch, daß die alten Soldaten sehr verärgert waren, daß sie nun den Hitlergruß als Ehrenbezeigung erweisen mußten. Wir waren nicht für den Putsch, konnten auch gar nicht übersehen, was diese Leute wollten, die durch die Presse so verächtlich gemacht wurden. Wie der Krieg zu Ende gehen sollte, wußten wir nicht, und es durfte auch nicht wahr sein, was in Wirklichkeit schon längst Wahrheit geworden war."[71]

Auch aus anderen Batterien liegen Erinnerungen an den 20. Juli 1944 vor.
Jochen H. (Blücherschule Rostock, Batterie Schmarl): „Es herrschte eine ganz merkwürdige Stimmung in der Batterie - auch schon im Vorfeld des Attentats. Es ist möglich, daß auch unsere Batterie irgendwie in das Attentat verwickelt war. Nach dem 20. Juli verschwanden plötzlich unsere Vorgesetzten, kamen an die Front. Etwas später wurde die Batterie Schmarl aufgelöst und die Luftwaffenhelfer nach Lichtenhagen in die 3./232 versetzt."[72] Zuvor hatten die 14 LwH der 66/XI noch 700 RM „für den Führer" gespendet.

Horst R. (Claus-von-Pape-Schule Schwerin, Batterie Barkelsby): „Ein einschneidendes Ereignis war das Attentat auf Hitler am 20. Juli 1944. Im Befehlsbereich ‚Westliche Ostsee' antwortete man darauf mit Küsten- bzw. Festungsalarm, so daß wir zunächst eine alliierte Invasion in Dänemark vermuteten. Verständnis

---

[70] Bericht von Ludwig B.
[71] Bericht von Wolfhard E.
[72] Bericht von Jochen H.

für ein Attentat gegen Hitler hatte von uns wohl keiner. Wir wußten, daß der Krieg ohne neue Waffen verloren war. Die 10,5cm Schnellfeuerkanonen von Barkelsby, Hemmelmark, Eckernförde usw. entsprachen dem Stand von 1932 und nicht dem von 1944. Wer nicht an Wunder glaubte, sah keinen Ausweg. Genau in dieser Bewußtseinslage erschien zum ersten und einzigen Mal ein ‚hauptamtlicher', d.h. höherer Hitlerjugendführer in der Batterie. Wir haben diesen Wehrdienstbefreiten zunächst nur distanziert wahrgenommen. Dann aber redete er, und das nicht ungeschickt. Wegen der Not des Vaterlandes wurden dann uns Sechzehnjährigen (ins Kino durften wir ja nur, wenn's jugendfrei war) die Meldeformulare zum freiwilligen (!) Eintritt in die Waffen-SS ausgehändigt. Ohne Rücksprachemöglichkeit mit den Eltern! Und Mitschüler und Freunde haben sich gemeldet. Sie wurden unverzüglich einberufen und ebenso unverzüglich in den Tod geschickt. Mir tut es heute noch weh, wen ich an diese so jung gefallenen ‚SS-Freiwilligen' denke. Welches Recht zur moralischen Verurteilung haben da welche von heute? Es gab auch andere. Einer der Hagenower sagte, er tue keinen Schritt freiwillig in den Krieg. Er fiel - regulär eingezogen - als Infanterist. Was mich betrifft, so konnte ich damals mein Schreibzeug nicht finden. Besagter höherer HJ-Führer hatte sich sehr freimütig über die ‚Verräter des 20. Juli' geäußert und dabei auch Namen genannt. Mir kam da einiges widersprüchlich vor, was ich meiner Mutter dann auch nach Hause schrieb. Das Ergebnis: Nach Öffnung des Briefes wurden ich und andere durch einen Oberleutnant im Auftrag des Reichssicherheitshauptamtes verhört. Ich war schon vorsichtig gewesen, aber man traute mir nicht so recht. Dem Werben der SS entzog ich mich, indem ich mich im Oktober 1944 als Kriegsoffizier, d.h. nicht als Berufssoldat, bei der Luftwaffe bewarb."[73]

Heinz L. (OSfJ Malchin, Lübeck): „Natürlich wurde noch auf Hitler geschworen. Nationalsozialistische Ideologie spielte eine Rolle, aber meines Erachtens keine übermäßige. Unsere Truppe war klein, zu der höhere Vorgesetzte selten kamen. Ich möchte von einer Begebenheit erzählen aus der Zeit, als auf Hitler das Attentat verübt wurde. Offiziell ist darüber nicht gesprochen worden. Keiner wollte sich mehr ‚die Schnauze verbrennen'. Auf dem Flur unserer Essenbaracke aber hatte ich sinngemäß gesagt: ‚Wenn das bloß geklappt hätte, dann wäre der Krieg aus.' Ich habe bei dieser Äußerung vor allem an meinen Bruder gedacht. Das hat jemand gehört und gemeldet. Ich hätte natürlich größten Ärger bekommen, wenn nicht mein Lehrer und wahrscheinlich auch der Kompaniechef Beck gewesen wären. Sie meldeten meine Äußerung nicht weiter. Nachher erfuhr ich, daß sie meinten, ich hätte unter dem Eindruck des Todes meines Bruders ge-

---

[73] Bericht von Horst R.

standen und dies nicht so gemeint. Damit will ich sagen, daß man in dieser Truppe zusammenhielt. Meinen Lehrer Köpke halte ich heute noch in Ehren, auch wenn er nach außen hin Nationalsozialist gewesen war."[74]

Einig sind sich alle befragten LwH/MH, daß die Mehrheit der Vorgesetzten und Flaksoldaten - meist schon in fortgeschrittenem Alter - mit der NS-Ideologie „nicht viel im Sinn" hatten. Ludwig Sch.: „Es wurde in dieser Hinsicht nicht mehr getan, als unbedingt nötig war." Ernst P. Reinhard (Offizier in der Batterie Eckernförde-Stadt): „Zum Thema Nationalsozialismus kann ich nicht viel sagen, da er bei der Marine ohnehin keinen all zu hohen Stellenwert besaß - von einigen Ausnahmen abgesehen. Bei uns jedenfalls nicht. - Ich erinnere mich noch an die Vorbereitungen zur pflichtgemäß durchzuführenden Gedenkfeier an den 30. Januar 1933. Unser E-Messer, ein junger Maat, hatte es übernommen, Gesang und Sprechchor mit den Marinehelfern einzuüben, und dabei so seine Probleme. Die Jungs fühlten sich dem HJ-Betrieb längst entwachsen und machten widerwillig mit, so daß der - ohnehin von Luftalarm unterbrochene - ‚Festabend' nicht gerade zu einem ausgesprochenen Höhepunkt geriet. Auch kann ich mich nicht darauf besinnen, daß die beiden Betreuungslehrer besondere NS-Ambitionen zeigten. Sogenanntes NS-Schulungsmaterial, das auch im letzten Kriegsjahr in reicher Fülle verteilt worden ist, wurde selten oder nie benutzt. Amtsträger der NSDAP kamen mit den Helfern nicht in Berührung."[75] Günther G. (OSfJ Malchin, Lübeck): „Über die Frage: ‚Welche Rolle spielte die nationalsozialistische Ideologie in der Batterie?' habe ich lange nachgedacht und muß sagen: keine. Jeweils am Sonntag war eine Art politischer Unterricht angesetzt, an dem alle teilzunehmen hatten. Der Großteil der Veranstaltung bestand aus einer Art ‚Zeitungsdienst'. Aus der Tagespresse mußte ein zuvor Bestimmter die politischen Ereignisse kommentieren. Ich meine mich zu entsinnen, daß das über eine ‚Pflichtübung' nie hinausgegangen ist."[76]

Die LwH/MH identifizierten sich mit ihrer Soldatenrolle und befanden sich mit der HJ vor allem wegen des Ablegens der HJ-Armbinde auf Kriegsfuß. Sie bestätigen die Ergebnisse Rolf Schörkens, der in seiner Studie über das politische Bewußtsein der Flakhelfer ein „Leerlaufen der nationalsozialistischen Erziehung" konstatiert. Politische Themen diskutierten die Jungen fast nie und daran änderte auch das Attentat auf Adolf Hitler am 20. Juli 1944 kaum etwas: Viele Flakhelfer empfanden nur „eine Art Bedrückung" oder ein „merkwürdiges Gefühl", als sie davon erfuhren. Die Hintergründe des Attentats durchschauten sie nicht, wenngleich es auch den einen oder anderen Jungen nachdenklich stimmte. Man stellte sich die Frage, warum wohl hohe deutsche Offiziere den Führer beseiti-

---

[74] Bericht von Heinz L.
[75] Bericht von Ernst P. Reinhard.
[76] Bericht von Günther G.

gen wollten. Eine Antwort fanden sie nicht. Die übergroße Mehrheit der LwH/MH lehnte das Attentat ab. Der Wirkung der Person Adolf Hitlers konnten sich nur die wenigsten Jugendlichen dieser Zeit entziehen.

Das „Leerlaufen" der NS-Erziehung, die Ablehnung der HJ und Identifikation mit dem „Geist" der Luftwaffe und Kriegsmarine läßt sich besonders in den Erinnerungen des ehemaligen Ludwigsluster MH Ernst-Günther Sch. (1. Marinefeuerschutzabteilung Kiel) nachvollziehen: „In unserer engeren Clique, das waren vier Ludwigsluster Klassenkameraden, herrschte so etwas wie ein antinazistischer Geist, um es vage auszudrücken, der zum Teil in einem, in jenem Alter ganz natürlichen, Oppositionsgeist bestand, aber auch aus einem starken Widerwillen gegen Drill und Zwang resultierte.

Bereits 1943 (vielleicht auch schon früher) hörten wir häufig im Radio Feindsender; neben den sogen. Soldatensendern ‚Calais' und ‚Atlantik' vor allem die BBC aus London. Gelegentlich schon mittags um zwei Uhr - im Sommer schon mal bei geöffnetem Fenster (Wahnsinn!)

Wir stellten abenteuerliche Überlegungen an, wie wir, wenn wir eingezogen werden, dem Heldentod entgehen könnten. Was da so an wahnwitzigen Ideen produziert wurde! Selbstverständlich hörten wir Jazzmusik und versuchten, unsere langen Haare gegen irgendwelche Eingriffe zu schützen (in Ludwigslust und in Kiel). Und wir fühlten uns zu all denen hingezogen, die mit dem NS-System nicht allzu viel im Sinn hatten, wie die Angehörigen der Luftwaffe, vor allem des ‚Fliegenden Personals' mit ihrem langen gewellten Haar und den weißen Seidenschals.

Wir hatten Sympathie für die Widerständler vom 20. Juli. Und nicht nur für sie. Von der Aktion der ‚Weißen Rose' in München bekam ich auf irgendwelchen Schleichwegen Kenntnis. Die von den alliierten Flugzeugen abgeworfenen Flugblätter wurden gesammelt, aber nicht ausgetauscht; das war zu gefährlich (Todesstrafe!).

Ich war auch einmal auf Urlaub. Das war in der zweiten Julihälfte. Den 20. Juli 44, das Attentat auf Hitler, erlebte ich auf dem kleinen Dorf Balow bei Grabow im Kreis Ludwigslust, wo ich an diesem Tag mit meinem Vater zur Jagd war. Der alte Gutsförster Jansen fragte am Abend, nachdem sie vom Pirschgang zurück waren: ‚Is dat Swien nu endlich dot?'

Rückfahrt nach Kiel mit prallvollem Koffer, darin allerlei Leckereien: riesiger Kuchen, kalter Rinderfiletbraten. Es war ein heißer Augusttag, als ich mit meinem bleischwerem Koffer durch Kiel trottete. Straßenbahnen fuhren mal wieder nicht, denn es war Voralarm gegeben worden. Das Hafengebiet wurde gerade vernebelt, so daß ich zeitweilig in beißende Rauchschwaden gehüllt war.

Kriegsmarine wie Luftwaffe waren dem NS-Regime weit weniger angepaßt als das Heer. Die einen fühlten sich irgendwelchen höchst dubiosen Traditionen (kaiserliche Marine) verpflichtet, die anderen sahen die Fliegerei als eine - wenn auch riskante - Art Sport an. Beide Waffengattungen genossen gegenüber dem Heer gewisse Privilegien. Das änderte sich in den beiden letzten Kriegsjahren. 1944 war der U-Boot-Krieg für die Deutschen schon längst verloren. Die U-Boot-Waffe hatte enorme Verluste. In Kiel stationierte U-Boot-Fahrer gaben sich vereinzelt renitent. Geheime wie offene Proteste. Man munkelte, daß sich schon U-Boot-Besatzungen geweigert hätten, auszulaufen. Wie Freunde zu berichten wußten, gab es im Kieler Hafen auf Mauerwänden Parolen wie: ‚Mit Reeder fuhren wir besser!' Großadmiral Reeder war der Vorgänger des berüchtigten Großadmiral Dönitz. Der eine stand noch in der alten, nichtsdestoweniger korrupten Marinetradition, während der andere, Dönitz, Hitler hündisch ergeben war. Er hatte den Tod von ungefähr 30.000 U-Boot-Fahrern auf dem Gewissen. Und auch dieser Spruch wurde auf einer der Hafenmauern von einem der Marinehelfer aus unseren Reihen während eines Streifzugs entdeckt: ‚Denn wir fahren vergebens gegen Engelland!' In bitterer Abwandlung eines in ‚erfolgreichen' Zeiten oft gespielten und gesungenen Kriegsmarsches. Ölverschmierte Lederjacken, halblang und grünlich-blau, das ein wenig schmierige Käppi auf den Kopf mit dem dichten langen Haar (‚unpreußischen Haarschopf') gepreßt, also nicht flott und schief, so gammelten sie an den Kaimauern herum; völlig unheldisch und fernab vom vorgefertigten Bild der NS-Propaganda. Der Glanz hoher Kriegsauszeichnungen für die Kaleus und ihre Männer aus den frühen erfolgssatten Kriegsjahren war längst verblaßt. Wie sie müde, ein wenig gelangweilt und sehr gleichgültig die Hände in den Lederjacken dahinschlenderten, dabei vielleicht einen Schlager pfeifend (‚Laß mich heut abend nicht allein, denn ich kann ja heute nicht ohne Liebe sein'), so gefielen sie uns."[77]

Wie sehr sich die LwH/MH mit der Soldatenrolle identifizierten, zeigt ein Beispiel des MH Hans-Jürgen K. (Mittelschule Bützow): „Wenige Tage nach dem Attentat auf Hitler am 20. Juli 1944 fuhr ich in Urlaub und der Zug Kiel-Lübeck war erstaunlich leer. Nur wenige Zivilisten befanden sich im Waggon. Dann kam die Feldgendarmerie durch und ein Leutnant schrie mich an, was ich hier mache, es sei eine Urlaubssperre für das Reich angeordnet worden. Ein Feldwebel prüfte meinen Urlaubsschein, den ich ja besaß, und meinte dann zu dem Leutnant: ‚Das sind doch unsere Flakjungs, die dürfen nach Haus zu Mutti und Vati fahren.' Dem Feldwebel hätte ich am liebsten eine geknallt."[78]

Für Fritz L. von der Schule bei den 7 Linden und seine LwH-Kameraden wurde eine Treuekundgebung für Adolf Hitler in Hannover zu einer Möglichkeit, ihre Soldatenrolle besonders herauszukehren. „Während des Vorbeimarsches am Gau-

---

[77] Bericht von Ernst-Günther Sch.
[78] Bericht von Hans-Jürgen K.

leiter, der auf einem Tiger-Panzer stand, folgte unserem Marschblock die Flieger-HJ, die die Arme durchschlug, während die Soldaten die Arme an der Hosennaht behielten. Demonstrativ taten wir es den Soldaten gleich. Auf dem Rückmarsch in die Stellung mußten wir die HJ-Armbinde ablegen, um nicht von den Hannover Arbeiterjungen verprügelt zu werden." Einprägsamer als die Treuekundgebung selbst war für Fritz L. die versalzene Milchsuppe am Abend. „Die größte Enttäuschung meines bisherigen Lebens, so hatten wir uns auf die Milchsuppe gefreut."[79]

Mit der Eigenidentifikation der LwH/MH als Wehrmachtsangehörige nahm die Ablehnung der NSDAP und ihrer Repräsentanten zu. Georg K.F. (Blücherschule Rostock) schilderte seine damalige Hoffnung, daß die Wehrmacht nach dem siegreichen Kriegsende die Parteibonzen verjagen und eine Militärregierung errichten werde. Als Georg K.F. und andere Klassenkameraden gegen Ende des Jahres 1944 Heimaturlaub nach Rostock erhielten und sich in vorschriftsmäßiger Uniform - mit HJ-Armbinde - auf dem Osnabrücker Bahnhof aufhielten, wurden sie von einem Rostocker Gymnasiasten mit den Worten: „Ihr seht ja so parteimäßig aus!" angesprochen. Daraufhin ließen sie die HJ-Armbinde schnell verschwinden.[80]

Über das Kriegsende machten sich die Flakhelfer im Sommer 1944 noch kaum Gedanken. Man gab sich siegesgewiß. Wolfhard E. (Rechlin): „Für uns war die Welt im Sommer 1944 noch relativ in Ordnung. An die Luftangriffe hatte man sich gewöhnt, nur die Vorgänge im Osten beunruhigten uns. In einer stillen Stunde hat man auch gebetet, daß es an uns vorübergehen möge. Diskutiert über die Frage, wohin dies alles führen soll, haben wir kaum - es war kein Thema."[81] Günther-Albert L. (OSfJ Ludwigslust, 1. MFSA Kiel) bemerkte dazu : „Die Stimmung unter den Marinehelfern war eigentlich immer gut. Wir hofften auf einen Sieg des Reiches. Bedrückt waren wir, als wir erfuhren, daß hohe deutsche Offiziere eidbrüchig geworden waren und versucht hatten, Adolf Hitler umzubringen. Allerdings, mit dem 20. Juli 1944, das ist so eine Sache. Einige Kameraden und ich hatten daheim Radio London gehört und hatten so eigene Gedanken. Hinzu kam die Erziehung von Haus aus. Klar, die Sehnsucht nach einem schnellen Kriegsende hatte jeder. Nur durfte es nicht unehrenhaft sein!"[82] Diese Aussage mag für viele LwH/MH, die ab Sommer 1944 in ihren Einsatzorten schweren Angriffen ausgesetzt waren, zugetroffen haben.

Auch die Erprobungsstelle Rechlin wurde zum Angriffsziel. Der erste Angriff er-

---

[79] Bericht von Fritz L.
[80] Bericht von Georg K.F.
[81] Bericht von Wolfhard E.
[82] Bericht von Günther-Albert L.

folgte in den Morgenstunden des 24. Mai 1944. 13 B 17-Bomber verloren bei diesigem Wetter ihren nach Berlin fliegenden Angriffsverband und warfen ihre 125 Sprengbomben über Rechlin ab.[83]

Tiefflieger attackierten die E-Stelle. Gerd P. (Große Stadtschule Rostock) und Ludwig Sch. (Neubrandenburg) erinnern sich: „In Rechlin bediente ich die leichte 2cm Flak. Hier erlebten wir nicht nur Bombardements, sondern auch Tieffliegerangriffe. Das waren schreckliche Augenblicke. Die Tiefflieger kamen überfallartig und flogen so niedrig, daß sie nicht erfaßt werden konnten. Man sah die Umrisse der Flugzeuge und die Feuerpunkte in den Tragflächen. Da rutschte uns das Herz in die Hose. Doch bei diesen Angriffen ist niemand getötet und verletzt worden. Tieffliegerangriffe dauerten im Gegensatz zu den Bombenangriffen nur wenige Minuten. Rechlin war stark bewaffnet, und so konnten sie wohl nicht in Ruhe anfliegen." - „Ich tat in der Umwertung Dienst. Das Schießen der Batterie nahm ich nur im Unterbewußtsein wahr, weil ich mich auf das genaue Einstellen meiner Werte konzentrieren mußte. In dieser Zeit wurde unsere Batterie mehrmals von Tiefffliegern beschossen, die im Schutze einer Senke den Flugplatz Rechlin angriffen und unsere Stellung überfliegen mußten. Bei dieser Gelegenheit schoß die schwere Batterie Sperrfeuer. Während dieser Angriffe gab es in unserer Batterie keine Verwundungen oder personelle Verluste, die sich auf die Stimmung unter den Flakhelfern ausgewirkt haben könnten. Wir waren ja durch das System zur Pflichterfüllung erzogen und taten dies auch in der Unbekümmertheit unserer Jugend. Im Gesprächskreis mit Kameraden wurde die Meinung vertreten, daß die Zivilbevölkerung in den Städten den Luftangriffen viel schutzloser ausgeliefert sei, als wir in unserer Batteriestellung, die wir uns wenigstens wehren konnten."[84]

Ein schwerer Angriff traf die E-Stelle Rechlin am 25. August 1944. Zwischen 12.49 Uhr und 13.11 Uhr warfen amerikanische B 17 („Fliegende Festungen") 395 Tonnen auf die Anlagen. Neun Personen - unter ihnen drei Stabshelferinnen und ein italienischer Arbeiter - fanden den Tod. Acht Flugzeuge wurden abgeschossen. In den Flakbatterien gab es keine Verluste. Georg M. (OSfJ Malchin, 3./611 auf dem Sprott´schen Berg): „Zunächst wurden wir nach Schwerin-Lankow eingezogen und erhielten dort eine Ausbildung an der 3,7cm Flak. Einige Zeit später erfolgte die Versetzung in die 3. Batterie der schweren Flakabteilung 611, welche bei Rechlin zum Schutz der Flugerprobungsstelle stationiert war. Die Batterie befand sich unweit des Ortes Bolterschleuse. Ich persönlich bediente dort die 2,2cm-Flak. Andere Klassenkameraden kamen an die 8,8cm-Flak. Im August 1944 sollte die Batterie an die Westfront verlegt werden. Die

---

[83] Aus der Geschichte der Erprobungsstelle Rechlin, S. 97.
[84] Berichte von Gerd P. und Ludwig Sch.

Luftwaffenhelfer wurden herausgelöst, durch Flaksoldaten ersetzt und einer anderen Batterie in Rechlin überstellt. An dem Tag, an dem die Batterie ihre Geschützstellungen abbrach, um die Kanonen zu verladen, wurde Rechlin angegriffen. Da es in der neuen Batterie aber keine 2,2cm-Flak gab, stand ich ziemlich hilflos in der Stellung herum und wurde schließlich vom Spieß zum Munitionsschleppen eingesetzt. Die Batterie verfügte über aufgebohrte Beutegeschütze, die nach jedem Schuß einen Hülsenklemmer hatten. Also wurde das Geschütz runtergekurbelt, die Hülse mit dem Rohrwischer ausgestoßen und anschließend wieder hochgedreht. In diesen Pausen blickte man sich auch um und sah die Bomben fallen. Eine Welle nach der anderen griff die Flugerprobungsstelle Rechlin an. Es war gleichzeitig unser erstes scharfes Schießen gewesen. Wir hatten keine Angst, daß uns etwas passieren könnte. Vielmehr beherrschte uns das Gefühl des Sichwehrenmüssens."[85]

Günther Dohse - LwH-Lehrling (Maler) aus Waren - befand sich erst seit wenigen Tagen zur Ausbildung an der 2cm-Flak auf dem Flugplatz Lärz, als der Angriff erfolgte. „Plötzlich ertönten die Sirenen zur Vorwarnung. Unser Ziel waren die nahegelegenen Splittergräben. Über uns flogen die Bomber, in Wellen kommend, auf die Abteilungen der E-Stelle in Rechlin zu. Die 8,8cm Batterie am Sprott´schen Berg eröffnete als erste umgehend das Feuer. Wir hörten und sahen den Einschlag der Bomben und das Geschützfeuer. Das erste Mal erlebte ich einen Luftangriff. Panische Angst saß mir und meinen gleichaltrigen Kameraden in den Knochen. Wir waren froh, als Entwarnung gegeben wurde."[86]

Trotz der Zerstörungen gingen die Tests und Erprobungen z.B. am geheimen „Reichenberg-Gerät" (einer bemannten Variante der Flügelbombe Fi-103 „V1") sowie mit dem Strahlflugzeug He 162 und den Mistel-Gespannen in Rechlin weiter.

Wenige Tage nach dem Luftangriff wurden die meisten Flakbatterien und Luftwaffenhelfer umgruppiert. An der E-Stelle verblieben die 3./604 mit Neubrandenburger Oberschülern und Lehrlingen aus Brüel sowie die von LwH-Lehrlingen bedienten Leichten Flakbatterien Retzow und Lärz. Die Neubrandenburger LwH kamen schließlich im Dezember 1944 zur Entlassung, die 3./604 wurde an die Westfront verlegt. Den Tieffliegerangriff vom 4. April 1945 und den vernichtenden Bombenangriff auf die E-Stelle Rechlin und den Flugplatz Lärz am 10. April 1945 erlebten die LwH-Lehrlinge an den leichten Flakgeschützen. Sie kamen mit dem Schrecken davon.[87]

---

[85] Bericht von Georg M.
[86] Zit. nach Aus der Geschichte der Erprobungsstelle Rechlin, S. 98.
[87] Vgl. ebenda, S. 98ff.

IV. „Wir wollten noch siegen" - Marinehelfer in Kiel und Eckernförde

Einsatzbatterien

Während ein Großteil der Luftwaffenhelfer bis zur Jahreswende 1943/44 noch auf seine „Feuertaufe" wartete, war der Luftkrieg für die in den MFLA Kiel und Eckernförde eingesetzten Marinehelfer bereits Alltag geworden. Von Januar bis März 1944 rückten als Ablösung für den Jahrgang 1926 insgesamt 151 höhere Schüler und 92 Mittelschüler aus Mecklenburg in die Flakbatterien ein. Im März 1944 verteilten sich die mecklenburgischen MH auf die folgenden MFLA und Batterien:

MFLA 211 (Eckernförde)
Batterie Eckernförde-Stadt 1./211: Vereinigte John-Brinckmann-Schule und Domschule Güstrow
Batterie Barkelsby 2./211: Claus-von-Pape-Schule Schwerin (MH der OSfJ Hagenow waren in dem Schweriner Klassenverband aufgegangen)
Batterie Hemmelmark 3./211: OSfJ Bützow, Wilhelm-Gustloff-Schule Schwerin

MFLA 221 (Kiel-Friedrichsort)
Batterie Marienfelde 1./221: Mittelschulen Goldberg, Wittenburg, Woldegk
Batterie Schilksee 2./221: OSfJ Teterow
Batterie Pries 3./221: Friderico Francisceum Doberan, Carolinum Neustrelitz (OSfJ), OSfJ Parchim, Claus-von-Pape-Schule Schwerin, OSfJ Ribnitz, OSfJ Teterow

MFLA 241 (Kiel-Elmschenhagen)
Batterie Pohnsdorf bei Preetz 5./241: Mittelschule Neustrelitz
Batterie Havighorst bei Kirchbarkau 7./241: Mittelschule Plau

MFLA 261 (bei Kiel)
Batterie Heidkate 1./261: Mittelschulen Bützow, Festung Dömitz, Gnoien, Ludwigslust, Parchim, Neustadt/Glewe, Schwaan

MFLA 281 (Kiel)
Batterie Elendredder 5./281: OSfJ Ludwigslust

Nicht ermittelt werden konnten die Einsatzorte der MH der OSfJ Friedland, OSfJ Grabow sowie der Mittelschulen Boizenburg, Malchow und Tessin. Ein Dokument aus dem Mecklenburgischen Landeshauptarchiv Schwerin belegt ihre Einberufung in den Bereich Kiel. Vermutlich sind die Mittelschüler in einer Batterie zusammengefaßt worden; denkbar ist auch der Einsatz der höheren Schüler in der Batterie Schilksee.[1] Keinen Hinweis gibt es auf den Einsatzort der Mittelschüler aus Waren.

An dieser Stelle sollen einige Marinehelfer stellvertretend für alle Mecklenburger zu Wort kommen, die ihren Flakeinsatz im Raum Kiel leisteten und besonders ab Sommer 1944 die schweren Angriffe auf die Stadt Kiel erlebten.

„Zu allen Tageszeiten Einflüge und Angriffe" - Batterien Havighorst und Pries

Günther B. (OSfJ Ribnitz): „Anfang Januar 1944 erhielten wir die Einberufung nach Kiel. Kiel war uns allen als Stadt der Kriegsmarine bekannt. Niemand von uns hatte sie schon einmal gesehen. Auf dem Hauptbahnhof holte uns ein Obermaat unserer Batterie ab. Mit der Straßenbahn legten wir das erste Stück des Weges nach Pries zurück.
Nur einige von uns hatten die Zerstörungen nach dem Bombenangriff auf Rostock 1942 gesehen. So stellte sich wegen der Zerstörungen, die wir nun zu sehen bekamen, eine gewisse Betroffenheit ein. Wir ahnten zu dieser Zeit nicht, wie Kiel aussehen würde, als wir es im März 1945 wieder verließen. Von Kiel-Wik, Haltestelle Knorrstr., fuhren wir mit dem Bus bis Kiel-Friedrichsort. Den Rest des Weges gingen wir zu Fuß, da es keine Verkehrsverbindung gab. Selbstverständlich wurden wir in der Stellung erwartet. Das war am 4. Februar 1944.
Die Einkleidung fand auf dem Gut Knoop statt, wo sich das Bekleidungslager befand. Eine Decke diente als Transportmittel und nahm Grauzeug, Blauzeug, Mantel und Unterwäsche auf. Manch ein Kleidungsstück war uns fremd. Der Exerzierkragen mit den drei Streifen um den äußeren Rand. Als ich ihn mit dem dazugehörigen Hemd in Gegenwart meines Vaters zum ersten Mal anzog, lachte er. Der Umhang war dem alten Uniformträger zu merkwürdig. Er hatte Schwierigkeiten einen solchen Anzug als Uniform anzuerkennen. Der Stahlhelm und eine Gasmaske schlossen die Ausstattung ab. Handfeuerwaffen erhielten wir nicht. Es begann aber die Ausbildung an den Geschützen, den Feuerleiteinrichtungen und was sonst noch zu dem Betrieb einer Flak-Batterie gehörte.
Wir waren gerade in der Batterie angekommen, als am Abend Flakalarm ausgelöst wurde. Nach kurzer Zeit eröffnete die Batterie das Feuer. Wir saßen in einer Stube, die wir in einem Bunker als Wohnraum zugewiesen erhalten hatten. Es krachte mächtig. Die Stahlspinde schepperten und die in ihnen abgestellten

[1] Vgl. Anhang.

Teller klapperten im Takt der Salven. Wir merkten gar nicht, daß das Feuer bereits eingestellt worden war, weil ein Spaßvogel unter uns den Takt der Salven fortsetzte, indem er gegen ein Spind schlug. Den Betrug erkannten wir in unserer Aufregung erst sehr spät."

Die Batterie Havighorst bei Kirchbarkau (7./241) war den 10 Plauer Marinehelfern als Einsatzbatterie zugewiesen worden. Aus Körlin an der Persante, Driesen/Neumark, Ückermünde, Stargard, Dramburg, Köslin und Woldenburg stammten ihre MH-Kameraden. Die Batterie verfügte über 4 x 10,5cm-Geschütze, ein Funkmeßgerät, 2cm-Flak (später 2cm-Flakvierling) sowie ein leichtes Maschinengewehr. Am 7. März 1944 begann die Grundausbildung.

Heinz K.: „Im Vordergrund stand zunächst die Grundausbildung. Wir mußten nach Auffassung unseres Ausbilders und Geschützführers erst einmal richtig gehen lernen. Wir mußten alle Texte, die zur Bedienung der einzelnen Positionen am Geschütz notwendig waren, auswendig lernen und wie im Schlaf runterbeten können. Wenn das nicht zügig klappte, mußten wir einige Runden ums Geschütz laufen. Es wurde alles, aber auch alles exerziert und eingeübt. Angefangen von Tiefangriffen über Sperrfeuer bis hin zum Schießen bei Sicht, hierbei wurde das optische Erfassungsgerät eingesetzt, oder Blindschießen, hierbei wurde nach Werten vom Funkmeßgerät geübt. Alles mußte nach angenommenen Werten, die vom Leitstand kamen, durchgeführt werden. Im Leitstand wurden die Werte für die Seiteneinstellung, die Höheneinstellung und die Zündeinstellung an den Granaten berechnet und an die Geschütze weitergeleitet. Wir hatten auch eine Grundausbildung im Umgang mit Handwaffen, wie Karabiner K 98 und am LMG C 13 (leichtes Maschinengewehr). Dieses war in der Batterie zur Abwehr gegen Tiefangriffe aufgestellt und konnte vom sogenannten ‚Posten-Ausguck' (ständiger Tagesposten) bedient werden. Die Ausbildung war gründlich und eigentlich ohne Schikanen. Es gab hier und da aber schon mal besondere Forderungen, deren Sinn wir nicht gleich oder gar nicht erkannten, aber es diente letztlich doch der Kondition, Konzentration und Ausdauer."

Jürgen L.: „Ich wurde auf dem Leitstand eingesetzt, um die Standorte der Flugzeuge zu ermitteln, sowie am Funkmeßgerät. Eine Ausbildung am MG und eine Erdkampfunterweisung kamen hinzu. Während der Ausbildung wurden wir auch geschliffen. Dazu eine Episode: In einer Unterrichtsstunde erzählte ein Marinehelfer dem Obermaat, einem schon älteren Herrn, daß er sich in Kiel mit dessen Tochter in einem Hausflur verlobt hätte. Er fing fürchterlich an zu schreien, und in den nächsten Tagen krochen wir im Dreck hin und her. Es gab in der Batterie auch Marinehelferinnen, mit denen sich die Ausbilder einlassen wollten, doch das haben wir übernommen, und die Ausbilder waren sehr böse auf uns. Man hat uns schließlich verboten, mit den Helferinnen zu reden."

Gerhard G.: „Für uns war die Ausbildung etwas Neues, aber ich muß sagen, im

Ganzen hatten wir schnell unsere Aufgaben im Griff. Auch wurden wir an leichteren Waffen und im Nahkampf ausgebildet. Dieses kannte ich von meiner H.J.-Zeit. Ich war fast alle sechs Monate in ein Wehrertüchtigungslager für drei Wochen einberufen worden. Daraufhin wurde ich dann auch befördert und bekam einige Leistungsabzeichen. Hier war man aber einer von vielen.

Bevor die alten Marinehelfer entlassen wurden, sollten wir ein Fußballspiel gegen diese bestreiten. Unser Ausbilder Obermaat Daucher stellte unsere Elf auf und ich sollte als Torwart spielen. Dieses lehnte ich ab und war auch gleich bei ihm in Ungnade gefallen. Das Spiel wurde mit 7:1 verloren. Am nächsten Tag nach dem Infanteriedienst ließ er alle neuen Marinehelfer auf dem Sportplatz antreten. Ich mußte nun vortreten. Dann kam der Ausspruch von Obermaat Daucher: ‚Seht Euch diesen unsportlichen Vogel an, durch ihn habt Ihr das Spiel verloren. Ihr wißt ja, was Ihr zu tun habt.' Mir wurde in diesem Moment doch etwas mulmig, da wir uns ja fast nicht kannten. Aber an solche Episoden haben sich später viele Kameraden gewöhnen müssen. Viele mußten auch beim Infanteriedienst ca. 30 Meter weglaufen und dann rufen: ‚Mit mir hat die Marine einen guten Fang gemacht.' Machte man einem Offizier eine Ehrenbezeigung und sah ihn dabei freundlich an, so wurde man zur Strafe geschliffen. Unser Hauptfeldwebel Schulz (Spieß) war Oberzahlmeister auf dem Dampfer ‚Pretoria' gewesen. Büroarbeiten konnte er wohl ganz gut, aber mit Waffen konnte er nicht umgehen. Deshalb unterstand ihm auch mit einigen älteren Soldaten der Brandschutz. Ich hatte die Aufgabe, im Munitionsbunker die Pistolen und die Maschinenpistole zu reinigen. Die anderen Marinehelfer mußten Rein Schiff machen. Der Hauptfeldwebel kontrollierte die einzelnen Stationen. Als er bei mir ankam, hatte ich das Schloß der M.P. auseinandergenommen. In seinem Beisein sollte ich es nun wieder zusammenbauen. Aber ich stellte mich dabei so an, als ob ich es nicht schaffen würde. Daraufhin probierte er es. Aber er hatte keinen Erfolg. Er gab mir dann die Anweisung, daß ich beim Obermaat Meldung machen sollte. Als er weg war, habe ich die M.P. wieder zusammengebaut. Ich wollte ihn ja nur auf die Probe stellen. Dazu möchte ich noch bemerken, mein Vater war Förster gewesen, und wir hatten einige Waffen zu Hause."

Heinz K.: „Das erste scharfe Schießen erlebten wir zu Ostern 1944. Es war ein klarer herrlicher Frühlingstag. Wir waren mit der Ausbildung noch nicht fertig, aber es hat ja wohl doch alles geklappt, so wie es sein sollte."

Jürgen L.: „Den ersten Angriff empfand ich als phänomenal, den Knall und die in den Nachthimmel ziehenden Leuchtspurgranaten. Wir zählten 95 Schuss, es waren aber 102 Schuss gewesen. Angst empfanden wir nicht. Es war ein fürchterliches Krachen, wenn aus unseren vier Geschützen die Leuchtspurgranaten abgefeuert wurden. Aber daran mußten wir uns im Laufe der Zeit gewöhnen."

Im Frühjahr erhielten auch die in die Batterie Pries einberufenen Marinehelfer ihre „Feuertaufe".

Günter B.: „Ich war doch sehr aufgeregt, als es das erste Mal ernst wurde, und hoffte nur, keinen Schalter zu vergessen. Am 17. März 1944 schossen wir. Erfolge hatten wir wohl nicht, denn es wurden der Batterie keine ‚Abschußpunkte' zugeteilt. Bis zum Monat Mai trat nun eine relative Ruhe ein.

Unser Batteriechef war Oberleutnant MA Schmidt. Er hatte für uns doch recht jungen ‚Soldaten' viel Verständnis und beeindruckte uns durch die Ruhe, die er im Ernstfall an den Tag legte. Von Beruf war er Zigarrengroßhändler, und es verwundert sicher nicht, daß er sie auch gern rauchte. Bei Alarm rauchte er kalt, denn die Glut der Zigarre hätte uns verraten können. Auch als der Druck einer in der Nähe einschlagenden Bombe ihn umwarf, hatte er danach den Stummel noch im Mund. Als wir in eine andere Batterie versetzt wurden, trennten wir uns nur ungern von ihm.

Die Ausbildung schloß auch den ‚Infanteriedienst' ein ... Die ‚Rundumverteidigung' wurde ebenfalls geübt, denn jede Stellung mußte sich auch selbst verteidigen können. Wir hatten es nicht nötig. Nach dem Attentat auf den ‚Führer' am 20. Juli 1944 wurden die Verteidigungsanlagen - Schützengräben - aber besetzt. Die Führung rechnete wohl mit Luftlandeangriffen der Feinde. Nach vier Wochen war die Ausbildung beendet, oder sollte ich besser sagen, sie wurde abgebrochen. Die Soldaten, die wir ablösen mußten, wurden zu anderen Einheiten versetzt ...

In der Regel begann nun der Schulunterricht in der Batterie. Da uns ständig Lehrer zur Verfügung standen, gab es Zeiten, da hatten wir mehr Unterricht als die zu Hause gebliebenen Schüler. In einer Periode von Luftangriffen sah das natürlich ganz anders aus. Wir wurden von dem aus Berlin stammenden Oberstudiendirektor Dr. Uttpot betreut. Er war ein guter Pädagoge, was bei Oberschullehrern nicht so häufig vorkommt. Geschichte unterrichtete er. Es war für mich der interessanteste Unterricht in dem Fach Geschichte, den ich je erhalten habe. Dr. Uttpot gestaltete den Unterricht an praktischen Beispielen. Ein nicht unerheblicher Teil meiner Kenntnisse stammt aus dieser Zeit. Viel wichtiger aber war für mich, daß ich begriffen habe, wie man sich einen Lernstoff erarbeitet. Die weiteren Fachlehrer kamen von Kieler Oberschulen zu uns. Der Unterricht in den Fächern Chemie und Physik fand in den Räumen der noch erhaltenen Oberschulen in Kiel statt. Zu der Teilnahme an dem Unterricht fuhren wir einmal in der Woche nach Kiel. Durch die Versetzung in andere Batterien habe ich nacheinander die Hebbel-Schule, die Graf-Spee-Schule und die Oberschule am Königsweg besucht. An diesen Tagen - einmal in der Woche - machten wir uns auf den Weg nach Kiel. Zu Fuß gingen wir nach Friedrichsort und fuhren mit dem ‚Fördeschiff' nach Kiel. Nach dem Unterricht ging es auf dem gleichen Wege wie-

MH der Mittelschule Plau und ihre Kameraden vor der Gemeinschaftsbaracke in der Batterie Havighorst, südlich Kiels. Sommer 1944 (Jürgen Lange)

Schulunterricht in Stube 7 (Jürgen Lange)

der in die Batterie zurück. In Friedrichsort lag an unserem Heimweg ein Soldatenheim. Hier konnte man, ohne Lebensmittelmarken abzugeben, ein Eintopfessen erhalten. Wir nutzten diese Gelegenheit, denn es war immer eine Abwechslung in unserem Speiseplan. In dem Soldatenheim wurde auch gelegentlich Reis mit Zimt und Zucker angeboten. Ich habe einen solchen Tag nie erwischt."

In der Batterie Havighorst. Heinz K.: „An 2. Stelle kam der Unterricht. Wir hatten ihn im Essenraum der Batterie. Im Winter fand der Unterricht oft im Schlafraum wegen der Heizung statt. Nicht unterrichtet wurden die sogenannten Nebenfächer wie Musik, Zeichnen oder Sport (den hatten wir in der Ausbildung genug). Fachräume standen nicht zur Verfügung. So wurde zum Beispiel Chemie und Physik nur mit dem Lehrbuch und an der Wandtafel abgehandelt. Einige physikalische Anschauungsstücke, wie elektrische Widerstände, Kondensatoren, Transformatoren, defekte Röhren für Rundfunkempfänger, Schalter und anderes mehr, standen zur Verfügung. Eine richtige Abschlußprüfung zum Bestehen der Mittleren Reife kam nicht zustande. Die Lehrer waren in der Batterie untergebracht und im Unteroffiziersrang tätig oder kamen von einem Gymnasium aus Kiel." Jürgen L.: „Drei Lehrer unterrichteten uns und gaben uns dann auch irgendwann unsere Zeugnisse - ohne Prüfungen. Wir freuten uns immer, wenn der Unterricht durch Alarm unterbrochen wurde. Wir retteten uns mehr recht als schlecht über die Stunden. Für Hausaufgaben blieb kaum Zeit. Da wir in der Haupteinflugrichtung Hamburg-Bremen lagen, waren wir ständig in Feuerbereitschaft." Gerhard G.: „Unter diesen Bedingungen wurde nicht viel gelernt. Ein Obermaat, welcher unser Lehrer war, hatte in Norwegen einen Polarkoller. Da wurde mit diesem Lehrer auch entsprechend Unfug getrieben. Zwei Mann versteckten sich im Schrank, welcher auf dem Podest stand. Nachdem er mit dem Schulunterricht angefangen hatte, fing es im Schrank an zu klopfen. Er lief hin und her, und als der Schrank aufging, nahm er reis aus. Solche Episoden hatten wir mit diesem Lehrer sehr viele."

Batterie Pries. Günter B.: „Nach dem Schulunterricht war es Zeit zum Essen zu gehen. Wir hatten einen guten Koch. Er tat alles für uns, was in seinen Kräften stand, um uns gut zu verpflegen.
Nach einer kurzen Zeit der Ruhe war Schularbeitsstunde. Die Hausaufgaben waren anzufertigen. An einigen Tagen folgte anschließend dann noch Geschützdienst.
Dem Abendessen folgte Freizeit. Briefe schreiben und Lesen waren unsere Hauptbeschäftigungen. Sehr früh gingen wir zu Bett, denn nicht selten gab es in der Nacht Alarm. Stand und Geschütze mußten besetzt werden. Bis zu vier

Mal sind wir in einer Nacht alarmiert worden. Am nächsten Morgen waren wir dann doch recht müde.
Während der Freizeit am Nachmittag konnte Landgang - Stadturlaub - auf Antrag genehmigt werden. Da die Gefechtsbereitschaft immer gesichert sein mußte, und Urlauber die Zahl der anwesenden Soldaten und Helfer verringerten, wurden Genehmigungen nur selten ausgestellt. Ich war 13 Monate als Marinehelfer in Kiel. Dreimal habe ich versucht nach Laboe zu fahren, um mir das Marineehrenmal anzusehen. Von Friedrichsort aus konnte man mit einem Fördeschiff nach Laboe gelangen. Aus unserer Stellung war das Ehrenmal zu sehen. Es ist mir nicht gelungen. Immer wenn ich auf dem Weg war, gab es Alarm. Im Dauerlauf ging es in die Batterie zurück."

Heinz K. (Batterie Havighorst) über die eng bemessene Freizeit: „Freizeit hatten wir kaum. Nur wenige Male konnten wir nach Kiel mit der Kleinbahn reinfahren. Das war auch immer mit einem Risiko verbunden, weil zu allen Tageszeiten Einflüge und Angriffe der anglo-amerikanischen Air Force erfolgten. War das der Fall, war Kiel wie ausgestorben, und wir fuhren mit dem nächsten Zug wieder zurück in Richtung Wankendorf/Bad Segeberg. Unsere Bahnstation war Klein-Barkau. Wenn wir an unserer Batterie vorbeikamen und die Geschütze waren in 45 Grad Höhe und in Richtung Norden gestellt, wußten wir, daß Alarm war. Dann ging es im Laufschritt in die 1,5 km entfernt gelegene Batterie ...
Wir nahmen auch an der ‚Truppenbetreuung' teil. Das waren Veranstaltungen, die vom Wehrbereich des 2. A.d.O. (2. Admiral der Ostsee) organisiert wurden. Klein-Varietee und Kinoveranstaltungen gehörten dazu. Da wir unter das Jugendschutzgesetz fielen, wir Marinehelfer waren alle unter 18 Jahre, hatten wir von unserem Batteriechef die Genehmigung, an den Veranstaltungen teilzunehmen. Er hatte deswegen auch Ärger mit der Gebietsleitung der HJ. Unser Batteriechef war der Meinung, wenn wir als Soldaten unseren Dienst am Geschütz tun, sollten wir auch das Recht haben, solche Veranstaltungen besuchen zu dürfen. Filmvorführungen waren eigentlich regelmäßig. Einige Filme wurden mehrfach gezeigt. So habe ich den Film ‚Frau meiner Träume' mit Marika Röck wohl sechsmal gesehen. Nachdem unsere Ausbildung abgeschlossen war, ging es etwas ruhiger zu. So wurde z.B. eine kleine Musikergruppe gebildet. Sie bestand aus einem Schlagzeug, einem Klavier und einer Geige. Das war insofern schön, als daß auch das Weihnachtsfest etwas feierlicher gestaltet werden konnte. Ansonsten haben wir uns selbst beschäftigt mit Lesen und Basteln."
Jürgen L.: „Abgesehen von einem dreiwöchigen Lehrgang für Marineoffiziersbewerber auf der ‚Gorch Fock' im Juni 1944 verblieb ich die gesamte Zeit in der Batterie. Da ich mir erlaubte, noch nach Hause zu fahren, kam ich verspätet in die Batterie zurück und bekam drei Tage Bau. Dadurch wurde ich erst am Ent-

lassungstag Marineoberhelfer. Wir waren in der Einheit sechs ‚Vorbestrafte'. Einer hatte geraucht, was wir nicht durften, und die anderen hatten sich aus dem Kantinenkeller Wein ‚organisiert'. Darunter befanden sich vier Plauer!" Gerhard G.: „Die vorbestraften Marinehelfer und die Rabauken wurden in einer Stube untergebracht. Diese Stube wurde die Päckchenstube genannt. Aber hier herrschte die beste Kameradschaft. Wir wurden nicht von den Vorgesetzten als Sträflinge behandelt, im Gegenteil, nach dem Zapfenstreich setzten sie sich noch zu uns. Wir hatten ein kameradschaftliches Verhältnis. Episoden, wo wir uns nicht so korrekt verhielten, wie es sein sollte, gab es viele."
Jürgen L.: „In der Stellung gab es auch russische Kriegsgefangene für die dreckigen Arbeiten. Als sie sich später zur Wlassow-Armee meldeten und in unserer Batterie vereidigt wurden, galten sie als vollwertige Soldaten, die zu den regulären Geschützbedienungen gehörten. Die Russen fertigten für uns Spielzeuge an und erhielten dafür von uns Brot. Uns war untersagt worden, mit ihnen in Kontakt zu treten. Wir taten es trotzdem, und die Angelegenheit wurde auch von den Vorgesetzten geduldet. Überhaupt ging es in unserer Batterie sehr human zu. Wir fühlten uns nicht überstrapaziert und hatten auch zum Batteriechef und Spieß ein sehr gutes Verhältnis. Mit dem Geschützführer duzten wir uns sogar. Dazu ein Beispiel: Im Herbst 1944 bekam ich von meiner Mutter eine Torte und eine Schachtel Zigaretten geschickt. Die Zigaretten wurden während einer Spindkontrolle gefunden. Ich erklärte, daß ich sie meinem Geschützführer schenken wolle, was man mir auch glaubte. Am nächsten Tag fragten mich die versammelten Offiziere, wem von ihnen ich die Schachtel verkaufen wolle. Doch ich bestand darauf, sie meinem Geschützführer zu schenken. So geschah es dann, und gemeinschaftlich rauchten wir die Zigaretten während eines Alarms auf."

Batterie Pries. Günter B.: „An jedem Nachmittag fand eine Justierkontrolle statt. Diese Kontrolle stellt eine Überprüfung der Einsatzfähigkeit des Geschützes und der Technik, die für das Schießen von Bedeutung ist, dar. Es werden auch die Datenübertragungswege mit einem Probelauf geprüft. Ein Angehöriger von jeder Geschützbedienung nimmt an dem Kontrollverfahren teil. Er hat auf die Nachfrage des Prüfers die vom Leitstand kommenden Werte abzulesen und anzusagen. Diese Aufgabe ist für einen Anfänger aufregend, denn er ist allein an dem Geschütz und kann niemanden um Rat fragen, wenn er in Verlegenheit gerät.
Über unsere Bunkerunterkunft hatte ich schon berichtet. Sie war zweckmäßig. Es gab aber weder Tageslicht noch Frischluft. Die Luft wurde gefiltert und über ein Gebläse zugeführt. Wir waren also nicht traurig, als in die Baracke umgezogen werden mußte. In ihr hatten wir für 12 Personen Platz. Natürlich gab es auch zwei dreistöckige Bettentürme. Der ganz oben schlafende Bewohner mußte immer sehr darauf achten, daß er beim Aussteigen nicht den ‚Turm' zum Kippen

brachte. In diesem Raum fand auch der Schulunterricht statt. Das war für uns einerseits sehr bequem, andererseits kam die richtige Unterrichtsstimmung nicht auf. Da der Unterricht in Kiel in richtigen Klassenräumen stattfand, wurde uns der Unterschied immer wieder bewußt.

In der Batterie ‚Nordmark', es war die letzte Batterie in Kiel, in der wir eingesetzt wurden, war die Ausstattung mit Räumen besser. Hier gab es für die Marinehelfer einen gut eingerichteten Aufenthaltsraum.

Urlaub und Ausgeherlaubnis sind bei einer solchen Unterbringung und bei dem Einsatz von besonderer Bedeutung. Es ist immer eine der ersten Fragen, die nach der Ankunft bei der Einheit gestellt wurde. Die Einstellung des Batteriechefs zu den Marinehelfern war besonders wichtig. Wir haben solche erlebt, die möglich machten, was immer nur ging. Es gab auch ganz andere.

Für uns, die wir nicht am Wohnort eingesetzt waren, hatte der Wochenendurlaub immer einen besonderen Zweck, denn er ermöglichte den Kontakt mit der Familie und den Kameraden, die nicht einberufen waren. Für die meisten von uns war ein Besuch in der ‚alten' Schule eine Selbstverständlichkeit. Unsere Lehrer freuten sich, wenn wir sie besuchten. Durch die Flüchtlinge, die nun langsam in die Klassen eintraten, weil sie eine neue Bleibe gefunden hatten, wurden uns die Klassen doch etwas fremd ...

Das Bild in der Batterie ändert sich in dem Augenblick, wenn die Alarmglocken schrillten. Alle Tätigkeiten wurden sofort abgebrochen, und im Laufschritt ging es zu den Gefechtsstationen. Die meisten Alarmierungen erfolgten in der Nacht, denn das war die besondere Einflug- und Angriffszeit der Feinde. Diese Unterbrechung der Nachtruhe, die an manchem Tag auch mehrmals erfolgte, belastete uns sehr. Die während des Tages verordnete Bettruhe konnte keinen wirklichen Ausgleich schaffen. Nicht selten wurde auch sie wieder von Alarmen unterbrochen. Bei mir nahm die Müdigkeit einmal ein solches Ausmaß an, daß ich die sehr lauten Alarmglocken überhörte. Der kontrollierende Maat (Unteroffizier) vom Dienst hat mich bei seinem Rundgang geweckt. Einmal schlief ich im Stehen an dem Geschütz ein. An das Bodenstück der Kanone angelehnt, hatte ich Ruhe gefunden. Die Kameraden weckten mich, als die Entwarnung kam. Gerade ältere Soldaten zeigten mit einem Schmunzeln auf den Lippen für solche Ereignisse viel Verständnis.

In längstens zwei Minuten mußte die Batterie für den Einsatz bereit sein. Die ‚Klar-Meldung' ging an die Abteilung. Natürlich waren die Batterien schon gefechtsbereit (bereit zum Schießen), wenn die Bedienung noch nicht ganz vollzählig war ... Die Geschütze hatten ein Kaliber von 10,5 cm. Die technische Bezeichnung lautete: 10,5 cm SKC 32 in MPL 8,8 cm C 30 D. SKC 32 stand für Schnellfeuerkanone, Konstruktionsjahr 1932. In der ersten Zeit wurde alle 4 Sekunden eine Salve abgefeuert. Später alle 6 Sekunden. Dieses alles ging na-

türlich nicht mit der Gelassenheit vor sich, wie es hier geschildert wird. Während der ersten Gefechte waren wir doch recht aufgeregt. Später kehrte Routine ein.
Es war ein schauriges Geschehen, das sich bei einem Angriff auf Kiel abspielte. Es begann mit dem Fliegeralarm, der die Bevölkerung aufschreckte. Sie mußten die Luftschutzkeller bzw., wenn sie vorhanden und erreichbar waren, die Luftschutzbunker aufsuchen. Die Bunker boten der Bevölkerung einen guten Schutz. Während eines Luftalarmes, der mich in Kiel überraschte, mußte ich auch einen Bunker aufsuchen. Mir war sehr unbehaglich zumute. Ich fühlte mich an dem Geschütz am sichersten.
Das Einsetzen des Abwehrfeuers zeigte jedem an, daß die Feindverbände sich Kiel näherten. Den nun beginnenden Krach leitete das Flakfeuer ein, gefolgt von den Einschlägen der Bomben. Da auch immer Brandbomben abgeworfen wurden, entstanden schnell Brände, deren Feuerschein sehr bald am Himmel zu sehen war. Da wir höher lagen als die Stadt Kiel, konnten wir in den Gefechtspausen, wenn wir das Geschütz verlassen hatten, einen Blick auf Kiel werfen. Die Flammen loderten hoch auf. Zeitzünderbomben explodierten, und es zeichnete sich das beginnende Inferno ab. Langsam stieg der Rauch in die Höhe und bildete eine schwarze Wolke, die die Sterne verdeckte. Drohend weitete sie sich immer mehr aus, bis nichts anderes mehr zu sehen war. Dazwischen klang das widerliche Dröhnen der Flugzeugmotoren und das Explosionsgeräusch der Flakgranaten. Granatsplitter regneten herab.
Jeder konnte sich die Angst und Verzweiflung der Kieler vorstellen, die diesen Schlägen ausgesetzt waren. In einer besonderen Not befanden sich unsere in Kiel beheimatete Kameraden. Bei ihnen kehrte erst eine gewisse Ruhe ein, wenn sie wußten, daß ihre Angehörigen lebten. Nicht selten waren die Eltern ausgebombt worden und hatten ihr Hab und Gut verloren.
Sobald ein Angriff vorüber war und der Flakalarm aufgehoben, wurde für uns Bettruhe angeordnet. Nun gab es auch Marinehelfer, die bei der Feuerwehr eingesetzt waren. Für sie begann der Einsatz während des Angriffes. Er war aber nicht beendet, wenn die Verbände abgeflogen waren, sondern dauerte an. Viele Stunden waren sie dann noch zum Löschen, Bergen und Aufräumen eingesetzt. Wir waren froh, daß es uns nicht zu der Feuerwehr verschlagen hatte.
Wenn für uns fast ein Angriff wie der andere aussah, so gab es doch Unterschiede. Gelegentlich waren deutsche Jagdflugzeuge über Kiel im Einsatz. Wir hatten dann trotz des Angriffes ‚Feuerverbot'. Das kostete Nerven, weil wir zur Untätigkeit verdammt waren. Der Befehl ‚Feuererlaubnis' brachte die Befreiung."[2]

[2] Berichte von Günter B., Jürgen L., Heinz K. und Gerhard G.

Schlagzeug, Schlamm und Blaukreuz - Batterie Heidkate

Hans-Jürgen K.: „Am 6. März 1944 wurde ich als Marinehelfer nach Kiel einberufen. Ich hatte zunächst die John-Brinckmann-Schule in Güstrow besucht und wechselte dann auf die Mittelschule in Bützow. Auf dem Hauptbahnhof, von einem Fähnrich in Empfang genommen, marschierten wir zum Hafen. Mit einem Motorboot ging es in lustiger Stimmung nach Laboe hinüber. Keiner wußte so recht, was uns erwarten würde. In Laboe angekommen, war es schon merklich dunkler geworden. ‚Ohne Tritt' ging es weiter, zuerst noch singend und erzählend, später erschreckend ruhiger. Am Marineehrenmal vorbei, dessen Silhouette wir am nächtlichen Himmel erkannten, ging es in eine sehr dunkle Zukunft."

Hans-Jürgen M.: „12 Schüler verließen am 6. März ab Bahnhof Parchim ihre Stadt und fuhren unter Obhut ihres Klassenlehrers Walter Dahnke in Richtung Einsatzort. Hatten wir in unserer Abschiedszeitung - unsere kleine Feier verlief kriegstypisch mit allen Klassenkameraden in der Gaststätte ‚Franziskaner' - noch geschrieben, die Reise geht wohl nach Friedrichsort, war unser Ziel die Batterie 1./261 Heidkate bei Schönberg in Holstein. Die Einberufung hat uns nach erfolgter Musterung voll motiviert erreicht. Die Zeilen in unserer Zeitung (‚13 Jungen verlassen diesen Ort und danken für alles der Lehrerschaft. Die Reise geht wohl nach Friedrichsort, dort einzusetzen für Deutschland ihre Kraft.') waren aus damaliger Sicht sicherlich ehrlich gemeint. Wir wußten noch nicht, was uns alles bevorstand, hatten noch nie eine Flakstellung richtig gesehen und auch keinen Bombenangriff erlebt."

Hans-Jürgen K.: „Fünfzig 15- und 16jährige Schüler aus Neustadt-Glewe, Ludwigslust, Dömitz, Parchim, Bützow und Gnoien bildeten diesen Trupp. Nach welchen Kriterien wir ausgewählt worden waren, war uns unbekannt. Wir wußten nur, daß der Unterricht während des Einsatzes weitergehen sollte, um mit der mittleren Reife abzuschließen. Später in der Nacht war der Einsatzort erreicht - Batterie Heidkate, 1./261. Marinehelfer, die hier schon im Einsatz standen, empfingen uns und, in Baracken aufgeteilt, ging es in die Kojen.

Das Erlernen der Namen unserer Vorgesetzten und das Marschieren mit ausgestreckten Fingern, welches uns bei den kalten Temperaturen des Morgens größere Schwierigkeiten bereitete, gehörte zu unseren ersten Aufgaben. Nach einigen Tagen ging es den Weg wieder zurück nach Kiel zum Einkleiden. War das eine Aufregung! Es wurden Drillichzeug, graue Marineartillerieuniform und die ‚Blaue' in Empfang genommen. Das war natürlich unser Stolz, so war doch äußerlich der Unterschied zum Luftwaffenhelfer hergestellt. Komplettiert wurde die blaue Uniform durch den Ärmelstreifen ‚Marinehelfer', die HJ-Armbinde und das Dreieck ‚Nord Mecklenburg'.

Einrücken zur Marineartillerie. 12 Marinehelfer der Mittelschule Parchim und ihr Klassenlehrer Walter Dahnke vor der Abfahrt nach Kiel. Beim Angriff vom 16. September 1944 auf die Batterie Mönkeberg kam der Marinehelfer Hans-Jürgen Rathsack ums Leben. (Hans-Jürgen Maertz)

Die 10,5 cm-Geschütze in der Batterie Heidkate an der Kieler Außenförde bedienten Marinehelfer der Mittelschulen Bützow, Dömitz, Gnoien, Ludwigslust, Neustadt/Glewe, Parchim. (Hans-Jürgen Maertz)

Die körperlich Größeren wurden an den Geschützen, die Kleineren an Meßgeräten ausgebildet. Ich erreichte gerade noch so die Geschützausbildung. Wir befanden uns nicht in bester Stimmung, wenn es frühmorgens mit einem Lied auf den Lippen zum Exerzieren an die Kanonen ging - ‚Auf einem Seemannsgrab, da blühen keine Rosen.' Ende April war die Ausbildung beendet, und wir lösten die älteren Helfer ab. Ich wurde als Seitenrichtkanonier und Hauptbefehlsübermittler an der 2. Kanone, eine 10.5cm SK C 32, eingesetzt."

Hans-Jürgen M.: „War die Ausbildung und Einweisung noch relativ interessant und notwendig, waren die Wochen der anderen Grundausbildung wirklich hart. Eigentlich hatten wir gedacht, schon im Jungvolk marschieren und den aufrechten Gang gelernt zu haben. Aber nein, im unfreundlichen Gelände auf den Daumen des Ausbilders zu achten, war uns neu. Schließlich nahmen wir auch diesen Umstand gelassen hin und schrubbten unser Drillichzeug immer wieder auf neu."

Hans-Jürgen K.: „Zu Beginn der Ausbildung wurde unser Zug noch als ‚Kindergarten' betitelt. Nachdem wir nun voll im Einsatz waren, hörten wir dies nicht mehr. Aufgrund unseres Ausbildungsstandes wußten die Vorgesetzten, daß auf uns Verlaß war.

Unsere Lehrer in der Batterie, Maat E. und Obergefreiter B., ausgebildete Pädagogen, setzten sich voll für unsere Belange ein. War es doch eine Leistung, uns unter primitven schulischen Verhältnissen noch Stoff zu vermitteln. Auch war der Wert der Unterrichtsstunde hinter der Einsatzbereitschaft eingestuft. So kam es schon vor, daß die schrillen Alarmglocken eine Englisch- oder Mathearbeit unterbrachen, sehr zu unserer Freude."

Hans-Jürgen M.: „Nach Abschluß der Grundausbildung hatte uns auch der Schulunterricht wieder im Griff. Unsere beiden Betreuungslehrer versuchten uns bei komplettem Fachprogramm zu weiterem Wissen zu verhelfen. Der Unterricht fand in der Batterie statt, wurde aber oft durch Alarm unterbrochen, auch ließ unsere Konzentration nach nächtlichen Einsätzen oft erheblich nach. Aber dennoch wurden wir am 26. Juni 1944 mit Zensuren in acht Fächern und dem Zusatz ‚Auf Grund der Leistungen und des Verhaltens im Unterricht und im Einsatz und in Anwendung des Erlasses des Reichsministers für Wissenschaft, Erziehung und Ausbildung vom 22. Januar 1943' in die Klasse VI der Haupt- und Mittelschule Parchim versetzt.

So nahm das Batterieleben weiter seinen Lauf. An die Störung unserer Mittagszeit durch feindliche Flugzeuge hatten wir uns gewöhnt und nahmen nach dem 2. Anlauf unsere Portionen mit auf unsere Gefechtsstationen. Mit unseren Geschützen verschossen wir oft eine Menge Munition, welche spätestens am nächsten Tag wieder aufgebunkert werden mußte, das Stück zu 30 kg. Wir erschossen uns das Flakkampfabzeichen und wurden zum Oberhelfer befördert."

Hans-Jürgen K.: „Während unserer Ausbildung bekam ein Mitarbeiter der Schreibstube die Aufgabe, durch seine musikalischen Kenntnisse befähigt, aus Angehörigen des Marinehelferzuges eine Kapelle aufzubauen. Klavier, Akkordeon, Trompeten, Gitarren, Geigen und Schlagzeug standen zur Verfügung. Bei der Aufnahmeprüfung mußte ich feststellen, daß die Anzahl meiner Klavierstunden oder mein Fleiß nicht ausgereicht hatten, um in die Kapelle aufgenommen zu werden. Trotzdem war ich ständig bei den Proben anwesend. Nach undiszipliniertem Verhalten eines Mitgliedes der Kapelle, und hier gab es keine Diskussionen, wurde ich zum Schlagzeuger des ‚Klangkörpers' befohlen. Haben wir schöne Stunden verlebt! Während die Marinehelfer um 22 Uhr grollend in die Kojen mußten, hatte die Kapelle noch die Aufgabe, den Rest der Batterie zu unterhalten. Zur späten Stunde gelang es uns mit Hilfe des Kapellenleiters, den Batteriechef zu überzeugen, daß doch die Mitglieder der Kapelle auch den französischen Rotwein probieren müßten. So machen wir die erste Bekanntschaft mit dem Alkohol. Mit List und Tücke staubten wir beim Kantinenwirt noch etliche Flaschen ab, und es blieb nicht beim Probieren. Lustig singend torkelten wir der aufgehenden Sonne entgegen, um sorglos in die Kojen zu fallen. Weder die Einsatzleitung der alliierten Bomberverbände noch die Führung unserer Batterie riefen uns an die Kanonen oder verlangten militärische Aktivitäten von uns. So hatten wir am Sonntag genügend Zeit, bei hochsommerlichen Temperaturen unseren ‚Kater' zu pflegen. Aber eines schworen wir - nie wieder Alkohol!! Bei diesen Batteriefesten war es auch üblich, im Barackenbereich die ‚Schönen' der Nachbardörfer zu empfangen. So hatten wir einmal beim Fotografieren und Händchenhalten nicht an den verdammten Munitionsbunker im Hintergrund gedacht, und prompt wurden wir Minuten später in die Schreibstube beordert. Da standen wir drei Armesünder nun. Ein Donnerwetter vom Fähnrich brach über uns herein. Ich höre noch: Sabotage, Kriegsgericht und dergleichen. Meine militärische und sonstige Laufbahnen hielt ich für beendet. Der eilends herbeigerufene Batteriechef Oberleutnant Czech, von Beruf Rechtsanwalt, entfernte demonstrativ den Film aus der Kamera, befahl uns in sein Arbeitszimmer und kündigte uns eine exemplarische Bestrafung an. Der Tag war gelaufen. Wir hörten nie wieder von dieser Sache.
Zu den Geschützführern, in der Regel Maaten, bestand ein enges kameradschaftliches Verhältnis, waren wir doch während des Gefechtes sehr von einander abhängig. Fähnriche und Gefreite machten uns dagegen des öfteren das Leben zur Hölle. Die einen karrieretoll, die anderen von primitiven Machtgelüsten geleitet. Dazu ein Beispiel. In unserer Batterie wurde das Funkmeßgerät von Marinehelferinnen bedient, die eine etwas entferntere Baracke bewohnten. Ein Kamerad hatte ein Techtelmechtel mit einer Marinehelferin begonnen, auf die auch ein Obergefreiter ein Auge geworfen hatte. Er war natürlich älter als wir,

hatte aber nichts im Kopf. Eines Tages befand sich unser Unteroffizier im Urlaub und der Obergefreite hatte den Infanteriedienst zu leiten. Er führte uns vor die Baracke der Marinehelferinnen, baute sich in preußischer Manier vor uns auf und befahl ‚Hinlegen'. Den Tag zuvor hatte es geregnet und der Platz war matschig und voller Pfützen. Wir wußten nicht, wie uns geschah, bis uns der Kamerad mitteilte, daß dies nur wegen ihm geschähe. Der Obergefreite beschimpfte uns als ‚Pfeifen' und ‚Arschlöcher', denen er schon Beine machen werde. Zunächst wichen wir den Pfützen aus. Doch dann machte es uns Spaß und wir warfen uns hinein. Wir sahen aus wie die Schweine. Die Marinehelferinnen saßen vor ihrer Baracke, als wir anmarschiert kamen. Wie sie mitbekamen, daß wir dort geschliffen wurden, standen sie auf und gingen in die Baracke. Marinehelfer R. beschloß, die Angelegenheit dem Batteriechef zu melden. Wir versuchten ihn abzuhalten, um uns weiteren Ärger zu ersparen. Nach dem Mittagessen meldete er sich bei Oberleutnant Czech und kam etwa eine Stunde später zurück. Wir bestürmten ihn: ‚Was hat er gesagt?' ‚Nichts hat er gesagt!' ‚O Gott, das wird Ärger geben!' In den nächsten Tagen warteten wir, daß etwas passiert. Nichts! Am Mittwochmorgen las ich am schwarzen Brett eine kleine Notiz:‚ Obergefreiter W. strafversetzt zur Ostfront'. Da waren wir sehr stolz.

Wenn es Befehle zu übermitteln galt, rief die Schreibstube nach einem Läufer. Eines Tages ignorierten wir diesen Ruf. Unser Zugführer kam und ließ den gesamten Zug feldmarschmäßig heraustreten. Anschließend in glühender Hitze exerzieren, unter Gasmaske singen und so weiter. Eine Stunde lang. Zwei Marinehelfer klappten dabei zusammen und der Sanitäter mußte gerufen werden. Der Chef erfuhr von der Maßnahme und unseren Zugführer sahen wir auch nicht wieder. Auch die Unsitte, uns um die Kanone zu jagen - es bestand dabei eine erhebliche Verletzungsgefahr -, wurde vom Batteriechef verboten. Ich muß sagen, daß es bei ihm immer akkurat und korrekt zuging.

Eines Nachts, ich war gerade auf dem Weg zur Toilette, kam ich an der Schreibstube vorbei und bemerkte hektische Betriebsamkeit. Ich fragte, ob etwas los sei und erfuhr ‚Luftgefahr 30', also Anflug auf unsere Batterie. Da schrillte auch schon die Klingel und ich hastete im Pyjama zum Geschütz. Doch außer mir und dem Geschützführer ließ sich niemand blicken. Aus dem Telefon schrie es auch schon: ‚Wo bleibt die Klarmeldung?' Aber die Geschütze waren alle nicht klar! Die Marinehelfer schliefen so tief, daß sie die Klingel nicht gehört hatten. Ein Marinehelfer, auch im Schlafanzug, kam noch, so daß wir nun schon drei Leute am Geschütz waren, obwohl mindestens acht Mann nötig waren, um vernünftig schießen zu können. Wir meldeten klar und schossen zwei bis drei Schuß, dann waren die Flugzeuge, die wir in den dichten Wolken auch nicht gesehen hatten, außer Bereich. Am nächsten Morgen warteten wir auf den großen Anpfiff. Doch der blieb aus. Später erfuhren wir, daß es sich bei den Flugzeugen um deutsche

Jäger gehandelt hatte. Sie hatten die Orientierung verloren. Ihr Glück, daß es an diesem Tag in der Batterie schiefgegangen war.

Eine böse Erinnerung ist die sogenannte ‚Gastaufe' mit Blaukreuz, einem Rachengift. In einem geschlossenen Raum wurden wir gezwungen, mit und ohne Gasmasken singend dieses Zeug einzuatmen. Mit blutenden Nasen und blutspuckend quälten wir uns danach - auf der Wiese liegend oder über den Koppelzaun hängend. Mit böser Miene versuchte der Sanitäter, uns so gut wie möglich zu helfen. Diese ‚Übung' lag wohl nicht in der Entscheidungsgewalt der Batterieleitung, sondern wurde höheren Ortes angeordnet. Aus der heutigen Sicht meiner Lebenserfahrung eine unverantwortliche Maßnahme, die mit keinem Grund zu rechtfertigen war; eben Ausdruck einer schlimmen Zeit. Die zweite ‚Gastaufe' mit Weißkreuz, einem Tränengas, die ich als Angehöriger des Reichsarbeitsdienstes in der Abteilung Schwerin-Görries, irgendwo auf einem Dachboden in der Friedrichstraße in Schwerin, über mich ergehen lassen mußte, empfand ich dagegen als Kinderspiel. Das Hantieren mit Gas war sehr in Mode gekommen."[3]

Als eine „Idylle" erinnert Erwin B. - MH der Mittelschule Parchim - seine Zeit in der Batterie Heidkate: „Vom Krieg hat man kaum etwas gespürt. Natürlich wurde geschossen, aber die Flugzeuge haben wir nicht gesehen. Die Einberufung wurde von vielen als Befreiung vom Schulalltag und als Abenteuer empfunden. Besonders stolz waren wir Parchimer Mittelschüler, daß wir Geschütze bedienen durften, während die Oberschüler ‚nur' zur Feuerwehr kamen. Der Alltag in der Batterie war eher eintönig, aber es gab qualifizierte Vorgesetzte. Keine Schikanen. Und, so merkwürdig es klingen mag, es gab kaum so etwas wie eine Erziehung zum Nationalsozialismus."[4]

Anfang September 1944 endete die Idylle der Parchimer MH. „ Ihr kommt in des Teufels Küche", gab Batteriechef Czech den MH mit auf den Weg. Das Einsatzziel war die Batterie Mönkeberg.

Wasser statt Granaten - 1. Marinefeuerschutzabteilung Kiel

Am 15. Februar 1944 teilte der Sonderbeauftragte des REM für den Einsatz von Marinehelfern im Bereich der Ostsee dem Mecklenburgischen Staatsminister, Abteilung Wissenschaft, Erziehung und Volksbildung folgendes mit: „Heute werden die restlichen Oberschüler aus Mecklenburg eingezogen. Sie werden in Kiel bei der Feuerschutzabteilung untergebracht, und zwar in der Städtischen Han-

---

[3] Berichte von Hans-Jürgen K. und Hans-Jürgen M.
[4] Bericht von Erwin B.

Parchimer Marinehelfer der Batterie Heidkate an der Kieler Förde. Sommer 1944 (Hans-Jürgen Maertz)

delsschule und im Solomit-Lager. Die Lager sind gut, wie ich durch Besichtigung festgestellt habe. Die Jungen werden nach Angriffen im Feuerschutzdienst als Helfer eingesetzt. Sie werden wie die Helfer in den Batterien beschult, und zwar in den Lagern...."[5]

In der einschlägigen Flakhelfer-Literatur wurde der Einsatz der MH bei der 1. Marinefeuerschutzabteilung Kiel (MFSA) bisher vernachlässigt. Die Kampfeinsätze der Flakbatterien standen im Vordergrund. Zwar erzielten die „Feuerlöscher" keine spektakulären Abschüsse feindlicher Bomber, doch auch ihr Leben war während der Feuerlöscharbeiten gefährdet. Gelegentlich rückten sie aus, als die Bomben noch fielen. Zeitzünderbomben und Blindgänger, einstürzende Trümmer und Minen im Hafenbecken bildeten eine ständige Gefahr. Tiefflieger attackierten sie während der Ausbildung und im Einsatz. Im Solomit-Lager gingen Bomben nieder. Glücklichen Fügungen ist es zu verdanken, daß kein „Feuerlöscher" getötet wurde und es bei leichten Verletzungen blieb. Wie in den Kieler Flakbatterien gab es auch bei der MFSA Phasen relativer Ruhe und viel „Gammel".

Die Einberufung von 326 höheren Schülern aus Mecklenburg zur 1. MFSA Kiel

---

[5] MLHA Schwerin, MfU Nr. 2978.

begann im März 1944. Die Eröffnung, daß der Marinehelfereinsatz bei der Feuerwehr und nicht bei der Flak stattfinde, enttäuschte die Jungen zunächst sehr. Die 1. MFSA Kiel (die 2. MFSA und 3. MFSA befanden sich in Wilhelmshaven und Gotenhafen) gliederte sich in 2 Kompanien. Der 1. Kompanie am Knooper Weg wurden MH aus Doberan, Güstrow, Neustrelitz, Parchim, Ribnitz und Teterow zugeteilt, der 2. Kompanie (Solomit-Lager in Kiel Ellerbek) MH aus Ludwigslust, Parchim und Schwerin (Wilhelm-Gustloff-Schule, Claus-von-Pape-Schule). Des weiteren kamen in den Kompanien MH aus Arnswalde, Falkenberg/Pommern, russische Kriegsgefangene, Mittelschüler, (später) MH-Lehrlinge und Marinehelferinnen zum Einsatz. Die Einheiten verfügten über Löschfahrzeuge und -boote und führten Löscharbeiten vor allem im Bereich des Hafens durch.

Hans-Joachim F. aus Neustrelitz war MH in der 1. Kompanie am Knooper Weg. In seinen 1944 verfaßten Aufzeichnungen berichtet er über die ersten Wochen bei der MFSA.

„In einem Klassenraum des kleinen Gebäudes neben der Tiergartenschule verabschiedet Oberstudiendirektor Piehler die Schüler der Klassen 5 und 6 der Jahrgänge 1927 und 1928, die am 1. März (1944) Marinehelfer werden sollen. Anfang Januar sollte es schon einmal losgehen, doch man hat es auf den 1. März verschoben. Am Montag, dem 28. Febr., feiern wir einen netten Abschied bei Schnuppes (der Familie eines Mitschülers im Beisein unseres alten Englisch-Lehrers Dr. Kühl). Dienstag letzte Vorbereitungen und Packen, Mittwoch gehts dann los.

Auf dem Neustrelitzer Bahnhof kommt einer nach dem anderen, mit Koffern bepackt, heran. Studienrat Kirchner und ein Maat sollen uns zu unserer Einheit bringen. ‚Was das wohl wird bei der Flak', denken wir uns, ‚wir werden sicher viel Neues erleben'. Dann rollt der Zug an. Eltern, Lehrer, Schulkameraden, die noch nicht eingezogen werden, winken uns nach. Es geht dem Unbekannten entgegen.

Bei einem Aufenthalt bekomme ich Lübeck zum ersten Mal zu sehen. Holstentor und Rathaus, mir bisher nur von Bildern bekannt, kann ich jetzt in Wirklichkeit betrachten. Abends um acht Uhr kommen wir bei Dunkelheit in Kiel an.

Nach einigem Warten auf dem Bahnhof kommt ein Lastwagen mit Anhängern und holt uns ab. Wir fragen die Soldaten, die uns abholen, wo es denn nun hingeht und ob wir zur leichten oder schweren Flak kommen. ‚Zur Flak kommt Ihr gar nicht, Ihr kommt zum Feuerschutz', erhalten wir als Antwort. Die erste Enttäuschung: Feuerschutz? Das ist doch nichts, da ist doch Flak ganz etwas anderes. Mit diesen Gedanken ging es durch ganz Kiel, bis der Wagen vor einem Gebäude ganz außerhalb Kiels anhielt. ‚Ulme' stand an dem Gebäude, in eine frühere Gastwirtschaft waren wir geraten. In dem großen Saal der ‚Ulme' waren viele Betten mit Strohsäcken aufgestellt, immer drei übereinander. ‚Dieser unschöne Saal wird wohl nur ein kurzes Notquartier werden', denke ich mir. Wir empfangen Bettwäsche, zwei Decken, Eßnäpfe und Trinkbecher. Dann gibt es das erste Essen beim Kommiß: eine Suppe, die den Hunger von der Reise stillt. Einige dicke Feldwebel und Soldaten ordnen allerlei an. Jeder erhält seine ‚Koje' zugewiesen, wie es bei der Marine heißt, und immer zwei Mann ein Spind. Das ist ziemlich knapp, wie sollte man bloß seine ganzen Klamotten in dieses halbe Spind hineinzwängen!

Immer sechs Kojen werden zu einem Bettenblock zusammengestellt, und jeder Block bekommt eine Nummer und einen Blockältesten. Ich bin in Block 3, und zwar liege ich ganz oben mit Henry H. zusammen, mit dem ich auch ein Spind teile. Zum Blockältesten wählen wir Günter R., der auch wirklich der Älteste von uns ist. Allmählich verspüren wir Müdigkeit und begeben uns ins Bett. Ganz ungewohnt muß ich bis ins dritte Stock klettern, eine anständige Höhe da oben. Ein Federbett gibt es jetzt nicht mehr, mit zwei Decken muß man sich begnügen. Aber zum Schlafen kommen wir in dieser ersten Nacht vorläufig noch nicht, es kommen noch mehr Jungen an, meist Pommern, die auch Marinehelfer werden sollten. Nachdem auch diese gegessen und ihre Sachen empfangen haben, können wir endlich etwas an Schlaf denken ...

Wenn auch alles gar noch nicht so schlimm ist, so braucht man doch erst einige Tage, um sich an dieses neue Leben zu gewöhnen. Tatsächlich habe ich in der ersten Woche etwas Heimweh und freue mich sehr, als ich die erste Post von zu Hause bekomme. Vater, der sich z.Zt. als Soldat in Koblenz befindet, ist nicht sehr erfreut über meine Einziehung ... Ganz komisch komme ich mir als Soldat vor. Erst 15 Jahre alt und schon beim Militär. Das hätte ich mir bei meiner Konfirmation vor einem Jahr wahrhaftig nicht gedacht.

Am Montag, dem 5. März, beginnt schließlich die Ausbildung und damit der Dienst. Wecken ist jetzt immer um 1/2 sieben, um acht ist ‚Heraustreten'. In Zivil dürfen wir nicht mehr herumlaufen, die Kleidung wird verpackt und in einem Abstellraum aufbewahrt, um später nach Hause geschickt zu werden. Zu Beginn unserer Ausbildung hält uns Leutnant Falkenhagen, der unser Ausbildungsleiter ist, eine Ansprache. Er führt u.a. aus, daß wir die ersten Marinehelfer seien, die für den Feuerwehreinsatz herangezogen würden, worauf wir stolz sein könnten. Die Arbeit sei ziemlich schwer, aber er glaube und hoffe, daß wir mit Begeisterung an die Sache herangehen würden und uns später im Ernstfall voll einsetzen würden. Nach dieser Ansprache teilte der Leutnant uns 130 Marinehelfer in vier Gruppen und zwei Züge ein. Mit den meisten Neustrelitzern komme ich in die erste Gruppe des ersten Zuges. Unser Gruppenführer ist der Obermaat Seeger, Zugführer ist Obermaat Schledensky, ein schneidiger Kerl, wie es uns scheint.

Der Dienst wird jetzt meist gruppenweise in der Kompanie gemacht. Beim ersten Dienst zeigt uns unser Gruppenführer, Ob.M. Seeger, ein älterer, vernünftiger Mensch, der früher Meister der Feuerschutzpolizei in Mühlheim war, die einzelnen Baracken mit ihren Bezeichnungen und Funktionen. Wir gehen in die Fahrzeughalle, in der die Löschfahrzeuge untergebracht sind. Wir bekommen die Fahrzeuge erklärt: Es gibt drei Größen, die LF 25, die 2.500 Liter in der Minute pumpt, die LF 15 und die LF 8, die je 1500 und 800 Liter in der Minute schaffen. Jetzt besehen wir auch den Turm genauer. Er dient als Schlauchturm, in ihm sind die Feuerwehrschläuche zum Trocknen aufgehängt. Innen geht eine Treppe und auch eine Strickleiter hinauf. In Abständen von fünf Metern sind viermal Fenster ohne Scheiben an einer Seite des Turmes angebracht. Später bin ich oben gewesen, es ist eine ganz schöne Höhe (ungefähr 25 Meter), und man kann ziemlich weit sehen.

An den folgenden Tagen und Wochen hatten wir jeden Tag vormittags vier und nachmittags vier Stunden Dienst. Einer unserer Ausbildungsunteroffiziere oder einer von den Exgefreiten führt uns jeden Morgen zur Kompanie. Dort wird dem Ausbildungsleiter, Leutnant Falkenhagen, Meldung gemacht von den beiden Zugführern. Nach einem Dienstplan, der auch in unserer Unterkunft angebracht ist und der eifrig studiert wird, geht der Dienst vor sich.

Anfangs wird viel theoretischer, aber auch praktischer Unterricht erteilt. Hauptsächlich werden natürlich Feuerwehrthemen durchgenommen wie z.B. Schlauchkunde, Wasserkunde, ‚Die Gruppe bei der Feuerwehr' usw. Besonders ‚Die Gruppe' mit ihren vielen Angriffsarten bei der Brandbekämpfung wird sehr gepaukt und praktisch in sogenannten ‚Brandstellenmanövern' vorgeführt.

Mir waren diese Brandstellenmanöver sehr zuwider, weil sie mit aufgesetztem Stahlhelm und manchmal sogar mit Gasmaske ausgeführt wurden. Überhaupt mochte ich den Außendienst nicht besonders.

Nachdem ich so eine Woche lang bei Ob.M. Seeger Dienst gemacht habe, nimmt Lt. Falkenhagen eines Morgens aus Seegers Gruppe sechs Mann heraus, darunter auch mich, und versetzt uns in die 2. Gruppe des 2. Zuges. Unser Zugführer ist jetzt Feldwebel Fabriz, eine sehr sportliche Figur, unser Gruppenführer aber ist Maat Hendel, der bald darauf zum Obermaat befördert wird.

Hendel ist als der schlimmste unter allen Gruppenführern bekannt. Einige Neustrelitzer sind schon gleich zu Anfang bei ihm gewesen und sagten mir, was für einer er ist. Wie ich auch bald erfahre, hat er einige Lieblinge, die es gut bei ihm haben. Er selbst ist von kleinerer Gestalt, hat ein rotes, verlebtes Gesicht und eine heisere, krächzende Stimme, mit der man von ihm angebrüllt wird. Gleich, als ich zu ihm komme, schreit er mich an, ich hätte meine Schuhe nicht ordentlich geputzt. Ganz besonders bei Brandstellenmanövern brüllt er wild herum.

Wir versuchen zwar am nächsten Tag beim Leutnant, wieder zu Seeger zurückzukommen, aber ohne Erfolg. So müssen wir denn versuchen, auch so unseren Dienst so gut wie möglich zu tun.
Besonders widerlich erscheint Hendel, wenn er religiös eingestellte Kameraden verhöhnt oder zotige Reden schwingt. Mit seinem unsittlichen Verhalten geht er in unserer Gegenwart manchmal so weit, daß er in ekelhafter Weise hinter den Marinehelferinnen herruft, von denen einige in der Kompanie beschäftigt sind. Ich gehöre zu denen, die bei ihm nicht beliebt sind.
Am Sonntag, 12. März, dem zweiten Sonntag in der Fremde, ist vormittags in der Kompanie Musterung in Blau. Es sitzt alles, um nachmittags ‚an Land zu gehen', wie es bei der Marine heißt, auch wenn man gar nicht auf einem Schiff ist. Wohl jeder hat heute den Wunsch, aus unserer Unterkunft herauszukommen und für einen Nachmittag frei zu sein. Vor der UvD-Stube steht eine lange Schlange nach Landgangskarten an. Dann geht es ‚an Land'. Beim ersten Ausgang hat man ein schönes, freies Gefühl. Mit der Straßenbahn geht es zum Hafen, wo ich mit einigen Kameraden herumbummle. Wir kennen Kiel ja noch nicht und haben uns nichts Bestimmtes vorgenommen. Andere Kameraden, denen wir begegnen, wollen mit dem Dampfer nach Laboe fahren. Dies gefiel auch uns. Um 1/2 zwei fährt der Dampfer ab. Die Fahrt dauert etwa eine Stunde ... In Kiel können wir auch die durch Luftangriffe entstandenen Schäden besichtigen. Wie mir selbst, ist den meisten dieser Anblick noch unbekannt. Sehr viel ist in Kiel noch nicht kaputt, nur ab und zu sieht man ein ausgebranntes Haus.
Einen Luftangriff hatten viele von uns noch nie erlebt. Daher war jeder mit einem gewissen Mißtrauen auf diese erste Feuerprobe gespannt. Aber noch waren wir in der Ausbildung und für einen Einsatz nicht fähig. Während der Ausbildung sind nur einmal eine Luftmine und einige Bomben auf Kiel gefallen ...
An dem Abend, als wir die ersten Bomben fallen hörten, war noch gar kein Alarm von unserer Kompanie für uns gegeben worden. Es war abends gegen elf Uhr - wir schliefen schon -, als wir plötzlich durch ein helles Pfeifen und kurz darauf ein dumpfes ‚Bumm' geweckt wurden. Darauf konnte man das Summen des Flugzeuges hören. Als wir am nächsten Morgen durch die Stadt marschierten, konnten wir die Stelle, wo in der vergangenen Nacht die Luftmine heruntergekommen war, betrachten. Zwei Häuser waren dem Erdboden gleichgemacht, weitere beschädigt. In der Umgebung waren alle Fensterscheiben zersprungen ...
Nach der 2. Woche haben wir uns allmählich an den Dienst und unsere ‚Ulme' gewöhnt. Meine Hoffnung, diesen ‚Stall' bald wieder zu verlassen, hatte sich nicht erfüllt. Wir versuchen jetzt, uns das Leben so gut wie möglich zu gestalten. Abends wird meist Skat gespielt, oder wir schreiben Briefe. In einem Vorraum steht sogar ein altes Tafelklavier, auf dem ich manchmal herumklimpere,

allein mir fehlen die Noten zum richtigen Üben."[6]

Als „Nachzügler" kam Rudolf L. von der OSfJ Parchim im Oktober 1944 in die 1. Kompanie. Seine Erinnerungen ergänzen den Marinehelferalltag in der MFSA: „Das ‚Vorfeld' meiner Marinehelferzeit sah so aus, daß Schüler älterer Jahrgänge schon für diesen Dienst eingezogen wurden, während ich noch weiterhin zur Schule ging. Gelegentlich hörte man von ihnen, sah sie (als Urlauber) auch mal. So ganz viel von deren Alltag drang indessen nicht durch. Aufgrund schnellen körperlichen Wachstums hatte ich damals Kreislaufschwäche, die dazu führte, daß ich bei der ersten Musterung für den Marinehelferdienst zurückgestellt wurde. Erst die zweite Musterung für diesen Zweck, im Frühherbst 1944, brachte ein ‚bedingt tauglich', und dann rotierte die Bürokratie. Als ich am 21. Oktober 1944 den Dienst in Kiel beim Marine-Feuerschutz antrat, waren die einstigen Mitschüler des Jahrgangs 1927 schon zu Arbeitsdienst und Wehrmacht übergewechselt. Nur noch meine Jahrgangsangehörigen, darunter die Parchimer, waren noch dort. Übrigens kam der Einberufungsbescheid vom Parchimer Landratsamt, nachdem zuvor der Amtsarzt (zugleich in Personalunion musternder Militärarzt) beteiligt worden war. Meine Begeisterung hielt sich in Grenzen, obwohl ich mit der Einberufung rechnen mußte.

Vorbereitet im eigentlichen Sinne war man wenig. Gewiß, die älteren Schüler trugen ja schon länger den grauen Rock, manche zunächst begeistert, andere von Anbeginn widerstrebend. Und daß viel gestorben wurde, las und hörte man ja täglich. In der eigenen Familie war der Vater von Anbeginn (als Reserveoffizier) Soldat und damit fernab der Familie. Er hat Frankreich, Balkan, Rußland usw. relativ wohlbehalten überstanden, aber war eben nicht da. Die Brüder waren inzwischen auch längst Soldat, und ich war nun der vierte in der Familie, der eingezogen wurde. Zurück blieb die Mutter mit der kleinen Schwester. Sie (die Mutter) nahm die Dinge fatalistisch und versuchte nach ihren bescheidenen Möglichkeiten ihren ‚Lieben' das Gefühl der Anteilnahme und Fürsorge zu geben. Ein paar Monate zuvor, im Frühsommer 1944, ‚absolvierte' ich das damals obligate Wehrertüchtigungslager. Das waren dann wohl die ‚Vorbereitungen' …

An die Reise nach Kiel zum Dienstantritt erinnere ich mich noch sehr genau … Als ich dem Kieler Hauptbahnhof am frühen Nachmittag entstieg, sah ich vor mir eine Trümmerstadt! Nicht gerade animierend! Von schon länger in Kiel ‚dienenden' Mitschülern hatte ich mir den Weg zum Quartier (eine wilhelminische Schule am Knooper Weg war zur Kaserne umfunktioniert worden) beschreiben lassen … Als ich am Knooper Weg ankam und mich im Militärgebäude ordnungsgemäß meldete, löste ich große Überraschung und einige Ratlosigkeit aus.

---

[6] Aufzeichnungen von Hans-Joachim F.

Mein Kommen war überhaupt nicht angezeigt worden, und die Einheit hatte auch keinerlei Bedarf an Neuzugängen. Also hatte die Parchimer Bürokratie - unter Beteiligung der Parchimer Schule - übereifrig organisiert und Schicksal gespielt! Aber trotz des offensichtlichen Unsinns des Verfahrens und trotz des Unwillens von Militär und Schule in Kiel sah man dort keinen Anlaß, den unerbetenen und unwillkommenen Ankömmling wieder nach Hause zu schicken. Nach der alten Militärpraxis: Wen man hat, den hält man - ob sinnvoll oder nicht ...

In dem besagten Gebäude, das in den letzten Kriegstagen durch Bombenangriff völlig zerstört wurde, zuvor schon erheblich beschädigt war, traf ich einige wenige Parchimer Mitschüler an. Der Jahrgang 1927 war ja nicht mehr da, und die wenigen 28er waren auf verschiedene Klassen und Unterkunftsräume (,Stuben') verteilt. In meiner neuen und dortigen Klasse waren vor allem Schüler aus Doberan, einzelne aus Ludwigslust, aus der Rostocker Gegend, aber auch aus Pommern. Ich selbst gehörte zum 11. Schuljahr, damals 7. Klasse genannt. Parchimer Lehrer waren bei dieser Einheit und in dieser Unterkunft nicht. Nachbargebäude war das Verwaltungsgebäude der Kieler Stadtwerke (damals gleichfalls kriegsbeschädigt), das sich nach dem Krieg ausdehnte und heute auch die Fläche der einstigen Schule-Kaserne bedeckt.

Dunkel erinnere ich mich an den Kommandeur, Fregattenkapitän Erben (?). Deutlich an den Kompaniechef, Oberleutnant Wölk, im Zivilberuf Dipl.-Ing. und aus Westfalen. Er hat auf mich einen recht menschlichen und gebildeten Eindruck gemacht. Vielleicht Mitte 40 mag er damals gewesen sein; ebenso sein Stellvertreter Oberleutnant Falkenhagen. Unvorteilhaft im Gedächtnis blieb mir ein junger, hochnäsiger Offizier: Leutnant Korinth. Der Krieg war doch fast zu Ende, und der Mensch (nicht nur er) mußte noch sein Prestigebedürfnis befriedigen.

Meine Stimmung war während der ganzen Marinehelferzeit (bis Mitte März 1945) mäßig. Man sah den Sinn des Aufenthaltes und der Vorbereitungen im militärischen Bereich überhaupt nicht. Daß man sich ständig in kriegsbedingter Lebensgefahr befand, wurde weitgehend verdrängt - wie man das in solchen Dauersituationen begreiflicherweise und zum eigenen Nutzen tut. Für mich galt ansonsten die Parole: Nicht auffallen. Alle anderen Kameraden hatten ja eine militärische und feuerwehrtechnische Grundausbildung erhalten. Für mich als einzigen Nachzügler und Einzelgänger wollte man das nicht noch einmal aufwendig durchexerzieren. Zum Glück! Und aufgefallen bin ich anscheinend auch nicht. Andererseits kann ich deshalb wenig über die zugehörige Grundausbildung berichten. Im Alltag waren Leerlauf und ,Gammel' an der Tagesordnung. Abgesehen vom Schulunterricht wurden die Tage ziemlich totgeschlagen. Die Bombenangriffe hatten für uns kaum Einsätze zur Folge, weil fast nur noch Sprengbomben abgeworfen wurden. Da gab es nichts zu löschen. Wichtig war aber bei

Tag und Nacht, rechtzeitig den schützenden Bunker zu erreichen. Da sackte man dann erschöpft an die Wand oder schlief gar ein ... In ‚meiner' Zeit gab es nur einen einzigen Einsatz (am 25. Oktober 1944) und der sollte im benachbarten Neumünster stattfinden. Auf den Ladeflächen offener Lastkraftwagen wurden wir um die Mittagszeit ‚hinkutschiert', aber auch dort war anscheinend nichts zu löschen. Qualm über Neumünster ja, aber anscheinend auch diesmal Folge eines Sprengbombenangriffs. Wir fuhren deshalb unverrichteter Dinge durch die kalte Winterluft nach Kiel zurück.

Ausgesprochene Schikanen seitens der militärischen Vorgesetzten gab's nur ganz ausnahmsweise, wohl aber einigen Drill - bis hin zum Unfug des ‚Degenexerzierens' (mit Holzstab geübt). Degen trugen doch nur Offiziere! Doch all das diente wohl hauptsächlich dazu, die Zeit rumzukriegen, denn die Tage waren lang, und im Grunde hatte man keine militärischen Aufgaben. Darum mußten sich die Vorgesetzten einiges einfallen lassen. Schon der mehrere Kilometer lange Marsch von der Unterkunft am Knooper Weg im Kieler Stadtzentrum zur Kaserne der Kompanie im benachbarten Kronshagen (heute dient das riesige, damals nur halbfertige Gebäude als Bundeswehrlazarett) und zurück kostete zwangsläufig und für die Vorgesetzten gewiß nicht unwillkommen viel Zeit. Was die Gerätschaften angeht, entsinne ich mich an die stets Heiterkeit auslösenden ‚A-Schlauch, B-Schlauch, C-Schlauch' und die Hydranten mit dem Zusatz ‚Unterflur' und ‚Oberflur'. Auch die Geschichte des Feuerlöschwesens, beginnend mit einem holländischen Brandmeister vor Jahrhunderten, sollte man jederzeit memorieren und vortragen können ... Die Unteroffiziere und UvDs waren mehr oder weniger schlichte Gemüter, aber eigentlich nicht bösartig und durchweg mittleren Alters. Dabei waren alle Landsmannschaften von Schleswig-Holstein bis Bayern und Warthegau vertreten. Ein Problem war natürlich der unterschiedliche Intelligenz- und Bildungsgrad der Marinehelfer einerseits und der Unteroffiziere (Feldwebel, Maat/Obermaat, Haupt- und Obergefreite) andererseits. Selbige hatten z.T. deutliche Schwierigkeiten mit Grammatik und Rechtschreibung! Das allmorgendliche Wecken mit der Schiffs-Signalpfeife (Reise, reise, aufstehen!') war ein besonderer ‚Genuß', den diese Herren bereiteten. Zumal nach verkürzten Nächten (Fliegeralarm!) taumelte man aus den doppelstöckigen Betten und hatte kaum Gelegenheit zu widersprechen, wenn der Stubendienst ritualgemäß meldete: ‚Stube X mit ... Mann, alles auf und gesund!'. Nach den geltenden Bestimmungen konnte man dann für den Rest des Tages nicht mehr krank werden.

Wenn ich mich richtig erinnere, wurde der nachmittägliche Schulunterricht ernstgenommen. Wie gesagt, gehörten die Schüler teils dem 11., teils dem 10. Schuljahr (7. und 6. Klasse) an. Außerdem gab es Oberschul- und Mittelschulklassen. Die Lehrer aus Berlin (der Direktor), Schwerin, Ludwigslust, Kiel selbst, aber auch aus anderen Teilen Deutschlands - aus Parchim jedoch eben nicht - waren überwiegend vorgerückten Alters und meist Zivilisten. Einige wohnten im Dachgeschoß des Schulgebäudes, andere in Privatquartieren in der Stadt Kiel. Pädagogisch war es sicher nicht einfach, mit diesem Halbstarkenhaufen ‚fertig zu werden', der vormittags Soldat sein sollte und nachmittags auf der Schulbank saß. Lebenskünstler wie der pfiffig-beliebte Direktor Dr. Utpott, der übrigens zweifelsfrei kein Nazi war, kamen gut zurecht und vermittelten im Schulunterricht (Geschichte!) in überzeugender und fast partnerschaftlicher Weise Wissen und Lebenskunst. Andere Lehrer taten sich unübersehbar schwerer, hatten im Einzelfall gar ein Martyrium. Aber wen interessierte das in Zeiten des Weltuntergangs? Zum Ernstnehmen des Schulunterrichts trug auch die Tatsache bei, daß alle paar Monate ein Marinehelferzeugnis ausgestellt wurde. Da durften dann der Kompaniechef, der heimische (!) Schulleiter (in Parchim also Dr. Wiegandt), der Kieler Klassenleiter und der häusliche Erziehungsberechtigte (Vater oder Mutter) unterschreiben ... Den Klassenlehrer habe ich noch in sehr deutlicher Erinnerung, zumal er mir nach dem Krieg wiederbegegnete: Ein noch junger, aus Gesundheitsgründen vom Militärdienst freigestellter Intellektuellentyp. Er hatte beachtliches Fachwissen, aber keinerlei Wärme. Mit seiner kühl-arroganten, gelegentlich sadistischen Art wußte er sich Respekt zu verschaffen, was unter den gegebenen Umständen sonst nicht leicht gewesen sein dürfte. Wir hatten bei ihm Deutsch und Latein und erlebten ihn auch als Kenner und Kontaktmann des Kieler Stadttheaters und einen Menschen, der vom Bühnenwesen und Theaterrepertoire sichtlich einiges verstand.

Um sich den damaligen Alltag zu vergegenwärtigen, muß man sich aber auch die bauliche Beschaffenheit und die Einrichtung der Unterkunft vorstellen! Das genannte Schulgebäude am Knooper Weg, neben dem Stadtwerke-Bürohaus und gegenüber der Ingenieurschule, hatte schon bei meiner Ankunft kein intaktes Dach mehr, sämtliche Fensterscheiben waren kaputt und wurden mehr schlecht als recht durch ‚Papierglas' (das auch schon wieder beschädigt war) ersetzt, und geheizt wurde (Fernheizung von den benachbarten Stadtwerken) nur jeden zweiten Tag. Dazu eine Mäuseplage im Haus, die an unseren Eßvorräten in der ‚Stube' zehrte. Nachdenklich konnte man werden, wenn man immer wieder sah, wie die abgerissenen und ausgehungerten russischen Kriegsgefangenen in den großen Mülltonnen auf dem Schulhof (also nun Kasernenhof) kramten, um noch etwas Eßbares zu ergattern. In den Tonnen waren doch unsere Abfälle! Und noch gar nicht konnte man sich vorstellen, daß eben diese Elendsgestalten wenige Monate später - wenn auch diskriminiert und entsprechend behandelt - dankbar für jeden Bissen Brot und der Willkür und Menschenverachtung der Siegertruppen ausgesetzt waren. Man konnte und wollte sich wohl auch nicht solche Entwicklung vorstellen. Bevor man heute moralisiert, sollte man sich die Zusammenhänge klarmachen... In unangenehmer Erinnerung habe ich ferner den künstlichen Nebel, der deutscherseits bei Fliegeralarm in Kiel aus Spezialgeräten in die Luft geblasen wurde und doch wenig verhinderte. Es war ein beißendes ‚Zeug', das auf der Haut und den Schleimhäuten brannte. Phosphorhaltig?

Unterbrechungen des Schulunterrichts durch Fliegeralarm hat es gegeben, doch war das, meine ich jetzt, eher die Ausnahme. Die Freizeit bestand aus dienstfreien Stunden, in denen man las, Briefe schrieb, so herumsaß usw., aus Landgang in der zerstörten Stadt (Ich versuchte in den demolierten und verkümmerten Buchhandlungen am Ort Reclam-Hefte mit ‚klassischer' Literatur zwecks Weiterbildung aufzutreiben. Manchmal hatte ich dabei Glück.). Dazu die unwirtliche Jahreszeit mit Kälte und Nebel, ringsum Ruinen, deshalb auch die Förde-Ufer ein trostloser Anblick. Bis zum Kriegsende wurden immer wieder Bunker gebaut, die für den Luftschutz der Bevölkerung ja auch nötig waren. Das Überleben eines Luftangriffs im schwankenden Bunker mit klappernden Eisentüren und unterschiedlich standhaften Mitmenschen (Mütter mit Kleinkindern zählten selbstverständlich dazu) war immer wieder ein Erlebnis eigener Art. Konnte man da eigentlich noch an den ‚Endsieg' glauben? Die angenehmsten Freizeitphasen waren schließlich die Urlaubstage und -wochen. Rechtlich war man ja noch Jugendlicher (Wehrmachtgefolge) und hatte deshalb etliche Urlaubswochen und zusätzliche freie Wochenenden zu beanspruchen. Ja, dann fuhr man per Deutsche Reichsbahn und verdunkelt über Hamburg oder Lübeck heimwärts. Oft wurden die Fahrten durch Fliegeralarm unterbrochen und man hastete nach Möglichkeit in einen Bahnhofsbunker. In Lübeck vergaß ich dabei einmal meine Gasmaske im Wartesaal und stand aus diesem Grund erhebliche Ängste aus. Nach Alarm-Ende (Entwarnung genannt) stand das kostbare Stück noch immer auf dem Stuhl im Wartesaal und mir fiel ein Stein vom Herzen. Bei Verlust der Gasmaske samt Behälter hätte ich erheblichen Ärger mit der Militärbürokratie bekommen.

Bei diesen Bahnfahrten erlebte man den zeitgenössischen Mikrokosmos. Kriegsversehrte in verschiedener Gemütsverfassung, Nazifunktionäre, Mütter mit Kindern, ‚Landser' auf Urlaub oder im Dienst, schneidige Wehrmachtsoffiziere oder auch vorsichtigere Typen, Schulkinder als Fahrschüler usw. Einmal saß ich im Halbdunkel allein im Abteil. Im Nebenabteil saßen junge Mädchen, die wohl noch zur Schule gingen. Ich hörte: ‚Nebenan sitzt ein Soldat', sagte eines von ihnen. Eine andere erwiderte: ‚Ein junger Soldat.' Ich war damals ganze 16 Jahre alt und sehr wenig angetan von meinem Soldatsein. Zu Hause im Urlaub war man zumindest für die noch nicht eingezogenen Mitschüler und Mitschülerinnen eine Art Wundertier. Auch die verbliebenen Lehrer, sofern man sie in der Stadt oder im aufgesuchten Schulgebäude traf, bestaunten einen gebührend.

Ob sie sehr nachdenklich waren? Mit der Hitlerjugend hatte man in dieser Phase nichts mehr zu tun ... Am Anfang der Wehrmachthelferzeit soll die HJ kräftig versucht haben, mitzumischen. Ich habe das nicht mehr erlebt und entsinne mich nur dunkel an Erzählungen ‚Ältergedienter' von handgreiflichen Auseinandersetzungen mit hohen HJ-Funktionären, wobei Letztere wohl das Weite suchen mußten, weil sie verprügelt wurden. Bannführer und ähnliche HJ-Größen habe ich in Kiel nie zu sehen bekommen. Anfangs soll es, wie gesagt, anders gewesen sein. Und auch als Urlauber in Parchim hatte ich mit der HJ nichts zu tun, wenngleich die noch vorhandenen Funktionäre einem dabei manchmal über den Weg liefen.

‚Frühreife' Mit-Marinehelfer suchten schon sehr intensiv den Kontakt mit dem anderen Geschlecht. Das ging dann unterschiedlich aus. Dasselbe galt für die militärischen Vorgesetzten, vielleicht auch für die Lehrer in ihrem erzwungenen Junggesellendasein. Die Kameradschaft der ‚Helfer' untereinander war sehr unterschiedlich und nicht immer gut. Die Zeit dauerte einfach zu lange und die Tage waren zu monoton. Montagsabends verschaffte man sich eine ungewöhnliche Abwechslung: Im Saal (einst Aula) der Schule-Kaserne übte die Kieler ‚Kleinkunstbühne' im Dienst von KdF (Kraft durch Freude) ... Da vergaß man für eine Stunde den Totalen Krieg, der sonst - nicht nur von Goebbels - ständig beschworen wurde.

Anfang 1945 mußten wir unsere blaue (und wie ich fand, furchtbar umständliche und unbequeme) Uniform abgeben - für die Front. Fortan schlichen wir nur noch in Feldgrau oder Drillich herum. Gut und reichlich war bis zum Schluß die Verpflegung. Es war ja die hochwertige Marineverpflegung, zu der auch Thunfisch in Öl gehörte. Wer Beziehungen zu Küche oder Fourier hatte, konnte seine Verpflegung noch weiter aufbessern.

An Werbungsversuche in Sachen Wehrmacht oder Waffen-SS erinnere ich mich aus meiner Marinehelferzeit nicht. Sie wären auch zwecklos gewesen, denn wir waren doch seit spätestens Sommer 1944 alle vereinnahmt. Wir hatten uns doch alle ‚freiwillig' zum Militärdienst gemeldet und bekamen dafür bei der HJ eine rote Kordel um das Schulterstück. Noch ein ‚Orden' also, zu ‚Leistungs-, Schießabzeichen' usw. Übel waren in den letzten Kriegsmonaten die sogenannten Kettenhunde, Militärstreifen mit Blechumhang am Hals (daher der Name), die auf den Bahnhöfen, insbesondere an den Bahnsteigssperren nach Fahnenflüchtigen Ausschau hielten. Bei den diversen Urlaubsfahrten war man ihnen zwangsläufig etliche Male ausgesetzt.

Lästig war das militär-traditionelle Ritual der Spindkontrolle und des Bettenbaus. Da konnte man manchmal Schikanen erleben, ebenso bei den Reinschiff-Aktionen bis hin zum Latrinenschrubben. Doch summa summarum hielt sich das in Grenzen und ist anderwärts vermutlich viel schlimmer gewesen.

Auch die Standarddrohung des Leutnants Korinth ('Passen Sie auf, Sie liegen gleich mit der Schnauze im Dreck') war wohl nichts Unübliches und wurde nicht tragisch genommen. Als ich eingezogen wurde, schrieb mir mein Vater (damals im Stab der deutschen Dänemark-Besatzungsarmee - oder war er zu der Zeit noch bei einem Berliner Militärstab?): ‚Anschisse gehören zum Betrieb!' (beim Militär), mit anderen Worten: Nicht empfindlich sein! Und so war das alles ja auch."[7]

Marinehelfer aus Ludwigslust, Parchim und Schwerin kamen zur 2. Kompanie nach Kiel-Ellerbek in das Solomit-Lager. Durch einen unbewachten Eingang gelangte man auf eine große Rasenfläche, in deren Mitte sich ein Luftschutzbunker und dahinter gelegen ein Feuerlöschteich befand. Rechts und links der Rasenfläche standen die MH-Unterkünfte - nach Gauen benannte Baracken. An der Stirnseite lag das große Verwaltungsgebäude. Ein Bunker, rechts neben dem Eingang diente der Luftraumbeobachtung, vier Flaktürme mit 4cm-Bofors-Geschützen (französische Beutewaffen) dem Schutz des Lagers.

Günther-Albert L. von der OSfJ Ludwigslust hatte in der HJ-Fliegerschar I/298 bereits Feuerlöscherfahrungen sammeln können. Seit 1943 wurde die Fliegerschar auf dem Fliegerhorst Ludwigslust eingesetzt. „Jeden zweiten Nachmittag fuhr ich mit meinen Kameraden per Fahrrad zum Fliegerhorst, zog meine Luftwaffenuniform an und wartete auf den Einsatz. Zuvor hatte ich eine solide Ausbildung erhalten. Nachts konnte bis zum Alarm geschlafen werden. Auf dem Fliegerhorst lag damals ein Nachtjagdgeschwader. Wenn die in der Luft waren, gab es wenig Schlaf. Häufig waren die Maschinen angeschossen und kamen schnell runter. Dann ging es um Minuten. Wir rasten mit unseren Fahrzeugen los, deckten die noch rollenden Maschinen mit Schaum ab, um das Hochgehen von Munition und Treibstoff zu verhindern, sprangen auf die Tragflächen, schlugen die Kabinen ein, um die oftmals verletzten Besatzungen zu bergen. Es war schon eine wilde Zeit damals! Gegen 7.00 Uhr fuhren wir dann nach Hause, zogen uns um und ab gings in die Schule. Ein Tag war dann frei und dann hieß es wieder: Auf geht's".[8]

Politisch stand Günther-Albert L. dem NS-Regime eher ablehnend gegenüber. Sein Vater - Molkereibesitzer in Ludwigslust - war am 19. Juni 1934 wegen „wiederholter Sabotage" belangt worden und „hatte einiges auszustehen". Mit dem allgemeinen HJ-Dienstbetrieb hatte Günther-Albert L. „wenig am Hut", seinen Dienst bei der Fliegerhorst-Feuerwehr und in der HJ-Fliegerschar versah er begeistert und ging auch motiviert in den Marinehelfereinsatz. Trotz seiner kri-

---

[7] Bericht von Rudolf L.
[8] Schreiben von Günther-Albert L. vom 29. Juli 1992.

tischen Einstellung und Ablehnung der NSDAP hoffte er auf einen militärischen Sieg Deutschlands. Die spätere Kapitulation empfand Günther-Albert L. als „furchtbar" und „entsetzlich".[9]

Zu den nach Kiel-Ellerbek einberufenen MH gehörte auch sein Klassenkamerad Ernst-Günther Sch.

„Am Tag unserer Abfahrt, am 1. März 1944, einem trüben naßkalten Märztag mit gelegentlichen Schneeregenschauern, trafen wir uns mittags am Ludwigsluster Bahnhof. Vor dem Bahnhofsgebäude wurde ein ziemlich unscharfes Gruppenbild angefertigt, auf dem die einzelnen Schüler nur undeutlich zu erkennen sind - teils in Zivilkleidung, teils in Jungvolk-Uniform (dunkelblaue Winteruniform mit Schirmmütze). Da standen nicht nur Schüler unserer Schule, sondern auch Schüler der Parchimer Oberschule. Übrigens waren in unserer Einheit, der 1. Marinefeuerschutzkompanie (1. MFSK), Jungen unserer Jahrgänge anderer ... Oberschulen zusammengezogen worden, aus Schwerin und Arnswalde.

Unsere Fahrt nach Kiel wurde begleitet von unserem Chemie- und Physiklehrer, den wir ‚Piccolo' nannten. Nicht nur wegen seiner penetranten Nazigesinnung bei uns unbeliebt. In Kiel angekommen, wurden wir vom Bahnhof zum nahen Hafen geführt und mit einer Barkasse in der Dämmerung durch Schneeregenschauer nach Kiel-Ellerbek, dem Standort der 1. MFSK, geschaukelt. Am Kai verabschiedet sich ‚Piccolo' von uns mit einem zackigen ‚Heil Hitler'. Wie ich erst jetzt von einem Klassenkameraden erfuhr, soll ich mit einem ‚Auf Wiedersehen, Herr Doktor' geantwortet haben. Er war als unser Betreuer vorgesehen. ‚Piccolo' verschwand und wurde nicht mehr gesehen.

Untergebracht wurden wir in dem Barackenlager ‚Solomit' oberhalb von Neumühlen, einem kleinen Ort, benannt nach einer großen alten Dampfmühle, der sich unmittelbar an Kiel-Ellerbek anschließt."

Günther-Albert L.: „An die Gedanken bei der Ankunft erinnere ich mich recht gut. Da war die Überraschung, bei der Feuerwehr zu sein, und dann erhielten wir ein Essen, an das ich mich heute mit großer Heiterkeit erinnere. Auf verhältnismäßig kleinem Raum waren wir nun recht zahlreich versammelt, und die räumliche Enge entschuldigte der Küchenchef - ein Bayer - mit den Worten: ‚Wie Sie sehen, sind wir hier etwas beschränkt!`"

Ernst-Günther Sch.: „Im Zentrum des Lagers mit seinen etwa zehn schön verputzten Baracken stand der mächtige Quader eines Betonbunkers, den wir während des Fliegeralarms aufsuchten. Am Ende des Lagers stand noch ein Massivbau, in dem die Angehörigen einer kleinen Flakeinheit (Vierlingsflak), einige offenbar zwangsverpflichtete junge Frauen und eine Küche untergebracht waren.

---

[9] Vgl. ebenda.

Feierliche Verpflichtung der MH bei der 1. Marinefeuerschutzabteilung Kiel (Ulrich Brandt)

Wir lagen zu acht Marinehelfern auf einer Stube mit Etagenbetten, Spinden sowie einem langen Tisch und Stühlen.
Unsere Aufgabe sollte es sein, nach Bombenangriffen Brände - vor allem im Bereich des Hafens - zu löschen. Das war für uns beruhigend. Denn wir waren, im Unterschied zu den Flakhelfern, die nicht selten den Bomben ausgeliefert waren, während des Luftangriffs in Sicherheit."
Günther-Albert L.: „Es war ein toller Haufen. Ein Kamerad hatte Verwandte in Schweden. Von dort erhielt er regelmäßig Tageszeitungen und Illustrierte, die unzensiert (!) ausgehändigt wurden. Zu unserer Gruppe gehörte auch ein Fürst von der Lancken, dessen Tante die Königin von Dänemark war. Bei der Postausgabe hieß es dann: ‚Lancken, Post für Sie vom Königshof.'"
Ernst-Günther Sch.: „Die Kompanie bestand aus zwei Zügen zu je 40 bis 50 Marinehelfern. Jeder Zug wurde geführt von einem Feldwebel, dem etwa vier Ausbilder unterstanden. Das waren Obergefreite, Hauptgefreite und ein Stabsgefreiter. Und dann gab es noch einige Maate. Die waren aber nicht im Lager, sondern in Ellerbek, wo sie uns das Feuerlöschen beibrachten. Unser Kompaniechef war ein Oberleutnant (Ing.) Müller. Erstaunlich diese, auch in unserer Marinehelfer-Einheit, fein abgestufte militärische Hierarchie.
Mehr noch als unsere Lehrer (von einer Ausnahme abgesehen) waren die Ausbilder unsere unmittelbaren Bezugspersonen. Wir hatten es mit ihnen gut ge-

troffen; aber auch mit den beiden Feldwebeln, Kurt Pohle aus Sachsen und Willi Schröder aus dem Ruhrgebiet. Durchweg handelte es sich um schlichte, biedere Männer, schätzungsweise zwischen 30 und 40, kaum älter. Dann war da noch ein Fourier, von dem wir abends unsere Verpflegung (auch für den Morgen) empfingen: Obergefreiter Meier. Er war aus Hamburg und sehr nachdenklich. In ihrem Verhalten uns 16- und 17jährigen gegenüber waren die Ausbilder, einschließlich der Zugführer (besonders Willi Schröder), mehr väterlich als streng und militant. Es waren schon gute Kerle: die Hauptgefreiten Frank (einfacher Bauernsohn aus Schleswig-Holstein) und der fidele Hamburger Hans (Hänschen) Glau oder der Obergefreite Stahlberg aus Berlin und nicht zuletzt der Stabsgefreite Patalong (genannt ‚Pappkarton'; nicht abfällig gemeint, nur wegen des Wortklangs), der aus Oberschlesien zur Marinefeuerwehr gekommen war und - dunkel, klein und schmächtig - ein wenig wie der Filmschauspieler Hans Moser aussah. Ein stiller, milder Mensch, der viel Verständnis für uns hatte. Wir nutzten unsere intellektuelle Überlegenheit unseren Vorgesetzten gegenüber nicht aus, auch nicht auf Umwegen, da wir bewußt, vielleicht doch mehr unbewußt, ihr Wohlwollen spürten und uns ihrer Integrität sicher waren. Wir hatten in unserem Umfeld nicht einen schikanösen Barrastyp. Getadelt wurde noch mit Augenzwinkern, gestraft nur selten. Einmal, entsinne ich mich, mußte einer zum Rapport beim Kompaniechef Müller, weil er abends zu spät, also nach zehn Uhr aus der Stadt ins Lager zurückgekommen war. Zur Strafe mußte er an zwei Tagen an irgendwelchen Aufräumungsarbeiten teilnehmen. Eine Bagatelle.
Unsere Ausstattung sah so aus: Die tägliche Uniform war die graugrüne der Marineartillerie. Bei Übungen und Einsätzen trugen wir Drillichzeug und Stahlhelm. Beim ‚Landgang' in der Freizeit hatten wir die dunkelblaue Marineuniform, aber mit HJ-Armbinde.
Nicht nur zu den Löschübungen, auch zum Mittagessen gingen wir, in Kolonne und forsch singend, hinunter nach Ellerbek, wo am Hafen Verwaltung, Kantine und Übungsplatz mit Löschgeräten waren. Geübt wurde von einer Löschgruppe, bestehend aus zehn MH, der sogenannte ‚Löschangriff'. Möglichst schnell mußten die Schlauchleitungen von der Wasserentnahmestelle (mittels Pumpe) bis zur fiktiven Brandstelle ausgerollt und zusammengekoppelt werden. Die Zeit, die vom ersten Kommandoruf bis zum Ruf ‚Wasser marsch' verstrich, wurde gestoppt. In der Praxis, wenn die riesigen Gebäude am Hafen in Flammen standen, kam es auf die paar Minuten mehr oder weniger nicht an; wahrscheinlich auch nicht auf eine Stunde.
Wir hatten auch Infanterie-Dienst (I-Dienst), offenbar ein unerläßlicher Bestandteil aller Einheiten der deutschen Wehrmacht, einschließlich U-Boot-Fahrer und Jagdflieger, wie ich vermuten möchte. Mir ist nur in Erinnerung geblieben, daß der praktische Teil dieser Ausbildung sich aufs Exerzieren beschränkte und zwar

auf einem lehmigen Sportplatz in Lagernähe und meistens bei naßkalter Witterung. Ziemlich zahm das Ganze, wie wir fanden. Jedenfalls war das Exerzieren beim Jungvolk durch einige Schleifertypen weitaus unangenehmer: Also keine Übungen mit der Waffe. Während der theoretischen Unterrichtsstunden durch die Ausbilder in der Baracke wurde uns der Karabiner 98 K und die Dienstpistole 08 vorgeführt und erklärt. Wir lernten auch die wichtigsten Knoten knüpfen - und davon gab es viele. Wir waren ja schließlich bei der Marine. Benutzt haben wir bei den Feuerlöschübungen nur ein oder zwei Knoten. Und wir übten uns im Signalgeben mit der Bootsmannspfeife (‚Flieger ist in Sicht' z.B.). Auch das akkurate Binden der Fliege über dem Knoten des Uniformhemdes wurde uns in einer der Unterrichtsstunden beigebracht.

Weitere Gepflogenheiten, wie sie bei der Marine üblich sind, wurden bei uns Feuerlöschern praktiziert: Frühmorgens das schrille Wecken mit der Bootsmannspfeife, darauf dann der deftige Seemannsspruch (‚Reise, reise, aufstehn: Auf, auf, ihr müden Leiber, die Back steht voller nackter Weiber'). Allerlei Bezeichnungen aus dem Marinejargon wurden von uns benutzt, wie ‚Landgang', ‚Koje', ‚Bulley', ‚Schotten' usw. Überhaupt waren wir bemüht, uns der Marine anzupassen. Ein ausgesprochener Kultgegenstand war die marineblaue Ausgehhose und hier der sogenannte ‚Schlag', das Hosenende. Um diesen Schlag möglichst breit zu machen, denn das war schick, wurden die Hosenbeine für einige Tage auf entsprechende Sperrholzplatten gespannt und dadurch geweitet. Ich schildere diese absurd anmutende Bagatelle, um einmal deutlich zu machen, in welchen banalen Bahnen sich, zumindest in der ersten Zeit, unser Sinnen und Trachten bewegte.

Luftangriffe blieben in den ersten Monaten noch aus. Von Zeit zu Zeit erschienen in sehr großer Höhe am Himmel über Kiel Aufklärungsflugzeuge. Sie kamen, ein winziger Punkt mit dünnem Kondensstreifen, und verschwanden wieder, ohne daß Alarm gegeben wurde."

Günther-Albert L.: „Ich erinnere mich an einen Tieffliegerangriff. Wir machten unsere Sportübungen auf dem Nordmark-Sportfeld mit Medizinball, Speerwerfen, Kugelstoßen usw., als die ‚Lightnings' plötzlich da waren und losballerten. Getroffen wurde gottlob keiner, aber wir legten einen Spurt hin, wie Nurmi oder Harbig, die damals für uns Idole waren."

Ernst-Günther Sch.: „Der Schulunterricht, den wir im Lager ‚Solomit' in einer eigens dafür vorgesehenen Baracke erhielten, wurde von uns als eine, wenngleich zuweilen lästige Art von Freizeitbeschäftigung oder Nebentätigkeit empfunden. Gewissermaßen eine mehr oder weniger anregende Unterhaltung im Einerlei des Lagerlebens. Die Lehrer selbst (vor allem aus Schwerin und Arnswalde) ließen es in ihren Unterrichtsstunden an der letzten schulischen Konsequenz fehlen. Wen wundert's. Die Realität des Bombenkrieges griff immer

wieder mittelbar oder unmittelbar in das ‚pädagogische Geschehen' ein und führte bisweilen zu grotesken Situationen oder - sagen wir - zu einem höchst wundersamen Anachronismus. Am Tage oder Vortage des fürchterlichen Nachtangriffs in der ersten Augusthälfte ließ unser Deutschlehrer eine der betulich idyllischen Novellen aus ‚Die Leute von Seldyla' von Gottfried Keller lesen (‚... der Hinterschöpp stand vor der Tür ...' Charakterisierungen als Aufgabe). Ungefähr zwölf Stunden später, nachdem es Spreng- und Brandbomben und Phosphorkanister ‚geregnet' hatte, standen wir fassungslos vor dem Luftschutzbunker, unter uns der kleine schmächtige Deutschlehrer, der am Morgen noch Gottfried Keller lesen ließ, und blickten auf das grauenvolle Flammenmeer am nahen Horizont. Sinngemäß bemerkte ich bissig-sarkastisch: ‚Das feurige Panorama entbehrt nicht einer gewissen Ausdruckskraft'.
Als Biologielehrer hatten wir den Marine-Fähnrich Schulz, der so ganz und gar nicht militärisch wirkte. Wir nannten ihn wegen seines unverhältnismäßig großen Kopfes ‚Embryo'. Er vermittelte uns die ‚Mendelschen Gesetze', die während des Dritten Reiches zum festen Bestand des Bio-Unterrichts gehörten. Mit Hinweisen auf die Rassegesetze der Nazis verschonte er uns ... Und dann war da der Lehrer Köster. Und der war ein toller Typ! Wir liebten ihn. Er kam aus Arnswalde nach Kiel und unterrichtete uns in Geschichte sehr unkonventionell, lebendig und interessant, mit allerlei spaßigen Einschüben. Ein Pauker so ganz nach unserem Geschmack! Nicht nur wegen seiner heiteren Natur, sondern vor allem auch wegen eines ausgeprägten Sinnes für junge Menschen und ihre zuweilen doch nervenden Macken. Er war übrigens der älteste Lehrer in dem Solomit-Kollegium, der die Fünfzig gerade überschritten haben mag, während seine Kollegen zwischen 30 und 45 gewesen sein mögen. Auch das wurde von uns positiv registriert: Köster war mit einer deutlich jüngeren Frau verheiratet. Er lief an heißen Sommertagen schon mal im dunkelblauen Badeanzug durchs Lager. Man sah seinen stark behaarten Körper. Andere Lehrer erschienen, wie bereits erwähnt, in kurzen leichten Hosen, als seien sie in der Sommerfrische. Ich entsinne mich einer heiteren und für den Lehrer Köster bezeichnenden Episode. Wir schlenderten durch die Lagerstraße, jeder mit einem Mädchen. Köster, der uns entgegenkam und schon von weitem sah, verdrückte sich seitlich hinter irgendeinem größeren Gegenstand. Als wir vorbeigingen, sahen wir ihn dort geduckt sitzen und uns schelmisch zulächeln mit seinen strahlenden blauen Augen unter buschigen Augenbrauen."
Günther-Albert L.: „Mathematik unterrichtete ein Fähnrich Schulz aus Königsberg/Ostpreußen. Unter Fähnrich stellt man sich natürlich einen jungen Mann vor. Fähnrich Schulz war graumeliert und für unsere Begriffe damals steinalt."
Ernst-Günther Sch.: „Freizeit gab's für uns reichlich. Der Sonntag war ohnehin frei und fast jeder Nachmittag und natürlich der Abend. An einigen Nachmit-

tagen waren wir mit dem Bau eines Schießstandes beschäftigt, der aber nie fertig werden sollte. Wir bekamen jeder eine Schaufel in die Hand gedrückt und bewegten Erdreich von einer Stelle auf die andere.

An den freien Nachmittagen ‚gammelten' die meisten einfach so dahin; saßen ‚blödelnd' auf der Bude, einige wenige lasen in irgendeinem Buch, andere schrieben Briefe. An Schulaufgaben, denen man sich widmete, kann ich mich beim besten Willen nicht mehr erinnern. Und gegessen wurde viel, eigentlich immer. Unsere Eltern schickten neben der unvermeidlichen Wäsche, vor allem ‚Fressalien' und Zigaretten. Viele von uns fingen damals mit dem Zigarettenrauchen an (Marke ‚Sulima', ‚Stips' und ‚Waldorf-Astoria'). Ich gehörte auch dazu und sollte dann erst 34 Jahre später wieder damit aufhören. Aus Langeweile und Übermut ersannen wir allerhand dummes Zeug, wobei manches, das unserer pubertären Phantasie entsprang, doch reichlich unflätig war. So schrieben wir auf unserer Stube unserem verhaßten Lateinlehrer in Ludwigslust eine schön unanständige Postkarte in sicherlich fürchterlichem Latein (‚Visitamus puffum' usw.).

Abends in der Dämmerung lümmelten wir uns am Lagereingang herum, wo sich Mädchen vor allem aus Neumühlen einfanden. Frühreife Geschöpfe, so zwischen 15 und 17 Jahre alt, in billigen geblümten Kleidchen, oft ohne Strümpfe. Die älteren Mädchen gingen mit den ‚Matrosen'. Eins dieser ärmlichen Mädchen vor dem Lager erzählte mir, offenbar um sich aufzuwerten, ihr Vater sei U-Boot-Kommandant, damals so etwas wie ein ‚Non-Plus-Ultra' im Sozialprestige, erreicht nur noch von einem Jagdflieger als Vater.

An warmen Sommerabenden wurde gelegentlich vor einer unserer Baracken musiziert. Es spielte eine kleine improvisierte Kapelle, bestehend aus Akkordeon, Geige und Schlagzeug. Zu hören waren die Schlager der Saison, wie ‚Unter der Roten Laterne von St. Pauli' oder ‚An der Donau steht Marika'. Etwas Besonderes war der ‚Landgang'. Er mußte beim UvD, dem Unteroffizier vom Dienst, der in der Wachstube saß, registriert, d.h. in einem Buch eingetragen werden. Bei Rückkehr wieder Meldung in der Wachstube. Selten gingen wir allein, meistens in Begleitung eines Freundes oder zusammen mit mehreren Marinehelfern. Und wohin ging es, wenn man das Lager hinter sich hatte? Zum Biertrinken in eine Gaststätte oder man schlenderte ziellos durch die Straßen der Kieler Innenstadt. Einmal besuchte ich alleine ein Kino in Neumühlen. Gespielt wurde eine typische Schnulze jener Jahre, der Film ‚Liebespremiere' ... Wenig später zerstörte eine Bombe das Kino.

Eine kleine, scheinbar unbedeutende Episode möchte ich an dieser Stelle bringen, die mir doch sehr aufschlußreich erscheint. An einem der sonnigen Sommernachmittage zog ich mit einem Kumpel nach Kiel zum Stadtbummel - heraus aus der elenden Monotonie der ‚Lagerfreizeit'. Kaum hatten wir das Lager hinter uns, entledigten wir uns der HJ-Armbinde auf der dunkelblauen Uniform-

bluse. Mit der Armbinde mußten wir die Vorgesetzten, denen wir begegneten, mit erhobenem, gestreckten Arm grüßen, dem verpönten Hitler-Gruß. Ohne Armbinde konnten wir wie die richtigen Matrosen die sogenannte ‚Ehrenbezeugung' mit der Hand am Käppi machen. Wir waren noch nicht lange unterwegs, als wir von einem höheren Marineoffizier, nachdem wir ihn zackig gegrüßt hatten, angehalten wurden. Offenbar hatte er uns angesehen, daß wir Marinehelfer waren. Er verlangte unsere Ausweise. Mit barschen Worten wurden wir von ihm zur Rede gestellt, was uns denn einfalle, die Armbinde abzunehmen; Verstoß gegen die Dienstvorschrift usw. Und wir erhielten von ihm den Befehl, uns gleich am nächsten Morgen bei unserem Kompaniechef zu melden. Bevor wir uns trennten, notierte er sich Namen und Einheit.
Wie uns befohlen, meldeten wir uns am nächsten Morgen bei unserem Kompaniechef. Rapport hieß dieser Vorgang. Oberleutnant Müller, ein milder Vorgesetzter, nahm mehr schmunzelnd als ungehalten diesen unseren Verstoß zur Kenntnis. Er hielt ihn nicht für bestrafungswürdig. Vielleicht hat er Ähnliches gedacht wie wir: Hat das Offizierscorps der Kriegsmarine im fünften Kriegsjahr nicht andere Sorgen! Es gab einen Verweis ..."

In der Tat hatte die militärische Führung andere Sorgen als den kleinlichen Streit zwischen dem menschenführenden Anspruch der HJ-Führung und der Selbstidentifikation der Flakhelfer als Luftwaffen- oder Marineangehörige. Im Sommer 1944 hatte sich die Lage an allen Fronten dramatisch zugespitzt. In Italien drangen alliierte Truppen weiter nach Norden vor. In der Sowjetunion befanden sich die deutschen Truppen auf dem Rückzug. Große Teile des Balkans mußten geräumt werden. In Polen, in der Slowakei, in Rumänien und Bulgarien kam es zu Aufständen gegen die deutschen Besatzer. Mit unverminderter Härte tobte der Luftkrieg über dem Reich.
Am 6. Juni 1944 war die zweite Front in der Normandie eröffnet worden. Seit diesem Zeitpunkt befand sich auch die 12. SS-Panzerdivision „Hitlerjugend", die im Frühjahr 1943 auf Initiative des RJF Axmann aus Freiwilligen der HJ aufgestellt worden war, in schweren Abwehrkämpfen in Frankreich. Die hohen Verluste, welche die verbissen kämpfenden jungen SS-Männer erlitten, gedachten die Reichsführung SS und Reichsjugendführung durch eine Sonderwerbeaktion „SS-Panzerdivision ‚Hitlerjugend`" auszugleichen, in deren Verlauf der Kommandeur der Division, Generalmajor Kurt Meyer - wohnhaft in Ludwigslust - auch zu den Marinehelfern in Kiel sprach. RJF Axmann hatte Reichsführer SS Himmler 6000 Freiwillige „als einmaligen besonderen Ersatz" für die Panzerdivision zugesagt, ohne das Freiwilligenkontingent für andere SS-Divisionen anzutasten. Unter den Marinehelfern fanden sich nur wenige SS-Freiwillige.
Eingebettet in die Gesamtbestrebungen der NSDAP seit Sommer 1944, einen

„weltanschaulichen Revolutionierungsprozeß" herbeizuführen, wurde die RJF besonders auf dem Gebiet der ideologischen Beeinflussung der Jugend aktiv. Reichsjugenführer Axmann sah sich veranlaßt, die noch begeisterungsfähigen Jugendlichen persönlich für die Fortsetzung des Krieges zu motivieren. Dabei nutzte er jede sich noch bietende Gelegenheit. Während Inspektionen und Besichtigungen von HJ-Einheiten, auf zentralen Veranstaltungen, aber auch in Zeitungsartikeln und Rundfunkansprachen rief er die Jugend zum „bedingungslosen", „unermüdlichen" und „fanatischen" Einsatz auf und forderte den „unterschütterlichen" Glauben an „Führer" und „Endsieg".[10]

Sein besonderes Augenmerk richtete der Reichsjugendführer auf die Luftwaffen- und Marinehelfer. Durch die Einsetzung von Beauftragten für den LwH/MH-Einsatz bei den Luftgaukommandos, den HJ-Gebieten und Bannen, denen die Betreuung der Flakhelfer „auf politischem, weltanschaulichem und kulturellem Gebiet" obliegen sollte, versuchte die RJF ihren Einfluß auf die Jugendlichen zu stärken. Noch im August und September 1944 erläuterten Reichsbefehle der RJF, wie sich die HJ-Führung den Dienst in den Flakbatterien vorstellte. Sie erinnerten an die Grußpflicht der Flakhelfer und forderten strenge Bestrafung der LwH/MH durch die militärischen Vorgesetzten im Falle des Ablegens der HJ-Armbinde. Axmann, der im Frühjahr 1944 persönlich zu den MH der Batterie Pries gesprochen hatte, kam jedoch nicht umhin einzugestehen, daß sich die geplanten Maßnahmen der HJ als unrealistisch erwiesen hatten. „Die Betreuung der Luftwaffen- und Marinehelfer muß in einem viel stärkeren Maße und viel intensiver durchgeführt werden." war im Reichsbefehl vom 21. September 1944 zu lesen. Die Theorien der RJF brachen sich jedoch an den Kriegsrealitäten.

Zur Unterstützung der zweiten Front forcierten die Alliierten im Sommer 1944 ihre Luftoffensive gegen deutsche Städte und Rüstungsanlagen. Werften, Häfen, Flugplätze, Flugzeugfabriken, Hydrierwerke, Bahnhöfe und Verkehrsknotenpunkte erlangten in den Zielkarteien höchste Priorität. Ein bevorzugtes Angriffsziel blieb die Reichsmarinestadt Kiel.

Tod und Zerstörung - Sommerangriffe auf Kiel

Am 6. Juli 1944 heulten die Alarmsirenen in Kiel. Tagesangriff amerikanischer Bomber. Die MH bei der 1. MFSA erlebten ihren ersten Luftangriff. Ernst-Günther Sch.erinnert sich: „Bei diesem Angriff wurde ein Teil unseres Lagers zerstört, darunter auch unsere Baracke, durch Spreng- und Brandbomben. Natürlich zeich-

---

[10] Vgl. zu Axmann: Schaar, Vom Hitlerjungen zum Reichsjugendführer.

nete sich das Lager ‚Solomit' mit seiner regelmäßigen Struktur auf den Luftaufnahmen exakt ab, wodurch es für den Bomberpiloten zu einem bevorzugten Angriffsziel wurde. Denn auch beim nächsten Angriff fielen wieder zahlreiche Bomben auf unser Lager. Bei diesem Angriff am 6. Juli blieb auch der benachbarte Friedhof nicht verschont. Dabei wurden einige frische Gräber von Sprengbomben getroffen und die Toten freigelegt, so daß der Verwesungsgeruch tagelang über dem Lager stand. Auch einige Blindgänger wurden im Lager ausgemacht. Sie wurden von einem kleinen Bombenräumkommando, das aus zwei KZ-Häftlingen (in gestreifter Kleidung) und einem Wachmann bestand, geborgen und gleich danach von einem Feuerwerker, der darauf spezialisiert war, entschärft. Wir standen dabei und sahen zu. Ob die Entfernung zur Bombe angemessen war, möchte ich bezweifeln. Aus einer geborstenen Sprengbombe kratzten wir mit einem Eßlöffel etwas aus der gelblichen wächsern-weichen Sprengstoffmasse, taten diese in eine leere Zigarettenschachtel und nahmen die Schachtel während unseres Urlaubs, den ich wenig später antrat, mit nach Hause. Die Ungefährlichkeit des Sprengstoffs ohne Zünder demonstrierten wir, indem wir ihn anzündeten. Er verbrannte ein wenig mühsam mit stark rußender Flamme.

Nach diesem Angriff kamen wir noch nicht zum Einsatz. Wir nahmen an den Aufräumungsarbeiten teil, schrieben Verlustmeldungen und warteten auf den nächsten Bombenangriff."[11]

Und der kam bereits 3 Wochen später. Am 24. Juli 1944, gegen 01.00 Uhr wurden Zielmarkierungen über Kiel-Mitte und den Norden der Stadt gesetzt. Wenig später rollte der Angriff auf das Zielgebiet. Günter B. (Batterie Pries): „Einen der vielen Luftangriffe, die ich erlebte, werde ich wohl nie vergessen. Luftalarm war ausgelöst worden, und die Verbände waren im Anflug. Offensichtlich auf Kiel. Das Funkmeßgerät hatte das Ziel aufgefaßt. Der Verband kam in unsere Reichweite. Sehr schnell wurde im Salventakt geschossen. Da die Seitenrichtung sich nicht änderte, flog der Verband offensichtlich direkt auf die Batterie zu. Das ist eine sehr ernste Situation, weil nur so ein Bombenabwurf auf die Batterie erfolgen konnte. Auch wenn wir wohl 15 km von Kiel entfernt waren, befanden wir uns in großer Gefahr. Der Bombenschütze des angreifenden Flugzeuges konnte die Beherrschung verlieren und die Bomben vorzeitig auslösen. Er konnte, wenn das Flugzeug angeschossen war, einen Notwurf einleiten, um die Bombenlast nicht mehr mitschleppen zu müssen. Nicht selten erfolgten vorzeitige Bombenabwürfe, um aus dem Flakfeuer herausfliegen zu können. Aus welchem Grunde eine der Maschinen, die jetzt auf uns zuflogen, ihre Bomben auslöste, wissen wir nicht. Die Bomben fielen, und die Einschläge kamen in Richtung auf die Bat-

[11] Bericht von Ernst-Günther Sch.

terie immer näher. In Kitzeberg hatte es bei einem solchen Angriff Tote und Verwundete gegeben. Sollte das bei uns nun auch eintreten? Wir schossen weiter. Die Einschläge lagen noch näher. Der Luftdruck der Explosionen drang durch den Eingang in die offene Geschützbettung ein. Die Hosen flatterten - wohl nicht nur durch den Luftdruck. Endlich wanderten die Einschläge leicht nach rechts aus. Hart an der Umzäunung der Batterie lagen die nahesten Einschläge. Die Batterie wurde nicht getroffen.
Am nächsten Tag haben wir uns die Krater angesehen. Sie boten einem Einfamilienhaus Platz, so groß waren sie. Einige Blindgänger wurden von Strafgefangenen geräumt. Uns grauste sehr, wenn wir an einen solchen Einsatz dachten. Bombenentschärfen ist eine widerliche Aufgabe."[12]
Während die Batterie Pries diesen Angriff ohne Verluste überstanden hatte, war die Batterie Mönkeberg schwer getroffen worden. Durch Bombenvolltreffer wurde das dritte Geschütz vernichtet, das Funkmeßgerät beschädigt. Zehn Soldaten, vier Marinehelfer der III. Knaben-Mittelschule Kiel und vier russische Hiwis starben. Die Leichen waren zum Teil bis zur Unkenntlichkeit verbrannt oder grausig verstümmelt.[13]
Der Angriff vom 24. Juli sah auch die MH der 1. MFSA im ersten Einsatz.
Ernst-Günther Sch.: „Ein schwerer Nachtangriff der Royal Air Force, der sich vor allem auf das Hafengebiet mit seinen Werftanlagen, aber auch auf benachbarte Wohngebiete richtete. Während des langanhaltenden Angriffs saßen wir mit einigen Zivilisten in unserem Lagerbunker, der mehrmals unter ohrenbetäubendem Lärm und zeitweiligem Lichtausfall von Sprengbomben (5- und 10-Zentner-Bomben) getroffen wurde. Um unsere Angst, die durch einzelne hysterische Schreie gesteigert wurde, zu verdrängen, sangen wir laut und forsch (,Caramba, Caracho, ein Whisky!') oder wehleidig-sentimental (,Waldeslust' und ,Marianka, du allein'). Am folgenden Tag kletterten wir auf den Bunker und sahen uns die Eindellungen im Beton an.
Wir kamen, nachdem wir den schützenden Bunker verlassen hatten, zum ersten Mal mit unseren Löschzügen zum Einsatz. Auf dem Weg zum Hafen kamen wir durch das brennende Neumühlen mit teils leuchtendem, teils schon brennendem Phosphor auf den Straßen."[14] Im Hafen brannte der Passagierdampfer „General Osorio". Günther-Albert L.: „Den Brand konnten wir nicht mehr löschen. Das Schiff sank. Es war ein ungemein riskanter Einsatz: mit Gasmaske und Leine um den Leib, um ein Verlaufen oder Abstürzen in den verqualmten Gängen zu vermeiden."
Ende August 1944 wurde Kiel wiederum von verheerenden Angriffen heimge-

[12] Bericht von Günter B.
[13] Vgl. Nicolaisen, Flakhelfer, S. 41.
[14] Bericht von Ernst-Günther Sch.

Marinehelfer der Batterie Havighorst in Erwartung eines Angriffs auf Kiel. Sommer 1944 (Jürgen Lange)

Zur Markierung der Zielobjekte wurden Rauchzeichen gesetzt. Aufgenommen von der Batterie Havighorst im Sommer 1944. (Jürgen Lange)

sucht. Am 24. August fielen Bomben in das Batteriegelände Holtenau und zerstörten Telefonverbindungen, Baracken und das Revier. Ein Soldat und ein Marinehelfer erlitten Verletzungen. Zwei Tage später wurde die Batterie Mönkeberg erneut getroffen. Ein Marinehelfer berichtete: „Es bot sich ein schauriges Bild. Das Batteriegelände war von Bombentrichtern übersät, die Unterkunftsbaracken waren von Luftminen hinweggefegt, die verbliebenen Reste standen in Flammen." Marinehelfer Günter Petersen aus Kiel wurde schwer verwundet.[15] Dieser bisher schwerste Angriff auf das Stadtgebiet - ein 1000-Bomber-Angriff - forderte 140 Menschenleben. Die Flak verschoß insgesamt 10.855 Granaten. Lediglich 10 angreifende Flugzeuge wurden zum Absturz gebracht.

Auch die „Feuerlöscher" standen nun in ständigem Einsatz. Ernst-Günther Sch.: „Der dritte Luftangriff fand in den frühen Nachmittagsstunden des 30. August statt, einem Spätsommertag mit bedecktem Himmel. Bevorzugtes Ziel des US-Bomberverbandes war wieder der Hafen und hier u.a. die im Hafenbecken liegenden Schiffe der Hamburg-Südamerika-Linie (‚St. Louis'), die während dieser Zeit von der Verwaltung der Kriegsmarine (Marinehelferinnen!) genutzt wurden. Zunächst glaubten wir, als wir nach dem Alarm den Bunker aufgesucht hatten, an blinden Alarm, denn es war wenig zu hören. Da das Rauchen im Bunker verboten war, wollte ich vor dem Ein- bzw. Ausgang eine Zigarette rauchen. Nur noch wenige Schritte trennten mich von dem schmalen Gang, der zum Ausgang führte, da ging neben dem Ausgang direkt am Bunker eine Sprengbombe nieder, die während der Explosion den Bunker seitlich leicht anhob, aber außer einigen kräftigen Rissen keinen größeren Schaden verursachte. Zwischen mir und der detonierten Bombe ca. 1 1/2 Meter Stahlbeton. Ich kam mit dem Schrecken und einem leichten Schock, aber ohne Verletzungen davon. Während meine Kameraden zum Löscheinsatz in den Hafen gingen, blieb ich im Lager zurück. Sie wurden u.a. auch zu Löscharbeiten auf einem der brennenden Schiffe eingesetzt, eine, wie jeder Feuerwehrmann weiß, nicht ganz ungefährliche Aktion wegen der zumeist verworrenen räumlichen Situation auf dem Schiff sowie wegen der starken Rauchentwicklung in den Schiffsgängen und -räumen, die den Einsatz eines Sauerstoffgerätes notwendig macht. Müde und erschöpft kehrten sie am frühen Abend heim. Nach dem stürmischen ‚Hallo' der Begrüßung kam Stimmung auf, als die Kumpels aus ihren Hosenbeinen, die mit Gamaschen unten verschlossen waren, Flaschen mit bestem spanischen Brandy und reichlich Packungen mit feinen Nobelzigaretten der Marke ‚Türkenernte' hervorholten. Sie hatten das alles in einem brennenden Lebensmittelmagazin bei Ellerbek requiriert. Von Verletzungen während der Löscharbeiten ist mir nichts bekannt geworden.

---

[15] Nicolaisen, Flakhelfer, S. 42.

Unser Heldentum vor den Flammen blieb in Grenzen. Abenteuer hin, Abenteuer her, mit Bewährungsdrang und Sucht nach Auszeichnung war nicht viel. Unter uns Söhnen braver Bürgersleut' aus Mecklenburgs Kleinstädten waren viele smarte Jungen, auch einige ausgesprochen schöngeistige Typen (einen nannten wir ‚Mozart', wie auch anders, wegen seiner Vorliebe für klassische Musik), die sich wohl eher auf ganz anderen Gebieten gedachten zu beweisen und zu bewähren. Und sei es bei den Mädchen, mit denen wir, recht scheu noch, hier und da in ‚Berührung' kamen."[16]

Günther-Albert L.: „Aus der nassen Uniform kamen wir oft tagelang nicht heraus. Unsere Kameraden, die bei der Flak eingesetzt waren, hatten Feierabend, wenn die Bomber abgeflogen waren. Wir fingen dann erst mit unserem Einsatz an. Wenn aber wichtige Ziele getroffen waren, begannen die Löscharbeiten schon während des Angriffs. Das war dann das Inferno. Die Bomber luden ab, die Flak schoß, ringsum Feuer. Während der Löscharbeiten erfolgten häufig Angriffe von Tiefliegern. Meistens waren es die doppelrümpfigen Lightnings. Schlimm war es dann, im Liegen die unter Druck stehenden B- und C-Rohre zu halten, die wie verrückt ausschlugen. Wenn die leichten Mosquito-Bomber kamen, dann schoß die Flak schon nicht mehr. Grund: Die Maschinen waren zu schnell und konnten nicht aufgefaßt werden und dann mußte auch Munition gespart werden. Entsetzlich war es, die Toten zu bergen. Es ist ja nicht so, daß die Menschen von den Bomben getötet wurden. In über 90% war es doch so, daß die Bevölkerung in den Kellern Zuflucht gesucht hatte. Die Häuser stürzten ein. In den Kellern brachen die Wasserrohre und die Gasleitungen. Der Tod trat also durch Ertrinken und Ersticken ein. Es war so schrecklich anzusehen. Die vielen Frauen und Kinder. Und dazu dann die abgeworfenen Flugblätter, die sinngemäß lauteten: ‚Es müssen auch gezielt Wohngebiete bombardiert werden, um die Tätigkeit der Bevölkerung in den Betrieben zu unterbinden. Die rein militärischen Ziele sind zu gut verteidigt und getarnt!' Die Erbitterung und Wut der Bevölkerung auf die abgeschossenen Engländer und Amerikaner läßt sich nicht schildern."[17]

Trotz aller Gefahren verliefen die Löscheinsätze für die Marinehelfer ohne Verluste.

Für die MH in den Flakbatterien bedeuteten die Sommerangriffe vor allem Abschüsse, die sie dem heißbegehrten Kampfabzeichen näherbrachten.

Hans-Jürgen K.(Batterie Heidkate): „Waren es im Frühjahr tiefliegende Flugzeuge, die nachts die Förde verminten, so bekamen wir es im Hochsommer vermehrt mit schweren Bomberverbänden zu tun, die ihre Fracht erbarmungslos

---

[16] Bericht von Ernst-Günther Sch.
[17] Schreiben von Günther-Albert L. vom 8. Nov. 1995.

auf Kiel abwarfen. Über meinen Kopfhörer war die Besatzung der Kanone mit dem Flakleiter, einem Oberfeldwebel, verbunden. ‚Feindlicher Verband im Anflug!' - ‚Ziel aufgefaßt!' - ‚Reinkommendes Ziel 1' - ‚Zünder im Bereich!' — ‚Salventakt!', dann schrille akustische Signale an der Kanone und los ging die Ballerei. Die Werte lieferten die Meßgeräte elektrisch an die Kanone. Es kam im Juli 1944 schon vor, daß wir hundert Schuß in einer Folge abfeuerten, nur die nötige Rohrkühlung unterbrach das Feuerwerk. Unsere jungen Körper befanden sich dann wohl an der Grenze der physischen und psychischen Belastbarkeit. Es kam schon vor, daß - besonders abends - ein paar Tränen klammheimlich über unsere Wangen kullerten.
Die Hiwis (Hilfswillige) an den Kanonen unterstützten uns tatkräftig beim Transport der Granaten. Die Geschützführer schritten sofort ein, wenn bei größeren Gefechtspausen eine Unterhaltung mit den Russen stattfand. Das war strengstens verboten! Trotzdem fanden die Hiwis Gelegenheit, uns ihren unerschütterlichen Glauben an Stalins Sieg kund zu tun, und ihre häufige Aussage ‚Hitler kapuut' unterstützte das. Dabei jubelten sie den Abschüssen der feindlichen Bomber in gleicher Lautstärke zu wie wir. Es wird immer schwer sein, die Welt zu verstehen!"[18]
Jürgen G. (OSfJ Teterow, Batterie Pries): „Wir alle fünf aus Teterow erhielten im Sommer 1944 für die Mitwirkung an den Abschüssen unserer Batterie das Kampfabzeichen der Marineartillerie. Das machte uns besonders stolz, ebenso wurden wir zu Marineoberhelfern ernannt. Damit waren wir zu alten Hasen geworden. Außer dem Ärmelstreifen ‚Marinehelfer' oder ‚Marineoberhelfer' unterschieden wir uns nicht von den regulären Soldaten. In der Batterie trugen wir graues Zeug oder Drillicharbeitszeug, außerhalb der Batterie Marineblau mit Käppi. Da waren wir schon etwas Besonderes!"[19]

Am 16. September 1944 folgte der vernichtende Schlag gegen die Batterie Mönkeberg, in die inzwischen die Parchimer MH aus der Batterie Heidkate verlegt worden waren.
Hans-Jürgen M.: „In Heidkate erlebten wir bis zum August 1944 nur zwei Tiefliegerangriffe mit Bordwaffen, deshalb nahmen wir die bei unserer Versetzung zur Batterie 1./281 Mönkeberg ausgesprochenen Worte - ‚Wer nach dem nächsten Angriff noch am Leben ist, schreibt mir bitte eine Karte.' - nicht so richtig ernst, wußten wir doch nichts über die beiden Angriffe vom 24. Juli und 26. August 1944 auf die Batterie und schon gar nichts über deren Folgen, ihre Toten und Verwundeten. Befehlsgemäß kamen wir als Ersatz in diese von Angriffen ge-

---

[18] Bericht von Hans-Jürgen K.
[19] Bericht von Jürgen G.

zeichnete Batterie. Nur noch drei 10,5cm-Geschütze, kein E-Meßgerät, kein Küchentrakt, keine ausreichenden Unterkünfte, aber die Öltanks der Kriegsmarine in unmittelbarer Nähe. Der Krieg hatte uns schnell eingeholt und ließ uns bei unseren Landgängen nach Kiel auch die Schäden, die wir durch unseren Einsatz verhindern sollten, mit eigenen Augen erleben. Wir schossen weiter, was das Zeug hielt, und schliefen in Drei-Stock-Betten, aber auch die in dieser Stellung sehr gute Verpflegung konnte nicht mehr über die eigentliche Unsinnigkeit unserer Kampfeinsätze hinwegtäuschen.
Kaum hatten wir uns bei den Schülern aus der III. Mittelschule für Jungen in Kiel eingelebt, kam das Ende für diese Batterie."[20]
Gegen 01.00 Uhr begann der rollende Angriff auf Kiel. Minen-, Spreng- und Brandbomben fielen auf die Stadt und die Batterie Mönkeberg. Nüchtern meldete das Kriegstagebuch des Küstenbefehlshabers Westliche Ostsee: „M.Flak.A. 281: Batterie Mönkeberg durch Brandbombenvolltreffer Kleinkogfraum restlos ausgebrannt, Kleinkog zerstört. Maschinenbunker leicht beschädigt. Drei Soldaten und fünf Marinehelfer gefallen, vier Soldaten leicht verwundet."[21]
Vier der getöteten Marinehelfer - Uwe Volquardsen, Karl Walter, Hans-Julius Wegner, Heinz Sommer - waren Schüler der III. Knaben-Mittelschule Kiel, der fünfte, Hans-Jürgen Rathsack, von der Mittelschule Parchim.
Sein Klassenkamerad Erwin B. erinnert sich: „Hier in Mönkeberg stieß Hans-Jürgen Rathsack zu uns. Er wurde im März 1944 aus gesundheitlichen Gründen zurückgestellt. Ich erinnere mich an einen wunderschönen Spätsommerabend. Wir standen draußen und plauderten. Das Leben war schön (wir waren 15 und 16). Der Glücklichste war Hans-Jürgen. Er durfte zum ersten Mal auf Kurzurlaub nach Hause fahren. Man mußte sehr früh aufbrechen. Deshalb bekam man schon abends seine Reisepapiere. Hans-Jürgen hatte seine Reisepapiere in der Tasche. Dann kam die Nacht. Die Alarmglocken schrillten. Feindliche Verbände im Anflug auf Kiel. Luftgefahr 30! Luftgefahr 15! Es war die Hölle. Hans-Jürgen Rathsack und viele andere waren tot. Wir, die überlebt hatten, bekamen 14 Tage Urlaub. Der Kommandant der Festung Kiel sprach uns seine Anerkennung aus."[22]
Nach diesen verheerenden Schlägen wurde die Batterie Mönkeberg, in der allein neun Marinehelfer gefallen waren, aufgegeben und die restlichen Geschütze als fünfte Geschütze in anderen Batterien aufgestellt. Die Gefallenen wurden auf dem Kieler Garnisonsfriedhof beigesetzt.
LwOH Wilhelm Joost (Blücherschule Rostock, gefallen am 4. August 1944 in Ro-

---

[20] Bericht von Hans-Jürgen M.
[21] Zit. nach Nicolaisen, Flakhelfer, S. 44.
[22] Schreiben von Erwin B. vom 25. Mai 1998.

Beisetzung von Marinehelfern der Batterie Kiel-Nordmark, die bei einem Angriff im Sommer 1944 ums Leben gekommen waren. Ab Herbst 1944 kamen Marinehelfer aus Ribnitz in der Batterie zum Einsatz. (Günter Behnke)

stock) und MH Hans-Jürgen Rathsack (Mittelschule Parchim, gefallen am 16. September 1944 in Kiel) sind die namentlich bekannten Opfer, die der Luftwaffen- und Marinehelfereinsatz unter den Schülern aus Mecklenburg forderte. Darüber hinaus berichtete Jürgen L. (Mittelschule Plau): „Anfang März 1945 wurden einige Marinehelfer aus Ludwigslust zu uns (Batterie Havighorst) versetzt, deren Einheit an der Kieler Förde einige Verluste zu beklagen hatte."[23]

Ines Laubner schrieb in ihrer Diplomarbeit über den Tod eines Malchiner Luftwaffenhelfers - vermutlich in Lübeck.[24] Dieser Angabe widersprechen die in Lübeck eingesetzten Malchiner LwH Heinz K. und Günther G. Auch für den Tod von Ludwigsluster Marinehelfern gibt es keine weiteren Belege. Da nicht aus allen mecklenburgischen Schulen Erinnerungsberichte vorliegen, bleibt die genaue Zahl der gefallenen Luftwaffen- und Marinehelfer weiter unbekannt. Im Verhältnis zu den insgesamt eingesetzten Flakhelfern aus Mecklenburg ist die Zahl der Opfer jedoch glücklicherweise sehr gering.

---

[23] Mecklenburg Magazin vom 13. April 1995.
[24] Laubner, Ines, Die Entwicklung des Malchiner Realgymnasiums zur sozialistischen Oberschule, Dipl., Univ. Rostock 1988 (MS).

Schutz der Torpedoversuchsanstalten Eckernförde

An der Abwehr der Angriffe auf Kiel waren auch die nordwestlich gelegenen Batterien der Marineflakabteilung 211 Eckernförde beteiligt. Neben dem Schutz der Torpedoversuchsanstalten und der Stadt Eckernförde lautete der Kampfauftrag der Batterien Eckernförde-Stadt, Barkelsby, Hemmelmark, Bookniesek, Osterby/Westerthal und Altenhof, auch die einfliegenden feindlichen Verbände zu bekämpfen. Seit Herbst 1943 waren in der MFLA Eckernförde MH der Vereinigten John-Brinckmann-Schule und Domschule Güstrow (Batterie Eckernförde-Stadt 1./211), der Claus-von-Pape-Schule Schwerin und der OSfJ Hagenow (Batterie Barkelsby 2./211) sowie der OSfJ Bützow und der Wilhelm-Gustloff-Schule Schwerin (Batterie Hemmelmark 3./211) eingesetzt. Obgleich die Batterien häufig schossen, verlief der Alltag der Marinehelfer bei der MFLA 211 wenig dramatisch.

Helmut H. (Wilhelm-Gustloff-Schule Schwerin, Batterie Hemmelmark): „An das Soldatenleben haben wir Schüler uns sehr schnell gewöhnt. Als besonders reizvoll fanden wir damals, daß der Dienst nach dem Marinereglement ablief ... Während des Unterrichts blieb die ganze Zeit der Batterie-Rundfunk eingeschaltet, durch den laufend die Luftlage-Meldungen übertragen wurden. Die Spannung wuchs, wenn es hieß: ‚Luftalarmstufe 30 - feindliche Verbände im Anflug auf die Deutsche Bucht!' Dann ‚Luftalarmstufe 15'! Danach schrillte die Alarmsirene, und wir sprangen vor dem verdutzten Lehrer über Tische und Stühle hinaus zu unserer Einsatzstelle. Wenn dann die ersten Salven das Rohr verließen, waren alle in Hochstimmung, denn es galt, die an der Förde stationierten Torpedoversuchsanstalten zu schützen. Meistens endeten unsere Aktivitäten sehr schnell, weil die Alliierten die Lage der dortigen Batterien und deren Reichweite sehr gut einzuschätzen verstanden."[25]

„Hervorragend, ausdauernd und motiviert" - so urteilt Ernst P. Reinhard über die Güstrower Marinehelfer. Als ehemaliger Batterieoffizier, Batterie Eckernförde Stadt 1./211, erinnert er:

„Ursprünglich war ich Seeoffizieranwärter der Crew X/40. Wegen eines Augenfehlers und damit zusammenhängender Borddienstuntauglichkeit wurde ich zunächst einmal als ROA zur Marineartillerie überstellt. Dort machte ich die damals übliche Reserveoffizierausbildung mit allen militärischen und Fachlehrgängen mit, bis ich 1942 als Oberfähnrich (MA) in die inzwischen eingerichtete aktive MA-Offizierlaufbahn übernommen und hier per 1/1.1943 zum Leutnant

---

[25] Bericht von Helmut H.

(MA) befördert und damit Berufssoldat wurde. Nach verschiedenen Fronteinsätzen als Zugführer und Batterieoffizier wurde ich Adjutant der Marine-Flak-Abteilung 211. Im Herbst 1944 sollte ich als Batteriechef einen eigenen ‚Haufen' kriegen. Damit ich das auch richtig machte, wurde ich zuvor einem erfahrenen Batteriechef als ‚Konfirmand' an die Seite gestellt. Das war der Chef der 1. Batterie jener MFlaA 211, der Olt(MA)dRes. H. Lienhoop, ein etwa 30 Jahre alter Pädagoge, bei dem die etwa 60 Marinehelfer sich in allerbesten Händen befanden.

Die MFlaA 211 mit Kommandozentrale in Eckernförde (Ykernburg) umfaßte 10 Batterien, welche rund um die Stadt E. und in Eckernförde in festen Stellungen eingesetzt waren. Das UGRUKO (FlakUntergruppenkommando) Eckernförde war bei Kriegsausbruch zum Schutz der für den Einsatz der U-Bootwaffe lebenswichtigen Torpedo-Versuchs-Anstalt sowie des dieser angegliederten Torpedo-Erprobungs-Kommandos aufgestellt worden und war als nördlichste Flak-Einheit Teil des FlaGruKo (Flak-Gruppenkommandos) Kiel, zu welchem insgesamt 7 solcher UGruKos im Stadtgebiet Kiel sowie in kleineren Nachbarorten gehörten. Militärisch hieß das ganze 1. Marine-Flakregiment, später 1. Marine-Flakbrigade.

Der Standort war nicht weit von der Stadt Eckernförde in einem Neubaugebiet nahe des Wasserturms. Sie war festungsmäßig ausgebaut und wie alle in unmittelbarer Küstennähe liegenden Stellungen gleichzeitig als Seezielbatterie vorgesehen.

Sie hatte vier Geschütze (10,5 cm SK C/32 in 8,8 cm MPL C/30 D). Außerdem ein Kommandogerät DREIWAG mit Entfernungsmeßgerät (Em 1 mit 6 m Basis) und ein Funkmeßgerät vom Typ WÜRBZBURG D. Der Batterie unterstellt waren außerdem zwei taktische Funkmeßgeräte vom Typ FREYA. Ihr Einsatz wurde vom UGRUKO gesteuert. Leichte Maschinenwaffen waren in unserer Batterie nicht im Einsatz. Sie waren in einer eigenen Batterie (9./211) zusammengefaßt und auf dem Gelände der TVA verteilt.

Erfahrungen im Umgang mit Marinehelfern hatte ich nicht, als ich zur 1/211 kam.

Die Wirksamkeit der Flakabwehr 1944/45 kann man nur im Zusammenhang mit dem gleichzeitigen Einsatz der Luftwaffe mit Tag- und Nachtjagd zu beurteilen versuchen. Für sich gesehen hatte die schwere Flak im wesentlichen nur eine gewisse abschreckende Wirkung. Direktabschüsse waren sehr selten. Die gegnerische Luftwaffe flog in so großen Höhen, daß direkter Beschuß infolge zu geringer Reichweite der 10,5cm kaum noch möglich war. - Die Funkmeßgeräte wurde durch Störfolien (sog. Düppel) schon frühzeitig in ihrer Funktion beeinträchtigt.

Den Kampfauftrag habe ich oben schon kurz erwähnt: Flugabwehr im Zusammenwirken mit den fünf anderen schweren Batterien (gleiche Ausrüstung) zum Schutz der genannten Anlagen. - Neben den sechs schweren Batterien und der leichten Flak waren noch zwei Scheinwerferbatterien mit insgesamt etwa 20 Stellungen im Einsatz. Außerdem gab es natürlich noch eine sogenannte ‚Stabsbatterie' mit Personal für den Betrieb der taktischen Geräte usw.; beim UGRUKO, Verwaltung, Verpflegung usw. Sämtliche schweren Batterien waren außerdem noch für einen evtl. notwendig werdenden Erdkampf (man rechnete ja gegen Ende des Krieges mit Luft- und Seelandungen des Gegners) vorbereitet. - Kommandeur des UGRUKO war gleichzeitig Kommandeur des Schutz-Bezirks Eckernförde, zu dem außer den Flakeinheiten auch die 1. Marine-(Unteroffizier-) Lehr-Abteilung mit vier Kompanien gehörte. Für einen möglichen Erdkampfeinsatz war der KSB mit allen Truppenteilen der 190. Infanterie-Division mit Sitz in Neumünster unterstellt. Man hatte also an alles gedacht - nur nicht an eine entsprechende Ausrüstung. Doch die Ereignisse des Mai 1945 machten dieses Thema gegenstandslos, wenn man von einem kurzen Einsatz am Nord-Ostsee-Kanal am 4./5.5.45 absehen will.

Zur personellen Struktur: Batteriechef: Olt(MA) d.Res. Lienhoop; Batterieoffiziere: Olt(MA) Reinhard, Oberstückmeister (Oberfeldwebel) Schwenk und Oberstückmeister Badeda; Hauptfeldwebel: Feldw. Schneider; (...) OStudDir./MA-Gefr. Dr. Kröpfl und StRat Romberg als Betreuungslehrer; 60 Marinehelfer: John-Brinckman-Oberschule Güstrow / Staatl. Domschule Schleswig / Jungmann Oberschule Eckernförde; ca. 70 Soldaten vorwiegend ältere Jahrgänge, z.T. Weltkrieg-I-Teilnehmer; 16 Angehörige der Russischen ‚Befreiungsarmee' - ehem. ‚HiWi's'

Die Marinehelfer wurden in den Geschützbedienungen und am Leitstand eingesetzt, wobei sehr genau darauf geachtet wurde, daß sie körperlich nicht überfordert wurden - also nicht als Ladenummer und auch nicht als Munitionsmänner! Die Marinehelfer waren im Einsatz hervorragend, ausdauernd und ‚motiviert'.

Auf den Schulunterricht, der übrigens weitestgehend von den Lehrkräften der Eckernförder Schule bestritten wurde, haben die militärischen Vorgesetzten keinen Einfluß genommen. - Freizeitgestaltung war wegen häufiger Alarme und nächtlicher Einsätze, welche entsprechende Ruhepausen für die jungen Leute zur Folge haben mußten, kaum ein Problem. Es wurde je nach Neigung Sport getrieben, gesungen, gespielt. Es wurde von uns darauf geachtet, daß Zeit für Schularbeiten blieb. Sogar Arbeitsgemeinschaften zu wissenschaftlichen Themen, geleitet von dem aus Wiener Neustadt stammenden OStDir. Kröpfl, ein hervorragender Pädagoge, fanden statt. Themen u.a. Völkerkunde am Beispiel der aus allen Teilen der Sowjetunion stammenden Wlassow-Soldaten, welche z.T.

kaum russisch verstanden, sich aber gern zur Verfügung stellten. Verständigungsmittel: Ein Zeichenblock! Auch der damals gerade 22 Lenze zählende Batterieoffizier mit Notabitur hat gerne mitgemacht!

Das Verhältnis Marinehelfer/Vorgesetzte und umgekehrt war sehr gut. OLt. Lienhoop hatte seine Unteroffiziere gut vorbereitet, so daß es zu meiner Zeit keinerlei Probleme gegeben hat. Von Beschwerden seitens der Eltern ist mir nichts bekannt geworden.

An besondere Bombenangriffe zu der Zeit, als die Marinehelfer noch im Einsatz waren, kann ich mich nicht erinnern. Direktabwürfe und Tiefangriffe fanden bei uns erst in den Monaten März/April 1945 statt. Da waren die Marinehelfer bereits entlassen und aufgrund ihrer fast ausnahmslosen Freiwilligenmeldungen zur Wehrmacht eingezogen worden. Nicht wenige hatten sich z.B. zur Fallschirmjägertruppe gemeldet! Vielleicht auch ein Hinweis auf Stimmungslage und Motivation. Flak war ihnen auf die Dauer zu ‚langweilig'.

Verluste hatten wir keine. - Übrigens sollte man hier auf den guten Gesundheitszustand der Jungs hinweisen. Nicht zuletzt wegen der für Kriegszeiten überdurchschnittlich guten med. Versorgung durch den Abteilungsarzt, MStAdRes Dr. Reichert, und unseren ‚Sani', einen SanObermaat aus Berlin mit Kenntnissen in der Naturheilkunde.

Einen ‚normalen Tag' gab es wegen der Luftlage kaum. Die Marinehelfer waren in den eigens für sie ausgeräumten Mannschaftsbunkern der Geschütze untergebracht. Die ‚verdrängten' Mannschaften wohnten in Baracken im Batteriegelände. Für den Unterricht war eine Schulbaracke vorhanden. Sie wurde aber aus Gründen der Sicherheit bei plötzlichen Angriffen mit kurzer Alarmierungszeit nicht benutzt. Der Schulunterricht fand in den Bunkern statt. Ein zusätzliches Ordnungs- und Sauberkeitsproblem, das aber alle Beteiligten fest im Griff hatten. - Während des Unterrichts war für die Batterie normale Tagesroutine - Geschützreinigen, Gerätepflege, Munition schärfen und bereitstellen, Arbeitsdienst usw. Die Mahlzeiten wurden normalerweise in der Speisebaracke - so hieß das Gebäude wohl - eingenommen. Nachmittags gab es Sport, Unterricht, Fortsetzung der Arbeiten vom Vormittag. Nichts Aufregendes also - man war ohnehin jederzeit ‚sprungbereit' und das eben ‚die Uhr rund'. Um 22 Uhr war ‚Ruhe im Schiff`' nach vorangegangener ‚Abendronde'. Letztere war ein alle Ecken und Winkel der Batterie einschließender Kontrollgang seitens des wachhabenden Unteroffiziers. Ordnung, Sauberkeit und Gefechtsbereitschaft oberstes Gebot. Nicht selten gingen Batteriechef/-offizier die Ronde mit. Das war aus Gründen der Disziplin hin und wieder angebracht. So erinnere ich mich an einen Fall, wo die jederzeit zu allerlei Streichen aufgelegten Jungs den Führer des 4ten Geschützes, einen urgemütlichen Poltergeist, so um 50, aus Niederbayern aufs Korn genommen hatten. Ich folgte ihm bei der Ronde in angemessenem Abstand, damit ich nicht gleich gesehen wurde. Über dem Eingang zum Wohnbunker hing wider alle Ordnungsvorschrift ein, wie sich später herausstellte, nasser Feudel. Obermaat M., der gerade den Rondepfiff auf seiner Bootsmannsmaatenpfeife (sie war auch bei der Marine an Land im Gebrauch) mit einem kunstvollen Triller beendet hatte, sieht den Lappen, greift zu und schreit dabei: „Jo, wos ist dös dann für eine Schw — Auuuuu!" und wedelt heftig mit der Hand. Die Situation war so urkomisch, daß ich mich mit einem schnellen Sprung in den Waschraum ‚unsichtbar' machte. Keiner sollte merken, daß der Oberleutnant R. laut auflachte. Hatten die Bengels doch besagten Feudel mit blankem Draht an die Schwachstromleitung geschlossen. Nicht weiter schlimm, doch aber Grund genug, eine halbe Stunde Extraunterricht über den Umgang mit der Elektrik im besonderen und die Ordnungsprinzipien im allgemeinen zu ‚interpolieren'. - Wie gesagt, einer der seltenen ‚normalen Tage'...."[26]

„Kinder und alte Männer" - Batterie Barkelsby

Horst R. (Claus-von-Pape-Schule Schwerin)[27]: „Zur Marineflak bin ich am 1. Februar 1944 eingerückt, im Alter von 15 Jahren und 9 Monaten. Die Ankunft in

---

[26] Bericht von Ernst P. Reinhard.
[27] Vorbemerkungen zum sozialen Umfeld
Unter die mecklenburgischen Marinehelfer bin ich geraten, weil meine Eltern nach der Ausbombung im Landkreis Schwerin Zuflucht gesucht hatten. Bis zu den Luftangriffen auf Hamburg im Juli 1943 bin ich in Rothenburgsort aufgewachsen, einem Stadtteil, in dem viele Mecklenburger, besonders aus dem sogenannten Domanium wohnten. Arbeiten, die heute von den Türken verrichtet werden, wurden damals von den Leuten aus der Griesen Gegend verrichtet (Tiefbau, Werft, Hafen, Post, Straßenbahn). Soziale Aufsteiger wie ich besuchten die ursprünglich für werdende Handlungsgehilfen gedachte kleine Oberschule in der Marckmannstraße ... Meine NS-Karriere bestand im Aufstieg vom „Geldverwalter" zum „Kassenprüfer", Hauptstelle 6, Bann 283. Trotz dieses Druckpostens war ich der Fürsorge des damaligen Hauptstammführers des Bannes 283 nicht entzogen: Kaum war ich 15 Jahre, wurde ich in Schulungslager und zur Wehrertüchtigung geschickt. Der Höhepunkt dieser Quälerei waren die wiederholten Einberufungen zur Führerschule nach Steinau an der Oder, vor denen habe ich mich allerdings immer mit Erfolg gedrückt. Mein letzter Ausweg war, daß ich auf Antrag des NS-Kreisbauernführers des Kreises Ludwigslust eine zeitweilige Beurlaubung vom HJ-Dienst zur Landarbeit im Kreis Ludwigslust erhielt. Mein politisch sehr urteilsfähiger Onkel hatte das auf mein Bitten erwirkt. Das war meine erste Rettung! Bei dem Luftangriff vom 27. zum 28. Juli 1943 sind nämlich alle unsere Rothenburgsorter Nachbarn und Freunde, die in den Häusern Billstraße 99 bzw. Billhorner Deich 95 bis 99 wohnten, in den Flammen umgekommen. Nur eine andere Familie und unsere Familie überlebten.
Besagter Onkel aus der Griesen Gegend hielt eine Schweriner Schule für zweckmäßiger als die in Ludwigslust. Über den damals an der mir zugeteilten Claus-von Pape-Schule herrschenden Geist habe ich nicht nachgedacht. Das Erlebnis der Flüchtlingsarmut im August 1943 vorherrschend. Die Schweriner Mitschüler waren die sympathischsten Schüler, denen ich bei meinen Wechselbesuchen an sechs verschiedenen Oberschulen begegnet bin. Teils kamen sie aus Schwerin, teils aus Gadebusch und Rehna, teils aus Hagenow und der Umgegend. Die Lehrer dürften konservativ oder nationalliberal gewesen sein, jedenfalls in der Regel. Die Kontaktaufnahme zur Hitlerjugend habe ich von August bis Dezember 1943 hinausgezögert. Als ich mich dann beim Bann Schwerin-Land meldete und meine Dienste als Geldverwalter anbot, wurde ich freudigst begrüßt. Meine späte Ankunft wurde einfach übersehen. Man brauchte dringend Standortführer für Wehrertüchtigung und Sport und dachte gleich - ausgerechnet - an mich und bemühte sich um eine uk.-Stellung für mich, d.h. Unabkömmlichkeit oder Freistellung von Kriegs- oder Kriegshilfsdienst. Das war die nationalsozialistische Form der Wehrdienstverweigerung. Zu diesem Zeitpunkt erhielt mein Vater überraschend einen Bescheid des Schweriner Oberbürgermeisters, daß ich zum Kriegshilfsdienst bei der Marine herangezogen würde. Das war 1943 meine zweite Rettung."
Tatsächlich erhielten einige Schweriner Mitschüler uk.-Stellungen: Diese HJ-Dienstverpflichteten wurden, sofern man ihrer habhaft wurde, 1945 in das berüchtigte sowjetische Konzentrationslager bei Neubrandenburg verbracht.

der schweren Flakbatterie Barkelsby - Abteilung Eckernförde - gestaltete sich gemäß dem Humor der Griesen Gegend. Wortprotokoll: ‚Ne, wo heit dat hier? Bakelsbai? Osterbai? Wat sünd dat för Lüüd?' - ‚Mensch, du bist in Deutschland. Es heißt Barkelsbü und Osterbü!'- ‚Na, is ok gaud.'

Meine bleibende Erinnerung an Barkelsby: Ich war heilfroh, der Hitlerjugend entronnen zu sein.

Die Ausbildung war streng, aber frei von Überforderung und Willkür. Wenn mir beim Infanteriedienst einmal die Puste ausging, wurde ich freigestellt. Man schickte mich wegen meiner Gebrechen gelegentlich ins Lazarett nach Kiel, da mußte ich dann diesen oder jenen älteren Reservisten aus Oberschlesien mitnehmen, der sprachliche Schwierigkeiten hatte und weniger dreist war als ich. Von Ausbildern bin ich nicht schikaniert worden. Schwierigkeiten hatte ich in der Batterie Kiel-Oppendorf mit Marinehelfern aus Neumünster und Kiel, die immer noch an ihren Führer glaubten und deren Haß ich irgendwie erregt hatte.

Zurück ins idyllische Barkelsby: Da war keine grausliche Kriegsmacht versammelt, sondern Kinder und alte Männer. Ich erinnere mich sehr gut an einen älteren rheinischen Obermaat, dem ich zackig ‚Meldung' zu machen hatte. Der sagte nur: ‚Lassen wir das, wir beiden werden doch keine ordentlichen Soldaten mehr.' Ein anderer älterer Obermaat, angeblich noch aus der kaiserlich-österreichischen Marine, las seine Kommandos vom Zettel ab, weil er mit dem neumodischen Kram verbale Schwierigkeiten hatte, in der Sache allerdings nicht.

Die Batterie Barkelsby hatte drei Züge: Soldaten (hauptsächlich Bauern aus Oberschlesien), Marinehelfer aus Schwerin und Güstrow und Russen (Hilfswillige).

Vereidigt wurde ich überhaupt nicht, weil ich wieder einmal nicht da war. Wegen meiner Kurzsichtigkeit wurde ich nur in höchster Not an der Optik eingesetzt; in der Regel war ich Befehlsübermittler am Telefon und Rechner für Plan- und Sperrfeuer. Das war in Barkelsby und in der Stabsbatterie Eckernförde. Bei der 12,8cm-Flak in Kiel-Oppendorf mußte ich - inzwischen auch kräftiger geworden - ans Geschütz und vereint mit den Wlassow-Russen Granaten schleppen. Als Richtkanonier an der leichten 2cm-Flak bin ich zwar eingesetzt, aber nicht zum Schuß gekommen. Die Versetzungen von Batterie zu Batterie erfolgten, weil man die noch nicht regulär Einberufenen immer wieder zusammenfassen wollte.

Schulunterricht gab es so, wie Lehrer zur Verfügung standen. In Barkelsby erteilte ein Studienrat der Schweriner Gustloff-Schule jeweils am Donnerstag fünf Schulstunden Lateinunterricht, ein harter Bursche, der in Hemmelmark, der Hausbatterie der mecklenburgischen Herzogsfamilie, häufig im Freien geschlafen haben soll.

Ein Studienassessor mit sehr vielen Dienstjahren, der von der Schweriner Pape-Schule abgeordnet war, betreute uns in Mathematik und in den Naturwissen-

schaften. Obwohl alter NS-Kämfer, hatte man ihn zurückgesetzt. Er war immer unterhaltsam, boshaft, spöttisch, manchmal verletzend. Lagen wir mit ihm in Streit, behaupteten einige, er sei zu Recht verbittert und zu Recht bestraft. Hatte sich das Verhältnis wieder gebessert, nannten wir ihn ‚Voltaire von Barkelsby'.
Die NS-Rassenlehre nannte er im Biologieunterricht offiziellen Quatsch. In der Stabsbatterie Eckernförde lehrte ein Studienrat aus Güstrow, der nachts im Bett schlief. An seinen Unterricht denke ich noch heute gern: Literatur, Geschichte, mecklenburgische Landesgeschichte. Ich dachte: Mit dem im Frieden reisen! Dann ging mein Blick über den Wald von Altenhof. Ich dachte: Hinter dem Wald liegt irgendwo Ludwigslust, da ist irgendwo die Freiheit ... und dann bin ich eingeschlafen. Die Ausbildung ging sehr schnell in den Einsatz über: Ich glaube, ich habe nur einmal beim Schießen zugeguckt. Unseren damaligen Zugführer und Feuerleitoffizier treffe ich heute noch gelegentlich hier in Flensburg, und wir beide sind nach wir vor der Auffassung, daß die Schweriner und Güstrower Schüler keine schlechten Artilleristen waren. Ostern 1944 hat die Batterie Barkelsby am Tage zwei alliierte Bomber abgeschossen. Wenn ich das so schreibe, mag das heutigen Pazifisten nicht gefallen: Wir waren damals froh, einige von den Peinigem da oben heruntergeholt zu haben. Bombenkrieg war das Erlebnis meiner Kindheit. Da war der erste Tote vor dem Nachbarhaus, der erste Schwerverletzte ohne Bein, da war der Brand der Reismühle am Bullenhuser Damm, alles live ... nicht aus dem Femsehen. Meine Erlebnisse 1940 bis 1943 in Rothenburgsort könnte ich nach der Chronik der Hamburger Feuerwehr (z.B. Brunswig: Feuersturm) ordnen. Anfang August 1943 habe ich mitangesehen, wie Häftlinge - wohl aus Neuengamme - die Leichenreste von Nachbarn und Spielkameraden aus unserem Keller am Billhorner Deich holen mußten. Mit den Häftlingen sollte ich nicht sprechen: graue, elende Gestalten, aber ihre Bewacher sahen auch nicht viel besser aus.
Wenn alles fürchterlich ist, erkennt man als Fünfzehnjähriger das Besondere im Fürchterlichen noch nicht."[28]

„Da knirschten wir mit den Zähnen und hofften, daß nichts passiert" - Batterie Hemmelmark

Seit dem 15. März 1943 kam die Klasse 6 der Eckernförder Jungmannschule in der Batterie Hemmelmark - ca. 5 km nordöstlich von Eckernförde an der Eckernförder Bucht gelegen - zum Einsatz. Ihr folgten im Oktober 1943 die Klasse 7 der

[28] Bericht von Horst R.

Blick über das Batteriegelände. Getarnter Laufgraben, zwei der vier mit Panzerkuppeln ausgestatteten Geschütze des Kalibers 10,5 cm und das Funkmeßortungsgerät (heute „Radar" genannt) (Wolfgang Prestin)

Einer der Wohnbunker „im Adventsschmuck" 1943. Links: Metallspinde, die mit Vorhangschlössern zu sichern waren. Hinter den Vorhängen: dreistöckige „Schlafkojen". (Wolfgang Prestin)

Wilhelm-Gustloff-Schule Schwerin sowie im Januar 1944 die Klassen 5b der Eckernförder Jungmannschule und Klasse 5 der Oberschule für Jungen Bützow. Die Batterie - unter Führung von Oberleutnant Howaldt (BC) und Leutnant Richter (StBC) - verfügte über vier ortsfeste 10,5cm-Geschütze mit Deckungsschutzschild, 3,7cm-Flak, ein Funkmeßgerät „Flakleit 41g", ein Kommandogerät „Kleinkog C 5" sowie ein optisches Entfernungsmeßgerät mit 6m-Basis. Das Gelände war bereits im Jahr 1936 für die Reichsverteidigung enteignet und seither ausgebaut worden. Geschütze und Leitstand waren fest einbetoniert; die MH lebten in unterirdischen, durch Laufgräben verbundenen Wohnbunkern. Die Zufahrt zur Batterie erfolgte über das Gut Hemmelmark, welches ohne Lärmentwicklung zu passieren war. Den Unterricht der MH erteilten die Eckernförder Lehrer Dr. Lehmann (Deutsch, Englisch), StR. Trabant (Latein, Geschichte), Dr. Prüß (Chemie, Physik), Schaub (Mathematik, Erdkunde), StR. Möller sowie StR. Bielefeld von der Schweriner Wilhelm-Gustloff-Schule. Die Eckernförder und Mecklenburger Schüler bildeten bald harmonische Klassengemeinschaften.

Horst K.(OSfJ Bützow): „Mit dem Zug fuhren wir fünf Schüler - begleitet von einem Luftwaffenunteroffizier - von Bützow nach Eckernförde. Von dort liefen wir zu Fuß einige Kilometer zur Batterie Hemmelmark. Die Batterie war schon seit längerer Zeit in Gebrauch. Das ganze Gelände war bewachsen und die Gräben ausgebaut und ausbetoniert. Unser Batteriechef war - wie sich später herausstellte - in der Modebranche tätig. Mir kam er sehr pflaumenweich vor. An der Kriegsfront hätte er wahrscheinlich nichts getaugt. Wir Marinehelfer haben ihn relativ wenig zu Gesicht bekommen. Es gab alle paar Wochen mal einen Appell, dann kam er, sprach ein paar Worte, befahl ,Weitermachen!' und übergab dem Spieß - der Mutter der Kompanie - das Kommando und verschwand wieder. Über den Spieß kann ich nichts Negatives sagen, der war in Ordnung. Der Schlimmste allerdings war unser Stubenältester, Artilleriemaat ,Kuddel', so nannten wir ihn. Kuddel war wohl etwas alkoholabhängig. Er war fast jeden Abend dun. Er schlief mit uns zusammen im Bunker, und wenn wir uns nach Zapfenstreich noch etwas unterhielten, dann ging es los! Wir haben so einige Nachtübungen unter seiner Anleitung gemacht. Die Stellungen besaßen Laufgräben mit Lattenrosten, und auf diesen mußten wir uns dann im Nachthemd bewegen. Wenn Kuddel auf Touren kam, war es manchmal nicht so einfach.

Wir schliefen geschützweise in unterirdischen Bunkern - dreistöckige Betten, Tische, Spinde - es war ein wenig zu eng. Gegessen wurde ebenfalls in den Bunkern. Die Verpflegung war gut und ausreichend.

In der Batterie dienten neben uns Bützowern auch Marinehelfer aus Schwerin. Wir hatten in unserer Klasse auch Ausgebombte aus Düsseldorf und Moers am Rhein - die fuhren mit nach Eckernförde. Zu den Oberhelfern aus Schwerin hatten wir ein freundschaftliches Verhältnis. Im Sommer 1944 kamen Lehrlinge als Marinehelfer in unsere Batterie.

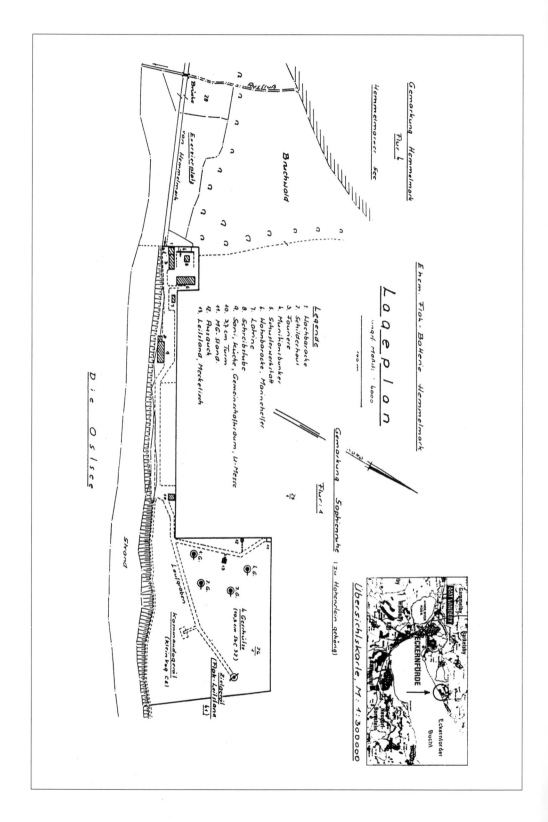

Während der Grundausbildung teilte man uns auf. Ich kam an die Kanone, andere zum Funkmeßgerät oder zum Horchdienst. Morgens hatten wir Schule, nachmittags kam dann der Obergefreite P. - aus dem Österreichischen stammend - und hat uns ganz schön rangenommen. Wir wurden an allen 11 Stationen ausgebildet: Höhe, Seite, Ladekanonier, Hülsenfänger - was es alles so gab. Die Bedienungsanleitungen mußten wir mehr oder weniger im Schlaf hersagen können. Das Heranschleppen der Munition übernahmen Hilfsdienste aus Eckernförde, Flakwehrmänner, die stundenweise Dienst in der Batterie taten. Einen Munitionsbunker habe ich von innen nie gesehen. Ich sah die verschiedenen Granatensorten erst, wenn sie am Geschütz ankamen. Marinehelfer waren nicht in der Funktion eines Geschützführers eingesetzt. Dies oblag den Gefreiten und Obergefreiten. Wir waren ja bloß die Hilfstruppen, die die Geräte bedienten. Drill und Schliff gab es auch, wenn wir nicht spurten, dann mußten wir mal ‚zum Horizont und zurück'. Da wir alle durchtrainiert waren, sahen wir das nicht so verbissen. Den sturen Drill ‚Rechts um! Links um!' übten wir natürlich auch, und daß uns jungen Leuten dies keinen Spaß machte, ist doch klar. Ich erinnere mich an eine lustige Begebenheit, als ein Ausbilder, der mit uns Meldungen trainierte und sehr exakt auf den 6-Schritt-Abstand achtete, rückwärts in einen Wassergraben fiel. Das war natürlich was für uns! Wenn es während der Ausbildung nicht klappte, hatten wir uns auch schon mal etwas flotter zu bewegen oder mußten mit Übungsgranaten in der Vorhalte Kniebeuge machen. Unser Kuddel, der sich dahingehend durch einen besonderen Einfallsreichtum auszeichnete, hatte dann immer ein paar fromme Sprüche auf Lager wie: ‚Ich bin Soldat, ich bin es gerne, vor lauter Pumpen seh ich Sterne.' Diese mußten wir dann dabei aufsagen. Aber daß es direkt darauf angelegt wurde, uns zu schikanieren, das möchte ich nicht sagen. Es gab ja wohl auch Bestimmungen, die unser jugendliches Alter berücksichtigten. Natürlich gehörten auch Betten- und Spindkontrollen zur Normalität. Vor Ausgängen hieß es, ‚Hände vorzeigen', ‚Füße hoch', um zu sehen, ob der Steg geputzt war oder die Gamaschen richtig saßen; es wurde darauf geachtet, ob das Verbandspäckchen am Mann, der Schweißrand der Mütze sauber und der Knoten richtig gebunden war. Wenn nicht, mußte man damit rechnen, daß es keinen Ausgang gab. Wenn Kuddel seinen schlechten Tag hatte, wurde auch schon mal der Lokus geschrubbt. Auch Sonderwachen oder Putzlappenschwingen kamen außer der Reihe vor.

Die Freizeit wurde weitgehend individuell gestaltet - vor allem mit sportlicher Betätigung. Wir spielten Fußball, sind auch viel baden gegangen. Es gab dort eine herrliche Steilküste und schönes Wasser. Ausgang nach Eckernförde lohnte sich nicht. Es war fünf bis sechs Kilometer entfernt. So erkundeten wir die nähere Umgebung, u.a. das Schloß Hemmelmark. Gelegentlich veranstalteten wir Kantinen- oder Budenabende. Zusammen mit dem Schweriner Marineoberhelfer

Vom Knie bis zum Scheitel reichte diese Granate des 10,5 cm-Geschützes (Horst Kreimann)

Reinhard P. - mit Künstlernamen nannte er sich ‚Rinardo Piperini' - haben wir die Jungs unterhalten. Es war immer sehr lustig. Alkohol gab es nicht, zumindest nicht offiziell. Den besorgten wir uns hintenherum von den Oberhelfern. Die Freizeit wurde mit zunehmender Fliegertätigkeit immer knapper; zuletzt mußte ständig mit Alarm gerechnet werden.

Von der Hitlerjugend wurden wir in der Stellung nicht mehr betreut. Es ließ sich auch nie jemand aus dem Gebiet oder Bann bei uns blicken. Wir waren als Halbsoldaten voll in den Militärdienst integriert. Wir fühlten uns demzufolge als Soldaten, nicht als Hitlerjungen. Sobald wir 200 Meter von der Batterie entfernt waren, wurde die HJ-Armbinde abgenommen. Wir wollten als vollwertige Soldaten gelten ... Wir waren stolz auf unsere blaue Marineuniform.

Schulunterricht erhielten wir in der Stellung. Jeden Freitag machten wir in einer Schule in Eckernförde ein paar physikalische und chemische Experimente. Die Lehrer, die uns in der Stellung betreuten, alles schon betagte ältere Herren, kamen für drei bis vier Stunden aus Eckernförde, je nachdem, ob Alarm war oder nicht. Bei Alarm blieben sie weg. Je mehr wir in den Stellungsbetrieb integriert wurden, desto weniger Unterricht hatten wir. Für uns war der Unterricht eine Last; wir haben ihn notgedrungen mitgemacht. Was sollte dabei auch schon herauskommen? Der Unterricht wurde zur Kenntnis genommen, ein Ohr hing ständig an der Alarmklingel. Wir hofften, daß es bald klingeln möge und wir wieder an die Geschütze konnten. Man fühlte sich am Geschütz wohler als in der Schulbaracke. Den Lehrern merkte man an, daß es auch für sie sehr schwer war, uns zu unterrichten und ständig in die Stellung zu fahren. Der Unterricht wurde also mehr pro forma abgehandelt, und der Bildungserfolg war äußerst begrenzt.

Zu Diensten außerhalb der Stellung - wie Trümmerbeseitigung, Sammlungen u.a. - zog man die Marinehelfer nicht heran. Das hing offensichtlich mit der Gefechtsbereitschaft zusammen. Der Kampfauftrag der Batterie lautete: ‚Schutz der Torpedoversuchsanstalten Eckernförde'.

Ich erinnere mich noch an mein erstes Schießen auf angreifende Flugzeuge. Es geschah während der Grundausbildung, als man noch nicht sehr vertraut war mit den Geschützen. Es gab Alarm. Wir wurden den Geschützen zugeteilt und mußten zusehen. Dann ging es los! Flugzeug - soundso viel Grad, Höhe, Seite. Wir sahen die Oberhelfer am Geschütz kurbeln. ‚Salve' und dann dröhnte es los. Ich hatte ein sehr ungutes Gefühl. Zumal wir nicht im Freien standen, sondern das Geschütz durch ein Deckenschutzschild abgeschottet war. Es hat mächtig gerumst und gebullert. Später gewöhnte man sich daran, aber im ersten Moment hatte ich ein eigenartiges Gefühl. Der Angriff richtete sich nicht gegen die Batterie selbst, sondern ging weit über uns hinweg. Am Anfang kamen wir recht selten zum Schuß - oft war der Zünder außer Bereich. Im Sommer 1944 wurde es kritischer, und die Batterie schoß häufiger. Ob wir auch zur direkten Verteidigung Kiels eingesetzt wurden, weiß ich nicht mehr. Kiel war jedoch nicht weit entfernt, und wir schossen auf die anfliegenden Verbände. Wir hörten den Drahtfunk, und wenn es hieß, ‚Anflug auf Kiel', dann schossen auch wir aus allen Rohren. Die Batterien lagen dicht beieinander. Alle sieben bis acht Kilometer befand sich eine. Man konnte so abschätzen, wenn die entfernter liegende Batterie schoß, mußten sie auch bei uns vorbeikommen. Dann hieß es ‚Batterie gefechtsklar!', wir zitterten auch schon und wollten natürlich dazwischenhalten. Gegen Ende meines Einsatzes wurde die Batterie von Tieffliegern angegriffen. Mustangs fegten über die Batterie hinweg. Das war sehr unangenehm. Es gab zwar keine großen Verwüstungen, aber immerhin. Die Tieffliegern schlichen die Förde entlang und kamen plötzlich die Steilküste hoch. Dann schossen sie mit ihren Bordwaffen. Wir rannten in die Bunker, denn dort konnten sie nicht hindurchschießen. Mit Bomben wurde die Batterie nicht angegriffen.

Am häufigsten war ich als Hülsenfänger eingesetzt. Der Geschützboden war betoniert, und wenn die Kartuschen auf den Boden knallten, verbogen sie sich. Wahrscheinlich sollten sie noch einmal Verwendung finden. Also mußte ich, wenn der Schuß gebrochen war und der Verschluß aufging, die heiße Kartusche auffangen. Dazu hatte ich lange Asbesthandschuhe an, fing die Kartusche auf und kippte sie durch eine Luke nach außen. Daneben haben wir auch alle anderen Funktionen ausgeübt. Ich bediente u.a. die Zünderstellmaschine, Höhe und Seite. Aber vorrangig war ich Hülsenfänger, da ich klein und sehr beweglich war. Man hatte aufzupassen und mit dem sich drehenden Geschütz mitzugehen. Ich glaube, es handelte sich um den K7. Die Stimmung in unserer Truppe war gut. Wenn irgendwo geballert wurde, wollten wir mitschießen. Wir bezeichneten diesen Zustand als ‚schießgeil'. Herr P. fing immer an zu stottern: ‚J'J'Jetzt geht's los, macht's Euch ffertig.', und auch wir wurden sehr aufgeregt. Immerhin kamen unsere Feinde und die mußten vernichtet werden. Abschüsse und Beteiligungen bekamen auch wir zugesprochen, was sich immer sehr motivierend auswirkte. Das war immer ein kleines Freudenfest. Wir erhielten Schokolade und größere Essenportionen, ein schönes Stück Fleisch. An den anderen Genüssen - Zigaretten und Alkohol - durften wir nicht teilhaben. Schießen - ja; Rauchen - nein. Ich glaube, die Oberhelfer wie Rinardo Piperini durften rauchen, und man konnte dabei ein bißchen hospitieren. Die Oberhelfer haben bereitwillig abgegeben. Tote und Verletzte gab es in der Batterie nicht - weder durch Angriffe noch durch Rohrkrepierer oder ähnliches. Die Geschütze wurden regelmäßig gereinigt und bearbeitet. Es funktionierte stets alles gut.

Gegen Ende des Einsatzes erkrankte ich an Diphtherie und kam nach Kiel ins Lazarett. Dort erlebte ich die schweren Bombenangriffe auf die Stadt. Unser Krankenhaus wurde infolge Zerstörung nach Malente-Gremsmühlen verlegt. Ich erinnere mich noch, als wir aus dem Keller kamen, war die Decke des Krankenhauses heruntergebrochen. Mein Bett lag völlig unter Schutt. Wir erlebten auch, wie Spätzünder hochgingen, als wir auf einem Dachboden lagen, dessen Ziegel fast völlig fehlten. Danach habe ich nicht mehr so naseweis geguckt und wurde vorsichtiger.

Die offizielle Verabschiedung im September 1944 erlebte ich nicht. Ich kam nach meinem Lazarettaufenthalt in die Batterie, wo man mir das Flakkampfabzeichen in die Hand drückte.

Im Sommer 1944 hatten wir eigentlich ständig Alarm. Bei Voralarm wurde der Unterricht eingestellt, die Mündungsschoner abgezogen, telefoniert und kontrolliert, ob die Zeiger liefen. Über die Wirksamkeit der Luftabwehr haben wir uns kaum Gedanken gemacht. Wir wollten schießen und bildeten uns ein, daß die Flieger vor uns Angst hatten. Nach Angriffen meinten wir: ‚Jetzt haben wir es ihnen aber wieder gezeigt.' Trotz aller Umstände war es eigentlich ein recht ruhiger Verein. Nur bei dem Tieffliegerangriff wurde uns mulmig, da knirschten wir mit den Zähnen und hofften, daß nichts passiert.

Wurden wir durch den Einsatz geprägt? Ich möchte sagen, daß wir vorher schon in die Richtung geprägt wurden, für die Verteidigung des Vaterlandes bereit zu sein. Der Flakhelfereinsatz war für uns eine ehrenvolle Aufgabe. Wir waren stolz, unseren Beitrag leisten zu dürfen. Natürlich spielten dabei auch Vorbilder eine

Rolle. Ich war in der Flieger-HJ und begeisterte mich für Mölders, Galland u.a. - zum Teil auch für Prien, Rommel. Auch wir wollten noch teilhaben am Sieg - wie wir damals noch glaubten."[29]

Es mutet wie ein Wunder an, daß Eckernförde trotz der Torpedoversuchsanstalten in den Jahren 1943 bis 1945, als die Marinehelfer im Einsatz waren, nicht angegriffen wurde. So beschossen die Batterien der MFLA Eckernförde vor allem einfliegende Verbände. Besonders während der Angriffe der Alliierten auf Kiel erzielten die Batterien manche Abschüsse. So hieß es in den Meldungen des Flakkommandos: (18.6.1944) „9,47 Uhr, ein Feindbomber (Liberator) im Bereich Eckernförde in Brand geschossen ..." (20.6.1944) „Abschuß einer Feindmaschine im Raum Eckernförde durch Marineflak. Maschine stürzt brennend über Laaland ab und reißt im Absturz eine zweite Feindmaschine mit." Der Batterie Barkelsby gelang zu Ostern 1944 der Abschuß von zwei feindlichen Bombern. Obgleich die Batterien der MFLA Eckernförde häufig im Kampfeinsatz standen, blieben sie von direkten Bombenangriffen verschont. Auch Tieffliegerangriffe forderten keine Verluste unter den Mannschaften und Marinehelfern.[30]

Die letzten Kriegsmonate in Kiel

Im September 1944 schieden die Luftwaffen- und Marinehelfer des Jahrgangs 1927 aus dem Dienst aus, um von der HJ für die Wehrertüchtigungslager und später vom RAD erfaßt zu werden. Den Ersatz stellten gemäß den Richtlinien vom Mai und Juni 1944 Schüler von Berufs- und Berufsfachschulen des Jahrgangs 1928. Die höheren und mittleren Schüler des Jahrgangs 1929 kamen für den Einsatz nicht in Frage.

Am 1. August 1944 waren 5200 Lehrlinge aus allen Berufszweigen in die Flakbatterien im Luftgaukommando XI eingerückt.

Über die Zahl der eingesetzten Berufsschüler aus Mecklenburg und die Einsatzorte liegen nur spärliche Erkenntnisse vor. Bekannt ist u.a., daß 55 Berufsschüler der Fachgruppen Metall, Holz, Nahrung und Handel mit den Batterien 1./604 und 2./604 von der Luftwaffenerprobungsstelle Rechlin nach Hannover verlegt wurden. Georg K.F. (Blücherschule Rostock) berichtete vom Einsatz von Lehrlingen aus Gorow, Parchim, Rostock (Heinkelwerke) und Satow in der 3./232, die im Herbst 1944 - aus Rostock-Lichtenhagen kommend - in Hellern bei Osnabrück stationiert wurde. Werner K. (Reichsbahn-Lehrling aus Gre-

---

[29] Bericht von Horst K.
[30] Die Geschichte des Luftwaffenhelfereinsatzes in der Batterie Hemmelmark ist ausführlich dargestellt bei Petersen, Heinrich, Kriegshilfsdienst von Jungmannschülern als Marinehelfer von 1943 - 1945, Heimatgemeinschaft Eckernförde e.V., 53. Jahrgang 1995, Zitat S. 142.

vesmühlen) war mit weiteren Lehrlingen als MH auf Helgoland, Lehrlinge aus Brüel und Waren als LwH an der Luftwaffenerprobungsstelle Rechlin tätig. Hans W. aus Doberan kam als LwH-Lehrling im Raum von Hamburg, Nordrhein-Westfalen, Nordwestdeutschland und in niederländischem Gebiet zum Einsatz. Drei Schüler der Handelsschule Wismar wurden in die Stellung Hesepe 1./844 einberufen.[31]

Gelegentlich kam es in den Batterien zu Konflikten mit den höheren Schülern, die sich den Lehrlingen in allen Belangen überlegen glaubten.

In den Richtlinien wurde für die LwH/MH-Lehrlinge ein wöchentlich sechs Stunden umfassender allgemeinbildender bzw. Berufsschulunterricht sowie ein Arbeitstag „in einem geeigneten Betrieb der Luftwaffe, Wehrmacht, Rüstungsindustrie" angeordnet. Handelsschüler hingegen sollten 6 bis 12 Stunden berufskundlichen Unterricht erhalten. Als Lehrkräfte waren Berufsschullehrer, in Ausnahmefällen auch Lehrer der höheren und mittleren Schulen vorgesehen. Zur Koordinierung aller Aufgaben wurden „Beauftragte des REM für den Einsatz von Lehrlingen als Luftwaffenhelfer" bei den Luftgaukommandos ernannt.[32]

Im Oktober 1944 befanden sich noch etwa 500 LwH/MH des Jahrgangs 1928 der höheren und mittleren Schulen sowie einige hundert LwH/MH-Lehrlinge aus Mecklenburg im Flakdienst. Schwerpunkte ihres Einsatzes waren nach wie vor Rostock, Rechlin, Lübeck, die MFLA Swinemünde, das 14. MFLR Brunsbüttel, Eckernförde und Kiel. Hinzu kamen Verlegungen der LwH und MH nach Hannover, in den Sudetengau, nach Osnabrück und Rendsburg.

In Kiel konzentrierte sich der Einsatz der mecklenburgischen MH auf die 1. und 2. Kompanie der MFSA, die Batterien Schilksee 2./221, Pries 3./221, Hasseldiekdamm 4./251, Kiel-Nordmark, Kiel-Oppendorf, Heidkate 1./261 und Havighorst 7./241, bei der MFLA Eckernförde auf die Batterien Eckernförde-Stadt 1./211 und Barkelsby 2./211.

Ab Sommer 1944 hatten die alliierten Flugzeuge die Lufthoheit über Deutschland errungen. Ununterbrochen flogen feindliche Bomberverbände nach Deutschland ein. Tieffliegerangriffe waren an der Tagesordnung. Auch Kiel wurde in den letzten Kriegsmonaten noch mehrfach angegriffen. Heinz K.(Mittelschule Plau, Batterie Havighorst) erinnert sich: „Großangriffe auf Kiel habe ich mehrere miterlebt. Nach einem Angriff im Oktober 1944 haben wir am nächsten Tag die Sonne nicht mehr sehen können, soviel Rauch und Qualm war am Himmel. Ein alleiniger Abschuß kam auf das Konto unserer Batterie aus einem Verband aus

---

[31] Vgl. Berichte von Werner K., Georg K.F.; MLHA Schwerin, MfU Nr. 2978; Doberaner Zeitung vom 28. April 1993; Aus der Geschichte der Erprobungsstelle Rechlin.
[32] Vgl. Nicolaisen, Einsatz, S. 124f.

12 ‚Fliegenden Festungen' (viermotorige Boeing-Fortress), die südlich von uns in unseren Bereich kamen. Der Pulk flog über eine tief hängende Wolkendecke. Dieser Verband wurde von unserem Funkmeßgerät erfaßt und verfolgt. Der Batteriechef erteilte Feuerbefehl, als die Zündereinstellung unter 30 Sekunden lag, was bedeutete, daß unsere Granaten den Verband erreichten. Nach 8 oder 10 Salven waren die Flugzeuge wieder außerhalb unseres Bereiches. Wir konnten einige Sekunden später den Absturz eines Bombers aus diesem Verband beobachten. Das löste in der Batterie große Freude aus, gab es doch für einen alleinigen Abschuß Punkte, die für das Marineflakabzeichen zählten. Bis Januar 1945 war diese Punktzahl erreicht, und wir waren stolz auf unsere Auszeichnung. Auch bei der Beförderung zum Oberhelfer kamen wir uns wie kleine Helden vor.... Abschüsse feindlicher Bomber bereiteten uns viel Freude. An einem Sonntagnachmittag fegte eine ‚Lightning' über unsere Batterie und wir dachten an einen Angriff. Doch das Flugzeug kam nur noch mit einem Motor, verlor ständig an Höhe und wurde von uns abgeschossen."[33]

Nach dem Angriff vom 25. Oktober 1944 wurden die „Feuerlöscher" zu einem auswärtigen Einsatz nach Neumünster beordert. Von dort kehrten sie jedoch unverrichteter Dinge wieder zurück. Die Sprengbomben hatten keine Brände verursacht.

Ein besonderes Ereignis war für die MH der Batterie Havighorst die Vereidigung des Deutschen Volkssturms am 18. Oktober 1944 auf dem Batteriegelände. Jürgen L.: „Als Sprecher auserkoren, hatte ich folgenden Spruch, der mir bis heute im Gedächtnis verblieben ist, aufzusagen: ‚Wie sehr auch der Sturm an unserer Festung toben und heulen mag, am Ende wird er sich wie jedes Gewitter eines Tages legen, und aus finsteren Wolken wird dann eine Sonne hervorleuchten, auf diejenigen, die standhaft und unerschütterlich unserem Führer die Treue gehalten haben.' Es war insgesamt eine sehr feierliche Zeremonie."[34]

Gegen Ende des Jahres 1944 machte sich in den Batterien ein allgemeiner Mangel an Munition bemerkbar. „So waren wir zum Zugucken verurteilt. Das war das Allerschlimmste." berichtete Jürgen L.

Da die militärische Führung seit der Eröffnung der zweiten Front auch Seelandungen an Deutschlands Küsten befürchtete, wurden die MH in den küstennahen Batterien verstärkt in der Bekämpfung von Seezielen und in der Rundumverteidigung der Stellungen unterwiesen.

Nach der Rückkehr aus dem Urlaub kamen die Parchimer Mittelschüler zum Schutz der Hochbrücke in der Batterie Schwabe 1./231 (MFLA 231 Rendsburg)

[33] Bericht von Heinz K.
[34] Bericht von Jürgen L.

Vereidigung des Volkssturms in der Batterie Havighorst am 18. Oktober 1944 (Jürgen Lange)

zum Einsatz. Erwin B.: „Der Umzug nach Rendsburg bedeutete so etwas wie eine Verbannung in die Provinz. Die Kieler Förde war so etwas wie die große Welt (jedenfalls für uns Parchimer). Die Batterie befand sich praktisch auf freiem Felde. Vier 10,5cm-Geschütze ohne Panzerkuppeln, eine 2cm. Außer uns Parchimern gab es nur Schüler aus Kiel. Wir hatten immer die Eisenbahnbrücke über den Kanal vor Augen, die wir wohl schützen sollten. Überhaupt passierte sehr wenig. Ich kann mich nicht erinnern, daß in unserer Zeit eine Bombe in der Nähe gefallen wäre. Die einzige Aufregung: Weil es in den Baracken nachts sehr kalt war und wir wenig Heizmaterial bekamen, haben wir Holz ‚organisiert', worüber sich die Bauern beim Batteriechef beschwert haben. Die einzige Abwechslung: das Kino in Rendsburg (‚Der weiße Traum'; typisch für den Nazi-Film: ‚Kauf dir einen bunten Luftballon'). Wir hatten auf der Stube ein Radio und hörten regelmäßig sogenannte ‚Feindsender', sehr zum Ärger eines ‚Überzeugten', der uns aber nicht angezeigt hat."[35]

Hans-Jürgen M.: „ Unter Leitung des Batteriechefs, Oblt. MA Sachwey, nahmen wir mit kleinen Umsetzungen unsere gewohnte Arbeit wieder auf, es wurde geprobt, exerziert und wieder geschossen, aber nicht mehr auf Einzelziele in großer Höhe. Geprobt wurde als Neuheit schon der Beschuß von Erdkampfzielen,

---

[35] Schreiben von Erwin B. vom 14. Juli 1998.

anrückenden Panzern und feindlichen Stellungen. Der Unterricht fand nun in unseren Unterkunftsbaracken statt, die Rückwände unserer Spinde trennten die ‚Schulstube' von unseren Kojen ab. Der Unterricht durch unsere täglich anreisenden Betreuungslehrer erreichte aber das Niveau von Heidkate nicht mehr. Es lag sicher an beiden Seiten, wenn manche Stunde wie mit Szenen aus der ‚Feuerzangenbowle' mit Heinz Rühmann endete.
Das Leben in der Batterie verlief eigentlich sehr eintönig, ab und zu gab es einige besondere Einlagen sehr wichtiger UvDs bei der Reinigung der Toilettenanlagen und Flure, welche sehr an die erste Zeit der Grundausbildung erinnerten. Auch der Koch konnte nicht immer ein Essen nach unserem Geschmack zubereiten. Auch bei uns gab es durch Urlaubs- und Ausgangsüberschreitungen die ersten Verfehlungen. Diese wurden zwar durch den Batteriechef entsprechend geahndet, aber mit Rücksicht auf unser Alter und den späteren Lebensweg nicht in die Soldbücher eingetragen.
Unsere Gesamtverfassung schlägt sich deshalb auch im 1. Vers unseres Spottliedes nieder: ‚Auf der Straße nach Schwabe ein M-Helfer stand, die Hände im Bunker, den Blick stur ins Land. Was hat er verbrochen, was hat er getan, daß er nach B-Schwabe als M-Helfer kam.'
Mit Hilfe unseres korrekten Batteriechefs und aller Kameraden kamen wir durch den unfreundlichen Winter und die Wochen danach. Am 10. März 1945 wurden wir mit dem Abschlußzeugnis einer anerkannten Mittelschule aus der Marineartillerie entlassen."[36] Erwin B.: „Im März 1945 verließen wir (wieder in Zivil) singend das Batteriegelände: ‚... Und fragen uns die Leute, warum geht ihr nach Haus, dann schreit die ganze Meute, das hält kein Schwein mehr aus!'

Günter B. von der OSfJ Ribnitz erinnert sich an seine letzten Monate als Marinehelfer in Kiel: „Als wir Ende des Sommers 1944 nach Hasseldieksdamm in die dortige Batterie versetzt wurden, stellten wir fest, daß diese Einheit gerade von einigen Bomben getroffen worden war. Die Batterie lag auch in Kiel nahe am Bahnhof Hassee und war der Gefahr mehr ausgesetzt als wir in Pries. Es war aber erfreulich wenig Schaden entstanden. Der Batteriechef war Oberleutnant MA Radvan. Er war das Gegenteil von Obltnt. Schmidt. Wir mochten ihn nicht, und man ging ihm aus dem Weg. Zur Sicherung der Ernährung mußten wir in der Freizeit in dem nahen Wald Bucheckern sammeln. Es blieb bei dem Versuch, den Befehl auszuführen, weil der Alarm uns in die Stellung zurückrief.
Ein weiterer Versuch, der Wehrwirtschaft zu helfen, bestand in dem Auftrag, aus angebrannten Balken Nägel zu entfernen und zu sammeln. Einmal gelang es.

---

[36] Bericht von Hans-Jürgen M.

Später rettete uns wieder der Alarm.
Im November 1944 wurden wir in die Batterie ‚Nordmark' versetzt. Sie lag am Rande des Nordmark-Sportfeldes und hatte Geschütze mit einem größeren Kaliber (12,8cm). Während die 10,5cm-Geschütze mit der Hand geladen wurden, übernahm hier die Lademaschine diesen Vorgang. Die Patronen-Munition - Geschoß und Hülse bildeten eine Einheit - war länger als die der 10,5cm und auch schwerer. Länge 1,50 m. Zwei Mann der Bedienung legten die Patronen in die Ladeschale. Alles andere lief mechanisch ab. Gezündet wurde der Schuß elektrisch. Einen Angriff habe ich hier noch erlebt.
Die Verbindung zu einer Kieler Mittelschulklasse brachte etwas Abwechslung. Gelegentlich durften wir Schülerinnen zum Sonntag einladen. Geselligkeit und Tanz - trotz allgemeinen Verbotes - lenkten uns von der immer ernster werdenden Lage ab."[37]

Im Oktober 1944 wurde Deutschland Kriegsschauplatz, Aachen als erste deutsche Großstadt von den Amerikanern besetzt. In Ostpreußen begann die Evakuierung der Zivilbevölkerung. Katastrophenähnliche Verhältnisse entstanden in den vom Luftkrieg am schwersten betroffenen Städten. Jugendliche, Wehrdienstuntaugliche und alte Männer wurden im „Volksaufgebot vom Knaben bis zum Greis" - dem Deutschen Volkssturm - zusammengefaßt. Der Totale Krieg trat in seine letzte Phase.
Im November 1944 erging die Weisung des OKW, den Jahrgang 1928 zum 1. April 1945 zur Wehrmacht einzuberufen. Die Ablösung der LwH/MH sollte durch nicht wehrmachtstaugliche Jungen des Jahrganges 1928, die als Flak-v-Soldaten eingestellt werden, erfolgen.
Um den Jahrgang 1928, der sich nach offiziellen Meldungen zu 70% kriegsfreiwillig gemeldet haben soll, kam es im Vorfeld der Entlassung zu Debatten, nachdem der Leiter der Partei-Kanzlei, Martin Bormann, vorgeschlagen hatte, den gesamten Jahrgang zum 31. März 1945 der Waffen-SS zu übergeben. Der Plan wurde am Ende des Jahres 1944 fallengelassen. Darüber hinaus hatte der Chef des SS-Hauptamtes, SS-Obergruppenführer Berger, eine Ablösung der Flakhelfer durch „Fremdvölkische" und die Einbeziehung der LwH/MH in den Deutschen Volkssturm favorisiert.[38]
Die Absicht des Oberkommandos der Luftwaffe, als Ersatz für die deutschen Luftwaffenhelfer 70.000 Italiener im Alter zwischen 16 und 20 Jahren anzuwerben, scheiterte am Widerstand des Reichsjugendführers Axmann und des Deutschen Botschafters in Italien, Dr. Rahn.[39]

---

[37] Bericht von Günter B.
[38] Vgl. BAK, R 21/529.
[39] Vgl. Akten des Spruchkammerverfahrens gegen den RJF Axmann - im Privatbesitz der Verfasser.

V. Luftwaffen- und Marinehelfer in der letzten Kriegsphase

„Geben Sie uns die Kinder zurück" - Luftwaffenhelfer in Hannover und im Sudetengau

Während die Marinehelfer die gesamte Zeit ihres Einsatzes in ihren Batterien verblieben - sieht man von einigen Versetzungen innerhalb der Kieler Flakbatterien und nach Rendsburg ab -, waren viele Luftwaffenhelfer häufiger von Umgruppierungen - auch in größere Entfernungen - betroffen. Dies betraf vor allem die Rostocker LwH. Die Klasse 7b der Schule bei den 7 Linden kehrte im Februar 1944 aus Wiener Neustadt in die Batterie Lichtenhagen 3./232 zurück und erlebte dort die Februar- und Aprilangriffe auf Rostock. In der Batterie befanden sich außerdem die LwH der Klassen 6 ihrer Schule sowie die im Januar 1944 einberufenen LwH der Klasse 7 des Jahrgangs 1928. Ende Mai 1944 wurden die LwH der Klasse 7 in der 3./232 „überflüssig" und in ein „ziemlich verwanztes Ausländerheim" in Bramow eingewiesen. Von Seiten der Eltern und LwH hagelte es Beschwerden, so daß ein mehrwöchiger Urlaub angeordnet werden mußte. Die Jungen begannen sich nun häufiger die Frage zu stellen, ob sie überhaupt noch einem Einsatz zugeführt werden. Am 1. Juli 1944 erfolgte jedoch eine Verlegung der 10 LwH des Jahrgangs 27 nach Hannover-Wunstorf. Ihre Klassenkameraden vom Jahrgang 1928 verblieben in Rostock und wurden zur Leichten Flak nach Warnemünde kommandiert.

Die Leichten Flakbatterien 30/XI und 31/XI bei Hannover befanden sich am Rande eines Militärflugplatzes in der Nähe von Großen Heidorn am Steinhuder Meer, wo die LwH Tests mit dem Nachtjäger TA 154 verfolgten. „Abwehr von Tieffliegerangriffen auf den Flugplatz" lautete der Kampfauftrag. In der Batterie wurden die Rostocker mit Hannoveraner Gymnasiasten zu einer LwH-Klasse zusammengefaßt und von Lehrern aus Hannover unterrichtet. Joachim H. schätzt ein, daß der Unterricht ein deutlich höheres Niveau als in Rostock besaß. Von Tieffliegerangriffen blieben die Jungen im Sommer 1944 verschont. Anfang September 1944 kehrten die LwH nach Rostock zurück. Sie wurden aus dem Flakdienst entlassen und rückten in ein Wehrertüchtigungslager der HJ ein. Ihre Hoffnung auf das Flakkampfabzeichen hatte sich nicht erfüllt.[1]

Ende Juni 1944 waren auch die LwH der Klasse 5 der Schule bei den 7 Linden, die seit dem 5. Januar 1944 ihren Flakdienst in der 7./232 Lichtenhagen geleistet hatten, nach Hannover-Garbsen verlegt worden. Die 7./232 wurde in eine RAD-Batterie umgewandelt; Teile der Stammbedienung kam an die Front. Fritz L.: „In Lichtenhagen lösten uns Lehrlinge aus Handwerksbetrieben als Luftwaf-

---

[1] Vgl. Hengelhaupt, Chronik.

fenhelfer ab. Am 28. Juni 1944 erfolgte unsere Verlegung nach Hannover, nachdem wir vorher noch mehrere Nächte in einer Rostocker Kaserne verbracht hatten. Die Verlegung erfolgte wie ein Blitz aus heiterem Himmel, wir wurden von den Soldaten getrennt, die wohl zur Ostfront abkommandiert wurden. Ein Aufmucken unsererseits gegen die Verlegung gab es nicht. Mitgehangen - mitgefangen. Zunächst kamen wir in eine in Aufstellung begriffene Batterie in Garbsen, wo wir überwiegend zum Stellungsbau eingesetzt wurden. Wälle schaufeln, mit Grassoden abdecken und ähnliches mehr. So wurde aus der z.b.V.-Batterie eine aktive Batterie zum Schutz Hannovers. Wir erhielten eine Umschulung auf die 12,8cm-Geschütze. Angriffe erlebten wir auch hier. Für mich gab es einen Wechsel ans Geschütz, und ich muß sagen, daß wir hier sehr viel geschossen haben. Man erlebte die Angriffe am FuMG und am Geschütz doch anders. Am FuMG hatte man durch das Verfolgen der Flugzeuge doch einen näheren Kontakt zum Feind. Am Geschütz hingegen verblieb keine Zeit, sich um das Geschehen am Himmel zu kümmern, man war voll mit seinen Aufgaben beschäftigt - Werte eindrehen, Munition ranschaffen, Zünder einstellen, Granate ins Rohr, feuern. Ob man schon so abgebrüht war, daß man sich darum nicht kümmerte, weiß ich nicht mehr. Wenige Tage waren wir noch in Buchholz."[2]

Der Raum Hannover war inzwischen zu einem Brennpunkt des Luftkrieges geworden. 48 Mal wurden die Stadt und die sie umgebenden Industrie- und Verkehrsanlagen bombardiert - so oft wie keine andere Stadt im Luftgaukommando XI. Die Angriffe richteten sich vor allem gegen die Treibstoffindustrie Hannover-Misburg, die Kanalanlagen von Hannover-Seelze, die Industrie-, Eisenbahn- und Kanalanlagen in Hannover-Sehnde, die Eisenbahnknotenpunkte in Hannover-Lehrte und Hannover-Seelze, die Flugplätze Großen Heidorn, Wunstorf und Poggenhagen. Anfang 1944 wurde Hannover von 15, im Oktober 1944 von 18 schweren Flakbatterien verteidigt.[3]

Die verstärkte Angriffstätigkeit auf den Raum Hannover, die täglichen Luftalarme, die unterbrochene Schulausbildung und die befürchtete Überanstrengung ihrer Jungen beunruhigte die Eltern der Rostocker LwH zutiefst. In ihrem Auftrag führte Fritz Lahl sen. einen regen Briefwechsel mit dem Sonderbeauftragten des REM im LGK XI, Prof. Hahn (Hamburg), um die Rückführung der LwH in ihre Heimatstadt zu erwirken. Die Schreiben der Rostocker Eltern wurden dringlicher, als im September 1944 eine erneute Verlegung der Jungen auf den Plan rückte. Doch statt die Kinder nach Rostock zurückzuführen, wurden sie einer neuen Batterie zugeteilt und mit dieser in den Luftgau XVII (Wien) verlegt.

Auf die verzweifelten Bitten der Rostocker Eltern reagierte der Sonderbeauf-

---

[2] Bericht von Fritz L.
[3] Vgl. Nicolaisen, Einsatz, S. 75ff.

Bau von Geschützstellungen durch LwH der Schule bei den sieben Linden Rostock in der z.b.V. Batterie Garbsen bei Hannover. Sommer 1944 (Fritz Lahl)

tragte des REM am 12. September mit Belehrungen und Drohungen: „... Es kommt heute darauf an, daß jeder an dem Platze eingesetzt wird, wo er am meisten nützt. Der Einsatz von Batterien hat in erster Linie nach militärischen Gesichtspunkten und nicht nach dem Wunsche der Eltern zu erfolgen. Die Lw.-Helfer gehören zu den Batterien, bei denen sie eingesetzt sind. Es muß daher schon in Kauf genommen werden, daß Rostocker Schüler nach Hannover versetzt werden, wenn die Batterie dorthin geht. Zu meinem Bedauern muß ich Ihnen mitteilen, daß es nicht bei der Versetzung nach Hannover geblieben ist, sondern daß die Schüler mit der Batterie am 12.9.44 nach dem Luftgau XVII verlegt worden sind ... Im übrigen mache ich Sie darauf aufmerksam, daß Sie durch die fortgesetzten Beschwerden den Luftgau unnötig mit Arbeit belasten und ich kann Ihnen nur dringend empfehlen, sich dessen zu enthalten, Mißstimmung unter den Eltern in Rostock zu verbreiten. Tausende von Eltern haben sich mit dem, was verlangt wird, abgefunden. Es muß auch von Ihnen verlangt werden."[4]

Wie hektisch die Verlegung der Rostocker LwH verlief, berichtete der Betreuungslehrer, Studienrat Förster, dem Direktor der Schule bei den 7 Linden: „Am

---

[4] Aus einem Schriftwechsel zwischen Fritz Lahl und dem SBREM, Prof. Hahn - im Privatbesitz der Verfasser.

Fritz Lahl
Seestadt Rostock.
Adolf Hilbranat Strasse 15.

Seestadt Rostock, d.11.September 1944.

An den Befehlshaber im Luftgaukommando XI
Herrn General der Flieger W o l f f

Hamburg-Blankenese.

Betr.Bitte um Rückführung der Schüler der 6.Klasse
der Oberschule bei den sieben Linden in Rostock,
jetzt Flakhelfer,
von Hannover-Buchholz,Flakkaserne U 8.
in die Umgegend von Seestadt Rostock.

Sehr geehrter Herr General !

Zu unserm allergrößten Bedauern habe ich heute hier in Rostock erfahren,
daß obige Kinder,deren Rückbildung von dem Sonderbeauftragten des R.E.M.
Herrn Oberstleutnant Hann,nach Rostock uns für Mitte September in Aus=
sicht gestellt wurde,jetzt nach Oberschlesien oder dem Wartegau ver=
schickt werden sollen.

Ich bitte Sie,doch hier einmal Einsicht walten zu lassen und uns die Kin-
der zurück zu geben.Wie Ihnen bereits in meinem Schreiben vom 8.cr.aus=
führlich geschildert,bitte ich Sie sich hierbei von dem Gedanken leiten
zu lassen,daß die Kinder infolge ihres zehnwöchigen Einsatzes bei Han-
nover durch die fast täglichen Alarme und Angriffe in jeder Beziehung so
mitgenommen sind,daß sie unbedingt einen Erholungsurlaub oder zumindest
eine Versetzung in eine etwas ruhigere Gegend bedürfen.

Wie ich bereits in meinem Schreiben vom 8.cr.erwähnte ist ein Teil der
Kinder während ihres Einsatzes (10 Wochen) erst einmal 4 Tage nach Ros=
tock beurlaubt gewesen.Warum müssen nun diese Kinder fortlaufend weiter
in die Welt verschickt werden,wogegen deren Kameraden monatelang auf ein
unddieselbe Stelle sitzen und ständig Vereinigung mit dem Elternhaus be-
halten.

Ausserdem bitte ich Sie den Kindern doch endlich einmal Gelegenheit an
einem geregelten Schulunterricht zu geben;zumal sie in den letzten Tagen
bezw.Wochen überhaupt keinen Unterricht mehr hatten.Was soll aus diesen
teils hochbegabten Kindern einmal werden.

Da ich ganz besonders um den Gesundheitszustand meines einzigen Jungen
F r i t z   L a h l   sehr besorgt bin,so richte ich nochmals die herzli
che Bitte an Sie,

bitte Sehr geehrter Herr General,geben Sie uns die Kinder zurück.

Heil Hitler !

Dienstag, dem 12. September, früh kam ich wieder von Garbsen nach Buchholz (Lehrgang der LwH - d. Verf.), um nach den Jungen zu sehen. Da erfuhr ich, daß die ganze Batterie nicht erst am 15.9., sondern schon am selben Tag, also am 12.9., nachmittags 16,30 Uhr vom Güterbahnhof Hannover nach dem Osten verladen werden sollte. Allerdings sei, wie mir jetzt der stellvertretende Batteriechef, Leutnant Trenker, erklärte - Ltn. Mick war inzwischen zu einer anderen Batterie versetzt worden - das letzte Wort über die Rostocker LWH. noch nicht gesprochen. Eben hatte er nämlich während unseres Gesprächs telefonisch die Weisung bekommen - ich glaube von der Flakbrigade Hannover (Major Sowen) - er solle eine Stunde vor Abfahrt des Zuges nochmals bei der Brigade anrufen, um dann endgültig zu erfahren, ob die Rostocker LWH. mitkommen oder zurückbleiben sollten, denn es liefen ständig Beschwerden von seiten der Eltern über die weitere Versetzung ihrer Jungen ein. Nachmittags gegen 4 Uhr erhielt ich dann in Garbsen von Ltn. Trenker das Telegramm: ‚LWH - kommen mit'... Für mich stand fest, daß, gleichviel, ob die Jungen in eine fertig ausgebaute oder noch auszubauende Stellung kämen, vorerst an Unterricht nicht zu denken sei, daß in jedem Fall sich erst die Batterie an Ort und Stelle einspielen müsse und daß ich für die ersten Tage jedenfalls als Zivilist und Betreuungslehrer nicht nur fehl am Platze, sondern eine unnötige Belastung der Batterie sei. Ich unterrichtete sodann am Mittwoch, dem 13.9. noch die LWH. aus Hannover und fuhr dann, um mir Wintersachen für den neuen Einsatz von zu Hause mitzunehmen und Vormundschaftssachen zu regeln, nach Rostock, wo ich den telegrafischen Abruf abwarten wollte. Am Montag, dem 18.9. abends, tauchten plötzlich die Jungen alle in Rostock auf und zwar - wie sie sagten - zu einem 16 tägigen Urlaub, der bis zum 3.10. reiche. Am Mittwoch, d. 20.9. früh, setzte ich die Leitung meiner Schule davon in Kenntnis, daß die Jungen nunmehr auf Urlaub in Rostock seien. Die Absicht, den Unterricht während des Erholungsurlaubs der Jungen sofort weiterführen zu lassen, lehnte Oberstudienrat Dr. Düker ab.
Der Mannschaftsführer der Jungen machte mir folgende Mitteilung: Die Stellung sei noch nicht ausgebaut, die vier Geschütze stünden versockelt auf dem Acker. Sie selbst seien zunächst überflüssig gewesen. Man habe ihnen gesagt, Kurzurlaub habe für sie bei der langen Bahnfahrt keinen Zweck und komme nie in Frage, deshalb hätten sie jetzt großen Urlaub erhalten."
Aus Brüx meldete Betreuungslehrer Förster der Schulleitung: „Am Dienstag, dem 3. Oktober früh 6,42 Uhr fuhr ich mit den 19 Jungen zusammen vom Bahnhof Rostock nach dem neuen Einsatzort im Raum Brüx ab. Wegen starker Beschädigungen der Bahnanlagen in der Gegend von Magdeburg wurden wir über Berlin umgeleitet und erreichten in Dresden unsern Anschlußzug nicht mehr... Statt am 3. Oktober gegen 9 Uhr kamen wir erst am 4.10. früh zwischen 4 und 5 Uhr in Maria Ratschitz an. Nach einem Fußmarsch von einer Dreiviertelstunde tra-

fen wir dann 5.15 Uhr im Quartier in Bruch ein.
Unterkunft: Die Jungen liegen vorläufig noch im Saal eines Gasthofes auf Holzwolle und haben je drei Decken zur Verfügung, so daß sie nachts nicht frieren. In absehbarer Zeit sollen sie dann, wenn erst ihre Baracke aufgestellt ist, in der Feuerstellung wohnen. Es wird sich nur noch um wenige Tage drehen; die Soldaten sind bereits fast alle in die Stellung umgezogen.
Unterricht: Der militärische Dienst für die Jungen liegt am Vormittag, der Nachmittag (außer Sonnabends) gehört dem Unterricht.
Noch am Ankunftstag selbst, also am Mittwoch, d.4.10., nahm ich die Verbindung auf mit dem Bürgermeister in Bruch wie mit dem stellvertretenden Leiter der dortigen Bürgerschule, Herrn Möl, und erwirkte uns die Erlaubnis zur Benutzung eines Schulraumes in allernächster Nähe der Unterkunft der Jungen liegenden Schule. Am Donnerstag und Freitag erteilte ich bereits je vier Stunden Unterricht, dazu hatten die Jungen an jedem Tag noch eine Arbeitsstunde. Am Sonnabend, d.7. Oktober, meldete ich mich bei Major Hann von der Flakgruppe Brüx in Seestadtl, der verwies mich an meinen Vorgesetzten in allen Unterrichtsangelegenheiten, den Oberstudienrat Dr. Nitsch, Direktor der Oberschule für Jungen in Brüx, den ich sofort aufsuchte. Hier konnte ich gleich mit den Herren Fühlung nehmen, die den mathematischen und naturwissenschaftlichen Unterricht unserer Jungen übernehmen sollten, und zwar erteilt Studienrat Müller von der Oberschule in Brüx wöchentlich drei Stunden Mathematik und zwei Stunden Physik, Studienrat Dipl. Ing. Walenta von derselben Schule wöchentlich zwei Stunden Chemie.
Da ein Biologe zunächst nicht zur Verfügung steht, schlug ich die eine noch freibleibende Stunde, um die vorgeschriebene Stundenzahl zu erreichen, zu meinem Unterricht.
Die beiden Herren haben ihren Unterricht bereits Montag, d. 9.10. bezw. Donnerstag, d. 12.10. begonnen.
Zusammenfassend kann ich sagen: Die Stimmung der Jungen ist ausgesprochen gut, ihre Verpflegung und Unterkunft einwandfrei und geregelt. Der Unterricht läuft bereits seit dem 9. Oktober auf vollen Touren, liegt zusammen mit den Arbeitsstunden Montags bis Freitags von 14 - 18 Uhr und findet statt in einem gut geheizten Raum der Bürgerschule in Bruch."[5]
Diese optimistische Einschätzung Dr. Försters über eine geregelte Unterrichtserteilung wird von Fritz L. durchaus bestätigt: „Daß der Unterricht nebensächlich war, kann ich nicht sagen. Er war hoch angebunden und dem Dienst an der Waffe gleichgestellt. Im Sudetenland hatten wir eine nette Episode. Wir sollten

---

[5] MLHA Schwerin, MfU Nr. 4872.

eine Mathematikarbeit schreiben, hatten aber den Stoff nicht begriffen. Wir Jungs waren uns einig, allesamt zu streiken. Die Zeit kam ran, Zettel wurden ausgeteilt und wir machten alle furchtbar krause Stirn, als würden wir tief nachdenken und gaben schließlich die Zettel leer ab. Der Batteriechef wurde sofort benachrichtigt. Der ließ uns antreten und sagte wörtlich: ‚Also Jungs, also eigentlich hatte ich vor, Euch zusammenzuscheißen, daß Ihr in keinen Sarg mehr paßt. Aber wo Ihr jetzt vor mir steht, kann ich es nicht. Ich kann Euch verstehen, aber Schulunterricht ist genauso wie Dienst an der Waffe. Was Ihr gemacht habt, ist Dienstverweigerung. Ihr werdet unter der Aufsicht von drei Unteroffizieren am Sonntag die Arbeit nachschreiben.' Unterrichtet wurden wir in Deutsch, Geschichte, Erdkunde, Chemie, Physik, Englisch und Latein. Obwohl noch einzelne Lehrkräfte hinzukamen, war Dr. Förster ein Allround-Lehrer, wie man so sagt. In Lichtenhagen und Hannover wurde der Unterricht in der Stellung erteilt. Im Sudetenland gingen wir in eine Schule. Daß der Unterricht unter dem Einsatz gelitten hätte, kann ich im nachhinein nicht mehr bestätigen."[6]

In Bruch bei Brüx bedienten die LwH 12,8cm-Geschütze, mit denen sie die Angriffe auf ihr Schutzobjekt, das Hydrierwerk Maltheuern, abwehren sollten. Fritz L.: „Die Batterie lag weit ab vom Schuß, so daß wir die Angriffe auf das Werk nur undeutlich wahrnahmen.

Sehr unangenehm war das Wachestehen. Ende 1944 schlichen schon viele ‚dunkle Gestalten' umher, und wenn man als 16jähriger Bengel nachts allein an den großen Munitionsstapeln stand und im Wald knackte und raschelte es, bekam man es doch mit der Angst zu tun. Am Tage war dies alles nicht so tragisch. Im Februar 1945 wurden wir entlassen - in Etappen. Ich gehörte mit zu den Erstentlassenen und konnte so bis zur Einberufung in den Arbeitsdienst noch sechs Wochen mit meinen Eltern verbringen. Abgelöst wurden wir auch hier wieder von Lehrlingen, die wir in unserem Standesdünkel als Flakhelfer 2. Klasse betrachteten. Beim RAD fand ich mich als ‚Schaufelsoldat' in Lichtenhagen wieder. Ironie des Schicksals. Die später entlassenen Mitschüler wurden nicht mehr eingezogen."[7]

Wie die übergroße Mehrheit der Mecklenburger Flakhelfer überstand diese Klasse der Schule bei den 7 Linden Rostock den Kriegshilfseinsatz ohne Verluste.

Nach dem schweren Angriff vom 25. August 1944 auf die Luftwaffenerprobungsstelle Rechlin wurden die 1. und 2./604 sowie die 4./461 mit Neubrandenburger und Malchiner Oberschülern und Lehrlingen nach Hannover-Stelling zum Schutz von Eisenbahnanlagen verlegt. Stellvertretend berichtet Georg M.

---

[6] Bericht von Fritz L.
[7] Ebenda.

(OSfJ Malchin) über die letzten Kriegsmonate als Luftwaffenhelfer in Hannover: „Die Batterien wurden verlegt und wir kamen nach Hannover-Stelling zu einer Batterie, die einen Verschiebebahnhof zu schützen hatte. Kaum angekommen, erlebten wir gleich einen Angriff. Ich sollte die Höhe bedienen, hatte aber keine Ahnung von der 8,8. Also habe ich geguckt, wie die anderen Rohre standen und mich so orientiert. Am klaren Himmel konnte man die Granaten explodieren sehen, in Gestalt von Wattebäuschen. Nur einer lag immer abseits, das war wohl meiner gewesen. Hier wurden dann auch Lehrlinge eingesetzt, die sich von uns nicht altersmäßig, aber doch in der Einstellung unterschieden. Wenn wir Schulunterricht hatten, mußten sie arbeiten, was ihnen gar nicht gefiel. Sie waren keineswegs begeisterte Luftwaffenhelfer. Wir als Oberschüler hatten auch kaum Kontakt zu den Lehrlingen. Schlägereien oder dergleichen gab es nicht.

Die Ausbildung war sehr hart; dort wurde uns nichts geschenkt. So verfügte unsere Batterie in Hannover später über 2cm Oerlikon-Geschütze, die man völlig in Traglasten zerlegen konnte. Mit diesen Lasten jagte man uns dann über die Wiese. Wir mußten das Geschütz auf- und abbauen, und mancher hat dabei das große Weinen bekommen. Sehr unterschiedlich gestaltete sich auch das Verhältnis zu den Ausbildern. Unsere Hannoveraner Vorgesetzten ließen gerade gegen Ende des Jahres 1944 ihre Enttäuschung oder Wut über das Kriegsgeschehen an uns Luftwaffenhelfern aus, was wir aus Rechlin nicht kannten. Man ließ uns z.B. mit einem Karabiner in Vorhalt Kniebeuge machen, man jagte uns über den Acker, es gab Maskenbälle u.a.m. Ein Grund dafür war oft nicht zu erkennen.

In Hannover erlebten wir schwere Angriffe auf das Hydrierwerk bei Celle. Es muß wohl eine effektive Spionage gegeben haben, denn jedesmal, wenn das Werk nach Angriffen wieder zu arbeiten begann, kam der nächste Angriff. Wenn das Werk brannte, war es umher taghell, so daß man in der Stellung lesen konnte. Einmal wurde auch unsere Batterie angegriffen, woran ich mich noch sehr genau erinnern kann, obgleich es etwas merkwürdig klingen mag, welche Gedanken mich damals bewegten. Wir waren damals in Baracken untergebracht und auf dem Schrank mußte immer eine zweite Garnitur liegen. Kam ein Angriff, hatte man diese Wäsche mit in die Stellung zu nehmen. Einmal vergaß ich diesen Rucksack. Ich saß am 8,8cm-Geschütz und hatte einen guten Blick auf unser Barackenlager. Gegen Mittag griffen drei Flugzeuge unsere Stellung an. Wir hörten ‚Bombenwurf. Volle Deckung!' aus unserer Nachbarbatterie, während wir Dauerfeuer schossen. Dann sah ich die Pilze der Bombendetonationen zwischen unseren Baracken und mußte an meine vergessene Wäsche denken. Daran, daß die Bomben auch in unsere Stellung hätten fallen können, dachte ich nicht. Die Bomber kamen aus Richtung Berlin und ließen ihre übriggebliebenen Bomben auf uns fallen. Hätten sie die Bomben nur Sekunden später ausgelöst, wären

sie als Volltreffer in der Batterie gelandet, wie dann errechnet wurde. Die Baracken selbst blieben auch unversehrt, so daß ich der Bestrafung für die vergessene Wäsche entging. Wir erlebten in Hannover häufiger Angriffe. Eine Scheinwerferbatterie, die uns am nähesten lag und von Mädchen besetzt war, wurde völlig vernichtet. Tote oder Verletzte gab es in unserer Klasse während des Flakeinsatzes nicht. Im theoretischen Unterricht bereitete man uns dann auch auf die Möglichkeit vor, im Erdkampf mit der Flak eingesetzt zu werden.
Da 50 Prozent meiner Schulkameraden nicht aus Malchin, sondern aus der Umgebung der Stadt stammten, lernte man diese erst so richtig während des Luftwaffenhelfereinsatzes kennen. Einige Großgrundbesitzersöhne versuchten, ihre soziale Stellung besonders herauszukehren, sie gaben z.B. nichts von ihren von zu Hause erhaltenen Lebensmitteln ab. Es gab soziale Klüfte in unserer Klasse, andererseits hielt man auch zusammen. So hatten wir kurz nach unserer Ankunft in Hannover stundenlang Munitionskörbe zu schleppen und fielen abends todmüde in die Betten. Kaum lagen wir, gab es Alarm. Wir aber blieben liegen. Ein Feldwebel knipste das Licht an und befahl uns aufzustehen. Er ging, wir schalteten das Licht wieder aus und schliefen weiter. Ein Mitschüler stand auf und bediente allein das 2cm-Geschütz, was in der Dunkelheit nicht auffiel. Die Sache ist niemals herausgekommen. In militärischen oder schulischen Dingen hielten wir zusammen. Im zwischenmenschlichen Bereich blieben die sozialen Differenzen bestehen. Ich glaube, daß man dort lernte, Menschen zu beurteilen.
Die Trennung von meinem Elternhaus fiel mir sehr schwer, zudem mein Vater erkrankte und im November 1944 verstarb. Über Weihnachten 1944 durfte ich so nach Hause. Wenige Tage später traf ich meine Klassenkameraden in Malchin, die mir erzählten, daß sie bereits entlassen wären. Ich mußte also noch einmal in die Stellung zurück, um meine Sachen abzugeben, und kam Anfang Januar 1945 zur Entlassung. Unsere Hoffnungen, in die Schule zurückkehren zu können, erfüllten sich nicht. Die Einberufung zum RAD erfolgte wenig später."[8]

Tiefflieger und Nahfeuer - Luftwaffenhelfer in Osnabrück

Am 10. März 1944 hatten die LwH der Großen Stadtschule ihre Heimatstadt verlassen müssen. Nach Einsätzen bei Schweinfurt, in Wismar und an der Luftwaffenerprobungsstelle Rechlin kehrten sie am 28. August 1944 wieder nach Rostock zurück. Sie wurden der 5./613 bei Krummendorf, die mit der 4./613

[8] Bericht von Georg M.

die Großbatterie Peetz bildete, zugeteilt. Beide Batterien waren im Sommer 1944 aus dem Hamburger Raum nach Rostock umgruppiert worden. Zusammen mit LwH der Blücherschule Rostock und LwH aus den Mittelschulen Rostock, Hamburg-Altona, Bevensen, Siekensen, Barnstedt, Schneeferdingen und Dannenberg bedienten die LwH der Großen Stadtschule die 10,5cm-Geschütze. Der 5./613 wurden die gleichfalls von der E-Stelle Rechlin zur Flakgruppe Rostock versetzten Mittelschüler aus Mirow, Malchin und Neubrandenburg zugewiesen. In der Nachbarbatterie (4./613) befanden sich LwH der Blücherschule Rostock und der Rostocker Mittelschule sowie 56 LwH einer Hamburger Mittelschule. Am 31. August begann der Unterricht erneut. Die LwH der Großen Stadtschule und der Blücherschule wurden gemeinsam beschult, während die Unterbringung und Unterrichtung der Mittelschüler gesondert erfolgte. Der Unterricht war von Ausfällen und Unterbrechungen gekennzeichnet, da die LwH der Großen Stadtschule vorübergehend nach Schutow verlegt wurden.[9] Die verbliebenen LwH der Klasse 8 sollten am Unterricht der „zivilen" Klasse im Schulhaus teilnehmen. Helmut P.: „Obgleich ich längst Richtkanonier an der 8,8cm-Kanone war, fiel ich doch bei der Musterung durch: ‚1,92 m lang, kein Arsch, kein Genick, halb Jahr zurück.' Also weiter Halbsoldat. Mit Walter Schröck (Jahrgang 1928) blieb ich allein übrig von der Abiturklasse. Zu den unteren Klassen kam der ‚Luftwaffenhelfer-Betreuungslehrer' weiterhin in die Stellung. ‚Kutscher' Niemeyer trug Mittelscheitel, war ‚Goldfasan' (Politischer Leiter) und hatte einen Piek auf Pastorensöhne am Gymnasium. Seine ständige Redensart war: ‚Bitte sehr, meine Herren, als wir 1933 die Macht übernahmen, da ...' Bis unsere 10,5cm-Batterie von Rostock nach Osnabrück verlegt wurde, durften wir beiden am Unterricht der dienstuntauglichen Klassenkameraden in der Stadt teilnehmen. Luftwaffenhelfer hatten keine Schulferien. So fiel es in der Stellung nicht auf, wenn wir zwei die Ferien für den Stadtausgang nutzten. Schließlich hatten wir sonst ja auch mehr Schulstunden als die in der Stellung obligatorischen 20 pro Woche. Niemeyer gönnte uns aber diesen Ausgang nicht und verpetzte uns eines Tages. Erfolg: Mit Stahlhelm und Gasmaske zum Rapport beim Batteriechef. Man merkte ihm an, daß er unser Vergehen nicht so ernst ansah. Strafe muß sein. Urlaubssperre und jeden Morgen bei ihm ab- und mittags wieder zurückmelden. Aber damit bestrafte er wohl eher sich selbst: Während wir in der Frühe in seinem Flur herumpolterten und grölten, lag er immer noch friedlich im Bett. Als ich im November 1944 zum RAD einberufen wurde, war ich mit 21 Monaten wahrscheinlich der dienstälteste Luftwaffenoberhelfer aus Rostock."[10]

Anfang September 1944 wurden die LwH der Blücherschule (Klasse 6) aus der

---

[9] AHR, 1.21.1 Nr. 453 (Jahresbericht der Großen Stadtschule Rostock 1944/45); MfU Nr. 2978 (Bericht über den Einsatz von Mittelschülern im Raum Rostock).
[10] Schreiben von Helmut P. vom 19. Mai 1998.

Batterie Schmarl herausgelöst (Ablösung durch LwH-Lehrlinge und Umrüstung der Batterie auf 3,7cm-Geschütze) und zur 3./232 Lichtenhagen versetzt. Dort stand die Ablösung des Jahrganges 1927 bevor. Rolf-Dieter L.: „Am 9. September 1944 wurden wir entlassen. Am 19. kam ich schon zum RAD. Hier trennten sich unsere Wege. Einige kamen zum Heer, andere zur Marine und zur Flak. Meine Eltern gaben für uns ausscheidende Flakhelfer eine Fete. Wir durften uns Mädchen einladen und auch etwas Alkohol trinken. Ein Klassenkamerad, der bei der Batterie blieb und später nach Osnabrück verlegt wurde, mußte gegen 22 Uhr wieder in der Batterie sein. Ich lieh ihm mein Fahrrad, und wie man dann erzählte, kam er gegen 0.30 Uhr in der Batterie an - völlig verdreckt und das Fahrrad verbogen. Er hatte wohl jeden Graben zwischen Warnemünde und Lichtenhagen mitgenommen. Dieser Klassenkamerad galt als unser größter ‚Unsoldat'. Nach dem Krieg war er als Oberst der Bundeswehr an der Führungsakademie Hamburg-Blankenese tätig."[11]

---

[11] Rolf-Dieter L. Im September 1944 wurden auch die LwH der Großen Stadtschule Rostock zum RAD einberufen. Ludwig B.: „Nach der Flak kam ich zum Arbeitsdienst. Der RAD war von allen meinen militärischen Erlebnissen das absolut Negativste gewesen. Da waren nur Drückeberger. Moralisch also ein ganz mieser Haufen. Was habe ich da gelernt? Wie man `ne Schaufel putzt! Reiner Unsinn. Die Offiziere wohnten mit ihren Familien außerhalb, wo wir Teppiche klopfen mußten usw. Da wurde auch nur geschoben. Die glaubten, daß wir bei der Flak nichts gelernt hätten, und wir glaubten, erfahrene Soldaten zu sein, denen man nichts mehr beibringen konnte." Jürgen G. (OSfJ Teterow) schied im September 1944 aus dem Flakeinsatz in Kiel aus: „Im Oktober 1944 erhielten wir die Einberufung zum RAD. Diese mußte aber rückgängig gemacht werden, da plötzlich die HJ ihre Ansprüche mit dem Wehrertüchtigungslager anmeldete. Ich war 4 Wochen mit anderen Helfern aus Mecklenburg im Wehrertüchtigungslager in Parchim. Uns konnte aber niemand noch etwas beibringen. Eine Abteilung des Lagers unterstand dem Heer, die andere der Waffen-SS. Wir hatten einen vernünftigen Ausbilder (schwerverwundeter Frontsoldat) mit dem wir uns zurückzogen und ruhige Tage verbrachten. Ich machte Kleinkaliber-Scharfschützen-Abzeichen und erhielt bei einer Geländeübung eine besondere Auszeichnung. Den anschließenden Arbeitsdienst im Okt./Nov. 1944 in Grevesmühlen empfanden wir als ehemalige Helfer als geradezu lächerlich. Spatenexerzieren und Ausbildung durch fast gleichalterige Vormänner, die unsere Vorbildung nicht hatten, ließen uns völlig kalt. So konnte ich dann auf Grund meiner guten Leistung in dieser Zeit noch eine Dienstreise nach Danzig machen. Ich hatte mit einem weiteren Kameraden etwa 20 Arbeitsdienstmänner (Letten) zu begleiten und in Danzig bei einer Militärdienststelle abzuliefern.
Nach meiner Entlassung aus dem RAD (Ende Nov. 1944) erhielt ich dann im Dezember 1944 die Einberufung zum Militär. Mit meinem Marinehelferkameraden Rolf-Detlef R. mußte ich nach Kolberg und landete am 20. Dez. 1944 in Thorn beim Grenadier-Ausbildungsbataillon 368 in der Gronau-Kaserne. Nach Beginn der russischen Offensive an der Weichsel am 14./15. Jan. 1945 wurde Thorn schnell eingeschlossen, und die Besatzung erhielt den Befehl, zu den eigenen Linien durchzubrechen. Dieser Ausbruch aus Thorn begann am 30. Jan. 1944, vorbereitet auf Schlitten, da starker Frost war, viel Schnee lag und Kraftstoff für Fahrzeuge wohl nicht mehr vorhanden war. Ich war als Radfahrmelder bei Bataillonsstab eingesetzt. Das Rad ließ ich bald liegen, es schob sich so schwer im Schnee und querfeldein. Der Frost schlug in Tauwetter um, es ging nicht mehr. Am 8. Februar 1945 war die Freiheit beendet. Ohne einen Schuß auf einen Russen abgegeben zu haben, mußte ich mit einigen weiteren Kameraden die Hände heben und damit begann für mich als 17jähriger die lange Zeit der Kriegsgefangenschaft in Rußland. Aber das ist ein anderes, weniger erfreuliches Thema. Erst im Oktober 1948 konnte ich arbeitsunfähig zu meinen Eltern, die sich im Sommer 45 in Niedersachsen zusammengefunden hatten, zurückkehren." Auch Ernst H. (Große Stadtschule Wismar) kam zum RAD: „ An einem Wehrertüchtigungslager der HJ hatten wir Luftwaffenhelfer nicht teilnehmen müssen. Im November 1944 - nach einer nur zweimonatigen vormilitärischen Ausbildungszeit beim RAD - zog uns die Wehrmacht ein. Ich kam zur Panzerdivision „Hermann Göring", zu der ich mich freiwillig gemeldet hatte. In Berlin-Tegel erhielt ich meine Grundausbildung und wurde im Februar 1944 mit der Einheit nach Karinhall verlegt. Im April 1944 wurde die Einheit Richtung Mecklenburg - Wesenberg, Lübz, Parchim abgedrängt. In Parchim überrollte uns der Russe und ich schlug mich mit einem Kriegskameraden aus Bremen durch die russischen Linien. Wir erreichten die Demarkationslinie zwischen den Russen und Amerikanern, überquerten den Stör-Kanal und ich kam schließlich nach Bad Kleinen, meinem Heimatort, wo der Krieg für mich zu Ende war. Eine Gefangenschaft blieb mir erspart.

Jürgen F. berichtet in seinen Aufzeichnungen:
„Am 19. Aug. Beginn meines 14täg. Urlaubs, zuletzt noch Krach mit Wm. Funk, Haarscharf an Urlaubssperre vorbei, raus ...
14 Tage schönstes Wetter, inzwischen 2ter Heinkelangriff, erlebt in Kavelstorf. 1. September morgens wurden die Vierlingsbesatzungen versetzt zur 8,8 Batterie nach Lichtenhagen, abends Ankunft vom Urlaub in der Stellung, Wm. Funk und unser lieber Uffz. Werner Neise frontversetzt, fremde Gesichter überall, letzte Nacht in Schmarl.

Lichtenhagen

Die Nacht vom 1. zum 2. Sept. noch in Schmarl geschlafen, am nächsten Morgen Sachen von der Batterie geholt und abgemeldet, dann Gepäck und Privatsachen nach Lichtenhagen geschleppt und angemeldet. Dort einquartiert in einer Baracke der Meßstaffel (Fu.M.G.) Freudiges Wiedersehen mit den alten Kumpels. Abends gleich A 1, auf einzelne Maschinen 16 Gruppen geschossen, fürchterlicher Lärm. Anschließend Fallschirmjägeralarm, Schüsse auf unbekannte fliehende Person. Bald Entlassung des Jahrganges 27, Einnahme ihrer Tätigkeiten von uns, unausgebildet, doch nach dem ersten Schießen, bei dem wir schon die Geschütze bedienen mußten und bei dem uns noch die Beine zitterten, wurden wir langsam ruhiger. Chrischan Maertz, Tilly Falk und ich, die wir bei ‚Anton' anfingen und immer blieben, hatten von Anfang an kleine Vorteile, denn der Geschützstaffelführer Wm. Turba, war A 1 immer bei Anton und leitete von dort auch immer die Geschütze. Bei optischen Erprobungen gaben wir uns auch immer besonders Mühe (Geschütz und dessen Name verpflichtet) und schnitten beide Male, wo o.E. war, gut ab, einmal gab es sogar Extraurlaub. Ab und zu nächtliches Schießen, Stellungsleben, Zahnarzt, Schule, Kantine, Brause, Bier, Kino, Tischtennis, immer wenig Ausgang und Urlaub. Eines Tages gab es saure Milchsuppe, in der Nacht katastrophale Folgen: hellbraune Streifen von fast jedem Bett zur Tür und weiter, die Aborte schwimmende Kisten, gefüllt mit - nein nicht mit Milchsuppe.

Eines Tages erfahren wir, daß unsere Nachbarbatterie Stellungswechsel macht. Abends besucht uns Chrischan, der nebenan wohnt, und ich erzähle ihm, um einen Scherz zu machen, daß unsere Batterie auch wegkomme, und wenn er das nicht glaube, solle er zur B 1 hochgehen und in die Kammer sehen, der Kammerbulle sei schon beim Packen. Chrischan rauscht los, und wir freuen uns über den gelungenen Scherz. Doch ein paar Minuten später kommt Fähnrich Böllerchen reingesaust und macht einen Heidenkrach, wie ich solchen bodenlosen Blödsinn, der nicht Hand noch Fuß hätte, aufbringen könne. Als er sich ausgetobt hatte, merkten auf einmal die Schlausten, daß da etwas nicht stimmte. Jedenfalls war der Verdacht geweckt und verließ uns nicht mehr. Am nächsten Tag erfuhren die verdutzten Urlauber von den Dorfbewohnern, daß wir auch Stellungswechsel machen würden, und zwar nach Westdeutschland. Nun war alles in heller Aufregung, und bald erfuhren wir auch von unserem Chef, halbamtlich natürlich, daß mit einem Stellungswechsel zu rechnen wäre. Alle wurden noch einmal nach Hause geschickt, um die entbehrlichen Privatsachen wegzuschaffen. Langsam erfuhren wir nun Näheres. Also nach Osnabrück sollte es gehen, ich freute mich, endlich mal woanders hinzukommen, die meisten hatten schon die Lust verloren, bevor es losging. - Und an einem regnerischen Herbsttage war es denn endlich soweit. Die Sachen wurden gepackt und die Kanonen einzeln abgefahren und verladen. Am Spätnachmittag war ich nochmal zu Hause und aß Bratkartoffeln und Karbonade. Dann versammelten wir uns alle nach und nach auf dem Güterbahnhof. Abends gegen 22 Uhr stiegen wir ein. Bis um 1/2 2 wurde rangiert, dann kam Vollalarm und dann fuhren wir ab. Ade, Rostock!"[12] Zuvor hatten sich einige LwH noch mit einer zünftigen Schlägerei vom HJ-Streifendienst in der Kröpeliner Straße verabschiedet".

Abschied von Rostock hieß es am 31. Oktober auch für die LwH der Großen Stadtschule Rostock und die Mittelschüler aus Bevensen. Die Stellung wurde abgebrochen, die Geschütze verladen. Einsatzziel: Osnabrück. „Diese Verlegung war bekanntgegeben worden, so daß man sich darauf einstellen konnte. Es war eine irrsinnig lange Fahrt mit dem Güterzug. Als der Zug in der Nähe Bremens hielt, versuchten einige Kameraden und ich, nach Bremen zu laufen. Nach drei bis vier Kilometern gaben wir auf. In unserer Stellung war buchstäblich das ‚letzte Aufgebot' zusammengewürfelt: Rostocker Luftwaffenhelfer, Schüler einer Mittelschule aus Niedersachsen und Bauern aus den Alpen, die nicht lesen und schreiben konnten. Daß es in Deutschland noch Analphabeten gab, war für uns Oberschüler unvorstellbar gewesen. Diese konnten allerdings sehr gut mit den Grassoden umgehen, um die Geschützstände auszubessern." erinnert sich Wolfhard E. (Große Stadtschule Rostock).

Anfang November 1944 setzte sich auch der Zug mit der 3./232 in Richtung Hellern bei Osnabrück in Bewegung. „Mit 40 Mann in einem Wagen konnten wir nur im Sitzen schlafen, doch gegen 6 Uhr waren wir alle schon wach, wir waren gerade in Schwerin. Bei wundervollem Herbstwetter ging es weiter über Ludwigslust nach Dömitz, dort weiter über die Elbe. Zu essen gab es nur unsere Marschverpflegung: Rotwurst mit Brot und Leberwurstschmalz. Fahrt durch die Lüneburger Heide, Lüneburg, Tieffliegerwarnung, bei Buchholz südlich Hamburg vier Züge durch Tiefflieger zusammengeschossen.

Nächtliche Fahrt durch Nordwestdeutschland, Ende in Vehrte. Wir lagen neben einer 12,8cm- Eisenbahnbatterie mit zwei 2cm-Vierlingen, unser Zug bekam noch

---

[12] Aufzeichnungen von Jürgen F.

Batteriestellung Hellern bei Osnabrück. Im Spätherbst 1944 kamen LwH der Klassen 6 und 7 (Blücherschule Rostock/Schule bei den sieben Linden Rostock) sowie LwH-Lehrlinge aus Parchim mit der 3./232 hier zum Einsatz. (Jochen Hasselwander)

drei 2cm-Solo dazu. Am Sonntag hatten wir frei, wir besahen uns diese Gegend gründlich, dann spielten wir in einer Gaststätte Billard, tranken Bier und langweilten uns. Der nächste Tag brachte uns Großeinflüge viermotoriger Bomber in uns unbekannten Massen, Tiefflieger über dem Bahnhof, wir rannten wie die Hasen, obgleich sie uns gar nichts taten. Anschließend wurden die Geschütze auf den Sonderanhänger verladen (einzeln natürlich). Wir fuhren durch Osnabrück, sahen viele Trümmer, Eisenbahnen (noch eine Wagenlänge) und Gaststätten. Oft ertönte der Ruf Heinzi Evers durch die Straßen: Alles vor die Fenster treten, das Haus wird fotografiert! Die Fahrt ging durch die Stadt und wieder hinaus, Einbiegen in einen Weg an einem Tannengehölz, Matschwege, riesige, kalte, schmutzige Baracken, keine Spinde und Strohsäcke, abends Essen bei schwachem trübem Licht, Vollalarm, wohliges Gefühl einer ‚Nichtfeuerbereitschaft', großartiger Anblick eines Angriffs auf den Mittellandkanal (Berichtigung: Dortmund-Ems Kanal), alles war taghell, dazwischen holten sich Nachtjäger ihre Beute aus den abfliegenden Verbänden. Es folgten Tage angestrengter Arbeit, am 9. November waren wir endlich feuerbereit. -
Bald darauf war unser erstes Tagesschießen auf mehrere der schnellsten (englischen) Jäger, auf Hawker Thempest Maschinen. Es folgte unser erster Tages-

Briefe des MH Jochen H. an seine Mutter[13]:

Liebe Mutti! 7.11.1944

Die ersten herzlichen Grüße aus der Nähe von Osnabrück sendet Dir Dein Jochen.
Die Bahnfahrt war schrecklich. Mit 40 Mann lagen wir in einem Viehwagen wie die Heringe. An Schlaf war überhaupt nicht zu denken, aber den Humor haben wir dabei nicht verloren. Tagsüber habe ich mich auf dem Wagen beim ‚leichten Flakschutz' aufgehalten, um aus dem alten Stinkkasten raus zu sein –
Die Gegend hier ist herrlich. Es ist alles viel sauberer wie in Mecklenburg hier. Die Gehöfte und Dörfer sind die reinsten Schmuckkästchen. Die Einwohner sind auch viel entgegenkommender und freundlicher und vor allem nicht so furchtbar stur wie bei uns. Das haben wir gemerkt wie wir einen Tag, und zwar Sonntag auf einem Bahnhof hier in der Nähe lagen. Auf der Bahnfahrt haben uns die Tiefflieger in Ruhe gelassen, und hier bis jetzt auch, aber das kommt noch; wenn sie erst wissen wo wir liegen.
Unsere Stellung liegt in der Nähe von Osnabrück an einem Waldrand. Es ist wirklich herrlich, bloß solche schönen Baracken haben wir nicht. Nachts sehen wir im Westen die Front in Holland. Es ist ein schaurig schönes Bild, wenn der Himmel in der Ferne mit Tausenden von Leuchtbomben überdeckt ist, und alle Momente ein Tommy wie ein roter Feuerball vom Himmel stürzt. Tagsüber spielen sich manchmal tolle Luftkämpfe ab. Heute morgen ist hier in der Nähe auch wieder ein feindlicher Jäger abgeschossen worden.
Wir haben bisher noch nicht geschossen, weil wir noch beim Einrichten der Stellung sind.

Stellung. 12.11.44, Liebe Mutti.

Die besten Grüße aus dem Teutoburger Wald. Heute ist Sonntag und wir sitzen auf unserer Bude. Jeder schreibt nach Hause, und draußen prasselt der Regen an die Fensterscheiben. Im Augenblick haben wir hier sehr schlechtes Wetter.
Gestern haben wir zum erstenmal hier geschossen, und zwar auf vier englische Jäger. Abgeschossen haben wir leider keinen, aber das kommt sicher auch noch. Osnabrück ist auch ziemlich zerstört. Schlimmer wie Rostock aber auch nicht. Es gibt hier furchtbar viel Gasthäuser. Auf jedes Haus im Dorf kommen fast zwei Gasthäuser, und was noch schlimmer ist, die vielen Sirenen. Es gibt immer ein furchbares Gejaule, wenn die vielen Dinger anfangen zu heulen. Die reinste Nervensäge. Sonst geht es uns allen prima.

---

[13] Briefe von Jochen H. vom 7. Nov. 1944 und 12. Nov. 1944.

angriff, ein schwerer Angriff auf die Stadt, die Abflüge gingen genau über unsere Stellung, wir schossen nur mit höchster Rohrerhöhung."[14]

Claus P. (Schule bei den 7 Linden, 3./232): „Ein Betreuungslehrer begleitete uns, aus Osnabrück unterrichteten uns zwei Lehrer. Allerdings wurde aus dem Unterricht immer weniger, denn wir hatten eigentlich ständig Feuerbereitschaft. Auch schweren Luftangriffen waren wir und die arme Stadt ausgesetzt. Feindliche Tieflieger hatten teilweise die totale Luftherrschaft. Ich war K3 (Ladekanonier) am Geschütz ‚Anton', die Russen verblieben in Rostock. Ersatz durch sehr alte Leute, die sich schwer zurechtfanden. Wir Luftwaffenhelfer, inzwischen zu Oberhelfer befördert, wurden zum Rückgrat der Batterie. Wenn wir Ausgang hatten, verblieben wir in der Batterie, um zu schlafen. In Osnabrück nur Trümmer oder Aufenthalt im Bunker, weil Fliegeralarm war. Urlaub gab es kaum noch. Es war sehr umständlich mit der Eisenbahn nach Rostock und zurück zu kommen. Das Flüchtlingselend beeindruckte uns, wir stumpften immer mehr ab, der wenige Schlaf machte uns zu schaffen. Zur Adventszeit wurden wir vom BDM Hellern nachmittags zu Kaffee und Kuchen eingeladen. Wir saßen kaum, als wir wegen Feuerbereitschaft zurückbeordert wurden. Die dauerte dann die ganze Nacht durch."[15]

Jürgen F.: „Das Stellungsleben war äußerst ungemütlich, kalte Baracken, schwaches Licht, schlechte Stimmung, oft Angriffe, Schule, komische Pauker, begreiflicherweise war der Schrei nach Urlaub immer lauter. Endlich war ich am 5. Dezember dran. Im Zug nach Kavelstorf schlief ich ein und wachte erst in einem Nest hinter Laage auf. Darauf nächtliche Güterzugfahrt zurück. Am 6. Dez. war der schwerste nächtliche Angriff auf Osnabrück. 800 4mots flogen die Stadt an, doch die Flak hat erstklassig geschossen, so daß nur ein kleiner Teil der Maschinen zum Bombenabwurf über der Stadt kam.[16] Weiterhin ödes Stellungsleben, Matsch- und Regenwetter, Holzdiebstahl im Wald, Weihnachtsvorbereitungen, Weihnachts-Zeitung, gereizte Stimmung, 23. Dez. Weihnachtsabend mit Osnabrücker BDM, leider frühzeitig durch Vollalarm unter- und abgebrochen. Heiligabend Ueberwachung, von 18.00 bis 00.30 Feuerbereitschaft, Kartoffelsalat und Kotelett am Geschütz gegessen, die bescherten Kekse schwer angegriffen; auch am ersten Weihnachtstag Ueberwachungsgraus: von morgen 9.00 bis abends 17.30 Feuerbereitschaft. Bis auf drei Vollalarme war es am 2. Feiertag ruhig."[17]

---

[14] Aufzeichnungen von Jürgen F.
[15] Bericht von Claus P.
[16] Beim diesem Angriff auf Osnabrück erhielt die Stellung Sonnenhügel einen Volltreffer. 2 Onabrücker LwH kamen ums Leben. Vgl. Nicolaisen, Einsatz, S. 518.
[17] Aufzeichnungen von Jürgen F.

„Stubenidyll in Hellern" betitelte Jochen Hasselwander seine Zeichnung. (Winter 1944)

Über Silvester in Hellern schrieb Jochen H. am 1. Januar 1945 an seine Mutter: „Gestern am Sonntag und heute am Neujahrstag war doll was los. Gestern haben wir 10 Stunden an der Kanone gesessen und heute bis jetzt sieben Stunden. ‚Gar nicht viel, nicht wahr?' Davon nur 2 Stunden abends, die andere Zeit so von morgens neun bis nachmittags vier. Dabei hat der Tommy die Gegend mit Tieffliegern beharkt, und unser leichter Flakschutz hat ganz nett was zu tun bekommen. Wie wir gehört haben sind gestern bei Tage die Tommys auch wieder nach Norddeutschland eingeflogen, und haben dort Kiel und Lübeck angegriffen ... Wenn wir großes Glück haben kommen wir alle noch einmal auf vierzehntägigen Urlaub. Hoffentlich klappt der Laden. Zum Arbeitsdienst kommen wir wahrscheinlich auch nicht mehr. Wir werden wohl gleich zum Kommis kommen."[18]

An diesem 1. Januar 1945 versuchte Hitler noch Siegesoptimismus zu verbreiten. Wenn der Krieg einmal zu Ende gehe, dann „nicht durch die deutsche Kapitulation, denn diese wird nie kommen, sondern durch den deutschen Sieg", verkündete Hitler in seiner Neujahrsansprache.

---

[18] Brief von Jochen H. vom 1. Jan. 1945.

Die Lage an den Fronten gestaltete sich indes völlig gegensätzlich zu Hitlers Prophezeiungen. Die Ardennenoffensive scheiterte, sowjetische Truppen zerschlugen die Verteidigungsstellungen an Weichsel und Oder, die Westalliierten stießen auf den Rhein vor. Hunderttausende Deutsche befanden sich auf der Flucht. Mit größter Härte und ohne Rücksicht auf zivile Opfer setzten die alliierten Bomberstaffeln ihre Angriffe auf deutsche Städte und Industrieanlagen fort. Im Februar 1945 sank Dresden in Schutt und Asche. In vielen zerstörten Städten gelang es nicht mehr, elementare Lebensbedingungen aufrechtzuerhalten. Das Hitlerregime indes rief die Bevölkerung zur Fortsetzung des Krieges auf und vertraute dabei besonders dem Fanatismus, der Opfer- und Einsatzbereitschaft seiner Jugend. RJF Axmann kam die Aufgabe zu, die Hitlerjugend unter der Parole „Fronthilfe und Kriegseinsatz" für den bevorstehenden Endkampf zu mobilisieren. Die deutsche Bevölkerung habe die „schwere und harte Belastungsprobe" im Jahr 1944 bestanden, erklärte Axmann. Stellungsbau und Schanzdienst seien geradezu symbolhaft für den Geist und die Einsatzbereitschaft der Jugend gewesen. „Mit einer solchen Jugend müssen wir den Krieg gewinnen", gab sich der RJF optimistisch. Die führertreue Jugend habe „in begeisterter Bereitschaft" den Angriffsbefehl im Westen empfangen, und es könne gesagt werden, so Axmann, „daß sie im wahrsten Sinne des Wortes für Adolf Hitler durchs Feuer gehe". Im Jahr 1945 werden die vormilitärische und militärische Ausbildung, die Gesundheitsführung und die weltanschauliche Schulung im Vordergrund der HJ-Arbeit stehen. Abschließend betonte der RJF: „Am ersten Tage des neuen Jahres sind die Herzen und Gedanken der Jugend in Treue, Liebe und Ehrfurcht bei unserem Führer Adolf Hitler. Es ist das höchste Ziel, dem Führer durch die Erfüllung ihrer Jahresparole 1945 'Fronthilfe und Kriegseinsatz der Hitler-Jugend' viel Freude zu machen."

Große Teile der deutschen Jugend waren in der letzten Phase des Krieges in die Verteidigungsanstrengungen des Reiches eingebunden. Seit September 1944 befanden sich ca. 400.000 Jungen und Mädchen an den West- und Ostgrenzen sowie an den Küsten im „Grenzeinsatz der Hitler-Jugend" zum Bau von Panzergräben und Stellungen. 12 Hitlerjungen kamen durch Fliegerbeschuß ums Leben. Am 1. Oktober 1944 hatte RJF Axmann die „erweiterte Wehrhaftmachung" der männlichen Jugend in vier- bzw. sechswöchigen Wehrertüchtigungslagern sowie eine monatliche Vertiefung des Ausbildungsstandes in viertägigen Bannausbildungslagern verfügt. Der Dienst in der erweiterten Wehrhaftmachung - neben die vormilitärische Ertüchtigung trat die Unterweisung am Karabiner und an der Panzerfaust - wurde dem Dienst im 3. Aufgebot des Deutschen Volkssturms gleichgestellt. „Dem Führer eine kriegsbegeisterte Jugend zu schenken", war das formulierte Erziehungsziel. Freiwillige Hitlerjungen dienten als Melder und in den Versorgungsstäben der Wehrmacht. In Übereinstimmung mit dem

Reichspostminister ordnete Axmann die Verstärkung des Soforthilfeeinsatzes der Nachrichten-HJ nach Luftangriffen an. Dieser umfaßte drei Aufgabengebiete: die befehlsmäßige Errichtung von Leitungen, die Abgabe von Hilfskräften zur Verstärkung von Bautrupps der Reichspost, den Einsatz in Wählämtern zur Beseitigung von Staubschäden und Reinigen der Wählerscheiben. Als neuer Kriegseinsatz der Mädchenjahrgänge wurde der Nachrichtenverbindungsdienst aufgegriffen. Freiwillige Sondereinheiten des BDM halfen so den Bedarf an Nachrichtenhelferinnen für Wehrmacht, Waffen-SS und in den Befehlsbunkern der Reichsverteidigungskommissare zu decken.

Die Geschäfts- und Nachbarschaftshilfe, der Einsatz im Gesundheitsdienst, in Näh- und Kochstuben, Kindergärten sowie die Verwundetenbetreuung wurden ausgebaut. Darüber hinaus ordnete Axmann die Aufstellung von Betriebseinheiten der HJ zur Unterstützung der Rüstungsproduktion in den Stadtbannen an. Auf vormilitärischem Gebiet erwog Axmann die Ausbildung der Flieger-HJ für die sogenannten Heinkel-"Volksjäger".

In Frontnähe erfolgte der erweiterte Kriegseinsatz der HJ zur direkten Unterstützung der kämpfenden Truppe. HJ- und BDM-Einheiten halfen beim Bau von Verteidigungsanlagen, betreuten Verwundete, flickten zerschlissene Uniformen, teilten Verpflegung aus. Axmann weilte häufig selbst bei den „Fronthelfern der HJ" und spornte sie zu hohen Leistungen an. Es liege im Wesen der nationalsozialistischen Jugend, die kompromißlose Kriegsführung stärkstens zu begrüßen, verkündete der RJF.[19]

Der Kriegseinsatz wies der Jugend im Winter 1944/45 neue Aufgaben zu: Einsatz als Bahnhofskommandanten, Betreuung von Flüchtlingstrecks, Einsatz bei der Wiederherstellung von Transportwegen sowie bei der Suche nach verschollenen Rüstungsgütern. In seinem Jahresbericht schrieb der Direktor der Großen Stadtschule Rostock: „Schon zu Beginn des Jahres waren eine Reihe von Schülern zu Aufgaben im Kriegseinsatz herangezogen oder von der HJ zu Lehrgängen und Lagern einberufen. Durch die HJ wurden auch mehrere Schüler der drei Klassen als Kuriere in Wirtschaftsbetrieben eingesetzt und mußten als solche Kurierfahrten durch ganz Deutschland machen. Ueber die Verantwortungslosigkeit, mit der hier 15- und 16jährige mit Geheimsachen, z.T. sogar bewaffnet, in überfüllten, Tiefangriffen ausgesetzten Zügen, nach ständig bombenbedrohten Städten geschickt wurden, kann es nur eine Meinung geben. Indessen wäre jede Vorstellung dagegen nutzlos und für den Warner gefährlich gewesen. Auch die Eltern fügten sich schweigend.

Am 27. Januar verfügte der Kreisleiter im Auftrag des Reichsverteidigungskom-

---

[19] Vgl. Schaar, Vom Hitlerjungen zum Reichsjugendführer der NSDAP, Kap. 3.6.

missars die Schließung der Schulen. Heizung von Schulräumen wurde verboten. Es gelang noch, wenigstens für 14 Tage einen zweimal wöchentlich stattfindenden Kontrollunterricht durchzuführen, die HJ-Führung hinderte ihn jedoch auf jede Weise."[20]

Trotz der immer aussichtsloser werdenden Lage hielt RJF Axmann die Jugend zum weiteren Kampf an. Neben den üblichen Durchhalteparolen verstieg sich Axmann schließlich zu der Forderung: „Die Jugend Adolf Hitlers muß das Zentrum unseres nationalen Widerstandes sein. Leidenschaftlich bekennt die Jugend: Wir kapitulieren nie. Dieser Vernichtungskrieg läßt keine bürgerlichen Maßstäbe zu. Es gibt kein Zurück mehr, sondern nur ein Vorwärts. Es gibt nur ein Handeln bis zur letzten Konsequenz. Es gibt nur Sieg oder Untergang. Seid grenzenlos in der Liebe zu eurem Volk und ebenso grenzenlos im Haß gegen den Feind. Eure Pflicht ist es zu wachen, wenn andere müde werden, zu stehen, wenn andere weichen. Eure größte Ehre aber sei eure unerschütterliche Treue zu Adolf Hitler."[21]

„Kriegseinsatz" war für die Luftwaffen- und Marinehelfer längst zur Routine geworden. Bombenangriffe und Tieffliegerbeschuß gehörten zum Alltag der Schüler-Soldaten. Wenn an verschiedenen Stellen, etwa in den Berichten des Sicherheitsdienstes der SS, betont wurde, daß die Jungen in der Regel mit hoher Einsatzbereitschaft ihre militärischen Pflichten erfüllten, so trafen diese Einschätzungen zu. Die ehemaligen Flakhelfer erklärten immer wieder, daß sie ihrem Vaterland helfen, die Bevölkerung schützen und - noch 1945 - einen Beitrag zum Sieg leisten wollten.

Über die schulische Betreuung der LwH/MH in den letzten Kriegswochen liegen nur noch spärliche Erkenntnisse vor. Der Direktor der Großen Stadtschule Rostock schrieb in seinem Jahresbericht 1944/45 über den Einsatz und den Schulunterricht der bei Osnabrück stationierten LwH seiner Schule: „Am 31. Oktober wurde die Batterie mit allen Helfern nach Gretesch bei Osnabrück verlegt, wo die Schüler nunmehr unmittelbar in den Kriegseinsatz kamen, da dieser Raum fast täglich den Bombenangriffen ausgesetzt ist. Über die Haltung der Jungen in dieser Zeit kamen von den Dienststellen nur lobende Berichte. Der Winter war zweifellos für sie schwer, da auch die Unterkunft in Baracken mehr als dürftig und schlecht geheizt war und viel Nachteinsatz den für dies Alter so nötigen Nachtschlaf einschränkte. Trotzdem wurde der Unterricht weitergeführt. Studienrat Niemeyer als Betreuungslehrer übernahm den gesamten Unterricht außer Mathematik und Naturwissenschaften; für diese Fächer war Studienrat Dr. Rudolf Schröder eingesetzt. Über den höchst fraglichen Wert dieses Unterrichts

---

[20] AHR, 1.21.1 Nr. 453 (Jahresbericht 1944/45).
[21] Vgl. Schaar, Vom Hitlerjungen zum Reichsjugendführer der NSDAP, Kap. 3.6.

kann natürlich kein Zweifel bestehen."[22]

An dieser Stelle sei auch auf den Einsatz der Betreuungslehrer verwiesen, die - oft bereits im fortgeschrittenem Alter stehend - unter kompliziertesten und strapaziösen Bedingungen versuchten, den LwH/MH-Unterricht noch wissensvermittelnd zu gestalten.

Die vom SBREM beim LGK XI noch für das 2.Halbjahr 1944 akribisch gefertigte Statistik des LwH/MH-Unterrichts weist aus, daß 32% der mecklenburgischen LwH/MH höherer Schulen „übernormalen", 52% „normalen" und 16% „unternormalen" Unterricht erhalten haben. 83,5% der mecklenburgischen LwH/MH aus Mittelschulen sollen „übernormal" und die restlichen 16,5% „normal" unterrichtet worden sein.[23] Trotz dieser Zahlen, die den Anschein einer angeblich „geregelten" Unterrichtserteilung erwecken, dürfte der Bildungserfolg letztlich begrenzt gewesen sein. Auch bei den Zeugnissen wurde oft ein Auge zugedrückt. Helmut P. (Große Stadtschule Rostock): „Wegen meiner schulischen Leistungen wäre ich jetzt einmal drangewesen, sitzenzubleiben. Aber das ging nicht mehr. Denn auch der Batteriechef unterschrieb die Schulzeugnisse, und die wurden bei so vielen Versetzungen automatisch besser."[24] Die Benotung der LwH/MH bereitete größte Schwierigkeiten. Die zunehmende Beanspruchung führte bei den LwH/MH zu einem Rückgang des Leistungsvermögens und auch des Leistungswillens. Aus dem Raum Kassel liegt ein Beispiel über die Versetzung von ernstlich versetzungsgefährdeten Schülern in die nächst höhere Klasse vor - auf Antrag des Schuldirektors. Voraussetzung war, daß kein offensichtlicher Mangel an Haltungswillen vorlag. Ein ähnliches Beispiel ist auch von der Richard-Wossidlo-Schule Waren bekannt. Der MH Horst E. hatte die schulischen Pflichten vernachlässigt und kam so im Unterricht nicht mehr mit. War er in die Klasse 6 noch mit „schwersten Bedenken" versetzt worden, so blieb er beim Übergang in die Klasse 7 zunächst sitzen. Der Vater wandte sich direkt an den Mecklenburgischen Staatsminister Dr. Scharf, um eine Versetzung seines Sohnes zu erwirken. Seine Bemühungen hatten Erfolg. Am 8. Februar 1945 schrieb Dr. Scharf an Herrn E.: „Mit Rücksicht, daß Horst sich sonst im allgemeinen gut gemacht hat und in der festen Überzeugung, daß er auch späterhin im Leben seinen Mann stehen wird, will ich ihm den Weg zu seinem künftigen Beruf als Forstmann nicht verbauen. Ich bin deshalb damit einverstanden, wenn ihm nachträglich die Versetzung in die Klasse 7 zuerkannt wird."[25]

Die totale Luftherrschaft der Alliierten über dem Reich beanspruchte die Jungen gerade in den letzten Kriegsmonaten bis an die Grenzen der Leistungsfähigkeit.

---

[22] AHR, 1.21.1 (Jahresbericht 1944/45).
[23] Vgl. Nicolaisen, Einsatz, S. 129.
[24] Schreiben von Helmut P. vom 4.11.1995.
[25] Vgl. MLHA Schwerin, MfU Nr. 4827.

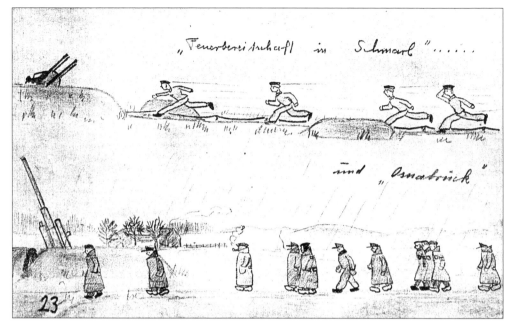

Munitionsmangel im Winter 1944. Anders als bei der Leichten Flak in Schmarl (Frühjahr 1944) waren die LwH bei der Schweren Flak in Hellern bei Osnabrück häufiger zur Untätigkeit verurteilt. (Jochen Hasselwander)

Dazu Wolfhard E. (Große Stadtschule Rostock, 5./613): „Teilweise hatten wir bis zu 10 Stunden am Tag Alarm, so daß der Schulunterricht fast gänzlich ausfiel. Wie man diese Anstrengungen durchgehalten hat, weiß ich heute nicht mehr."
Seit dem Spätherbst 1944 machte sich in den Flakbatterien ein zunehmender Munitionsmangel bemerkbar. Die so erzwungene Passivität, in der man Angriffe über sich ergehen ließ, gehört zu den schlimmsten Erfahrungen der LwH/MH während ihres Einsatzes. Georg K.F. (Blücherschule Rostock, 3./232) erzählte, daß sie von Osnabrücker Kindern mit der Frage konfrontiert wurden: „Luftwaffenhelfer, warum schießt Ihr nicht?" Diese Episode hat sich Georg K.F. bis auf den heutigen Tag schmerzlich eingeprägt.
Zudem wurde die Verpflegung knapper (Jochen H.: „Wir konnten den Hiwis nichts mehr abgeben.") und in manchen Batterien kam es zum vermehrten Auftreten von Wanzen, Mäusen und Ratten in den Unterkünften. Hans-Helmut W. (Horst-Wessel-Schule Teterow) - eingesetzt als MH in Kiel, Batterie Schilksee - berichtete, daß ein MH Sonderurlaub erhielt, weil er eine bestimmte Anzahl von Ratten erlegt hatte.
Hilflos mußten auch die in Gretesch eingesetzten LwH der Großen Stadtschule den Angriffen auf Osnabrück zusehen. Wolfhard E. erinnert sich: „In Gretesch bei Osnabrück fühlte man dann das Ende nahen. Osnabrück wurde in dieser Zeit schwer angegriffen. Über der Stadt hingen die Christbäume. Der Himmel war hell

erleuchtet. Wir starrten hilflos in den Feuersturm. Die Munition war knapp, und wir konnten kaum noch schießen. In Osnabrück spürten wir die Ohnmacht der Abwehr gegen die Bomberströme. Obwohl unsere Batterie nicht angegriffen wurde, hatten wir in Gretesch häufiger Angst."[26]

Anschaulich schildert Jürgen F. in seinen Aufzeichnungen die letzten Wochen seines Flakeinsatzes in Hellern. Sie bedürfen keines weiteren Kommentars.

„Klares kaltes Januarwetter. Angriff. In den Baracken: ... ring - ring - ring - ring - ring - ring. Draußen auf dem Weg heult die Batteriesirene auf: A 1! Wachmäntel über, Käppi auf und raus! Geschützleitungen werden angeschlossen, die Geschützführer melden feuerbereit und die Stärke der Bedienung. Luftlage: Starke Kampfverbände westlich Groningen mit Oostkurs. Weitere Verbände haben die holländische Küste überflogen und stehen bei Rotterdam mit leichtem Nordoostkurs, Ende. Die Bedienung sonnt sich, oder putzt die Muni noch mal über. Manchmal geht einer in die Baracke und hört sich die Luftlagen des Flaksenders an: ... tak - tak - tak - ... Ja, sie brummten schon, nicht weit von uns nahmen sie sich einen Bahnhof vor und griffen ihn mit Bordwaffen und Raketenbomben (Strahlenbomben) an.

Aber im großen ganzen war dicke Luft. Da .. Anton! - Anton verstanden! - Zu uns: Fertigmachen! - Herr Unteroffizier, was für 'ne Luftlage? - Weiß ni .. Anton! - Anton verstann! Anflüge aus Richtung 8 - die Bomber stehen jetzt südöstlich Rheine mit Nordostkurs. - Stahlhelme auf! Rohre Richtung 8! - Die Zünderstellmaschine fängt an zu summen, der K 3 schnallt seinen Ladehandschuh noch etwas fester ... - Fliegeralarm! Da oben kommen sie, ein Verband nach dem anderen, genau auf die Stadt zu! Die elektrischen Werte laufen ein und werden von den Richtkanonieren abgedeckt. Gleichmäßig richtet die Batterie den ersten Verband an. - Scharf einsetzten! Gruppenfeuer Gruppe rrrrrrrrrring rrumms! - Genau am Ende der Feuerglocke schossen alle sechs Geschütze. Jetzt geht es pausenlos: .. Gruppe rrrrrrrrring rrumms! (Schuß) Wie hart und scharf das knallt! (Schuß) Gruppe! (Schuß) Die Herzen klopfen und die Trommelfelle flattern. Ein kurzer Blick nach oben: Über uns hängen die ersten Zielmarkierungen, die Luft fängt an zu zittern ... Gruppe! (Schuß) Die Geschütze fangen an, unregelmäßig zu schießen. Gruppe! (Schuß) Die Verbände fliegen dicht hintereinander, es wird ohne Zielwechsel geschossen. Gruppe! (Schuß) Feuerdisziplin! Die Erde zittert unter den einschlagenden Teppichen! Gruppe! (Schuß). Man sieht über den Wall die Fontänen der am dichtesten einschlagenden Bomben, Splitter zischen durch die Luft. Gruppe! (Schuß) - Feuer unterbrechen! Zielwechsel Richtung zwozehn. Das sind die bei Groningen gemeldeten Verbände!

---

[26] Bericht von Wolfhard E.

Gruppenfeuer Gruppe! (Schuß) Weiter geht das Höllenkonzert! Die Luft dort droben brodelt vom Krepieren der Granaten! Gruppe! (Schuß) Dort brennt jetzt eine, und dort schert eine aus ... und weiter wird geschossen, immer weiter, und die Erde duckt und bäumt sich unter den herabprasselnden Bombenmassen .... - Feuerpause! Der Zünder ist außer Bereich. Kommen noch neue? Ein Blick über den Wall ... nein, für heut' ist Schluß. ... und am nächsten Abend! Wir hatten noch Holz geholt aus den Wällen der RAD-Batterie, in der Baracke zersägt, und da hieß es schon im Radio: Verband schneller Kampfflugzeuge im Anflug auf Nordwestdeutschland! Draußen gabs gerade Voralarm - da -ring-ring-ring-ring-...: A 1! Diese Sch.... Ueberwachung! Die anderen Batterien hatten jetzt noch frei, und wir heizten schon im Vorgefühl einer lieblichen Ueberwachung unsern Kanonenofen im Geschützbunker. Bald gabs Vollalarm (ätsch, jetzt müssen die anderen auch raus), Luftlage: ... der Verband schneller Kampfflugzeuge jetzt nordwestlich Enschede (Gustav-Otto) weiterhin mit Ostkurs, Ende! Im Geschützbunker bullert der Ofen, in sämtlichen möglichen und unmöglichen Lagen haben wir uns, in Ermangelung ausreichender Sitzplätze gelagert, dösen vor uns hin oder Karl Meinecke unterhält uns mit allerlei technischem und wissenschaftlichen Stoffen, um unsere Allgemeinbildung noch etwas zu fördern. Ab und zu kommt eine Luftlage, bis es schließlich draußen zu brummen und zu wummern anfängt. Wir gehen raus, um uns das Schauspiel eines Angriffes von Mosquitos auf den Dortmund-Ems-Kanal zum x-ten Male anzusehen. Seltsam, nur bei Angriffen auf den Kanal entfaltet er derartige Farben und Lichterpracht. Etwa 20 Minuten sehen wir nun, taghell beleuchtet, wie immer neue Maschinen anfliegen, langbrennende Leuchtbomben werfen, zum Tiefflug übergehen, ihre Bomben werfen. Dazwischen die Leuchtspur der 2 cm und 3,7, das Aufblitzen der schweren Flak, ab und zu ein Abschuß, und vor allen Dingen immer diese unendlich hellen Leuchtbomben. Ist es vorbei, gibt es gleich Vorentwarnung, die andern dürfen rein - und wir können draußen bleiben. Stunde um Stunde verrinnt, einige Luftlagen folgender Art würzen und verbittern die Zeit: .. ein Fernnachtjäger bei Rheine, Kurs Ooost ..., ein Nachtschlachtflugzeug nördlich Münster kreisend ... zwei Einzelziele Richtung 10, Kurs Ost ..., ein Fernaufklärer östlich Hannover, Kurs West (aha, einer kommt schon zurück) ... einige Einzelziele bei Kassel, kreisend ..., unbekannte Maschine Richtung 11, Kurs südwest ... usw. Langsam nehmen sie alle wieder Westkurs und fliegen ab, doch groß die Empörung, als noch eine Maschine kommt, nach Mitteldeutschland fliegt, und gewartet werden muß, bis auch diese wieder abgeflogen ist. - Kurz nach Mitternacht ist Schluß.
Um 4 Uhr müssen wir noch einmal 1 1/2 Std. wegen zwei Maschinen raus. Dann ist bis 7.30 Uhr Ruhe ... Zu bemerken ist noch, daß auf einzelne Masch. nicht geschossen werden darf. Also: alles umsonst!

Heute - am Tage - sitzen wir doch bis abends an den Kanonen, dann kommt Vollalarm, aber dann ist Schluß für uns; dann wieder in zwei Tagen. - Also dann, gute Ueberwachung, Ihr Armen von der Ueberwachungsbatterie!
Wir schwebten die Feiertage über in höchster Gefahr des Stellungswechsels, haben jedoch Schwein gehabt, wir blieben in Hellern. Gut ins neue Jahr gerutscht, hatten keine Ueberwachung. Beginn starker Tieffflieger- und Jabotätigkeit. Erstes Nahfeuer, bei anhaltend schönem Wetter ununterbrochen Großeinflüge, oft den ganzen Tag über, so daß am Geschütz gegessen werden mußte, oder bei nicht allzugroßer Gefahr wurde geschützweise weggetreten. Angriffe auf die Stadt wurden immer häufiger, oft kamen sie ganz überraschend, oft aber sah man sie schon von Ferne anfliegen.
Nachts waren öfter unangenehme Störangriffe. Trotz allem wurden unsere Vorgesetzten immer ekliger, sogenannter Knief ... (siehe Vererbungslehre) geht um. Neben uns lag eine RAD-Batterie, die ihre Stellung neben uns beziehen wollte, jedoch nicht mit dem Bau der Geschützwälle fertig wurde. Eines Tages kreisten wieder einmal acht Thunderbolts über der Stellung, wir gingen vorsichtshalber an die Geschütze, um uns nicht in den Baracken durchlöchern zu lassen, als Leutnant Bockelmann zu uns ans Geschütz kam und eigenmächtig ein gutliegendes Nahfeuer (leider war die Zünderstellung nicht groß genug) eröffnete, in das kurz darauf ‚Emil' mit einfiel ... Er schob mich von meinem K 1 Platz weg, um selbst die Höhe zu bedienen. Jetzt zog wieder eine Thunderboldt auf uns zu. Es wurde scharf geladen, und gleich nach dem Wechselpunkt rief Bockelm.: Feuer! Rumms!-Wupp! Dicht unter dem Ziel eine schwarze Sprengwolke von der Größe eines Scheunentores. Die Thunderboldt zog hoch und flog weiter. Die nächste flog an, ihre Bordwaffen rasselten, und: Feuer! hieß es - rrumms! und: noch einen! rumms! und noch einen! rumms! Schuß für Schuß platzt jetzt zwischen die angreifenden Thunderboldts. - Der Chef kam angerast: Feuer einstellen! und: noch einen! und Jumbo Panter schob einen nach den anderen rein!... und draußen: Feuer einstellen - drinnen: noch einen! rrumms! Schließlich hatte der Chef das Feuer gestoppt - schade -. Es hat aber nur zwei Zigarren eingebracht, eine vom Kommandeur für den Chef wegen Munitionsverschwendung, und eine vom Chef für Bockelmann. Es hat uns keine Verluste gekostet, und denen keine Maschine. Aber Bockelmann stieg in unserer Achtung, und aufregend wars auch; er war einfach prima - unser ‚Nahfeuerleutnant'!
Und trotzdem sank die Stimmung mehr und mehr, unsere Wachmäntel und Kopfschützer mußten wir abgeben, noch während die Bomber ihre Lasten abluden, grübelte der Chef schon wieder, was demnächst für ein Appell steigen könne. Weil bei einem Angriff drei Geschütze durch Hemmung ausfielen, verhängte er Urlaubssperre, als ob wir die Schuld hätten. Man hetzte die alten Soldaten schon genau so wie uns durch den Schnee, bis es mich eines Tages erhasch-

te. Ich erkrankte sehr schwer an Angina, habe zweieinhalb Wochen kein Stück gegessen noch essen können, ich bekam nichts den Hals heruntergeschluckt, hohes Fieber, eines Abends war ich bei einem Angriff mit 40.8 Grad am Geschütz, wurde aber, als es vorbei war, ohne Besinnung wieder hereingetragen. Unendlich langsam mußte ich mich wieder ans Essen gewöhnen, es ist mir sehr schwer gefallen. Furchtbar blaß und bleich sah ich aus, als ich wieder gehen konnte. Meine Kameraden waren inzwischen mit ihrem 14täg. Urlaub schon durch, ich war der letzte, an einem Freitag wollte ich fahren, doch war wieder ein schwerer Angriff, und ich verschob es da lieber auf Montag, doch Montag war wieder ein schwerer Angriff, doch fuhr ich jetzt trotzdem, hatte unendlich viel Glück in Anbetracht der zu bewältigenden Hindernisse und war schon am nächsten Abend zu Hause ... Oft war Alarm, und schließlich am letzten Urlaubsabend war noch ein Angriff auf Saßnitz. Am nächsten Morgen Abfahrt mit meinem und noch Batteriegepäck im überfüllten Flüchtlingszug bis Hamburg. Von dort unter vielem Umsteigen mit der S-Bahn nach Harburg, dort einen schweren Angriff auf Harburg in einem kleinen Bunker neben dem Bahnhof mitgemacht, ringsum alles brennend, nur der Bahnhof einigermaßen stehend (meine Klamotten waren dort aufgegeben). 5 Meter war der nächste Trichter von dem Bunker ab. Spätnachts Abfahrt im halbzerstörten Zug in Richtung Essen, Schneetreiben, morgens war ich in Osnabrück und auf dem Wege in die Stellung traf ich meine Kameraden auf dem Wege zur Entlassungsuntersuchung und erfuhr jetzt, daß wir am nächsten Tage entlassen würden (Seit Mitte Januar bekamen wir laufend die sogenannten Flak-V-Soldaten (V: verwendungsfähig), die uns ablösen sollten, es war Jahrgang 28, nicht kv geschriebene. Am nächsten Tag machten wir noch einen schweren Angriff, schon in Zivil, mit, dann meldeten wir uns ab, fuhren nachmittags mit einem Bus nach Belm und abends in fröhlicher Fahrt weiter, der Heimat zu. Ade, Osnabrück."[27]

Kriegsende

Von Februar bis April 1945 kamen schließlich die mecklenburgischen Luftwaffenhelfer/Marinehelfer des Jahrganges 1928 zur Entlassung. Die Rostocker Schulverwaltung meldete nach Schwerin, daß die Schüler der Großen Stadtschule am 14. Februar, die Schüler der Blücherschule am 10. März und die Schüler der Schule bei den 7 Linden am 15. März 1945 zurückgekehrt waren. Gleichzeitig wurden die LwH aus den Rostocker und Warnemünder Batterien heraus-

---

[27] Aufzeichnungen von Jürgen F.

> **Große Stadtschule**
> **(Staatliches Gymnasium)**
> **Seestadt Rostock**
>
> Seestadt Rostock, den 26. Februar 1945
>
> Bescheinigung
> ------------
>
> Der Luftwaffenhelfer
>
> Wolfhard E s c h e n b u r g,
>
> geb. 9. Juli 1928, Klasse 7 der Gr. Stadtschule (Staatl. Gymnasium), erhält auf Grund seiner Einberufung zum Reichsarbeitsdienst und anschließendem Wehrdienst die Bescheinigung, daß er zu dem Termin, an dem er die Reifeprüfung abgelegt haben würde, den Reifevermerk erhalten wird.
>
> Oberstudiendirektor.

gelöst. Mit Beendigung ihres Einsatzes erhielten die Jungen ihre Abgangszeugnisse bzw. Reifevermerke. Der Krieg jedoch ging weiter.
Der Rostocker Gymnasiast Gerd-Hinrich L. verblieb seit dem 10. Februar 1945 als Kanonier in der 5./613 in Gretesch bei Osnabrück. Am 3. April 1945 wurde die Batterie der Flakabteilung 1113 (zuständiger Ersatztruppenteil: Schwere Flakersatzabteilung 6 Hannover-Bothfeld) unterstellt und in Richtung Berlin in Marsch gesetzt. Im Raum Werneuchen verließ L. am 20. April 1945 die Batterie und kämpfte bis zum 2. Mai 1945 im Bunker Berlin-Friedrichshain.[28]
Wolfhard E. rückte vier Wochen nach seiner Entlassung aus dem Flakdienst zum RAD ein. „Am 13. Februar 1945 wurden bis auf einen Schüler alle Klassenkameraden aus dem Flakeinsatz nach Rostock entlassen. In der Schule erhielten wir einen feierlichen Handschlag und das vorläufige Reifezeugnis, das uns zum Studium berechtigte, obwohl wir weit davon entfernt waren, die nötigen Anforderungen zu erfüllen.
Wenige Tage darauf erhielt ich meine Einberufung zum Reichsarbeitsdienst und mußte mich am 15. März 1945 in Lauen vor den Toren Lübecks melden. Der RAD hatte zu dieser Zeit die militärische Grundausbildung übernommen, und wir wurden in der Palinger Heide auf Endkampf und Endsieg vorbereitet. Mitte April

---

[28] Hinweis von Gerd-Hinrich L.

Schule bei den sieben Linden
Staatliche Oberschule für Jungen in Seestadt Rostock

Abgangszeugnis

Fritz Friedrich Wilhelm Lahl

geboren am *14. Mai* 19*28* zu *Rostock* *Sohn des Kaufmanns Fritz Lahl zu Seestadt Rostock*, hat von *Ostern* 19*39* bis *12. März* 19*45* die Schule bei den sieben Linden besucht und ist seit *Sommer* 19*44* Schüler der Klasse *6* gewesen.

Durch Beschluß vom ——— 19— ist er nach Klasse ——— versetzt worden.

Allgemeine Beurteilung:

Lahl war seit Januar 1944 – 13. Februar 1945 als Luftwaffenhelfer eingesetzt und hat an dem für Luftwaffenhelfer angeordneten Unterricht teilgenommen.

Leistungen:

Leistungsstufen: 1 - sehr gut, 2 - gut, 3 - befriedigend, 4 - ausreichend, 5 - mangelhaft, 6 - ungenügend

Leibeserziehung: ———
Deutsch: *befriedigend*
Geschichte: *befriedigend*
Erdkunde: *sehr gut*
Kunsterziehung: ———
Musik: ———
Naturwissenschaftlich-mathem. Arbeitsgemeinschaft: ———

Biologie: ———
Chemie: *gut*
Physik: *befriedigend*
Mathematik: *befriedigend*
Englisch: *gut*
Latein: *gut*
Französisch: ———
(wahlfrei)

Er verläßt die Schule bei den sieben Linden, *weil er zum Reichsarbeitsdienst einberufen wurde.*

Seestadt Rostock, den *11. April* 19*45*

Der Direktor:
Freimann

Der Klassenlehrer:
J. b. Freimann

Gebühr mit *6,—* RM. bezahlt.

E 0846/47004

erhielten wir scharfe Munition und wurden in Richtung Berlin durch das südliche Mecklenburg in Marsch gesetzt. Irgendwo wurden wir auf die Bahn verladen, aber schon in der Nähe von Crivitz endete die Fahrt infolge Tieffliegerangriffs auf den Zug. In einem Graben etwas abseits vom gefährlichen Bahndamm sah ich mich plötzlich meinem alten Flak-Kameraden Christian S. gegenüber, der vom Nachbarwaggon aus die gleiche (und gute) Deckung gesucht hatte. Von da an ging es nur noch hin und her, zunächst bis an die Elbe, dann wieder zurück bis Parchim und schließlich in die Lewitz, wo wir bei Goldenstedt von baumlangen schwarzen Amerikanern in die Gefangenschaft geführt wurden. - Wir hatten keinen scharfen Schuß mehr abgegeben, brauchten keinen Panzer mehr zu knakken - und heute denke ich, ob wir wohl einen einsichtsvollen Kommandeur gehabt haben, der seine 16- und 17jährigen nicht noch hat opfern wollen."[29]

Georg K.F. (Blücherschule Rostock) schlief am 28. Februar 1945 in sein neues Dienstverhältnis als Flak-v-Soldat über und erlebte schließlich den Rückzug der 3./232. Eintragungen von Jochen H. geben Auskunft über das Schicksal dieser Batterie. „Am 3. April 1945 kam zwischen 13 und 15.00 Uhr Erdalarm. Rösing und Gürten (total besoffen) reißen aus. Batterie (jetzt drei Batterien von zusammen 14 Geschützen) indirektes Schießen in Richtung 7 und 4, d.h. südsüdwest und ostsüdost. (Anton in der Stadt zur Überholung) Pro Geschütz 120-125 Schuß. Vorher kommt die Bedienung von Anton mit dem gleichn. Geschütz der Nachbarbatterie (auf Kreuzlafette) und das Kommandogerät unter Führung Ltn. Bockelmanns als Flakkampftrupp weg. Wahrscheinlich Richtung Hannover. Holzminden Dora, Flakzielfernrohr mit Kurt Haupt, er entdeckt an einem Haus den Granatwerfer, der die Stellung beschießt. Ein Schuß hinein. Haus samt Granatwerfer weg, er entdeckt gleich darauf MG in einem Haus. Ein Schuß hinein. Haus und MG weg. Gegen 17 Uhr Beginn des Sprengens der Geschütze. Zuerst Berta (wegen Hemmung). 19 Uhr Abzug nach Norden mit Panzerfaust und Karabiner. Nach einigen Tagen in Bramsche, dort vier Tage, weiter nach Vechta. Um 6 Uhr Abmarsch aus Bramsche, um 11 Uhr rückt der Tommy ein. Ernst Jeske mit seiner Gruppe (auch Julius Cäsar) abhanden gekommen. Pfefferkorn will auf Panzerspähwagen schießen, Panzerfaustversager, er wird tödlich vom Spähwagen getroffen.

Bei Delmenhorst in Stellung, Feindberührung in Kahrstage. Bei Nordholz Geplänkel mit Panzerspähwagen. Grosche am Oberschenkel verwundet, Thorwirt ebenfalls verwundet. Batterie weiter in Richtung Oldenburg, Wesermünde. Dort Gefangennahme des größten Teils der Batterie. Oblt. Grosche später Führer einer Marineeinheit in Wesermünde beim Arbeitseinsatz."[30]

---

[29] Bericht von Wolfhard E.
[30] Aufzeichnungen von Jochen H.

Jochen H. selbst rückte Ende März zum RAD in die Nähe von Altentreptow ein. „Dort erhielten wir eine rein militärische Ausbildung. Die Vorgesetzten waren entsetzlich - totale Nationalsozialisten, die sich vor jedem Fronteinsatz gedrückt hatten. Eines Tages im April kam der Aufbruchbefehl. Sachen packen. Wir erhielten Sturmgewehre, Munition und Karabiner. In den letzten Apriltagen lagen wir an einem See bei Waren in einem Zeltlager. Das Wetter war phantastisch und wir badeten viel. Schließlich zogen wir durch die großen Wälder an der Müritz, wo wir auch Wisente sahen. In Waren wurde schon geplündert. Vor Waren machten wir eine kurze Rast. Die Front war in unmittelbarer Nähe. Plötzlich kam sowjetisches Artilleriefeuer. Wir ließen unser gesamtes Gepäck zurück, bis auf das Nötigste, und verschwanden schnell in Richtung Nordwesten. Hinter Waren löste sich unsere Einheit auf. Ein Kamerad und ich zogen weiter Richtung Wismar. Feldgendarmerie hielt uns an. Wir sagten, daß wir unsere Einheit verloren hätten, und sie ließen uns glücklicherweise laufen. Eine Nacht verbrachten wir auf einem Bauernhof, wo schon die weiße Fahne gehißt worden war. Plötzlich kamen Kräder mit SS und schossen in Richtung des Hofes. Wir schossen zurück, und da die SS wohl dachte, die Engländer wären bereits da, fuhren sie wieder weg. Bis kurz vor Wismar nahm uns ein Kübelwagen der Flak mit. Die Soldaten hatten kurz zuvor ihre 2cm-Flak gesprengt. Dort nahmen uns die Kanadier fest, filzten uns. Einige bekamen Schläge. Dann hörten wir eigenartige Laute - die Kanadier hatten sich mit den Russen getroffen. In dieser Nacht, die ich nicht vergessen werde, übergaben uns die Kanadier den Russen. Wir dachten, nun ist alles aus. Sie sperrten uns in eine Scheune. An einem wunderschönen Maimorgen mußte unser zusammengewürfelter Haufen - Marine, Infanterie, U-Boote, Flak - draußen antreten. Ein Offizier kam und sagte: ‚Krieg kaputt, alles nach Haus.' Also zog ich zusammen mit einem Soldaten Richtung Rostock." Jochen H. geriet bei Neubuckow noch einmal in Gefangenschaft. Sowjetische Einheiten fahndeten nach SS-Angehörigen. Aus diesem Sammellager wurde er schließlich entlassen, kam im Herbst 1945 nach Rostock zurück und legte 1949 das Abitur ab.[31]

Claus P. (Schule bei den 7 Linden): „Im März 45 wurden wir entlassen, weil wir unsere Einberufung zum RAD bekamen. Ich kam mit einigen Kameraden zu einer RAD-Abteilung nach Krummendorf, die in einer verlassenen Flakstellung untergebracht war. Nach 4wöchiger Infanterieausbildung wurden wir von der Wehrmacht übernommen und noch in den letzten Kriegstagen im Raum südlich Berlin/Südteil Mecklenburg im Rahmen der Heeresgruppe ‚Weichsel' (Korpsgruppe Steiner) eingesetzt, am Kriegsende bei Hohen-Viecheln entwaffnet, kur-

---

[31] Bericht von Jochen H.

ze Gefangenschaft, entkommen und im Juli 45 über die ‚grüne Grenze' nach Rostock heimgekehrt."[32]

Auch Fritz L. - aus dem Sudetengau zum RAD nach Lichtenhagen zurückgekehrt - überstand das Kriegsende. „Beim RAD fand ich mich als ‚Schaufelsoldat' in Lichtenhagen wieder. Ironie des Schicksals. Die später entlassenen Mitschüler wurden nicht mehr eingezogen.

Ich hatte den gesamten Krieg über kein Gewehr besessen, nur wenige Tage lang eine Panzerfaust, die mir ein betrunkener Marinesoldat auf dem Rückzug abhandelte - gegen eine Schachtel Zigarillos. Er schoß sie gleich auf einen Ententeich ab, damit ich keinen Blödsinn mehr machen konnte. In Hohen Viecheln ergab ich mich den Engländern, kam zunächst nach Waschow bei Wittenburg ins Gefangenenlager und später nach Schleswig-Holstein auf Bauernhöfe. Hier wurde noch ein regelrechter Wachdienst eingeführt, um ein Ausmelken der Kühe auf der Weide zu verhindern. Wir hatten natürlich Besseres zu tun, als auf die Kühe aufzupassen, und legten uns schlafen. Am nächsten Tag waren die Kühe natürlich ausgemolken und ich wurde vom ‚Kriegsgericht' wegen Wachvergehens zu zwei Tagen Essenentzug ‚verurteilt'."[33]

Derselben RAD-Einheit war Georg M. - OSfJ Malchin - zugewiesen worden. „In Rostock-Lichtenhagen wurden wir beim RAD an der Panzerfaust ausgebildet und sollten schließlich gegen die Amerikaner eingesetzt werden. Auf dem Weg nach Lübtheen wurde unser Zug schwer angegriffen. Als ehemalige Luftwaffenhelfer wußten wir, wie man sich bei Luftangriffen verhält, während andere Kameraden auf dem flachen Acker erschossen wurden. Nach mehreren Rückmärschen - inzwischen hatte man uns informiert, daß Adolf Hitler gefallen sei - desertierten ein Kamerad und ich in der Nähe Schwerins zu seinen Eltern. Im August 1945 marschierte ich zurück nach Malchin."[34]

Gerade rechtzeitig, am 30.März 1945, kamen die Grevesmühlener Schüler auf Wangerooge zur Entlassung. Die MH in den Batterien Saline, Neudeich und Jade Ost waren bis zu diesem Zeitpunkt vor allem gegen einfliegende Verbände und britische Minenleger zum Einsatz gekommen. Angriffe auf die Insel gab es nicht. Am 25. April gegen 17.00 Uhr aber wurde die Insel schwer angegriffen, wobei es acht Tote unter den zurückgebliebenen Marinehelfern und Marinehelferinnen zu beklagen gab. An diesem Tag fielen 500 Tonnen Bomben und starben 311 Menschen auf Wangerooge. Es war zugleich der letzte Angriff der britischen RAF gegen Ziele in Deutschland. Sieben Maschinen konnten noch abgeschossen werden. Am 5. Mai 1945 wurden die Geschützrohre auf „0" gedreht und drei Tage später den Alliierten übergeben.[35]

---

[32] Bericht von Claus K.
[33] Bericht von Fritz L.
[34] Bericht von Georg M.
[35] Nicolaisen, Flakhelfer, S. 153ff.

Ein ähnlich glückliches Schicksal wie den Grevesmühlener Oberschülern war auch den MH-Lehrlingen dieser Stadt auf Helgoland vergönnt. Werner K. - Lehrling im 2. Lehrjahr bei der Deutschen Reichsbahn - war seit dem 3. August 1944 Marinehelfer in der Batterie Westklippe 4./242. „Helgoland besteht aus der eigentlichen Insel und der im Osten vorgelagerten Düne. Die Insel war mit vier Flakbatterien bestückt. Außerdem etliche 2cm Flakgeschütze. An schwerer Artillerie befanden sich dort drei Geschütze vom Kaliber 30,5 und drei 17,5cm Geschütze. Auf der Düne befand sich eine 10,5cm-Flakbatterie und eine 12,8cm-Batterie.

Die Einflüge der angloamerikanischen Bomberverbände erfolgten zum großen Teil über die Deutsche Bucht. Helgoland selbst blieb bei diesen Einflügen meistens unbehelligt. Einen Angriff überstanden wir gut, doch ein großer Teil der Wohnfläche der Zivilbevölkerung wurde dabei zerstört. Zu Verletzten oder gar Toten kam es dabei nicht, denn die Bevölkerung konnte bei Fliegeralarm bombensichere Schutzräume aufsuchen.

Auch die Flakbatterien hatten bei diesem Angriff keine Verluste, erzielten jedoch drei Abschüsse. So konnten wir diesen Angriff abwehren und freuten uns natürlich über unseren Erfolg. Es gab jeden Tag Fliegeralarm. Wir standen oft Tag und Nacht an den Geschützen. Die Bomberpulks flogen jedoch meistens in größerer Entfernung an Helgoland vorbei, außerhalb der Reichweite unserer Geschütze. Es ging meistens sehr hektisch zu. Unter den Marinehelfern gab es Oberschüler und Lehrlinge. Wir hatten also auch noch Schulunterricht. Die Oberschüler mußten fürs Abitur büffeln und die Lehrlinge für die unterbrochene Berufsausbildung."

In der Batterie Westklippe befanden sich außer den MH-Lehrlingen auch MH aus Freiburg/Sachsen, Stolp und Pyritz in Pommern sowie aus Stargard.

Werner K.: „Am 12. März 1945 verließ ich Helgoland mit vielen anderen Kameraden. Wir wurden abgelöst von 15- und 16 jährigen Jungen, die ursprünglich wehruntauglich waren. Sie wurden aber für tauglich befunden, Flakgeschütze zu bedienen. Ihre Bezeichnung lautete: Flak-v-Soldaten (flakverwendungsfähig). Ein Teil der Marinehelfer verblieb in der Batterie Westklippe. Wir anderen, die die Insel verlassen mußten, wurden feierlich verabschiedet. Bei diesem Kameradschaftsabend durfte sogar geraucht werden, was uns sonst verboten war. Nun ging es also zurück in die Heimat. So blieb mir der große Angriff vom 18. April erspart, bei dem Helgoland völlig vernichtet wurde. Viele Soldaten und Marinehelfer, gute Kameraden, fanden dabei den Tod."[36]

1000 Bomber, begleitet von Mustang- und Thunderboldt-Jägern hatten Helgoland

---

[36] Bericht von Werner K.

am 18. April 1945 schwer angegriffen. Mehr als 100 Tote forderte das Bombardement, das Helgoland in eine Kraterlandschaft verwandelte. Sechs Marinehelfer fielen in der Batterie Westklippe, mehr als 40 in der Batterie Schröder. Am 11. Mai 1945 wurde die verbliebene Besatzung auf das Festland gebracht.[37]
Werner K. erhielt Mitte April 1945 seine Einberufung zum Reichsarbeitsdienst nach Jagel bei Schleswig und kam am 3. Mai 1945 in seine Heimatstadt Grevesmühlen zurück; zur gleichen Zeit, als dort alliierte Truppen einrückten.
Zu den Flak-v-Soldaten, die im Januar 1945 einberufen wurden und die Luftwaffen- und Marinehelfer ablösten, gehörte Gerhard N., Kriegsfreiwilliger des Jahrganges 1928. Gerhard N. arbeitete in einer Feldberger Maschinenfabrik, die Flugzeugteile herstellte und war 1944 als flakverwendungsfähig gemustert worden. Die mehrwöchige Ausbildung der jungen Soldaten aus Feldberg, Friedland, Neubrandenburg, Neustrelitz, Waren und anderen mecklenburgischen Städten und Dörfern begann auf dem Übungsplatz Büsum und wurde auf dem Flugplatz Stade fortgesetzt. Die Unterweisung erfolgte an 3,7cm- und 2cm-Flakgeschützen. Für die Infanterieausbildung waren die noch auf dem Flugplatz stationierten Luftwaffenhelfer verantwortlich, die ihre Stellung zu Schikanen ausnutzten. Daraufhin wurden die LwH von den Flak-v-Soldaten verprügelt. Die Flakbatterie kam im April 1945 gegen heranrückende amerikanische Truppen an der Elbebrücke Schönhausen zum Einsatz. Gerhard N. erinnert sich an seinen ersten Tieffliegerangriff auf die Brücke und die Batterien, bei dem die jungen Kanoniere ihre Feuertaufe erhielten. Dieser Angriff verlief zunächst glimpflich. Die Kanoniere beobachteten, wie einige Bomber von der nahegelegenen 12,8 cm-Eisenbahnflak aus dem Verband herausgeschossen wurden. Am Morgen des 21. April 1945 stand die Batterie in einem mehrstündigen Kampfeinsatz gegen amerikanische Erdtruppen und verhinderte, trotz eigener Verluste, das Übersetzen der Amerikaner über die Elbe. Dem Angriff voraus ging eine Artillerievorbereitung auf die Batteriestellung. Voller Angst flohen die Bedienungen und mußten von den Vorgesetzten erst eingeholt und zurückbefohlen werden. Ende April in den Raum Rathenow verlegt, geriet die Batterie an der Havel in ein Gefecht zwischen Waffen-SS-Einheiten und sowjetischen Truppen. Die Batterie schoß ein paar Salven, ein 16stündiger Granathagel aus Artillerie- und Panzergeschützen war die Antwort. In ihren Schützenlöchern, eng an die Erde gepreßt, erwarteten die Jungen ihr Ende, doch glücklicherweise wurde niemand verletzt oder getötet. Nach weiteren Stellungswechseln erhielt die Batterie Anfang Mai 1945 den Rückzugsbefehl. Die Geschütze wurden unbrauchbar gemacht, und der Marsch Richtung Westen begann. In Schönhausen an der Elbe sammelten sich verschiede-

---

[37] Zum Angriff auf Helgoland vgl. insbesonders Nicolaisen, Flakhelfer, S. 90ff.

ne Truppen und gingen schließlich unter vereinzelten Kampfhandlungen über die Elbe in amerikanische Gefangenschaft.[38]

Im März 1945 kamen auch die in Kiel und Eckernförde eingesetzten Marinehelfer zur Entlassung. „Als Hitler zu Jahresbeginn 1945 Deutschland wie ‚Phönix aus der Asche' auferstehen lassen wollte - wir hörten per Radio die ‚Botschaft' - , gab der Kieler Anblick wenig Anlaß zu derartigen Visionen, im Gegenteil", erinnert sich Rudolf L. (OSfJ Parchim). War die Angriffstätigkeit auf Kiel um die Jahreswende 1944/45 etwas abgeflaut, so brandete sie in den letzten Kriegswochen erneut heftig auf. Am 11. März, 9. April und 2./3. Mai 1945 fielen wieder Bomben auf die schon schwer zerstörte Stadt. Am 4. Mai heulten die Sirenen zum letzten Mal. 2900 Menschen waren in Kiel im Bombenkrieg ums Leben gekommen, 1944/45 allein 1600. 35% der Wohngebäude waren zerstört, 40% beschädigt. Kirchen, Schulen, das Theater, das Schloß, das Rathaus, die kulturhistorisch wertvollen Häuser am alten Markt - alles lag in Trümmern.[39]
Einige Marinehelfer erinnern sich an die letzten Tage ihres Einsatzes in Kiel und das Kriegsende.
Rudolf L. (OSfJ Parchim, 1. MFSA): „Mitte März 1945 wurde ich in Kiel entlassen und gab meine Utensilien bei der Kleiderkammer in der Kronshagener Kaserne ab (alles wurde peinlich genau verglichen und durchgezählt, wohlgemerkt Mitte März 1945). Die Entlassung geschah aus Gesundheitsgründen, nach abermaliger militärärztlicher Untersuchung. Ich kam also nach Parchim zurück, wo sich das Kriegsende auch schon unübersehbar abzeichnete: Flüchtlingstrecks usw., zurückflutende Wehrmachtsverbände, Fliegeralarm bei Tag und Nacht (mit Bombenabwürfen). Aber ein französischer Kriegsgefangener grub noch in aller Gemütsruhe unseren Garten um; bei herannahenden alliierten Flugzeugen trat er lässig unter die Obstbäume, bis die Gefahr vorüber war. Ich mußte noch wieder für ein paar Tage in die alte Schule gehen, die nur noch Notquartiere an verschiedenen Stellen der Stadt hatte. Die restliche Schüler- und Schülerinnenschar lernte nicht mehr viel, was Wunder! Und die verbliebenen betagten Lehrer - zugleich volkssturmpflichtig - rissen die Stunden nur noch ab. Anfang April aber war es endgültig vorbei mit dem Schulunterricht. Gleichzeitig wurde erneut gemustert und für diensttauglich befunden. Zu meinem Glück kam es in den immer stärkeren Wirren nicht mehr zu einer Einberufung. Vor HJ und Volkssturm habe ich mich dann mit List und einigem Dusel gedrückt. Meiner Mutter war gar nicht wohl dabei. Am 2. Mai rückten unter allgemeinem Aufatmen amerikanische

---

[38] Nach einem Bericht von Gerhard N.
[39] Vgl. Geschichte der Stadt Kiel, S. 399.

Truppen nach Parchim ein, aber schon am nächsten Tag folgten ihnen ‚die Russen'. Der Hunnensturm begann; ich werde ihn bis an mein Lebensende nicht vergessen. Obwohl zu der Zeit doch Zivilist, war ich binnen kurzem Kriegsgefangener der Russen. In den Papieren stand: ‚Ort der Gefangennahme: Kommandantur Parchim'. Das war das einstige und jetzt wieder als solches verwendete Landratsamt. Nach knapp sechs abenteuerlichen Wochen und mehreren 100 km Fußmärschen ließen die ‚Befreier mich wieder laufen. Warum, weiß ich bis heute nicht. So habe ich damals mit Glück überlebt und beendete, wiederum unter mancherlei Abenteuern, ab Herbst 1945 meine Schulzeit in Parchim. (Abitur im Spätsommer 1946.) In den letzten Wochen vor dem Zusammenbruch 1945 fungierte ich weisungsgemäß als persönlicher Bote des fast arbeitslosen Oberstudiendirektors Dr. Wiegandt: ‚L..., L..., was gibt das bloß?'".[40]

Horst R. (Claus-von-Pape-Schule Schwerin, Batterie Kiel-Oppendorf): „Zunächst verschärfte sich aber noch das Elend. Mit der Baranow-Offensive der Sowjetarmee im Januar 1945 wurde den Marinehelfern in Kiel die Einreise in den Raum östlich der Linie Lübeck-Lauenburg untersagt. Aus war es mit dem Urlaub, um Mutter zu besuchen. Anfang März wurden die bis dahin noch nicht einberufenen Marinehelfer in Seesoldaten umgewandelt, d.h., sie durften auch im Nahkampf eingesetzt werden - gemäß Landkriegsordnung. Ich nicht. Ich stand zur Verfügung der Luftwaffe als Offiziersanwärter, und ... dem deutschen Ordnungssinn - und seinem Interpreten - sei Dank, ich mußte nach Schwerin entlassen werden. Ich blieb keine Minute länger als nötig in der Batterie, achtete nicht auf die Luftlage und rannte - unbedacht - in den schweren Bombenangriff auf Kiel am 11. März 1945. Mit meinem Pappkoffer über dem Kopf habe ich in einem Panzerdeckungsloch an der Schwentinebrücke in Kiel-Wellingdorf auch das überdauert.

Die Begrüßung durch meine Mutter bei meiner Rückkehr bleibt mir unvergeßlich: ‚Junge, warum bist du jetzt schon desertiert?' Antwort: ‚Ich habe ordnungsgemäße Papiere.'

Was weiter passierte, hat nicht mehr mit der Marine zu tun. Von der Luftwaffe hörte ich nichts mehr. Bei meiner letzten Meldung im Arsenal in Schwerin wurde ich schon Zeuge, wie Akten verbrannt wurden. Nach dem Einmarsch der Sowjetarmee am 1. Juli 1945, als so viele eingesperrt worden waren, half ich für kurze Zeit in der Ortsverwaltung, transportierte aus dem Landratsamt am Pfaffenteich Befehle der Militäradministration und machte mit einer roten Armbinde ‚Ordnungsdienst'. Organisiert wurde das von einem Eisenbahner aus Schwerin und tatsächlichen und vorgeblichen Verfolgten des NS-Regimes, die sich in Pam-

---

[40] Bericht von Rudolf L.

pow getroffen hatten. Nach einigen vergeblichen Anläufen gelang es meiner Mutter und mir, im Dezember 1945 mit etwas Gepäck quasi legal nach Hamburg zu Vater und Bruder zurückzukehren.

Noch zwei Skurrilitäten: Nach der Übergabe durch die Russen, der Preis war eine Uhr, schafften uns die Engländer in das Influx-Lager in Bad Segeberg. Die dort noch tätigen deutschen Feldwebel meinten, ich bedürfte einer ordnungsgemäßen Entlassung als Kriegsgefangener. Der britische Sicherheitsoffizier jedoch entschied gegenüber meiner Mutter: ‚Nehmen sie ihren Kleinen man so mit.' Das geschah. In Hamburg erhielten wir trotz Zuzugssperre sofort Zuzug, weil wir als falsch registrierte Bombentote wohnberechtigt geblieben waren.

Als Abschluß das Wort meines Onkels aus der Griesen Gegend zur Lage in Mecklenburg 1945: ‚Dat wart nix. Kiek die dei Lüüd an!'"[41]

Ernst P. Reinhard über das Ende der Batterie Eckernförde-Stadt: „Zwei Marinehelfer (aus der Schleswiger Schule) verblieben im Februar 1945 als Flak-v-Soldaten in der Batterie - sie hatten noch nicht das ‚Militärmaß', waren aber zäh und leistungsfähig und unglaublich motiviert. Für einen immerhin im Bereich des Möglichen liegenden Erdeinsatz habe ich mit ihnen eine bewegliche, mit Funk ausgerüstete B-Stelle vorbereitet, die hervorragend arbeitete, aber - heute sage ich: GOTT sei Dank! - nicht mehr zum Einsatz kam.

Als die britischen Truppen die Elbe überschritten hatten, wurde Kiel zur ‚offenen Stadt' erklärt. Sämtliche Stellungen wurden am 3. Mai gesprengt, was mir bei der Lage der Batterie in einem Wohngebiet als dem verantwortlichen Batterieführer einiges Kopfzerbrechen verursachte. Wir fanden die Lösung in der Form, daß wir nur die Geschütze mit Hilfe von kleinen Sprengladungen (sog. Bohrpatronen, die ich mir ‚prophylaktisch' von Festungspionieren ‚besorgt' hatte, was wiederum keiner wissen durfte) unbrauchbar machten. Keine einzige Fensterscheibe in der Nachbarschaft ist dabei zu Bruch gegangen! - Danach kamen neue Befehle. Alle kampffähigen Mannschaften sollten sofort ausgerüstet und zur Verteidigung der ‚Letzten HKL', (Nord-Ostsee-Kanal) eingesetzt werden. So wurde ich noch für 48 Stunden Kompanieführer eines aus allen möglichen Einheiten zusammengewürfelten ‚Haufens', der dann aber nach zwei Tagen wieder nach Hause geschickt worden ist.

Die Batterie Eckernförde wurde zunächst von den ‚Royal Marines' beansprucht, die aber angesichts der zerstörten Kampfmittel wieder abzogen. - Sämtliche Unteroffiziere und Mannschaften wurden dann in ein Sammellager an der Schlei beordert. Ich blieb mit einem Fähnrich sowie 30 jungen Soldaten, die mir im März zur Ausbildung zu Geschützführern anvertraut worden waren, in der Bat-

---

[41] Bericht von Horst R.

terie zurück. Wir hatten die Aufgabe, das Gelände gegen plündernde und marodierende entlassene Kriegsgefangene und Zwangsarbeiter zu schützen. Aus diesem Grunde hatte man uns alle Infanteriewaffen gelassen. Ich organisierte also einen regelrechten Wachdienst mit Doppelposten usw., bis nach einigen Tagen eine Einheit der ‚Royal Artillery' uns regelrecht und ordnungsgemäß ‚ablöste'. Wie im tiefsten Frieden stellte ich zusammen mit dem sehr netten Batteriechef, einem Captain der Reserve, lange Inventarlisten auf und machte mit ihm eine richtige ‚Übergabeverhandlung'. Dann durften wir unsere Habseligkeiten in aller Ruhe zusammenpacken. Nachdem das geschehen war, ließ ich den Lehrgang antreten, bekam ich die letzte Ehrenbezeigung als deutscher Soldat - der Doppelposten präsentierte, als wir das Batteriegelände verließen.
Meine beiden Flak-v-Soldaten haben das nicht miterlebt. Sie wurden auf Befehl des Kommandeurs am 2ten Mai, nach Bekanntwerden von Hitlers Tod, entlassen. Beim Abschied gab es, auch das muß hier mal gesagt werden, bei den Jungs Tränen.
Übrigens: Die Batterie blieb zusammen und marschierte auch geschlossen in das Internierungsgebiet Süderdithmarschen, von wo aus der größte Teil nach und nach entlassen worden ist. Lediglich die in den von den Sowjettruppen besetzten Gebieten beheimateten Soldaten blieben zurück und wurden im September in Gefangenenlager nach Belgien transportiert. Unter ihnen befand sich auch der Unterzeichnete. Ich hatte es abgelehnt, mich entlassen zu lassen, solange auch nur ein Soldat sich in britischem Gewahrsam befand."[42]

Während die Mehrheit der mecklenburgischen Luftwaffen- und Marinehelfer in ihre Heimatorte entlassen, von einer RAD-Einheit erfaßt und ohne größere Kampfhandlungen in Kriegsgefangenschaft geriet, wurden die LwH der Klasse 7 (Jahrgang 1928) der OSfJ Malchin, die bisher ihren Flakdienst in Lübeck geleistet hatten, im Februar 1945 an die Ostfront kommandiert. Einige Malchiner fielen in den Straßen Berlins.
Heinz L. und Günther G. erlebten diese letzte Schlacht des Krieges.
Heinz L.: „Januar '45 kamen wir nach Hamburg. Der dortige Kompaniechef war wirklich ein überzeugter Nationalsozialist. Der kannte kein Mitleid. Als ich zum Dienst im Februar meine Pelzjacke trug, schrie er: ‚Das will ein Hitlerjunge sein?! Hart wie Krupp-Stahl und der verpimpelt sich hier!'. Also das war ein ‚Schweinehund'. Wenn er einem was anhaben und sich dabei großtuen konnte, dann hat er es gemacht.
Nach der kurzen Zeit, die wir in Hamburg waren, kamen wir bei Küstrin diesseits

---

[42] Bericht von Ernst P. Reinhard.

der Oder als Luftwaffenhelfer direkt an die Front. Dort erlebten wir das Trommelfeuer der sowjetischen Artillerie auf unsere Stellungen und das Übersetzen der russischen Truppen über die Oder. Wir wurden nicht in Kämpfe verwickelt, sondern vorher aus der Frontlinie herausgezogen. So ging es immer weiter zurück - von Dorf zu Dorf. Wir waren ständig auf der Suche nach Verpflegung. Plötzlich kam der Befehl, wir hätten alles aufzugeben - ich weiß nicht, wo die Geschütze blieben - und uns in Berlin-Ruhleben zu melden, wo wir der Infanterie zugeteilt wurden. Das war natürlich die größte Scheiße. Wir wurden kurz infanteristisch ausgebildet, erhielten eine neue Uniformjacke (und galten fortan als Soldaten?)." Günther G.: „Im Zuge des Einsatzes im Osten gelangten wir im April 1945 in den Berlin/Potsdamer Raum und wurden in einer Kaserne neu zusammengestellt. Wir mußten die Soldbücher abgeben, die bei der Rückgabe den Eintrag zeigten: ‚18. 4. 45 Ausb. Kp. Ers. Btl. 309, Nr. der Stammrolle 12193.' Da wir weder eine andere Einkleidung erhielten noch in anderen Belangen sich Änderungen ergaben, habe ich den Status des LwOH beibehalten bis zu meiner Entlassung aus dem Kriegsgefangenenlazarett." Heinz L.: „Mitte oder Ende April kamen wir an den Grenzen Berlins zum Infanterieeinsatz. Zwei meiner Klassenkameraden sind in diesen Tagen noch gefallen. Wir mußten die Straßenkämpfe in Berlin mitmachen. Das war furchtbar. Vier Tage und vier Nächte waren wir in einem U-Bahn-Schacht eingeschlossen - zusammen mit anderen Soldaten. Wir wanderten die Schienen entlang. An der Seite lagen Leichen. Wir haben in der Kleidung und den Gepäckstücken der Toten nach Verpflegung gesucht. In einer Nacht stürzte ich von einem Eisenbahnwagen und brach mir in der rechten Hand einige Knochen. Im Morgengrauen des fünften Tages kamen wir am Reichssportfeld endlich an die Luft. Schließlich schlugen wir uns zu einem Dorf bei Berlin durch, wo wir gesammelt wurden. Auf dem Platz waren auch viele Zivilisten. Keiner wußte, was wir machen sollten. In der Nacht wurde ein LKW zu unserer Rettung. Ich hatte gedacht, ‚Wenn hier etwas einschlägt, dann sind wir alle Matsch', und ich hatte noch nicht ausgedacht, da krachte es - zu unserem Glück - auf der anderen Seite des Autos. Es war nur unser Glück, denn auf der anderen Seite kamen viele Menschen ums Leben. Die Splitter der Granate prallten am LKW ab, bis auf die, die unter dem Auto hindurchkamen und mich und Günther G. an den Beinen verwundeten. Da wir nicht mehr gehen konnten, wurden wir auf einen Wagen verladen. So gerieten wir in den Morgenstunden des 3. Mai in russische Gefangenschaft." Günther G.: „Am 28.04.45 - während der Straßenkämpfe in Berlin - standen mein Schulkamerad und ich beobachtend vor einem U-Bahnhof, als er mit einem gurgelnden Laut zusammensackte, wenige Augenblicke später war das kurze Leben des Günter Grönwoldt aus Neukalen beendet (Brustdurchschuß).
Am 02.05.1945 hatte eine kleine Gruppe hinter einem LKW eine kurze Rast ein-

gelegt, als wir von einem Granatwerfer-Überfall überrascht wurden; eine Granate verwundete Heinz L. und mich am Unterschenkel, weil durch den Aufsatz, in höheren Regionen' geschützt. Der etwas abseits stehende LwH-Kamerad Fritz Egger erlitt schwere Verwundungen, denen er später erlag. Während der Kampfhandlungen im Oderbruch (Februar oder März 1945) wurden wir während eines Angriffs der Russen in der Einheit auseinandergerissen, unser Mitschüler Hans Burmeister geriet in Gefangenschaft, während der er gestorben ist. Am 03. Mai 1945 geriet ich zusammen mit Heinz L. in russische Gefangenschaft."[43]

Die Schicksale der meisten ehemaligen Luftwaffen- und Marinehelfer aus Mecklenburg in den letzten Kriegswochen und -tagen sind nicht bekannt. Ein Großteil überlebte den mörderischen Krieg, doch nicht wenige starben in den letzten Abwehrschlachten einen sinnlosen Tod. Zu ihnen gehörten die Ludwigsluster Schulfreunde und MH-Kameraden bei der 1. MFSA Kiel Walter Prahl und Gerhard Fehlandt. Ihr aus Köln stammender Mitschüler Erich Sommer - in Köln ausgebombt - wurde im Herbst 1944 zur Waffen-SS einberufen, desertierte kurz vor Kriegsende nach Dömitz, wo er von Deutschen verraten und von sowjetischen Soldaten exekutiert wurde. Gefallen sind Fritz Stoll von der OSfJ Malchin, Georg Bauer, Hans-Heinrich Born, Arthur Jäger und Fritz Roscher von der Schule bei den 7 Linden Rostock. Von der gleichen Klasse sind vermißt: Olaf Fritsche, Dankwart Lewe und Karl-Heinz Zancke. Ihr Schulkamerad Jochen Schönow wurde als schwerverwundeter Soldat der Waffen-SS im Lazarettzug während des Warschauer Aufstandes erschlagen. Rolf-Peter Romberg und Fritz Buhr von der OSfJ Teterow starben in sowjetischer Kriegsgefangenschaft. Ehemalige Malchiner Luftwaffenhelfer fielen 1945 an der Oder, Klassenkameraden von Hans-Joachim F. (Blücherschule Rostock) in den Kämpfen um Graudenz.
An dieser Stelle sei allen gefallenen ehemaligen Luftwaffen- und Marinehelfern aus Mecklenburg gedacht. Vom Hitlerregime ihrer Jugend beraubt, zogen sie von der Schulbank in den Krieg - und in den Tod.

Luftwaffen- und Marinehelfereinsatz im Urteil der Zeitzeugen

Am 8. Mai 1945 endete der Zweite Weltkrieg mit der bedingungslosen Kapitulation Deutschlands. Europa lag in Trümmern, die Führungsspitze des Regimes war tot, in Gefangenschaft oder befand sich auf der Flucht. Deutschland wurde in Besatzungszonen geteilt, und der mühsame Wiederaufbau der von Zerstö-

---

[43] Berichte von Heinz L. und Günther G.

rungen gekennzeichneten Städte begann. Für die Mehrheit der deutschen Jugend, deren zentrale Erlebniswelt das 3. Reich und der Zweite Weltkrieg gewesen waren, brach eine Welt zusammen. Eine Reflektion darüber, was geschehen war, setzte erst später ein.

Viele der ehemaligen Luftwaffen- und Marinehelfer kamen bereits 1945 aus der Gefangenschaft in ihre Elternhäuser zurück. Nicht wenige kehrten aus dem Krieg auf die Schulbank zurück, legten ihr Abitur ab und studierten. Andere nahmen eine Berufsausbildung auf. Später gründeten sie Familien, arbeiteten in angesehenen Berufen oder leiteten eigene Unternehmen.

Die Wege der Schul- und Flakkameraden hatten sich oft schon mit der Einberufung zum Reichsarbeitsdienst getrennt und erst viele Jahre später fanden sich die inzwischen in verschiedenen Bundesländern, aber auch in den USA, in Kanada und in Australien lebenden ehemaligen Luftwaffen- und Marinehelfer zu Klassentreffen zusammen. Heute stehen sie im achten Lebensjahrzehnt und einige der damaligen Schüler-Soldaten, die unsere Publikation unterstützten - Horst K. (OSfJ Bützow), Günter B. (OSfJ Ribnitz), Jürgen F. (Blücherschule Rostock) sind bereits verstorben.

Ihr Einsatz als Luftwaffen- und Marinehelfer liegt mehr als 50 Jahre zurück und hat ganz unterschiedliche Erinnerungen und Prägungen hinterlassen. Für die Angehörigen des Jahrganges 1926 war der Flakdienst nur eine kurze Episode, dem der RAD und ein längerer Fronteinsatz bei der Wehrmacht folgten. Die Ablösung des Jahrganges 1928 hingegen erfolgte oft erst wenige Wochen vor Kriegsende. Ihr Fronteinsatz dauerte meist nur wenige Tage.

Mit ihrem Dienst in den Flakbatterien verbindet die Mehrheit der Ehemaligen positive Erinnerungen. Der Wert der militärischen Ausbildung für das spätere Überleben an der Front, die Fähigkeit, Menschen beurteilen zu können, die Kameradschaft der Flakhelfer als prägende Erfahrung werden besonders betont. Unangenehme Erfahrungen haben viele Ehemalige verdrängt. Im Gegensatz zu Flakhelfern aus anderen Schulen Deutschlands blieb der übergroßen Mehrheit der Mecklenburger Bombenteppiche auf Batteriestellungen und der Anblick von getöteten oder verwundeten Schulfreunden erspart. Gerd P. von der Großen Stadtschule Rostock bemerkt dazu: „Die Luftwaffenhelferzeit ist in meiner Erinnerung ziemlich verblaßt. An meine Wehrmachtszeit hingegen erinnere ich mich sehr genau. Wenn man bedenkt, daß ich 1 1/2 Jahre bei der Flak war, ist die Zeit, in der Luftangriffe unser Leben bedrohten, doch sehr gering gewesen. Außer bei den Angriffen auf Rostock und Rechlin sowie Schüssen auf vorbeifliegende Verbände standen wir nicht im Kampfeinsatz. Die überwiegende Zeit erhielten wir Ausbildung, Schulunterricht, hatten Freizeit, Alarm oder Batterieübungen."

Ludwig Sch.: (Neubrandenburg): „Obgleich ich auf diese Schule gern verzichtet hätte, muß ich rückblickend sagen: Das Zusammenleben mit vielen Menschen unterschiedlichen Alters und unterschiedlichen Dienstrangs hat mich geprägt. Ich habe gelernt, mich anzupassen, ich habe das Gefühl dafür erworben, wem ich vertrauen darf, und ich habe gelernt, was Kameradschaft ist." Hans-Jürgen K. (Mittelschule Bützow) gelangte zu der Einsicht: „Meide kleine Geister und falsche Propheten!"

Joachim H. (Schule bei den 7 Linden Rostock): „Gelitten haben wir unter den damaligen Verhältnissen nicht. Im Gegenteil: Die Luftwaffenhelferzeit, die uns erst einmal richtig als Klasse zusammengeschweißt hat, gehört bei all` meinen Klassenkameraden, von einer Ausnahme abgesehen, zu den schönsten Erinnerungen an unsere gemeinsame Schulzeit. Dabei muß man allerdings berücksichtigen, daß es in unserer Klasse zu wirklichen schwerwiegenden Erlebnissen, wie Unglücken, Luftangriffen und gar Todesfällen, nicht gekommen ist. Heute sieht man natürlich manches mit anderen Augen. Es wäre sicherlich nicht gerechtfertigt, uns wegen unserer damaligen Einstellung - wir waren 15 bis 17 Jahre alt - als ewiggestrige Militaristen oder Nazis abstempeln zu wollen. Es kommt bei der Geschichtsschreibung m. E. immer darauf an, eine Zeit und ihre Gestalten aus dem jeweils herrschenden Zeitgeist heraus zu verstehen. Man darf also nicht die Elle der heutigen Zeit an frühere Verhältnisse anlegen und danach urteilen wollen."

Andere ehemalige Flakhelfer beurteilen ihren Einsatz nüchterner und kritischer. Ernst-Günther Sch. (OSfJ Ludwigslust): „Die Schilderung meiner Erlebnisse als Marinehelfer in Kiel während des Kriegsjahres 1944 mag hier und da den Eindruck eines fast harmlosen Ausfluges, einer spannenden, aber risikolosen Kurzweil erwecken. Im Vergleich zu den unsäglichen Schrecken und unvorstellbaren Brutalitäten anderer Kriegsschauplätze wird es so gewesen sein. Trotz einiger entsetzlicher Bombenangriffe, die über die Stadt Kiel und ihre Menschen viel Leid brachten, befanden wir Marinehelfer uns in einer Distanz zu den Schrecken dieses Maschinenkrieges und hatten im Umfeld gnadenloser Gewalt unsere sichere Oase. Anders verhielt es, um dies nochmals zu sagen, mit den Marinehelfern, die im Flakeinsatz waren. Denn dort war der Krieg ganz nah, oft ohne jede Ausweichmöglichkeit, böse Realität!

Zu diesen Einsichten sollte ich erst viel später kommen. Und ist es tröstlich, zu erkennen, daß wir Feuerlöscher einer Marineeinheit dank eines bzw. dieses ‚gnädigen Schicksals' der Tötung von Menschen entgangen sind - im Unterschied zu den Flakhelfern, die mit ihren Geschossen Bomberbesatzungen vernichten konnten. Ein Trost? Jedenfalls kein Verdienst. Eine Laune des Krieges, des Heimatortes, des Geburtsjahres. Nicht viel mehr ..."

Günter H. (Große Stadtschule Rostock): „Insgesamt betrachtete ich den Luftwaffenhelfer-Einsatz als eine nutzlose Sache. Das hing wohl auch mit der Beeinflussung seitens meines Vaters zusammen, der nach Stalingrad erkannt hatte, daß der Krieg wohl von Deutschland verloren wird."[44]

Das Schlußwort gebührt Horst R. (Claus-von-Pape-Schule Schwerin) der über den „Zeitgeist" formulierte: „Das Eigentümliche ist, daß die Opfer ‚mitgemacht' haben. Weil es immer so gewesen war, sah man vor 1939 den Krieg - und das damit verbundene Sterben - als eine mögliche Form der Auseinandersetzung zwischen politischen Mächten an. ‚Frontbewährung' galt auch Nicht-Nationalsozialisten als sittlicher Wert. Eine Reihe überkommener Tugenden war dem System ebenso nützlich wie die anerzogene Bereitschaft zu Disziplin und Gehorsam.... Die ‚seinen Namen tragende Jugend' wurde bewußt zur Überwindung der Todesfurcht angehalten, zur Dissoziation der emotionalen Sphäre von der intellektuellen, zur Verachtung des Todes, schließlich auch zur Verachtung des Lebens ... Die Jugend von damals hat das nicht so gesehen: Schon früh durch die NS-Betriebsamkeit in Beschäftigung gehalten, blieb ihr wenig Muße zum Nachdenken, schließlich war jeder mit dem Kampf ums tägliche Überleben beansprucht. Die jungen Menschen damals haben die Schrecklichkeit der Situation, in die sie durch Hitler und seine Leute hineingeführt worden waren, nur mit einem abgeschwächten Bewußtsein wahrgenommen, vermutlich, weil die Erkenntnis der ganzen Wahrheit zerstörerisch gewesen wäre."[45]

---

[44] Äußerungen von Gerd P., Ludwig Sch., Joachim H., Ernst-Günther Sch., Hans-Jürgen K. und Günter H.
[45] Ralf, Horst, Reife für den Kriegseinsatz, Flensburg o.J.

Anhang

A Höhere Schulen

Oberschule für Jungen Bützow
Friderico-Francisceum Bad Doberan
Staatliche Oberschule für Jungen Friedland
Oberschule für Jungen Grabow
Staatliche Oberschule für Jungen Grevesmühlen
Mecklenburgische Landesschule (Oberschule in Aufbauform) Güstrow, mit den Nebenstellen Crivitz und Neukloster
Vereinigte John-Brinckmann-Schule und Domschule
Oberschule für Jungen und Gymnasium Güstrow
Oberschule für Jungen Hagenow
Staatliche Oberschule für Jungen Ludwigslust
Oberschule für Jungen Malchin
Staatliche Oberschule für Jungen und Gymnasium Neubrandenburg
Oberschule für Jungen und Gymnasium Carolinum Neustrelitz
Moltkeschule. Oberschule für Jungen Parchim
Staatliche Oberschule für Jungen Ribnitz
Große Stadtschule Rostock (Gymnasium)
Schule bei den sieben Linden. Realgymnasium Rostock
Blücherschule. Oberrealschule Rostock
Oberschule für Jungen Schönberg
Gymnasium Fridericianum Schwerin
Wilhelm-Gustloff-Schule. Realgymnasium Schwerin
Claus-von-Pape-Schule. Oberschule für Jungen Schwerin
Horst-Wessel-Schule. Oberschule für Jungen Teterow
Richard-Wossidlo-Schule. Oberschule für Jungen Waren
Große Stadtschule Wismar. Oberschule für Jungen und Gymnasium

B Mittelschulen

Haupt- und Mittelschule Boizenburg/Elbe
Mittelschule Bützow
Mittelschule Festung Dömitz
Mittelschule Gnoien
Haupt- und Mittelschule Goldberg
Haupt- und Mittelschule Lübz
Haupt- und Mittelschule Ludwigslust
Haupt- und Mittelschule Malchin
Haupt- und Mittelschule Malchow
Haupt- und Mittelschule Mirow

Knaben-Volksschule mit Aufbauzug Neubrandenburg
Haupt- und Mittelschule Neustadt/Glewe
Knaben-Haupt- und Mittelschule Neustrelitz
Haupt- und Mittelschule Parchim
Haupt- und Mittelschule Plau
Haupt- und Mittelschule für Jungen Rostock
Friedrich-Hildebrandt-Schule. Mittelschule Schwaan
Adolf-Hitler-Schule. Knaben-Mittel- und Hauptschule Schwerin
Fritz-Reuter-Schule. Haupt- und Mittelschule Stavenhagen
August-Brackmann-Schule. Haupt- und Mittelschule Tessin
Städtische Haupt- und Mittelschule Waren/Müritz
Haupt- und Mittelschule Warnemünde
Horst-Wessel-Schule. Mittelschule für Jungen Teterow
Haupt- und Mittelschule Wittenburg
Haupt- und Mittelschule Woldegk

A Höhere Schulen
Oberschule für Jungen Bützow

Ersteinberufungen:	11. Oktober 1943
Schüler/Klassen:	6 Schüler/Klasse 7 (Jahrgang 1926)
Einsatzort:	**Marineflakabteilung 211 (Eckernförde)**
	Batterie Hemmelmark 3./211, 4 x 10,5cm
Januar 1944:	1 Schüler/Klasse 7, 11 Schüler/Klasse 5

Nach der Entlassung des Jahrganges 1926 eingesetzte Marinehelfer der Jahrgänge 1927/28:

Frühjahr 1944:	1 Schüler/Klasse 7, 11 Schüler/Klasse 5
	Marineflakabteilung 211 (Eckernförde)
	Batterie Hemmelmark 3./211, 4 x 10,5cm

Nach der Entlassung des Jahrganges 1927 eingesetzte Marinehelfer des Jahrganges 1928:

Oktober 1944:	Keine Hinweise mehr auf eingesetzte Marinehelfer.
	Nach Angaben des Marinehelfers Horst K. kamen alle MH im September 1944 zur Entlassung.
Verluste:	keine

Quellen: MLHA Schwerin, MfU Nr. 2977 (Schreiben des Direktors der OSfJ Bützow an das Mecklenburgische Staatsministerium, Abt. W.E.u.V. vom 24. Oktober 1943). ebenda, MfU Nr. 2978 (Schreiben des SBREM beim MOK, Ostsee vom 8. Februar 1944); (Statistik der einberufenen Marinehelfer der OSfJ Bützow vom 15. Februar 1944). Nicolaisen, Der Einsatz der Luftwaffen- und Marinehelfer, S. 80. Bericht von Horst K.

Oberschule für Jungen - Friderico Francisceum Doberan

Ersteinberufungen:	24. Oktober 1943
Schüler/Klassen:	2 Schüler/Klasse 8, 8 Schüler/Klasse 7 (Jahrgang 1926)
Einsatzort:	**Marineflakabteilung 221 (Kiel-Friedrichsort)**
	Batterie Pries 3./221, 4 x 10,5cm

Januar 1944:   3 Schüler/Klasse 7

nach der Entlassung des Jahrganges 1926 eingesetzte Marinehelfer der Jahrgänge 1927/28:

März 1944:   3 Schüler/Klasse 7, 17 Schüler/Klasse 6
Marineflakabteilung 221 (Kiel-Friedrichsort)
Batterie Pries 3./221, 4 x 10,5cm
7 Schüler/Klasse 5
1. Marine-Feuerschutzabteilung Kiel
1. Kompanie, Knooper Weg

Nach der Entlassung des Jahrganges 1927 eingesetzte Marinehelfer des Jahrganges 1928:

Oktober 1944:   10 Schüler/Klasse 7
Marineflakabteilung 221 (Kiel-Friedrichsort)
Batterie Pries 3./221, 4 x 10,5cm
6 Schüler/Klasse 6
1. Marine-Feuerschutzabteilung Kiel
1. Kompanie, Knooper Weg

Entlassung des Jahrganges 1928: keine genaue Zeitangabe

Verluste: keine

Quellen: MLHA Schwerin, MfU Nr. 2978 (Schreiben des SBREM an das Meckl. Staatsministerium, Abt. W.E.u.V. vom 8. Februar 1944); (Statistik der einberufenen Marinehelfer der OSfJ Doberan vom 15. Februar 1944); (Schreiben des Direktors der OSfJ vom 21. Februar 1944). Nicolaisen, Der Einsatz der Luftwaffen- und Marinehelfer, S. 80, 584. Kriegstagebuch Jürgen R. (Schüler der Claus-von-Pape-Schule Schwerin). Hinweis von Jürgen G. (Schüler der OSfJ Teterow).

Staatliche Oberschule für Jungen Friedland

Ersteinberufungen: Januar 1944
Schüler/Klassen: 1 Schüler/Klasse 6
Einsatzort: **Kiel** / Batterie keine Angabe

Nach der Entlassung des Jahrganges 1926 eingesetzte Marinehelfer der Jahrgänge 1927/28: Februar 1944:

Schüler in den Klassen	Jahrgang 1927		Jahrgang 1928		insgesamt	
	a	b	a	b	a	b
5	-	1	-	2	-	3
6	1	2	-	4	**1**	6
7	4	2	-	-	**4**	2
gesamt	5	5	-	6	**5**	11

a: Marinehelfer / b: in der Schule verbliebene Schüler

Einsatzort: **Kiel** / Batterie keine Angabe

Verluste: keine Angabe

Quellen: MLHA Schwerin, MfU Nr. 2978 (Schreiben des SBREM vom 8. Februar 1944); (Statistik der eingesetzten Marinehelfer vom 15. Februar 1944).

Oberschule für Jungen Grabow

Ersteinberufungen: Januar 1944
Schüler/Klassen: 4 Schüler/Klasse 6 (Jahrgang 1927)
Einsatzort: **Kiel** / Batterie keine Angabe

Verluste: keine Angabe

Quellen: MLHA Schwerin, MfU Nr. 2978 (Schreiben des SBREM vom 8. Februar 1944); (Statistik vom 15. Februar 1944).

Staatliche Oberschule für Jungen Grevesmühlen

Ersteinberufungen:	19. Oktober 1943
Schüler/Klassen:	? Schüler/Klassen 6/7 (Jahrgänge 1926/27)
Einsatzort:	**14. Marineflakregiment Brunsbüttel / Marineflakabteilung 274 (Zweidorf)**
	Batterie Kaiser-Wilhelm-Koog 5./274, 4 x 10,5cm

Nach der Entlassung des Jahrganges 1926 eingesetzte Marinehelfer der Jahrgänge 1927/28:

März 1944:	2 Schüler/Klasse 7, 6 Schüler/Klasse 5
	14. Marineflakregiment Brunsbüttel / Marineflakabteilung 274 (Zweidorf)
	Batterie Triangel bei Brunsbüttelkoog 3./274, 4 x 10,5cm
	15 Schüler/Klasse 6
	Marineflakabteilung 242 (Helgoland) sowie auf **Wangerooge**

Nach der Entlassung des Jahrganges 1927 eingesetzte Marinehelfer des Jahrganges 1928:

Oktober 1944:	3 Schüler/Klasse 7 auf **Wangerooge**
	keine weiteren genauen Angaben über eingesetzte Marinehelfer

Entlassung des Jahrganges 1928: Am 30. März 1945 wurden 3 MH/Klasse 7 von der Marinedienststelle Wangerooge entlassen.

Verluste:	keine Angabe

Quellen: MLHA Schwerin, MfU Nr. 2978 (Statistik der einberufenen Marinehelfer vom 15. Februar 1944); (Schreiben des Direktors der OSfJ Grevesmühlen vom 21. Februar 1944). ebenda, Nr. 4827 (Schreiben des Direktors der OSfJ Grevesmühlen vom 3. April 1945). Nicolaisen, Der Einsatz der Luftwaffen- und Marinehelfer, S. 584.

Mecklenburgische Landesschule (Oberschule in Aufbauform) Güstrow, mit den Nebenstellen Crivitz und Neukloster

Ersteinberufungen:	24. Februar 1943
Schüler/Klassen:	23 Schüler/Klasse 6 (Jahrgänge 1926/27)
Einsatzort:	**Flakuntergruppe Rostock**
	Batterie Groß Klein

August 1943: 29 Schüler/Klasse 6 (Jahrgänge 1926/27)
Einsatzort: **Flakuntergruppe Rostock**
Batterie Markgrafenheide 5./271

Nach der Entlassung des Jahrganges 1926 eingesetzte Luftwaffenhelfer der Jahrgänge 1927/28:
April 1944:

Schüler in den Klassen	Jahrgang 1927 a	b	Jahrgang 1928 a	b	insg. a	b
5	9	-	8	9	**17**	9
6	13	-	4	1	**17**	1
7	1	1	-	-	**1**	1
gesamt	23	1	12	10	**35**	11

a = Luftwaffenhelfer / b = in der Schule verbliebene Schüler

Einsatzort: **Flakuntergruppe Rostock**
Batterie Barnstorf 4./232, 4 x 8,8cm (zuvor kurzzeitig in der Batterie Sievershagen 2./232)

Nach der Entlassung des Jahrganges 1927 eingesetzte Luftwaffenhelfer des Jahrganges 1928:

Oktober 1944: 9 Schüler/Klasse 6, 4 Schüler/Klasse 7
Flakuntergruppe Rostock
Batterie Warnemünde 9/XI (Leichte Flak)

Entlassung des Jahrganges 1928: Am 24. Februar 1945 wurden die Luftwaffenhelfer von der Luftwaffendienststelle 9/XI, Warnemünde entlassen.

Verluste: keine

Quellen: MLHA Schwerin, Nr. 2977 (Schreiben des Direktors der Mecklenburgischen Landesschule an das Schweriner Staatsministerium vom 26. Februar 1943). ebenda, Nr. 2978 (Statistik der eingesetzten Luftwaffenhelfer vom 15. Februar 1944). ebenda, Nr. 4827 (Schreiben des Direktors vom 2. März 1945). Jugend auf dem Sonnenkamp 1923 - 1947. Staatliche Aufbauschule Neukloster, Mecklenburgische Landesschule. Chronik - Erinnerungen - Histörchen, Mit Beiträgen ehemaliger Heimerzieher und Schüler, ausgewählt und ergänzt von Dr. Adolf Köhler. Nicolaisen, Der Einsatz der Luftwaffen- und Marinehelfer, S. 584.

Vereinigte John-Brinckmann-Schule und Domschule, Oberschule für Jungen und Gymnasium Güstrow

Ersteinberufungen:	25. Oktober 1943 (OSfJ und Gymnasium)
Schüler/Klassen und Einsatzorte:	OSfJ: 14 Schüler/Klassen 7/8 (Jahrgänge 1926/27) **Marineflakabteilung 211 (Eckernförde)** Batterie Eckernförde-Stadt 1./211, 4 x 10,5cm
	Gymn.: 11 Schüler/Klassen 7/8 (Jahrgänge 1926/27) **Marineflakabteilung 233 (Swinemünde)** Batterie Pritter/Wollin 8./233, 4 x 10,5cm
Januar 1944:	OSfJ: 6 Schüler/Klasse 7, 20 Schüler/Klasse 6

Nach der Entlassung des Jahrganges 1926 eingesetzte Marinehelfer der Jahrgänge 1927/28: 15. Februar 1944:

Schüler in den Klassen	Jahrgang 1927 a	b	Jahrgang 1928 a	b	insg. a	b
5	-	9	-	30	-	39
6	13	3	9	9	**22**	12
7	8	4	1	4	**9**	8
gesamt	21	16	10	43	**31**	59

a = Marinehelfer / b = in der Schule verbliebene Schüler

Einsatzorte:	OSfJ: Klassen 6/7 **Marineflakabteilung 211 (Eckernförde)** Batterie Eckernförde-Stadt 1./211, 4 x 10,5cm Batterie Barkelsby 2./211, 4 x 10,5cm
	Klasse 5 **1. Marine-Feuerschutzabteilung Kiel** 1. Kompanie, Knooper Weg
	Gymn.: Klassen 6/7 **Marineflakabteilung 233 (Swinemünde)** Batterie Pritter/Wollin 8./233, 4 x 10,5cm

Nach der Entlassung des Jahrganges 1927 eingesetzte Marinehelfer des Jahrganges 1928:

Oktober 1944: OSfJ: 2 Schüler/Klasse 8, 11 Schüler/Klasse 7
Marineflakabteilung 211 (Eckernförde)
Batterie Eckernförde-Stadt 1./211, 4 x 10,5cm

25 Schüler/Klasse 6
1. Marine-Feuerschutzabteilung Kiel
1. Kompanie, Knooper Weg

Über die Gymnasiasten liegen keine Angaben vor.

Entlassung des Jahrganges 1928: Februar 1945

Verluste: keine Angabe

Quellen: MLHA Schwerin, MfU Nr. 2977 (Schreiben des Oberbürgermeisters der Stadt Güstrow an den Direktor der John-Brinckmann-Schule vom 12. Oktober 1943 und Antwortschreiben vom 12. Oktober 1943); (Schreiben des Direktors der John-Brinckmann-Schule an den Mecklenburgischen Staatsminister vom 23. Oktober 1943). ebenda, Nr. 2978 (Statistik der eingesetzten Luftwaffenhelfer vom 15. Februar 1944). Hinweis von Ernst P. Reinhard (Batterieoffizier in der Batterie Eckernförde-Stadt 1./211). Nicolaisen, Der Einsatz der Luftwaffen- und Marinehelfer, S. 584.

Oberschule für Jungen Hagenow

Ersteinberufungen: Januar 1944
Schüler/Klassen: 8 Schüler/Klasse 5 (Jahrgänge 1927/28)
Einsatzort: **Marineflakabteilung 211 (Eckernförde)**
Batterie Barkelsby 2./211, 4 x 10,5cm

Verluste: keine Angabe

Bemerkung: Am 3. Juli 1944 erfolgte die Eingliederung der eingesetzten Marinehelfer in die Klasse 6 der Claus-von-Pape-Schule Schwerin, da in Hagenow keine 6. Klasse bestand.

Quellen: MLHA Schwerin, MfU Nr. 2978 (Schreiben des Direktors der OSfJ Hagenow vom 2. März 1944). ebenda, Nr. 4827 (Schreiben des Direktors der OSfJ Hagenow vom 10. Juli 1944); Hinweis von Dr. Horst R.

Staatliche Oberschule für Jungen Ludwigslust

Ersteinberufungen:	11. Oktober 1943
Schüler/Klassen:	2 Schüler/Klasse 8, 10 Schüler/Klasse 7 (Jahrgang 1926)
Einsatzort:	**Marineflakabteilung 281 (Kiel)**
	Batterie Elendsredder (Kiel-Wik) 5./281, 4 x 10,5cm
Januar 1944:	7 Schüler/Klasse 7

Nach der Entlassung des Jahrganges 1926 eingesetzte Marinehelfer der Jahrgänge 1927/28:

        7 Schüler/Klasse 7 (Jahrgang 1927)
        Marineflakabteilung 281 (Kiel)
        Batterie Elendsredder (Kiel-Wik), 5./281, 4 x 10,5cm

weitere Einberufungen:	1. März 1944
Schüler/Klassen:	23 Schüler/Klasse 6 (Jahrgänge 1927/28)
Einsatzort:	**1. Marine-Feuerschutzabteilung Kiel**
	2. Kompanie, Kiel-Ellerbek, Solomit-Lager

Nach der Entlassung des Jahrganges 1927 eingesetzte Marinehelfer des Jahrganges 1928:

Oktober 1944:	? Schüler/Klasse 7
	1. Marine-Feuerschutzabteilung Kiel
	2. Kompanie, Kiel-Ellerbek, Solomit-Lager

Entlassung des Jahrganges 1928: April 1945

Verluste:	keine

Quellen: MLHA Schwerin, MfU Nr. 2977 (Schreiben des Direktors der OSfJ Ludwigslust vom 5. Oktober 1943). ebenda, Nr. 2978 (Schreiben des SBREM vom 8. Februar 1944); (Statistik der einberufenen Marinehelfer der OSfJ Ludwigslust vom 15. Februar 1944). Hinweis von Günther-Albert L. und Ernst-Günther Sch. (Schüler der OSfJ Ludwigslust).

Oberschule für Jungen Malchin

Ersteinberufungen:	23. September 1943
Schüler/Klassen:	2 Schüler/Klasse 8, 12 Schüler/Klasse 7, 15 Schüler/Klasse 6a
	4 Schüler/Klasse 6b (Jahrgänge 1926/27)
Einsatzorte:	**Flakdivision 8, Bremen**
	Klassen 7/8 / Batterie Almsloh 5./163, 4 x 8,8cm
	Klassen 6 / Batterie Albertushof 2./163, 4 x 8,8cm

Nach der Ausbildung in den Batterien Almsloh und Albertushof erfolgte im November 1943 die Versetzung der Luftwaffenhelfer zur **Luftwaffenerprobungsstelle Rechlin, Flakuntergruppe Rechlin,** Batterie auf dem Boeker Berg 3./604, 4 x 8,8cm.

Am 8. Februar 1944 wurden die 19 LwH der inzwischen zu einer Klasse zusammengefaßten LwH der Klasse 6 zur weiteren Ausbildung (leichte Flak) an den Fliegerhorst **Schwerin-Görries** (Batterie 8./lei. 876) verlegt. 19 Schüler des Jahrganges 1928 der Klasse 6 erhielten im Januar 1944 ihren Einberufungsbescheid und kamen zur Grundausbildung ebenfalls nach Schwerin-Görries, wo sie mit ihren Mitschülern vereint wurden.

Januar 1944:	19 Schüler/Klasse 5
	Grundausbildung auf dem Flugplatz **Schwerin-Lankow** (3,7cm-Flak)
	im Februar 1944 Versetzung zur **Luftwaffenerprobungsstelle Rechlin**

Nach der Entlassung des Jahrganges 1926 eingesetzte Luftwaffenhelfer der Jahrgänge 1927/28:

Schüler in den Klassen	Jahrgang 1927		Jahrgang 1928		insg.	
	a	b	a	b	a	b
5	7	-	12	2	**19**	2
6	14	-	11	4	**25**	4
7	8	2	1	-	**9**	2
gesamt	29	2	24	6	**53**	8

a = Luftwaffenhelfer / b = in der Schule verbliebene Schüler

Einsatzorte:	25 Schüler/Klasse 6, 9 Schüler/Klasse 7
ab 6. März 1944	**Heimatflak Lübeck**
	Batterie Buntekuh Schw.Hei. 209/XI, 4 x 8,8cm
	Batterie Moislinger Baum Schw.Hei 210/XI, 4 x 8,8cm

Nach der Entlassung des Jahrganges 1927 verblieben 12 Schüler des Jahrganges 1928 (Klassen 7/8) bis Anfang 1945 in Lübeck-Blankensee (6.11.-20.11 erfolgte eine Kommandierung nach Hoptrup, Dänemark) und wurden am 24. Januar 1945 nach Hamburg-Billstedt zur weiteren Ausbildung verlegt. Ab Februar 1945 erfolgte ein Fronteinsatz der Luftwaffenhelfer im Raum Küstrin und später in Berlin.

März 1944	19 Schüler/Klasse 5
	Flakuntergruppe Rechlin
	Batterie auf dem Sprott`schen Berg 3./611, 4 x 8,8cm
	(mit 5 LwH/Kl. 5 Große Stadtschule Rostock)
	Ende August 1944 versetzt in die 1./604, 8,8cm
	ab September 1944 Einsatz von 13 Schülern der Klasse 6
	(Jahrgang 1928) und 15 LwH der OSfJ Neubrandenburg mit
	der 1./604 zum Schutz des Verschiebebahnhofs **Hannover-Steling**

Entlassung des Jahrganges 1928: Dezember 1944 (Schüler/Klasse 6); eine Entlassung der Schüler der Klassen 7/8 aus dem Luftwaffenhelferdienst erfolgte wohl erst während des Fronteinsatzes in Berlin

Verluste:	keine

Quellen: MLHA Schwerin, MfU Nr. 2977 (Bericht über die eingesetzten Luftwaffenhelfer der OSfJ Malchin vom 23. September 1943). ebenda, Nr. 2978 (Statistik der eingesetzten Luftwaffenhelfer der OSfJ Malchin vom 15. Februar 1944); (Schreiben des Direktors an den SBREM vom 17. März 1944). Hinweise von Klaus K., Georg M., Heinz L., Günther G. (Schüler der OSfJ Malchin). Laubner, Ines, Die Entwicklung des Malchiner Realgymnasiums zur sozialistischen Oberschule, Dipl., Rostock 1988 (MS). Nicolaisen, Der Einsatz der Luftwaffen- und Marinehelfer, S. 585.

Staatliche Oberschule für Jungen und Gymnasium Neubrandenburg

Ersteinberufungen:	22. September 1943
Schüler/Klassen:	52 Schüler/Klassen 6/7 (Jahrgänge 1926/27)
Einsatzorte:	**Heimatflak Lübeck**
	Batterie Buntekuh Schw.Hei. 209/XI, 4 x 8,8cm

Batterie Moislinger Baum Schw.Hei. 210/XI , 4 x 8,8cm

Nach der Entlassung des Jahrganges 1926 eingesetzte Luftwaffenhelfer der Jahrgänge 1927/28:
März 1944:

Schüler in den Klassen	Jahrgang 192 a	b	Jahrgang 1928 a	b	insg. a	b
5	7	1	24	3	**31**	4
6	20	1	8	4	**28**	5
7	7	2	1	-	**8**	2
gesamt	34	4	33	7	**67**	11

a = Luftwaffenhelfer / b = in der Schule verbliebene Schüler

Einsatzorte: **Flakgruppe Rechlin Luftwaffenerprobungsstelle Rechlin**
Batterie (Standort - keine Angabe) 1./604, 4 x 8,8cm
(28 LwH/Klasse 6)
Batterie östlich des Flugplatzes Lärz 2./604, 4 x 8,8cm
(8 LwH/Klasse 7 und 7 LwH/Klasse 7 Große Stadtschule Rostock)
Batterie Boeker Berg 3./604, 4 x 8,8cm (31 LwH/Klasse 5)

27. August 1944: 15 Schüler/Klasse 6 /OSfJ Neubrandenburg sowie
(12 Schüler/Klasse 6 /OSfJ Malchin) und (21 LwH - Lehrlinge <Nahrung und Handel>) Versetzung nach **Hannover-Steling** mit der 1./604

6 Schüler/Klasse 6, 3 Schüler/Klasse 7 /Gymnasium Neubrandenburg
5 Schüler/Klasse 7, 1 Schüler/Klasse 8 /OSfJ Neubrandenburg
(34 LwH-Lehrlinge <Metall, Holz, Nahrung und Handel>)
Versetzung nach **Hannover-Steling** mit der 2./604

Die 3./604 verblieb mit Schülern der OSfJ und
LwH-Lehrlingen aus Brüel/Mecklenburg in **Rechlin.**

Nach der Entlassung des Jahrganges 1927 eingesetzte Luftwaffenhelfer des Jahrganges 1928:

Oktober 1944: 1 LwH-Klasse 6 mit 20 Schülern (7 OSfJ Neubrandenburg
und 13 OSfJ Malchin) und 1 LwH-Klasse 7/8 mit 9 Schülern
(Gymnasium) in **Hannover-Steling** / Batterie 1./604 /Batterie 2./604
? Schüler/Klasse 6 (OSfJ) in der 3./604
Luftwaffenerprobungsstelle Rechlin

Entlassung des Jahrganges 1928: Dezember 1944

Verluste: keine

Quellen: MLHA Schwerin, MfU Nr. 2977 (Schreiben des Direktors vom 20. Oktober 1943). ebenda, Nr. 2978 (Statistik der eingesetzten Luftwaffenhelfer der OSfJ und Gymn. Neubrandenburg vom 15. Februar 1944). ebenda, Nr. 4827 (Schreiben der Flakgruppe Mecklenburg, Flakregiment 61 vom 29. August 1944). Hinweise von Ludwig Sch. und Hellmuth U. (Schüler der OSfJ und Gymn. Neubrandenburg). Nicolaisen, Der Einsatz der Luftwaffen- und Marinehelfer, S. 585.

Oberschule für Jungen und Gymnasium Carolinum Neustrelitz

Ersteinberufungen: Herbst 1943
Schüler/Klassen: OSfJ: 15 Schüler/Klassen 6/7 (Jahrgang 1926)
Marineflakabteilung 221 (Kiel-Friedrichsort)
Batterie Pries 3./221, 4 x 10,5cm

Gymn.: ? Schüler/Klassen 6/7 (Jahrgänge 1926/27)
Marineflakabteilung 233 (Swinemünde)
Batterie Pritter/Wollin 8./233, 4 x 10,5cm

Januar 1944: OSfJ: 1 Schüler/Klasse 7, 14 Schüler/Klasse 6

Nach der Entlassung des Jahrganges 1926 eingesetzte Marinehelfer der Jahrgänge 1927/28: Februar 1944:

Schüler in den Klassen	Jahrgang 1927 a	b	Jahrgang 1928 a	b	insg. a	b
5	-	10	-	27	-	37
6	17	4	-	8	**17**	12
7	4	6	-	2	**4**	8
gesamt	21	20	-	37	**21**	57

a = Marinehelfer / b = in der Schule verbliebene Schüler

Einsatzort: OSfJ: Schüler/Klassen 6/7 (Jahrgang 1927)
Marineflakabteilung 221 (Kiel-Friedrichsort)
Batterie Pries 3./221, 4 x 10,5cm

weitere Einberufungen
und Einsatzorte: OSfJ (1. März 1944)
Schüler/Klassen 5o/6o (Jahrgänge 1927/28)
1. Marine-Feuerschutzabteilung Kiel
1. Kompanie, Knooper Weg

Gymnasium (17. März 1944)
alle tauglichen Schüler/Klassen 5/6/7
Marineflakabteilung 233 (Swinemünde)
Batterie Pritter/Wollin 8./233, 4 x 10,5cm

Nach der Entlassung des Jahrganges 1927 eingesetzte Marinehelfer des Jahrganges 1928:

Oktober 1944: OSfJ: Schüler/Klasse 6
1. Marine-Feuerschutzabteilung Kiel
1. Kompanie, Knooper Weg

Über die Gymnasiasten liegen keine weiteren Angaben vor.

Entlassung des Jahrganges 1928: April 1945

Verluste: keine Angabe

Quellen: MLHA Schwerin, MfU Nr. 2978 (Schreiben des SBREM vom 8. Februar 1944); (Statistik der eingesetzten Marinehelfer vom 15. Februar 1944); (Schreiben des Direktors des Carolinums Neustrelitz vom 16. März 1944). Hinweise von Hans-Joachim F. und Dr. Gustav-Adolf S. (Schüler des Carolinums Neustrelitz). Granzow, Klaus, Tagebuch eines Hitlerjungen 1943-1945, Bremen 1965. Nicolaisen, Der Einsatz der Luftwaffen- und Marinehelfer, S. 585f.

Moltkeschule Oberschule für Jungen Parchim

Ersteinberufungen: Januar 1944
Schüler/Klassen: 3 Schüler/Klasse 7 (Jahrgang 1927)
Einsatzort: **Marineflakabteilung 221 (Kiel-Friedrichsort)**
Batterie Pries 3./221, 4 x 10,5cm

Nach der Entlassung des Jahrganges 1926 eingesetzte Marinehelfer der Jahrgänge 1927/28:

März 1944: 3 Schüler/Klasse 7 (Jahrgang 1927)

Marineflakabteilung 221 (Kiel-Friedrichsort)
Batterie Pries 3./221, 4 x 10,5 cm

? Schüler/Klassen 5/6 (Jahrgang 1928)
1. Marine-Feuerschutzabteilung Kiel
1. Kompanie, Knooper Weg

Nach der Entlassung des Jahrganges 1927 eingesetzte Marinehelfer des Jahrganges 1928:

Oktober 1944: Schüler/Klassen 6/7
1. Marine-Feuerschutzabteilung Kiel
1. Kompanie, Knooper Weg

Entlassung des Jahrganges 1928: März 1945

Verluste: keine Angabe

Quellen: MLHA Schwerin, MfU Nr. 2978 (Schreiben des SBREM vom 8. Februar 1944). Hinweis von Dr. Rudolf L. (Schüler der Moltkeschule Parchim).

Oberschule für Jungen Ribnitz

Ersteinberufungen: Oktober 1943
Schüler/Klassen: 3 Schüler/Klasse 7 (Jahrgang 1926)
Einsatzort: **Marineflakabteilung 221 (Kiel-Friedrichsort)**
Batterie Pries 3./221, 4 x 10,5cm

Januar 1944: 1 Schüler/Klasse 7, 10 Schüler/Klasse 5
Nach der Entlassung des Jahrganges 1926 eingesetzte Marinehelfer der Jahrgänge 1927/28:
Februar 1944:

Schüler in den Klassen	Jahrgang 1927		Jahrgang 1928		insg.	
	a	b	a	b	a	b
5	3	-	7	-	**10**	-
6	-	3	-	5	**-**	8
7	1	1	-	-	**1**	1
gesamt	4	4	7	5	**11**	9

a = Marinehelfer / b = in der Schule verbliebene Schüler

Einsatzort:	10 Schüler/Klasse 5
	Marineflakabteilung 221 (Kiel-Friedrichsort)
	Batterie Pries 3./221, 4 x 10,5cm

weitere Einberufungen und Einsatzorte:	1. März 1944
	7 Schüler/Klasse 6 (Jahrgänge 1927/28)
	1. Marine-Feuerschutzabteilung Kiel
	1. Kompanie, Knooper Weg

nach Entlassung des Jahrganges 1927 eingesetzte Marinehelfer des Jahrganges 1928:

Oktober 1944:	7 Schüler/Klasse 6
	Marineflakabteilung 251 (Kiel-Schönwohld)
	Batterie Hasseldieksdamm 4./251, 4 x 10,5cm
	(September bis November 1944)
	Marineflakabteilung 221 (Kiel-Friedrichsort)
	Batterie Kiel-Nordmark, 12,8cm (ab November 1944)
	Schüler/Klasse 7
	1. Marine-Feuerschutzabteilung Kiel
	1. Kompanie, Knooper Weg

Entlassung des Jahrganges 1928: März 1945

Verluste:	keine

Quellen: MLHA Schwerin, MfU Nr. 2978 (Schreiben des SBREM vom 8. Februar 1944); (Statistik der eingesetzten Marinehelfer vom 15. Februar 1944). Hinweise von Günter B., Dr. Reiner D. (Schüler der OSfJ Ribnitz). Nicolaisen, Der Einsatz der Luftwaffen- und Marinehelfer, S. 586.

Große Stadtschule Rostock (Gymnasium)

Ersteinberufungen: 15. Februar 1943
Schüler/Klassen: 5 Schüler/Klasse 7, 17 Schüler/Klasse 6 (Jahrgänge 1926/27)
Einsatzort: **Flakuntergruppe Rostock**
Batterie Kassebohm 1./271, 4 x 8,8cm
Batterie Toitenwinkel 6./232, 4 x 8,8cm

15. Juli 1943: 18 Schüler/Klasse 6 (Jahrgänge 1926/27)
Flakuntergruppe Rostock
Batterie Kassebohm 1./271, 4 x 8,8cm
Batterie Biestow, 6 x 8,8cm
Im August und Herbst 1943 wurden die LwH der Batterien Kassebohm und Toitenwinkel mit den LwH in der Batterie Biestow zusammengelegt. Einige LwH kamen zu kurzen Einsätzen in die Batterien Petersdorf und Diedrichshagen. Ende des Jahres 1943 verlegte die Batterie Biestow nach Griechenland. Die LwH wurden der Batterie Toitenwinkel zugewiesen.

5. Januar 1944: 1 Schüler/Klasse 7, 9 Schüler/Klasse 6, 4 Schüler/Klasse 5 (Jahrgang 1928)
Flakuntergruppe Rostock
Batterie Toitenwinkel 6./632, 4 x 8,8cm

Nach der Entlassung des Jahrganges 1926 eingesetzte Luftwaffenhelfer der Jahrgänge 1927/28:
Februar 1944:

Schüler in den Klassen	Jahrgang 1927		Jahrgang 1928		insg.	
	a	b	a	b	a	b
5	-	1	4	3	**4**	4
6	7	6	9	3	**16**	9
7	6	1	1	-	**7**	1
gesamt	13	8	14	6	**27**	14

a = Luftwaffenhelfer / b = in der Schule verbliebene Schüler

Flakuntergruppe Rostock
Batterie Toitenwinkel 6./232, 4 x 8,8cm

März bis August 1944: 7 Schüler/Klasse 7, 14 Schüler/Klasse 6, 5 Schüler/Klasse 5

10. bis 17. März:	mit der 6./232 zur **Flakuntergruppe Zeil/Main,** Stellung Stettfeld bei **Schweinfurt**
19. März bis Mitte April:	Heimatflak **Wismar** (leichte Flak, 2cm)
23. April bis 27. August:	**Flakuntergruppe Rechlin - Luftwaffenerprobungsstelle Rechlin** Batterie östlich des Flugplatzes Lärz 2./604 (7 LwH/Kl. 7 und 8 LwH/Kl. 7 Neubrdg.), Batterie auf dem Sprott´schen Berg 3./611 (5 LwH/Kl. 5 und 19 LwH/Kl. 5 Malchin), Batterie östlich des KZ Retzow 4./461 (14 LwH/Kl. 6)
27. August 1944:	Rückverlegung zur **Flakuntergruppe Rostock** 5 Schüler/Klasse 8 von der 2./604, 5 Schüler/Klasse 6 von der 3./611, 14 Schüler/Klasse 7 von der 4./461 Batterie bei Krummendorf 5./613, 4 x 10,5cm - in der Batterie waren außerdem LwH der Mittelschulen Altona (17), Barnstedt (11), Bevensen (10), Siekensen (4) Schneeferdingen (2) und Dannenberg (2)

Nach der Entlassung des Jahrganges 1927 eingesetzte Luftwaffenhelfer des Jahrganges 1928:

November 1944:	1 Schüler/Klasse 8, 9 Schüler/Klasse 7, 5 Schüler/Klasse 6 (Jahrgang 1928) **Gretesch** (eine andere Quelle nennt Vehrte) **bei Osnabrück** Batterie 5./613, 4 x 10,5cm (Verlegung aus dem Raum Rostock mit den Mittelschülern)

Entlassung des Jahrganges 1928: 14. Februar 1945

2 Schüler wurden als Flak-v-Soldaten übernommen, Batterie in 5./1113 umbenannt. Einige der obengenannten Mittelschüler wurden mit der 5./1113 und 3./613 in der Schlacht um Berlin eingesetzt.

Verluste: keine

Quellen: MLHA Schwerin, MfU Nr. 2977 (Schreiben des Direktors der Großen Stadtschule Rostock vom 28. Februar 1943). ebenda, Nr. 2978 (Statistik der eingesetzten Luftwaffenhelfer vom 15. Februar 1944). ebenda, Nr. 4827 (Schreiben des Direktors der Großen Stadtschule Rostock vom 2. Mai 1944, 14. August 1944, 20. Februar 1945); (Schreiben der Flakgruppe Mecklenburg, Flakregiment 61 vom 28. August 1944). Archiv der Hansestadt Rostock, 1.21.1. Schulwesen, Große

Stadtschule Nr. 284, 436, 453. Rostocker Anzeiger, Jahrgänge 1943/44. Hinweise von Ludwig B., Dr. Hans-Heinrich B., Wolfhard E., Günter H., Wilfried H., Gerd-Hinrich L., Helmut P., Gerd P., Christian S. (Schüler der Großen Stadtschule Rostock).

Schule bei den Sieben Linden, Realgymnasium Rostock

Ersteinberufungen: Schüler/Klassen und Einsatzorte 1943:	15. Februar 1943 5 Schüler/Klasse 7a, 7 Schüler/Klasse 7b (Jahrgänge 1926/27) **Flakuntergruppe Rostock** Batterie in der Barlachstraße, Leichte Flak Batterie Gehlsdorf, Leichte Flak ca. 20 Schüler/Klasse 6a (Jahrgänge 1926/27) **Flakuntergruppe Rostock** Batterie Biestow 3./232, 6 x 8,8cm (die Batterie verlegte im Frühjahr 1943 nach Lichtenhagen) 20 Schüler/Klasse 6b (Jahrgänge 1926/27) **Flakuntergruppe Rostock** Batterie Sievershagen 2./232, 4 x 8,8cm Batterie Barnstorf 4./232, 4 x 8,8cm Batterie Lichtenhagen 7./232, 6 x 8,8cm
20. Dezember 1943 bis Mitte Februar 1944:	Verlegung zum **Luftgaukommando XVII** nach **Wiener Neustadt** Batterie Hental bei Neudörfl, 10,5cm ca. 20 Schüler/Klasse 6c (Jahrgänge 1926/27) **Flakuntergruppe Rostock** Batterie Barnstorf, 4./232 (im Sommer 1943 Zusammenlegung mit Klasse 6b zur neuen Klasse 7b, im Dezember Verlegung nach Wiener Neustadt)
weitere Einberufungen und Einsatzorte:	15. Juli 1943 ca. 30 Schüler/Klassen 6 (Jahrgänge 1926/27) **Flakuntergruppe Rostock** Batterie Elmenhorst 1./232, 4 x 8,8cm (nach der Grundausbildung Verlegung in die Batterie Lichtenhagen 3./232, 6 x 8,8cm,

dort verblieben sie bis November 1944)
5. Januar 1944
24 Schüler/Klasse 5 (Jahrgänge 1927/28)
Flakuntergruppe Rostock
Batterie Lichtenhagen 7./232, 6 x 8,8cm

Nach der Entlassung des Jahrganges 1926 eingesetzte Luftwaffenhelfer der Jahrgänge 1927/28:
Februar 1944:

Schüler in den Klassen	Jahrgang 1927 a	b	Jahrgang 1928 a	b	insg. a	b
5	3	3	21	5	**24**	8
6	11	4	14	9	**25**	13
7	19	1	3	-	**22**	1
gesamt	33	8	38	14	**71**	22

a = Luftwaffenhelfer / b = in der Schule verbliebene Schüler

März bis
September 1944: 13 Schüler/Klasse 7b
Flakuntergruppe Rostock
Batterie Lichtenhagen 3./232, 6 x 8,8cm
(nach Rückkehr aus Wiener Neustadt bis Ende Mai 1944)
Anfang Juli 1944 Verlegung der 10 LwH/Jahrgang 1927
nach **Wunstorf bei Hannover**
Batterie 30/XI und 31/XI (Leichte Flak zum Schutz der Flugplatzes
Großen Heidorn);
die 3 LwH/Klasse 7b/Jahrgang 1928 kamen zur Batterie Warnemünde,
Leichte Flak;
8 Schüler/Klasse 7a werden in der Batterie Toitenwinkel
Schw.Hei. 211/XI erwähnt

November 1944 -
März 1945: 13 Schüler/Klasse 7, 3 Schüler/Klasse 8 (Jahrgang 1928)
im November 1944 verlegte die 3./232 nach **Hellern** bei **Osnabrück**

Januar 1944 bis
März 1945: 22 Schüler/Klasse 5 (später Klasse 6)
Flakuntergruppe Rostock
Batterie Lichtenhagen 7./232, 6 x 8,8cm (Juni 1944

Umwandlung in RAD-Batterie)
28. Juni 1944 Verlegung nach **Garbsen** bei **Hannover** zur z.b.V. Batterie 10755
3. September 1944 nach **Hannover-Buchholz** zur Batterie 8/3
3. Oktober 1944 zum **Luftgaukommando XVII/Flakgruppe Brüx** (Sudetengau) Batterie Bruch, 12,8cm

Entlassung des Jahrganges 1928: 15. März 1945

Verluste: keine

Quellen: MLHA Schwerin, MfU Nr. 2977 (Schreiben des Direktors der Schule bei den 7 Linden vom 24. Februar 1943). ebenda, Nr. 2978 (Statistik der eingesetzten Luftwaffenhelfer vom 15. Februar 1944); (Berichte über den Einsatz der Schüler der Klasse 7b in Wiener Neustadt vom 12. und 17. und 24. Februar 1944). ebenda, Nr. 4827 (Bericht über die LwH der Klasse 6 vom 3. Oktober 1944); (Schreiben des Direktors der Schule bei den sieben Linden vom 19. März 1945). Hengelhaupt, Joachim, Chronik der Sexta b/1937 des Rostocker Realgymnasiums. Herne 1992. Schriftwechsel - Fritz Lahl mit dem Beauftragten des REM für den Einsatz der Flakhelfer beim Luftgau XI - privat. Hinweise von Bodo H., Joachim H., Fritz L., Rolf-Dieter L., Claus P., Dr. Gerd S., Konrad S. Nicolaisen, Der Einsatz der Luftwaffen- und Marinehelfer, S. 586.

Blücherschule, Oberrealschule Rostock

Ersteinberufungen: 15. Februar 1943
Schüler/Klassen: 11 Schüler/Klasse 7, 24 Schüler/Klasse 6 (Jahrgänge 1926/27)
Einsatzorte: **Flakuntergruppe Rostock**
(Die LwH wurden laufend in die folgenden Batterien versetzt:)
Batterie Marienehe (Heinkel-Werke)
Batterie Bramow
Batterie Marienehe-Flugleitung
Batterie Bahnhof Schmarl
Batterie Carsten im Komponistenviertel
Batterie Evershagen
Batterie Botanischer Garten
Batterie Schwanenteich, (alles Leichte Flakbatterien, 3,7cm und 2cm)
Batterie Marienehe 1./723, 4 x 7,62cm "Russen-Flak"
(alle genannten Batterien sollen zum 8. Flakregiment unter Oberst Köster gehört haben und dienten zum Schutz der Ernst-Heinkel-Flugzeugwerke in Rostock-Marienehe)

Nach der Entlassung des Jahrganges 1926 eingesetzte Luftwaffenhelfer der Jahrgänge 1927/28:
Februar 1944:

Schüler in den Klassen	Jahrgang 1927		Jahrgang 1928		insg.	
	a	b	a	b	a	b
5	3	1	14	3	**17**	4
6	14	7	13	4	**27**	11
7	12	1	1	-	**13**	1
gesamt	29	9	28	7	**57**	16

a = Luftwaffenhelfer / b = in der Schule verbliebene Schüler

Januar 1944 bis
September 1944:   13 Schüler/Klasse 7
Flakuntergruppe Rostock
Batterien in der Umgebung der Heinkel-Werke (Leichte Flak),
während der Augustangriffe auf Rostock befinden sich die LwH
in diesen Batterien.
Die LwH werden Anfang September 1944 in der Batterie
bei Krummendorf 5./613 und in der Batterie Peetz 4./613 erwähnt.
Im September 1944 wurden 12 LwH des Jahrganges 1927
entlassen, der verbliebene LwH-Jahrgang 1928 wurde der
3./232 Lichtenhagen zugewiesen.

Januar 1944 bis
September 1944:   27 Schüler/Klasse 6, 17 Schüler/Klasse 5
Flakuntergruppe Rostock
Batterie Schmarl 66/XI (Leichte Flak)
1. September 1944 Versetzung zur Batterie Lichtenhagen
3./232, 6 x 8,8cm

November 1944 bis
März 1945:   12 Schüler/Klasse 6, 13 Schüler/Klasse 7, 1 Schüler/Klasse 8
mit der 3./232 in **Hellern** bei **Osnabrück**

Entlassung des Jahrganges 1928: 10. März 1945

Verluste: Am 4. August 1944 kam der Luftwaffenoberhelfer Wilhelm Joost beim
Angriff auf die Rostocker Heinkel-Werke ums Leben.

Quellen: MLHA Schwerin, MfU Nr. 2977 (Schreiben des Direktors der Blücherschule vom 26. Februar 1943). ebenda, Nr. 2978 (Statistik der eingesetzten Luftwaffenhelfer vom 15. Februar 1944). ebenda, Nr. 4827 (Schreiben des Direktors der Blücherschule vom 19. März 1945). Kolz, Hans Heinrich, 125 Jahre Oberrealschule Rostock. Blücherschule, o.O. 1992. Aufzeichnungen von Jürgen F. und Jochen H. (Schüler der Blücherschule). Hinweise von Hans-Joachim F., Jochen H. (Schüler der Blücherschule). Nicolaisen, Der Einsatz der Luftwaffen- und Marinehelfer, S. 586.

Oberschule für Jungen Schönberg

Ersteinberufungen: 5. Januar 1944
Schüler/Klassen: 6 Schüler/Klasse 5 (Jahrgang 1927/28)
Einsatzort: **Dummerstorf bei Lübeck**
Heimatflakbatterie 5/XI

weitere Einberufungen: Februar 1944
2 Schüler/Klasse 5 (Jahrgang 1928)
ebenfalls zur 5/XI

Oktober 1944: keine genauen Angaben über eingesetzte Luftwaffenhelfer

Entlassung des Jahrganges 1928: keine genaue Zeitangabe

Verluste: keine Angabe

Bemerkung: Die im Sommer 1944 in die Klasse 6 versetzten Flakhelfer wurden in die OSfJ Grevesmühlen übernommen, der die OSfJ Schönberg beigeordnet war.

Quellen: MLHA Schwerin, Nr. 2978 (Statistik der eingesetzten Luftwaffenhelfer vom 15. Februar 1944); (Schreiben des Direktors der OSfJ Schönberg vom 17. Februar 1944). ebenda, Nr. 4827 (Schreiben des Direktors der OSfJ Schönberg vom 17. Mai 1944).

Gymnasium Fridericianum Schwerin

Ersteinberufungen: 25. Oktober 1943
Schüler/Klassen: 16 Schüler/Klassen 6/7/8 (Jahrgänge 1926/27)
Einsatzort: **Marineflakabteilung 233 (Swinemünde)**
u.a. Batterie Neuendorf bei Zinnowitz (MH/Klasse 6)

Nach der Entlassung des Jahrganges 1926 eingesetzte Marinehelfer der Jahrgänge 1927/28:

Februar 1944:	13 Schüler/Klasse 6, 5 Schüler/Klasse 7, 1 Schüler/Klasse 8
	Marineflakabteilung 233 (Swinemünde)
	u.a. Batterie Neuendorf bei Zinnowitz (MH/Klasse 6)
April 1944:	1 Schüler/Klasse 5, 13 Schüler/Klasse 6, 4 Schüler/Klasse 7
	Marineflakabteilung 233 (Swinemünde)
	u.a. Batterie Neuendorf bei Zinnowitz

Nach der Entlassung des Jahrganges 1927 eingesetzte Marinehelfer des Jahrganges 1928:

Oktober 1944:	1 Schüler/Klasse 6, 9 Schüler/Klasse 7
	Marineflakabteilung 233 (Swinemünde)
	Batterie Neuendorf bei Zinnowitz

Entlassung des Jahrganges 1928: keine genaue Zeitangabe

Verluste:	keine Angabe

Quellen: MLHA Schwerin, MfU Nr. 2977 (Schreiben des Direktors des Gymnasiums vom 25. Oktober 1943). ebenda, Nr. 2978 (Statistik der eingesetzten Marinehelfer vom 15. Februar 1944). ebenda, Nr. 4827 (Schreiben des Direktors des Gymnasiums vom 26. April 1944). Nicolaisen, Der Einsatz der Luftwaffen- und Marinehelfer, S. 586.

Wilhelm-Gustloff-Schule, Realgymnasium Schwerin

Ersteinberufungen:	Herbst 1943
Schüler/Klassen:	18 Schüler/Klassen 7/8 (Jahrgänge 1926/27)
Einsatzort:	**Marineflakabteilung 211 (Eckernförde)**
	Batterie Hemmelmark 3./211, 4 x 10,5cm
Januar 1944:	11 Schüler/Klasse 7

Nach der Entlassung des Jahrganges 1926 eingesetzte Marinehelfer der Jahrgänge 1927/28:

Februar 1944:	1 Schüler/Klasse 8, 10 Schüler/Klasse 7
	Marineflakabteilung 211 (Eckernförde)
	Batterie Hemmelmark 3./211, 4 x 10,5cm

weitere Einberufungen: März 1944
19 Schüler/Klasse 5a, 15 Schüler/Klasse 5b, 11 Schüler/Klasse 6a, 14 Schüler/Klasse 6b
1. Marine-Feuerschutzabteilung Kiel
2. Kompanie, Kiel-Ellerbek, Solomit-Lager

Nach der Entlassung des Jahrganges 1927 eingesetzte Marinehelfer des Jahrganges 1928:

Oktober 1944: 29 Schüler/Klasse 6, 9 Schüler/Klasse 7
1. Marinefeuerschutzkompanie Kiel
2. Kompanie, Kiel-Ellerbek, Solomit-Lager

Entlassung des Jahrganges 1928: keine genaue Zeitangabe

Verluste: keine

Quellen: MLHA Schwerin, MfU Nr. 2978 (Schreiben des SBREM vom 8. Februar 1944); (Statistik der eingesetzten Marinehelfer vom 15. Februar 1944). ebenda, Nr. 4827 (Schreiben des Direktors der Wilhelm-Gustloff-Schule vom 27. April 1944). Nicolaisen, Der Einsatz der Luftwaffen- und Marinehelfer, S.587. Hinweis von Jürgen P. und Helmut H. (Schüler Wilhelm-Gustloff-Schule).

Claus-von-Pape-Schule, Oberschule für Jungen Schwerin

Ersteinberufungen: 1. November 1943
Schüler/Klassen: 12 Schüler/Klasse 7, ? Schüler/Klasse 8 (Jahrgänge 1926/27)
Einsatzort: **Marineflakabteilung 221 (Kiel-Friedrichsort)**
Batterie Pries 3./221, 4 x 10,5cm
Batterie Tüttendorf 7./221, 4 x 10,5cm

Januar 1944: 34 Schüler/Klasse 6, 5 Schüler/Klasse 7

Nach der Entlassung des Jahrganges 1926 eingesetzte Marinehelfer der Jahrgänge 1927/28 Februar 1944:

Schüler in den Klassen	Jahrgang 1927 a	b	Jahrgang 1928 a	b	insg. a	b
5	6	3	11	8	**17**	11
6	25	8	5	6	**30**	14
7	7	3	-	-	**7**	3
gesamt	38	14	16	14	**54**	28

a: Marinehelfer / b: in der Schule verbliebene Schüler

April 1944: 15 Schüler/Klasse 5
1. Marine-Feuerschutzabteilung Kiel
2. Kompanie, Kiel-Ellerbek, Solomit-Lager

19 Schüler/Klasse 6a, 11 Schüler/Klasse 6b
Marineflakabteilung 211 (Eckernförde)
Batterie Barkelsby 2./211, 4 x 10,5cm/
Stabsbatterie Eckernförde 4./211

7 Schüler/Klasse 7
Marineflakabteilung 221 (Kiel-Friedrichsort)
Batterie Pries 3./221, 4 x 10,5cm

Nach der Entlassung des Jahrganges 1927 eingesetzte Marinehelfer des Jahrganges 1928:

Oktober 1944: 17 Schüler/Klasse 6
1. Marinefeuerschutzabteilung Kiel
2. Kompanie, Kiel-Ellerbek, Solomit-Lager

12 Schüler/Klasse 7
Marineflakabteilung 241 (Kiel-Elmschenhagen)
Batterie Kiel-Oppendorf, 12,8cm

Entlassung des Jahrganges 1928: März 1945

Verluste: keine

Quellen: MLHA Schwerin, MfU Nr. 2978 (Schreiben des SBREM vom 8. Februar 1944); (Statistik der eingesetzten Marinehelfer vom 15. Februar 1944). ebenda, Nr. 4827 (Schreiben des Direktors der Pape Schule vom 26. April 1944). Hinweise von Dr. Horst R., Jürgen R. und Hermann W. (Schüler der Claus-von-Pape-Schule). Nicolaisen, Der Einsatz der Luftwaffen- und Marinehelfer, S. 80f, 587.

Horst-Wessel-Schule, Oberschule für Jungen Teterow

Ersteinberufungen: Oktober 1943
Schüler/Klasse: 6 Schüler/Klasse 7 (Jahrgänge 1926/27)
Einsatzort: **Marineflakabteilung 281 (Kiel)**
                     Batterie Mönkeberg 1./281, 4 x 10,5cm - versetzt in die:
                     Marineflakabteilung 221 (Kiel-Friedrichsort)
                     Batterie Krusendorf 6./221, 4 x 10,5cm

Januar 1944:   11 Schüler/Klasse 5, 4 Schüler/Klasse 7

Nach der Entlassung des Jahrganges 1926 eingesetzte Marinehelfer der Jahrgänge 1927/28 Februar 1944:

Schüler in den Klassen	Jahrgang 1927 a	Jahrgang 1927 b	Jahrgang 1928 a	Jahrgang 1928 b	insg a	insg b
5	5	2	6	3	**11**	5
6	-	-	-	-	-	-
7	5	2	-	3	**5**	5
gesamt	10	4	6	6	**16**	10

a = Marinehelfer / b = in der Schule verbliebene Schüler

        5 Schüler/Klasse 7
        Marineflakabteilung 221 (Kiel-Friedrichsort)
        Batterie Krusendorf 6./221, 4 x 10,5cm
        später versetzt in die Batterie Pries 3./221, 4 x 10,5cm

        11 Schüler/Klasse 5
        Marineflakabteilung 221 (Kiel-Friedrichsort)
        Batterie Schilksee 2./221, 4 x 10,5cm

März 1944   5 Schüler/Klasse 5

1. Marine-Feuerschutzabteilung Kiel

1. Kompanie, Knooper Weg

Nach der Entlassung des Jahrganges 1927 eingesetzte Marinehelfer des Jahrganges 1928:

Oktober 1944: 2 Schüler/Klasse 8
Marineflakabteilung 221 (Kiel-Friedrichsort)
Batterie Pries 3./221, 4 x 10,5cm

7 Schüler/Klasse 6
Marineflakabteilung 221 (Kiel-Friedrichsort)
Batterie Schilksee 2./221, 4 x 10,5cm
(später auf 12,8cm Doppelgeschütze umgerüstet)

Entlassung des Jahrganges 1928: Dezember 1944

Verluste: keine Angaben

Quellen: MLHA Schwerin, MfU Nr. 2978 (Schreiben des SBREM vom 8. Februar 1944); (Statistik der eingesetzten Marinehelfer der OSfJ Teterow vom 15. Februar 1944). Hinweise von Jürgen G. und Hans Helmut W. (Schüler der OSfJ Teterow). Nicolaisen, Der Einsatz der Luftwaffen- und Marinehelfer, S. 80, 83, 587f.

Richard-Wossidlo-Schule, Oberschule für Jungen Waren

Ersteinberufungen: 19. Oktober 1943
Schüler/Klassen: 12 Schüler/Klassen 6 (Jahrgänge 1926/27)
Einsatzort: **Marineflakabteilung 222 (Wilhelmshaven)**
Batterie Schweiburg bei Varel 2./222, 4 x 10,5cm

? Schüler/Klasse 7 (Jahrgang 1926)
14. Marineflakregiment Brunsbüttel / Marineflakabteilung 294 (Balje über Stade)
Batterie Krummendeich 2./294, 4 x 10,5cm

Nach der Entlassung des Jahrganges 1926 eingesetzte Marinehelfer der Jahrgänge 1927/28 Februar 1944:

Schüler in den Klassen	Jahrgang 1927 a	b	Jahrgang 1928 a	b	insg. a	b
5	2	-	6	6	**8**	6
6	9	1	11	2	**20**	3
7	6	-	-	-	**6**	-
gesamt	17	1	17	8	**34**	9

a = Marinehelfer / b = in der Schule verbliebene Schüler

        6 Schüler/Klasse 7
        14. Marineflakregiment Brunsbüttel / Marineflakabteilung 294 (Balje über Stade)
        Batterie Krummendeich 2./294, 4 x 10,5cm

        20 Schüler/Klasse 6
        MAA 116 (Abschnitt Borkum)
        Batterie Lüderitz 3./MAA 116, 15cm-Batterie

        8 Schüler/Klasse 5
        14. Marineflakregiment Brunsbüttel / Marineflakabteilung 274 (Zweidorf)
        Batterie Triangel bei Brunsbüttelkoog 3./274, 4 x 10,5cm

Oktober 1944: keine genauen Angaben über eingesetzte Marinehelfer

Entlassung des Jahrganges 1928: keine genaue Zeitangabe

Verluste: keine Angabe

Quellen: MLHA Schwerin, MfU Nr. 2978 (Statistik der eingesetzten Marinehelfer vom 15. Februar 1944); (Schreiben des Direktors der Richard-Wossidlo-Schule Waren vom 16. Februar 1944 und 9. März 1944). Nicolaisen, Der Einsatz der Luftwaffen- und Marinehelfer, S. 84-89, 588.

Große Stadtschule Wismar, Staatliche Oberschule für Jungen und Gymnasium

Ersteinberufungen:	15. Februar 1943
Schüler/Klassen:	Gymnasium und OSfJ: 62 Schüler/Klassen 6/7 (Jahrgänge 1926/27)
Einsatzort:	**Heimatflak Wismar**
	Batterie 15/XI Stellungen am Dornierhafen / Flugplatz (2cm-Flak), (Klassen 7)
	Batterie 16/XI Stellungen: Grasort / Kuhweide / Zuckerfabrik (2cm-Flak), (Klassen 6)

Nach der Entlassung des Jahrganges 1926 eingesetzte Luftwaffenhelfer der Jahrgänge 1927/28 März 1944:

Schüler in den Klassen	Jahrgang 1927 a	b	Jahrgang 1928 a	b	insg. a	b
5	5	2	18	6	**23**	8
6	18	4	6	6	**24**	10
7	13	3	1	1	**14**	4
gesamt	36	9	25	13	**61**	22

a = Luftwaffenhelfer / b = in der Schule verbliebene Schüler

Januar bis 17. April 1944:	Klasse 5a
	Flakuntergruppe Rechlin / Luftwaffenerprobungsstelle
	Batterie keine Angaben
	ab April 1944 bei der **Heimatflak Wismar**
	Batterie 15/XI / Batterie 16/XI
	(In diesen Batterien befanden sich auch die LwH der Klassen 5b und 7a, je ein LwH der Klasse 6 und 7b)
28. Februar 1944:	Klassen 6 Verlegung zur **Heimatflak Lübeck**
	Batterie Buntekuh 209/XI, 4 x 8,8cm
	Batterie Moislinger Baum 210/XI, 4 x 8,8cm
ab 19. April 1944:	Gymnasium: 4 Schüler/Klasse 7,
	Oberschule für Jungen: 10 Schüler/Klasse 7b
	Gardelegen (Flugplatz)
	Batterie 4./770 (Leichte Flak)

Nach der Entlassung des Jahrganges 1927 eingesetzte Luftwaffenhelfer:

Oktober 1944:	21 Schüler/Klasse 6
	Heimatflak Wismar
	Batterien 15/XI und 16/XI (Leichte Flak)
	23 Schüler/Klasse 7
	Heimatflak Lübeck
	Batterie Buntekuh 209/XI, 4 x 8,8cm
	Moislinger Baum, 210/XI, 4 x 8,8cm
	18 Schüler/Klasse 8
	Gardelegen (Flugplatz)
	Batterie 4./770 (Leichte Flak)

Entlassung des Jahrganges 1928: Januar 1945

Verluste: keine

Quellen: MLHA Schwerin, MfU Nr. 2977 (Schreiben des Direktors der Großen Stadtschule vom 15. Februar 1943). ebenda, Nr. 2978 (Statistik der eingesetzten Luftwaffenhelfer vom 15. Februar 1944). ebenda, Nr. 4827 (Schreiben des Direktors der Großen Stadtschule vom 30. April 1944). Hinweise von Ernst H., Dr. Klaus M. (Schüler der Großen Stadtschule Wismar). Karsten, Die sogenannte Luftwaffenhelfer-Klasse, S. 48ff. Nicolaisen, Der Einsatz der Luftwaffen- und Marinehelfer, S. 588.

B. Mittelschulen

Haupt- und Mittelschule Boizenburg

Ersteinberufungen:	Januar 1944
Schüler/Klassen:	3 Schüler/Klasse 6 (Jahrgang 1927)
Einsatzort:	**Kiel**
	Batterie keine Angabe
Oktober 1944:	13 Schüler/Klasse 6 (Jahrgang 1928)
	Kiel
	Batterie keine Angabe
Verluste:	keine Angabe

Mittelschule Bützow

Ersteinberufungen:	Oktober 1943
Schüler/Klassen:	9 Schüler/Klasse 6 (Jahrgang 1926/27)
Einsatzort:	**Marineflakabteilung 221 (Kiel-Friedrichsort)**
	Batterie Kiel-Bülk 10./221
	ab 18. November 1943 Batterie Marienfelde 1./221, 4 x 10,5cm
	ab 11. Februar 1944 **Marineflakabteilung 261 (bei Kiel)**
	Batterie Heidkate 1./261, 4 x 10,5cm
Januar 1944	6 Schüler/Klasse 6 (Jahrgang 1927)
März 1944	? Schüler/Klasse 5 (Jahrgänge 1927/28)
	Marineflakabteilung 261 (bei Kiel)
	Batterie Heidkate 1./261, 4 x 10,5cm
Oktober 1944:	keine Hinweise auf MH
Verluste:	keine

Mittelschule Festung Dömitz

Ersteinberufungen:	Januar 1944
Schüler/Klassen:	4 Schüler/Klasse 6 (Jahrgang 1927)
Einsatzort:	**Kiel**
	Batterie keine Angabe
März 1944:	8 Schüler/Klasse 5 (Jahrgänge 1927/28)
	Marineflakabteilung 261 (bei Kiel)
	Batterie Heidkate 1./261, 4 x 10,5cm

Oktober 1944:	keine Hinweise auf MH
Verluste:	keine Angabe

Mittelschule Gnoien

Ersteinberufungen:	Januar 1944
Schüler/Klassen:	6 Schüler/Klasse 6 (Jahrgang 1927)
Einsatzort:	**Kiel**
	Batterie keine Angabe
März 1944:	? Schüler/Klasse 5
	Marineflakabteilung 261 (bei Kiel)
	Batterie Heidkate 1./261, 4 x 10,5cm
Oktober 1944:	keine Hinweise auf MH
Verluste:	keine Angabe

Haupt- und Mittelschule Goldberg

Ersteinberufungen:	Herbst 1943
Schüler/Klassen:	? Schüler/Klasse 6 (Jahrgang 1926)
Einsatzort:	**Marineflakabteilung 221 (Kiel-Friedrichsort)**
	Batterie Marienfelde 1./221, 4 x 10,5cm
Januar 1944:	3 Schüler/Klasse 6
	Marineflakabteilung 221 (Kiel-Friedrichsort)
	Batterie Marienfelde 1./221, 4 x 10,5cm
Oktober 1944:	keine Hinweise auf MH
Verluste:	keine Angabe

Haupt- und Mittelschule Lübz

Ersteinberufungen:	Januar 1944
Schüler/Klassen:	6 Schüler/Klasse 5 (Jahrgänge 1927/28)
Einsatzort:	**Stade**
	Batterie 6940 z.b.V. (6./755)
Oktober 1944:	keine Hinweise auf MH
Verluste:	keine Angabe

Haupt- und Mittelschule Ludwigslust

Ersteinberufungen:	Januar 1944
Schüler/Klassen:	9 Schüler/Klasse 6 (Jahrgang 1927)
Einsatzort:	**Marineflakabteilung 251 (Kiel-Schönwohld)**
	Batterie Schwartenbek 2./251, 4 x 10,5cm
März 1944	? Schüler/Klasse 5
	Marineflakabteilung 261 (bei Kiel)
	Batterie Heidkate 1./261, 4 x 10,5cm
Verluste:	Nach Angaben von Jürgen L. soll es Verluste unter den Marinehelfern gegeben haben.

Haupt- und Mittelschule Malchin

Ersteinberufungen:	Januar 1944
Schüler/Klassen:	4 Schüler/Klasse 5 (Jahrgang 1928)
Einsatzort:	**Hamburg Flakabteilung 613**
	Batterie Kempelberg 1./613
Sommer 1944:	4 Schüler/Klasse 6
Einsatzort:	ab 27.6.1944 **Flakabteilung 607**
	Batterie 4./607
	14.-27.8.1944 **Flakuntergruppe Rechlin**
	Luftwaffenerprobungsstelle Rechlin
	Batterie - keine Angaben
	ab 27.8. **Flakuntergruppe Rostock**
	Batterie bei Krummendorf 5./613, 4 x 10,5cm
Verluste:	keine Angabe

Haupt- und Mittelschule Malchow

Ersteinberufungen:	Januar 1944
Schüler/Klassen:	5 Schüler/Klasse 6 (Jahrgang 1927)
Einsatzort:	**Kiel**
	Batterie keine Angabe
6. März 1944:	6 Schüler/Klasse 5 (Jahrgang 1928)
	Kiel
	Batterie keine Angabe
Oktober 1944:	keine Hinweise auf MH
Verluste:	keine Angabe

Mittel- und Hauptschule Mirow

Ersteinberufungen:	Januar 1944
Schüler/Klassen:	2 Schüler/Klasse 5 (Jahrgang 1928),
	1 Schüler/Klasse 6 (Jahrgang 1927)
Einsatzort:	**Hamburg Flakabteilung 613**
	Batterie Kempelberg 1./613
Sommer 1944:	2 Schüler/Klasse 5
Einsatzort:	ab 27.6.1944 **Flakabteilung 607**
	Batterie 4./607
	14.-27.8.1944 **Flakuntergruppe Rechlin**
	Luftwaffenerprobungsstelle Rechlin
	Batterie keine Angabe
	ab 27.8. **Flakuntergruppe Rostock**
	Batterie bei Krummendorf 5./613, 4 x 10,5cm
Verluste:	keine Angabe

Knaben- Volksschule mit Aufbauzug Neubrandenburg

Ersteinberufungen:	Januar 1944
Schüler/Klassen:	16 Schüler/Klasse 5 (Jahrgänge 1927/28),
	9 Schüler/Klasse 6 (Jahrgänge 1926/27)
Einsatzort:	**Hamburg Flakabteilung 613**
	Batterie Kempelberg 1./613
Sommer 1944:	15 Schüler/Klasse 5
Einsatzort:	ab 27.6.1944 **Flakabteilung 607**
	Batterie 4./607
	14.-27.8.1944 **Flakuntergruppe Rechlin**
	Luftwaffenerprobungsstelle Rechlin
	Batterie keine Angabe
	ab 27.8. Flakuntergruppe Rostock
	Batterie bei Krummendorf 5./613, 4 x 10,5cm
Verluste:	keine Angaben

Mittelschule Neustadt/Glewe

Ersteinberufungen:	Januar 1944
Schüler/Klassen:	3 Schüler/Klasse 6 (Jahrgang 1927)

Einsatzort:	Kiel
	Batterie keine Angabe
März 1944:	? Schüler/Klasse 5
	Marineflakabteilung 261 (bei Kiel)
	Batterie Heidkate 1./261, 4 x 10,5cm
Oktober 1944:	keine Hinweise auf MH
Verluste:	keine Angabe

Knaben- Haupt- und Mittelschule Neustrelitz

Ersteinberufungen:	Herbst 1943
Schüler/Klassen:	10 Schüler/Klasse 6 (Jahrgänge 1926/1927)
Einsatzort:	**Marineflakabteilung 221 (Kiel-Friedrichsort)**
	Batterie Marienfelde 1./221, 4 x 10,5cm
Januar 1944:	14 Schüler/Klasse 6
	Marineflakabteilung 221 (Kiel-Friedrichsort)
	Batterie Marienfelde 1./221, 4 x 10,5cm
März 1944:	13 Schüler/Klasse 5 (Jahrgang 1928)
	Marineflakabteilung 241 (Kiel-Elmschenhagen)
	Batterie Pohnsdorf bei Preetz 5./241, 4 x 10,5cm
Oktober 1944:	siehe März 1944
Verluste:	keine Angabe

Haupt- und Mittelschule Parchim

Ersteinberufungen:	Januar 1944
Schüler/Klassen:	5 Schüler/Klasse 6 (Jahrgang 1927)
Einsatzort:	**Kiel**
	Batterie keine Angabe
März 1944:	12 Schüler/Klasse 5
	Marineflakabteilung 261 (bei Kiel)
	Batterie Heidkate 1./261, 4 x 10,5cm
	September 1944 Versetzung in die Batterie Mönkeberg 1./281
Oktober 1944:	9 Schüler/Klasse 6 (Jahrgang 1928)
	Marineflakabteilung 231 (Rendsburg)
	Batterie Schwabe 1./231, 4 x 10,5cm
Entlassung:	März 1945

Verluste:	Am 16. September 1944 kam MH Hans-Jürgen Rathsack in der Batterie Mönkeberg ums Leben.

Haupt- und Mittelschule Plau

Ersteinberufungen:	Januar 1944
Schüler/Klassen:	10 Schüler/Klasse 6 (Jahrgänge 1927/28)
Einsatzort:	**Kiel**
	Batterie keine Angabe
März 1944:	12 Schüler/Klasse 5
	Marineflakabteilung 241 (Kiel-Elmschenhagen)
	Batterie Havighorst 7./241, 4 x 10,5cm
Entlassung:	März 1945
Verluste:	keine

Mittelschule Rostock

Ersteinberufungen:	15. Februar 1942
Schüler/Klassen:	10 Schüler/Klasse 6 (Jahrgänge 1926/27)
Einsatzort:	**Flakuntergruppe Rostock**
	Batterie Toitenwinkel Schw.Hei. 211/XI
Sommer 1943:	42 Schüler/Klasse 6 (Jahrgang 1927)
	Flakuntergruppe Rostock
	Batterie Toitenwinkel Schw.Hei. 211/XI
	Dezember 1943 bis April 1944 versetzt zum
	Luftgaukommando XVII nach **Wien - Mödling**
	Batterie keine Angabe
Januar 1944	39 Schüler/Klassen 5a/5b (Jahrgänge 1927/28)
	Flakuntergruppe Rostock
	Batterie Toitenwinkel Schw.Hei. 211/XI
Oktober 1944	78 Schüler/Klassen 6
	Batterie Toitenwinkel Schw.Hei. 211/XI
	Batterie Peez 4./613, 4 x 10,5
Verluste:	keine Angabe

Mittelschule Schwaan, Friedrich-Hildebrandt-Schule

Ersteinberufungen:	Januar 1944
Schüler/Klassen:	8 Schüler/Klasse 5/6 (Jahrgang 1927)
Einsatzort:	**Marineflakabteilung 261 (bei Kiel)**
	Batterie Heidkate 1./261, 4x10,5cm
Oktober 1944:	keine Hinweise auf eingesetzte MH
Verluste:	keine Angabe

Adolf-Hitler-Schule, Knaben- Mittel- und Hauptschule Schwerin

Ersteinberufungen:	Januar 1944
Schüler/Klassen:	21 Schüler/Klasse 5a, 27 Schüler/Klasse 5b
Einsatzort:	**Marineflakabteilung 274 (Zweidorf)**
	Stabsbatterie Zweidorf bei Brunsbüttel
	17 Schüler/Klasse 5c
	Marne/Holstein
	Batterie keine Angabe
Verluste:	keine Angabe

August-Brackmann-Schule, Haupt- und Mittelschule Tessin

Ersteinberufungen:	Januar 1944
Schüler/Klassen:	11 Schüler/Klasse 6 (Jahrgang 1927)
Einsatzort:	**Kiel**
	Batterie keine Angabe
Verluste:	keine Angabe

Städt. Haupt- und Mittelschule Waren

Ersteinberufungen:	Januar 1944
Schüler/Klassen:	3 Schüler/Klasse 6 (Jahrgang 1927)
Einsatzort:	keine Angabe
Oktober 1944:	9 Schüler/Klasse 6 (Jahrgang 1928)
Einsatzort:	keine Angabe
Verluste:	keine Angabe

Haupt- und Mittelschule Warnemünde

Ersteinberufungen:	15. Februar 1943
Schüler/Klassen:	3 Schüler/Klasse 6 (Jahrgänge 1926/27)
Einsatzort:	**Flakuntergruppe Rostock**
	Batterie Warnemünde 9/XI
Januar 1944:	3 Schüler/Klasse 6 (Jahrgang 1927)
	Flakuntergruppe Rostock
	vermutlich mit anderen Mittelschülern in der Batterie Toitenwinkel Schw.Hei. 211/XI
Bemerkung:	Im Sommer 1944 sind die Warnemünder Schüler den Rostocker Klassen zugeteilt.
Verluste:	keine Angabe

Horst-Wessel-Schule, Mittelschule Wismar

Ersteinberufungen:	15. Februar 1943
Schüler/Klassen:	23 Schüler/Klasse 6 (Jahrgänge 1926/27)
Einsatzort:	**Heimatflak Wismar**
	Batterie 16/XI, 2cm-Flak
Januar 1944:	48 Schüler/Klassen 5/6 (Jahrgänge 1927/28)
	22 Schüler/Klasse 5
	ab April **Gardelegen** (Flugplatz)
	Batterie 4./770 (Leichte Flak)
	9 Schüler/Klasse 6
	Parchim (Flugplatz)
	Batterie keine Angabe (vermutlich Leichte Flak)
Oktober 1944:	6 Schüler/Klasse 6
	Achmer bei **Osnabrück** (Flugplatz)
	Batterie - 4./lei. 743
Verluste:	keine Angabe

Staatliche Volks- und Mittelschule Wittenburg

Ersteinberufungen:	Oktober 1943
Schüler/Klassen:	5 Schüler/Klasse 6 (Jahrgänge 1926/27)
Einsatzort:	**Flakgruppe Lübeck/Flakregiment 50**
	Batterie keine Angabe

Januar 1944:	4 Schüler/Klasse 6
	Kiel
	Batterie keine Angabe
Oktober 1944:	keine Hinweise auf MH
Verluste:	keine Angabe

Haupt- und Mittelschule Woldegk

Ersteinberufungen:	Oktober 1943
Schüler/Klassen:	4 Schüler/Klasse 6
Einsatzort:	**Marineflakabteilung 221 (Kiel-Friedrichsort)**
	Batterie Marienfelde 1./221, 4 x 10,5cm
Januar 1944:	2 Schüler/Klasse 6 (Jahrgang 1927),
6. März 1944:	1 Schüler/Klasse 6 (Jahrgang 1927),
	3 Schüler/Klasse 5 (Jahrgang 1928)
	Marineflakabteilung 221 (Kiel-Friedrichsort)
	Batterie Marienfelde 1./221, 4 x 10,5cm
Oktober 1944:	keine Hinweise auf eingesetzte MH
Verluste:	keine Angaben

Quellen: MLHA Schwerin, MfU Nr. 2977 (Schreiben des Direktors der Mittelschule Wittenburg vom 22. Oktober 1943 über den Einsatz der Marinehelfer); (Schreiben des Direktors der Großen Stadtschule Rostock vom 28. Februar 1943 über den Einsatz der Luftwaffenhelfer). ebenda, MfU Nr. 2978 (Schreiben des SBREM vom 8. Februar 1944 über den Einsatz von Marinehelfern aus mecklenburgischen Schulen im Bereich Kiel); (Bitte des Werkstättenleiters Kurt Wrackow an die Oberschulbehörde des Gaues Mecklenburg vom 12. Februar 1944 um die Verlegung von Mirower Schülern von Hamburg nach Rechlin); (Statistik der eingesetzten Luftwaffen- und Marinehelfern aus mecklenburgischen Mittelschulen vom 15. Februar 1944); (Bericht des Rostocker Mittelschullehrers Adolf Hannemann über den Einsatz Rostocker Mittelschüler in Wien-Mödling vom 22. Februar 1944). ebenda, MfU Nr. 4827 (Schreiben der Flakgruppe Mecklenburg vom 27. August 1944 über die Versetzung von Malchiner, Mirower und Neubrandenburger Mittelschülern von der Erprobungsstelle Rechlin zur schweren Flakuntergruppe Rostock); (Schreiben des Direktors der Großen Stadtschule Wismar vom April 1944 über den Einsatz Wismarer Ober- und Mittelschüler). Nicolaisen, Der Einsatz der Luftwaffen- und Marinehelfer, S.588ff. Hinweise von Dr. Erwin B., Hans-Jürgen M., Gerhard G., Erich J., Heinz K., Hans-Jürgen K. und Jürgen L. (Schüler der Mittelschulen Bützow, Neustrelitz, Parchim und Plau).

Quellen- und Literaturverzeichnis

1. Ungedruckte Quellen

Bundesarchiv Koblenz
Bestand: R 21 Reichsministerium für Wissenschaft, Erziehung und Volksbildung, Nr. 97, 525, 526, 527, 528, 529.
Bestand: NS 6, Nr. 66, 318

Bundesarchiv Abteilungen Potsdam
Bestand: Reichsführer SS/Persönlicher Stab, Nr. 714
Bestand: Reichswirtschaftsministerium, Nr. 10268
Bestandsergänzungsfilme: Nr. 3665, 10894, 10899, 14647, 14652, 44996

Brandenburgisches Landeshauptarchiv Potsdam
Bestand: Pr. Br. Rep. 2 A II Gen., Nr. 1310, 1311

Mecklenburgisches Landeshauptarchiv Schwerin
Bestand: Mecklenburgisches Staatsministerium für Unterricht, Nr. 2977, 2978, 2978a, 4827
Bestand: Nachlaß Studienrat Vick

Archiv der Hansestadt Rostock
Bestand: 1.21.1 Schulwesen/Große Stadtschule, Nr. 284, 320, 436, 453
Bestand: 1.21.3 Mecklenburgischer Schulrat Rostock, Nr. 32

Chroniken/Tagebücher/im Privatbesitz befindliche Quellen (vor 1945)
Akten des Nürnberger Spruchkammerverfahrens gegen den ehemaligen Reichsjugendführer der NSDAP, Artur Axmann (im Privatbesitz der Verfasser).
Chronik des Großherzoglichen Progymnasii zu Doberan.
Hengelhaupt, Joachim, Chronik der Sexta b/1937 des Rostocker Realgymnasiums, Herne 1992.
Tagebuch des Marinehelfers Jürgen R., 1943/44.
Tagebuch des Marinehelfers Heinz L., 1943/44.
Aufzeichnungen des Luftwaffenhelfers Jürgen F., 1944/45.
Aufzeichnungen des Luftwaffenhelfers Jochen H., 1944/45.
Aufzeichnungen des Marinehelfers Hans-Joachim F., 1944.
Briefe des Luftwaffenhelfers Ludwig B., 1944.
Briefe des Luftwaffenhelfers Jochen H., 1944/45.
Brief des Luftwaffenhelfers Claus P., 1944.
Brief des Marinehelfers Jürgen R., 1943.

Niederschrift des Marinehelfers Heinz L., 1943/44.
Niederschrift des Marinehelfers Jürgen R., 1943.

2. Autorisierte Erinnerungsberichte/schriftliche Mitteilungen ehemaliger Luftwaffen- und Marinehelfer

OSfJ Bützow: Horst K.
OSfJ Ludwigslust: Günther-Albert L., Ernst-Günther Sch.
OSfJ Malchin: Klaus K., Günter G., Heinz L., Georg M.
OSfJ/Gymn. Neubrandenburg: Ludwig Sch., Hellmuth U.
OSfJ/Gymn. Neustrelitz: Hans-Joachim F., Gustav-Adolf S.
OSfJ Parchim: Rudolf L.
OSfJ Ribnitz: Günter B.; Reiner D.
Große Stadtschule Rostock: Hans-Heinrich B., Helmut P., Gerd P., Ludwig B., Günter H., Wilfried H., Christian S., Wolfhard E., Gerd-Hinrich L.
Schule bei den 7 Linden Rostock: Joachim H., Rolf-Dieter L., Claus P., Bodo H., Fritz L., Gerd S.
Blücherschule Rostock: Hans-Joachim F., Jochen H., Jürgen F., Georg K.F.
Wilhelm-Gustloff-Schule Schwerin: Wolfgang P., Helmut H.
Claus-von-Pape-Schule Schwerin: Jürgen R., Horst R.
OSfJ Teterow: Jürgen G., Hans Helmut W.
Große Stadtschule Wismar: Ernst H., Klaus M.
Mittelschule Bützow: Hans-Jürgen K., Heinz L.
Mittelschule Neustrelitz: Erich J.
Mittelschule Parchim: Erwin B., Hans-Jürgen M.
Mittelschule Plau: Jürgen L., Heinz K., Gerhard G.
Lehrlinge: Werner K.
Flak-v-Soldat: Gerhard N.

3. Gedruckte Quellen

3.1 Artikel/Zeitungen/Zeitschriften

Hitlerjungen als Luftwaffenhelfer, In: Das Junge Deutschland, H. 3/1943, S. 86ff.
Niederdeutscher Beobachter, Jahrgänge 1943-1945.
Rostocker Anzeiger, Jahrgänge 1943-45.
Volk und Wehr, Berlin, Ausgabe Juni/Juli 1943.
Völkischer Beobachter, Jahrgänge 1943-1945.

3.2 Dokumentationen/Tagebücher

Akten der Parteikanzlei der NSDAP. Rekonstruktion eines verlorengegangenen Bestandes, hrsg. vom Institut für Zeitgeschichte, München-Wien 1983.

Boberach, Heinz, Meldungen aus dem Reich 1938-1945. Die geheimen Lageberichte des Sicherheitsdienstes der SS, Band 12ff, Herrsching 1984.

Bohl, Hans-Werner/Keipke, Bodo/Schröder, Karsten, Bomben auf Rostock. Krieg und Kriegsende in Berichten, Dokumenten, Erinnerungen und Fotos 1940-1945, Rostock 1995.

Dokumente zur demokratischen Schulreform in Mecklenburg, zgst. und hrsg. vom Staatsarchiv Schwerin, Schwerin 1966.

Goebbels Tagebücher. Aus den Jahren 1942-43. Mit anderen Dokumenten, hrsg. von Louis P. Lochner, Zürich 1948.

Klönne, Arno/Hellfeld, Matthias, Die betrogene Generation. Jugend in Deutschland unter dem Faschismus. Quellen und Dokumente, Köln 1985.

Nicolaisen, Hans-Dietrich, Der Einsatz der Luftwaffen- und Marinehelfer im 2. Weltkrieg. Darstellung und Dokumentation, Büsum 1981.

Verfügungen, Anordnungen, Bekanntgaben, hrsg. von der Parteikanzlei, Band 1-6, Berlin 1943/1944.

4. Literatur

4.1 Ungedruckte Diplom- und Hausarbeiten

Laubner, Ines, Die Entwicklung des Malchiner Realgymnasiums zur sozialistischen Oberschule, Dipl., Univ. Rostock 1988 (MS).

Reimann, Uwe, Vom bürgerlichen Gymnasium zur sozialistischen Oberschule - Zur Geschichte der "Großen Stadtschule zu Wismar" unter besonderer Berücksichtigung der Jahre 1919-1947, Dipl., Univ. Rostock 1988 (MS).

4.2 Vor 1945 erschienene Literatur

Bartel, Otto Ernst, Der Kriegseinsatz der Hitlerjugend, Berlin 1944.

4.3 Nach 1945 erschienene Literatur

Aus der Geschichte der Erprobungsstelle Rechlin der deutschen Luftwaffe und des Nebenlagers des KZ-Ravensbrück in Retzow/Rechlin, hrsg. vom Kreisverband des Bundes der Antifaschisten Waren-Röbel e.V., Waren 1997.

Geschichte der Stadt Kiel, hrsg. von Jürgen Jensen und Peter Wulf, Neumünster 1991.

Geschichte Schleswig-Holsteins. Von den Anfängen bis zur Gegenwart, hrsg. von Ulrich Lange, Neumünster 1996.

Granzow, Klaus, Tagebuch eines Hitlerjungen, Bremen 1965.

Groehler, Olaf, Rostock im Luftkrieg (1941-1944), in: Beiträge zur Geschichte der Stadt Rostock, H. 9, Rostock 1988, S. 17ff.

Jugend auf dem Sonnenkamp 1923-1947. Staatliche Aufbauschule Neukloster, Mecklenburgische Landesschule. Chronik - Erinnerungen - Histörchen. Mit Beiträgen ehemaliger Heimerzieher und Schüler, ausgewählt und ergänzt von Adolf Köhler.

Karsten, Werner, Die sogenannte Luftwaffenhelfer-Klasse, in: Mitteilungsblatt der Altschülerschaft Wismar, Nr. 82, Kiel 1994.

Koch, Hans-Adalbert, Flak, die Geschichte der deutschen Flakartillerie und der Einsatz der Luftwaffenhelfer, Bad Nauheim o.J.

Kolz, Hans Heinrich, 125 Jahre Oberrealschule Rostock. Blücherschule, Donauwörth 1992.

Kleiminger, Rudolf, Die Geschichte der Großen Stadtschule zu Wismar von 1541 bis 1945. Ein Beitrag zur Geschichte des Schulwesens in Mecklenburg und zur Stadtgeschichte Wismars, hrsg. von Joachim Grehn, Kiel 1991.

Lange, Jürgen, Kindersoldaten. Ein Minderjähriger erlebt als Marinehelfer und Arbeitssoldat das Kriegsende, in: Mecklenburg Magazin, 13. April 1995.

Langer, Hermann, Schüler im "totalen Krieg", E&W plus, 9/1995.
Ders., "Kerle statt Köpfe". Zur Geschichte der Schule in Mecklenburg und Vorpommern 1932-1945, Frankfurt/Main 1995.

Lembcke, Rudolf, Parchimer Jugend 1944/45. Vom Zeitzeugen erinnert und kommentiert, Teil 1, Parchimer Heimathefte, Nr. 20, Barsbüttel 1994.

Lübeckische Geschichte, hrsg. von Antjekathrin Großmann, 2. Aufl., Lübeck 1989.

Nicolaisen, Hans-Dietrich, Die Flakhelfer. Luftwaffen- und Marinehelfer im Zweiten Weltkrieg, Frankfurt/Main-Berlin-Wien 1985.

Ders., Gruppenfeuer und Salventakt. Schüler und Lehrlinge bei der Flak 1943-1945, Büsum 1993.

Schaar, Torsten, Zum Einsatz Mecklenburger Schüler als Luftwaffen- und Marinehelfer 1943-1945, in: Studien zur Geschichte Mecklenburgs in der ersten Hälfte des 20. Jahrhunderts, Rostock 1992.

Ders., Zur alliierten Luftkriegsstrategie gegen die Stadt Rostock zwischen 1940 und 1944, in: Bomben auf Rostock, Rostock 1995.

Schätz, Ludwig, Luftwaffenhelfer - ein Kapitel zur Geschichte des deutschen Wehrmachtsgefolges im zweiten Weltkrieg, Diss. phil., München 1970.

Ders., Schüler-Soldaten. Geschichte der Luftwaffenhelfer im zweiten Weltkrieg, Darmstadt 1974.

Schörken, Rolf, Luftwaffenhelfer und Drittes Reich. Die Entstehung eines politischen Bewußtseins, Stuttgart 1984.

Ders., Jugendästhetik bei den Luftwaffenhelfern, in: Schock und Schöpfung. Jugendästhetik im 20. Jahrhundert, hrsg. vom württembergischen Kunstverein Stuttgart, Darmstadt-Neuwied 1986.

Schwarzwälder, Herbert, Geschichte der Freien Hansestadt Bremen, IV, Bremen in der NS-Zeit (1933-1945), Bremen 1995.

4.4 Weitere zum Thema Luftwaffen- und Marinehelfer erschienene Literatur

Banny, Leopold, Dröhnender Himmel, brennendes Land, der Einsatz der Luftwaffenhelfer in Österreich 1943-1945, Wien 1988.

Böhme, Wilhelm/Klement, Ekkehard, Zwischen Schulbank und Kanonen, die Luftwaffenhelfer der Oberschule Schweinfurt in den Jahren 1943 bis 1945, Alsfeld 1986.

Buben, Bomben und Granaten, Ulm o.J. (MS)

Dotzer, Xaver, Dokumentation und Erlebnisse Eichstätter Schüler als Luftwaffenhelfer, Eichstätt 1985.

Emunds, Paul, Mit 15 an die Kanonen. Eine Fallstudie über das Schicksal der als "Luftwaffenhelfer" (LwH) eingesetzten Oberschüler in den Sperrfeuerbatterien (Flak Abt.514) rund um Aachen während der angloamerikanischen Luftoffensive des Jahres 1943/44, Aachen 1975.

Ders, Luftwaffenhelfer im Einsatz. Oberschüler während der anglo-amerikanischen Luftoffensive im Großraum Aachen, in: aus Politik und Zeitgeschichte, Beilage zum "Parlament", B 45/76.

Greiffenhagen, Martin, Die Luftwaffenhelfer. Erfahrungen einer "peer group" des zweiten Weltkriegs, in: Stuttgarter Zeitung vom 5. Juli 1980.

Holl, F. H., Hitler(s)-Junge. Nein, danke. Erinnerungen, Aachen 1990.

Itschert, Ernst A./Reucher, Marcel/Schuster, Gerd/Stiff, Hans, "Feuer frei - Kinder" Eine mißbrauchte Generation - Flakhelfer im Einsatz, Saarbrücken 1984.

Jahnke, Karl Heinz/Buddrus, Michael, Deutsche Jugend 1933-1945, Hamburg 1989.

Krüger, Norbert, "... dem Ruf des Führers begeistert folgend..." Essener Schüler und Lehrlinge als Luftwaffenhelfer im Totalen Krieg, in: Das Münster am Hellweg, 28. Jahrgang, H. 2/1975.

Ders., Schüler bei der Flak - ein Überblick, in: Festschrift Gymnasium Wuppertal-Barmen Siegesstraße, 1863-1983, Wuppertal 1983.

Lück, Oliver, Einige ausgewählte Aspekte zur Lage der deutschen Jugend unter den Bedingungen des totalen Krieges 1943-1945, in: Jugendgeschichte, H. 12, Rostock 1990.

Petersen, Heinrich, Kriegshilfsdienst von Jungmannschülern als Marinehelfer von 1943-1945, in: Heimatgemeinschaft Eckernförde e.V., 53. Jg./1995.

Schröder, Wulf, Luftwaffenhelfer 1943/1944. Erlebnisse einer Gruppe Flensburger Schüler im Zweiten Weltkrieg, Flensburg 1988.

Tewes, Ludger, Jugend im Krieg. Von Luftwaffenhelfern und Soldaten 1939-1945, Essen 1989.
Unsere Schulzeit 1937/38 - 1944/45, Mannheim 1988.

Torsten Schaar,

1964 in Ueckermünde geboren, lebt und arbeitet als DAAD-Lektor z.Zt. in Bangkok / Thailand. Von 1985 bis 1990 studierte der Autor Germanistik und Geschichte in Berlin und Rostock; 1994 promovierte er zur Geschichte der Hitlerjugend.
Hervorgetreten ist der Autor bereits durch Beiträge in Fachzeitschriften und Sammelbänden u.a. über die Luftkriegsstrategie gegen die Stadt Rostock, den Flakhelfereinsatz und die Reichsjugendführung im totalen Krieg. 1998 erschien seine Publikation „Artur Axmann. Vom Hitlerjungen zum Reichsjugendführer der NSDAP - eine nationalsozialistische Karriere" (Rostocker Beiträge zur Deutschen und Europäischen Geschichte Bd. 3).

Beate Behrens,

1967 in Wolfen geboren, arbeitet als Lehrerin und Historikerin in Rostock. Sie studierte von 1985 bis 1990 Germanistik und Geschichte in Rostock und Berlin und promovierte 1996 über den Aufstieg des Nationalsozialismus in Mecklenburg. Bereits 1995 war sie als Co-Autorin an der Dokumentation „Mecklenburg in der Zeit des Nationalsozialismus" beteiligt; 1999 veröffentlichte die Autorin ihre Regionalstudie „Mit Hitler zur Macht".

Aus unserem Verlagsprogramm:

Beate Behrens
Mit Hitler zur Macht
Aufstieg des Nationalsozialismus in Mecklenburg und Lübeck 1922 - 1933
210 Seiten, ca. 100Abb., gebunden, Hardcover, ISBN 3-929544-52-0
44,80 DM

Anfänge und Aufstieg des Nationalsozialismus verliefen regional sehr unterschiedlich. So gehörte Mecklenburg-Schwerin zu den wenigen Ländern, in denen die Hitlerpartei bereits vor 1933 regierte. Ihren Weg durch die politische Landschaft Mecklenburgs und Lübecks zeichnet die Publikation detailliert und anschaulich nach. Die Autorin Beate Behrens bereitet damit ein kaum erforschtes Kapitel mecklenburgischer Geschichte für einen breiten Leserkreis auf. Zahlreiche unveröffentlichte Fotos und Faksimiles bereichern die Darstellung. Ihre regionale Perspektive schärft den Blick auf das, was eben auch hier an die Macht gelangte, schafft Zugang und kritische Distanz.

Bestelladresse:
Neuer Hochschulschriftenverlag
18057 Rostock
Warnowufer 30

Tel. 0381/456 94 30
Fax 0381/456 94 30